Zwischen den Generationen

Hilde Weiss · Philipp Schnell
Gülay Ateş (Hrsg.)

Zwischen den Generationen

Transmissionsprozesse in Familien
mit Migrationshintergrund

Herausgeber
Prof. Dr. Hilde Weiss
Universität Wien, Österreich

Gülay Ateş
Universität Wien, Österreich

Philipp Schnell
Österreichische Akademie der
 Wissenschaften
Wien, Österreich

ISBN 978-3-658-03122-0 ISBN 978-3-658-03123-7 (eBook)
DOI 10.1007/978-3-658-03123-7

Die Deutsche Nationalbibliothek verzeichnet diese Publikation in der Deutschen Nationalbibliografie; detaillierte bibliografische Daten sind im Internet über http://dnb.d-nb.de abrufbar.

Springer VS
© Springer Fachmedien Wiesbaden 2014
Das Werk einschließlich aller seiner Teile ist urheberrechtlich geschützt. Jede Verwertung, die nicht ausdrücklich vom Urheberrechtsgesetz zugelassen ist, bedarf der vorherigen Zustimmung des Verlags. Das gilt insbesondere für Vervielfältigungen, Bearbeitungen, Übersetzungen, Mikroverfilmungen und die Einspeicherung und Verarbeitung in elektronischen Systemen.

Die Wiedergabe von Gebrauchsnamen, Handelsnamen, Warenbezeichnungen usw. in diesem Werk berechtigt auch ohne besondere Kennzeichnung nicht zu der Annahme, dass solche Namen im Sinne der Warenzeichen- und Markenschutz-Gesetzgebung als frei zu betrachten wären und daher von jedermann benutzt werden dürften.

Lektorat: Dr. Cori Antonia Mackrodt, Katharina Gonsior

Gedruckt auf säurefreiem und chlorfrei gebleichtem Papier

Springer VS ist eine Marke von Springer DE. Springer DE ist Teil der Fachverlagsgruppe Springer Science+Business Media.
www.springer-vs.de

Inhalt

Einleitung: „Wie die Eltern, so die Kinder?" Zur Bedeutung familiärer
Transmission im gesellschaftlichen Integrationsprozess 7
Hilde Weiss/Philipp Schnell/Gülay Ateş

I. Sprache, Werte, Religion: Ethnische Identitäten im Mainstream

Eine Sprache und ein Pass als Erbe: Mehrsprachigkeit bei Enkelkindern
von ImmigrantInnen in der Schweiz 23
Chantal Wyssmüller/Rosita Fibbi

Intergenerationale Werteähnlichkeit, Distanz zu gesellschaftlichen
Mainstream-Werten und subjektives Wohlbefinden von MigrantInnen 49
*Andreas Hadjar/Klaus Boehnke/Ariel Knafo/Ella Daniel/
Anna-Lena Musiol/David Schiefer/Anna Möllering*

Der Wandel religiöser Glaubensgrundsätze in muslimischen Familien –
Säkularisierungstendenzen bei der 2. Generation? 71
Hilde Weiss

Religiöse Praktiken bei muslimischen Familien: Kontinuität
und Wandel in Österreich 95
Gülay Ateş

Transmission von Partnerpräferenzen bei muslimischen Familien
in Österreich 113
Philipp Schnell

II. Projekt Migration:
Statusgewinn, Überwindung von Armut oder Stagnation?

Die intergenerationale Weitergabe von Armut bei MigrantInnen
zweiter Generation 137
Petra Böhnke / Boris Heizmann

„Sie wollten nur das Beste für uns!" Intergenerationale
Transmissionsprozesse in Migrationsfamilien mit
Trennungserfahrungen von Eltern und Kindern 167
Thomas Geisen

III. Familienbeziehungen und Kommunikation:
Brüche und Kontinuitäten zwischen den Generationen

Transmission und Wandel in mehrgenerationalen Migrationsfamilien 195
Ursula Apitzsch

Die Bedeutung islamisch-religiöser Alltagspraktiken für weibliche
Bildungsverläufe – ein Dreigenerationenvergleich 217
Canan Korucu-Rieger

Die Eigenlogik traditionaler Sozialbeziehungen und ihre Folgen
für intergenerationale Transmissionsprozesse 243
Matthias Jung

Einleitung: „Wie die Eltern, so die Kinder?"
Zur Bedeutung familiärer Transmission
im gesellschaftlichen Integrationsprozess

Hilde Weiss / Philipp Schnell / Gülay Ateş

1. Warum Familie und Generationen?

Die Zuwanderung von MigrantInnen hat in den letzten Jahrzehnten europäische Gesellschaften hinsichtlich der sozialen und kulturellen Zusammensetzung verändert. Ein stetig wachsender Teil der Bevölkerung in Europa setzt sich aus Personen mit sogenanntem Migrationshintergrund zusammen. Nationale Politiken in Europa ziehen inzwischen auf strikte Restriktionen ab, indem MigrantInnen insbesondere vor dem Hintergrund demografischer Entwicklungen und der Arbeitsmarktlage bedarfsgerecht (z.B. durch Vorrang für Hochqualifizierte, Modelle saisonaler Migration) ausgewählt und deren Zuwanderung geplant werden sollen. Trotz des Wandels der Wanderungsphänomene – von dauerhafter Niederlassung zu temporärer und zirkulärer Migration – ist die Kontinuität der „großen" Fragen, die schon zu Beginn der großen Wanderungen, in der Phase der Industrialisierung die Forschung beschäftigten, erstaunlich: Wie und warum werden Entscheidungen zum Verlassen des Heimatlandes von Einzelnen, Familien oder Gruppen getroffen? Wie gestaltet sich die Inkorporation der Zugewanderten und deren Nachfolgegenerationen in die jeweilige nationale Gesellschaft? Wie und warum bilden sich dauerhafte Kontakte zwischen MigrantInnen und Zurückgebliebenen, zwischen dem Herkunfts- und Ankunftsland? Trotz der stark zugenommenen transnationalen Mobilität vieler BürgerInnen Europas, haben sich die Diskurse über die Integration der „Fremden", über die kulturelle und nationale Identität und Konflikte, z.B. über Sprachverhalten, kulturelle Gewohnheiten oder räumliche Muster der Zugewanderten und der folgenden Generationen, wenig geändert (Lucassen 2005). Auch in den Sozialwissenschaften sind die theoretischen Entwürfe – etwa zum Verlauf einer sequenziellen Eingliederung und Identitätsneubildung der ZuwanderInnen (zwischen „Assimilation" und „Marginalisierung") oder Konzepte wie kultureller Pluralismus, Akkulturation, Inkorporation, forschungsleitend geblieben.

Was also kann dann dieser Band – vor dem Hintergrund zahlreicher detaillierter Fallstudien, nationaler Untersuchungen, Forschungsspezialisierungen innerhalb der Migrationsforschung und Methodenvielfalt – leisten? In diesem Buch wird eine breite Palette von Forschungsthemen präsentiert, deren gemeinsamer Fokus die Familie als wichtige und komplexe Einheit der Analysen ist. Die Beiträge untersuchen Generationenbeziehungen und familiäre Transmissionsprozesse im sozioökonomischen Bereich (Armut), im Bereich der Sprache, der Bildung und Mobilität, im Bereich der Heirat und Kontakte, Werte, Tradition und Religion. Die Beiträge überwinden Interpretationen der individuellen Ebene und geben Einblick in die innerfamiliären Mechanismen und Prozesse, in deren Rahmen sich Persistenz und Wandel der zuvor genannten Themen abbilden. Der Wandel zwischen den Generationen nimmt eine strategische Schlüsselstellung ein und ermöglicht es, Langzeit-Effekte der Einwanderung in der Aufnahmegesellschaft aufzudecken und theoretische Überlegungen zum Integrationsverlauf zu überdenken.

Die aus den USA stammende Assimilationstheorie (Gordon 1964; Park 1928) wird heute hinsichtlich ihrer Gültigkeit von verschiedenen Seiten, pro und kontra, diskutiert (Alba und Nee 2004; Crul und Thomson 2007; Esser 2004; Portes 1997). Auch wenn sie den Gegebenheit der globalisierten Moderne nicht mehr entsprechen mag, und die Erfahrungen der zweiten Generation, besonders in Europa, heute andere sind, so ist es nicht nur der soziale Wandel, der diese „abstrakte Version" (Portes 1997) eines typischen, linearen Verlaufs von Adaptation in Frage stellt. So wird einerseits in vielzähligen Studien die Bedeutsamkeit des „Projekts Migration" als ein generationenübergreifendes, die Familie umfassendes, gemeinsames Unterfangen mit dem Ziel der ökonomischen Besserstellung geschildert, und gleichzeitig eine hohe Wertestabilität bei den Kindern diagnostiziert. Bildungsaufstieg und berufliche Mobilität führen nicht unbedingt dazu, dass dadurch Traditionen, kulturelle und sprachliche Gewohnheiten von den Kindern rasch vergessen und abgelegt werden (Alba und Nee 2003). Da die Familie im Leben der MigrantInnen auch primäres Solidarsystem ist, blieb die Wirksamkeit der familiären Wertetransmission ein lange unterschätzter Faktor. Wie die hier präsentierten, thematisch verschiedenen Studien eindrucksvoll belegen, hat die Sozialisation in der Familie auf vielfältige, oft unerwartete Weise Auswirkung auf die Lebenspläne und Lebensstile der Kinder. Die Studien weisen immer wieder auf die Ambiguitäten in den Biographien und Entwicklungen der zweiten Generation hin.

Die Forschungen der letzten Jahre haben immer mehr Fragen aufgeworfen, die früher kaum gestellt wurden, da man davon ausging, dass die sozio-ökonomische Integration den Integrationsweg, hin zur kulturellen Integration, in Gang setzt und erschließt (Esser 2001). So stehen heute viele Fragen im Raum, die durch den Blick auf die Familien und ihrer Lebenskontexte erhellt werden können: Warum ist auch unter Mädchen der zweiten Generation mit hohem sozialen Status die Aufrechterhaltung traditioneller Familienwerte zu finden? Warum sind traditionelle Wertorientierungen und Verhaltensmuster (etwa Religion, innerethnische Heirat) auch bei Angehörigen der zweiten Generation zu registrieren, die nach strukturellen, aber auch kulturellen Gesichtspunkten (gute Ausbildung, Beruf, Sprachkenntnisse) gut integriert zu sein scheinen?

Dadurch werden aber auch Fragen über das Selbstverständnis der modernen Gesellschaft, über die Bedeutung kultureller Merkmale in der Moderne, neu aufgeworfen. Welche Identitätskonstruktionen sind für MigrantInnen heute denkbar? Worauf beruhen Geltungsansprüche kollektiver (nationaler, religiöser) Identitäten in der modernen Gesellschaft?

Gegenwärtig richtet sich die wissenschaftliche Auseinandersetzung primär auf strukturelle Aspekte der Integration von MigrantInnen und ihren Kindern, wie die Arbeitsmarktbeteiligung und Bildungspartizipation von MigrantInnen und deren Kindern in europäischen Gesellschaften. Zahlreiche Studien befassen sich insbesondere mit Integrationsverläufen und „Integrationserfolgen" der zweiten Generation, und obschon diese generell in einem Spannungsfeld zwischen der in ihrer Familie tradierten „Herkunftskultur" und der außerfamiliären Umwelt in der Mehrheitsgesellschaft gesehen wird, werden die Familie und die Rolle der Elterngeneration dabei zumeist nur als „Hintergrundvariable" betrachtet und dienen lediglich der Beschreibung der sozioökonomischen Herkunft. Deutlich weniger wissenschaftliche Aufmerksamkeit richtet sich hingegen auf die innerfamiliären Vorgänge in MigrantInnenfamilien und den konkreten Transmissionsprozessen von Ressourcen und Werten zwischen der ersten Generation und den Nachfolgegenerationen (Foner 2009).

2. Die Beiträge in diesem Band

Indem die Beiträge dieses Buches innerfamiliäre Transmissionsprozesse in Familien mit Migrationshintergrund in den Mittelpunkt der Betrachtung rücken, soll die „Blackbox Familie" geöffnet werden. Hierbei stehen neben dem Wandel auch die Kontinuität in der Weitergabe von Werten, Einstellungen und Normen und die damit einhergehenden emotionalen Bindungen und Beziehungsgefüge im Vordergrund. Darüber hinaus zeigen einige der Beiträge, wie intergenerationale Dynamiken die Konturen der Lebenswege und Erfahrungen der Nachfolgegenerationen von MigrantInnen bestimmen und in hohem Maße die individuellen

Lebensverhältnisse und Chancen außerhalb des Elternhauses beeinflussen. Die hier präsentierten Forschungen liefern eine ausgewogene Verbindung von quantitativen und qualitativen Fallstudien. Viele der quantitativen Beiträge überwinden bisherige Schwierigkeiten in der empirischen Forschung zu innerfamiliären Beziehungen durch die Verwendung von sogenannten Eltern-Kind-Dyaden Daten (Generationen-Paare). Mit Hilfe von Dyaden Daten können explizite Aussagen über kausale Zusammenhänge in Bezug auf die Weitergabe zwischen Eltern und Kindern in MigrantInnenfamilien getroffen werden. Die qualitativen Fallbeispiele geben einen tiefen Einblick in die komplexen Prozesse individueller Abwägung von Präferenzen und in Bedeutungszusammenhänge. Alle Kapitel sind – per Definition – komparativ, indem sie Einstellungen, Werte und Positionen zwischen der ersten und zweiten (sowie teilweise der dritten) MigrantInnengeneration vergleichen. Dieses Forschungsdesign wird von manchen AutorInnen noch erweitert, indem sie innerfamiliäre Prozesse über Länder, Zeitpunkte und/ oder Herkunftsgruppen hinweg analysieren.

Insgesamt lassen sich die Beiträge dieses Buches, trotz einiger thematischer Überschneidungen, in drei große Themenkomplexe einteilen. Die ersten fünf Kapitel widmen sich der intergenerationalen Transmission von *Sprache, Werten und Religion* und beleuchten *ethnische Identitäten* der zweiten und dritten Generation in Relation zum gesellschaftlichen „Mainstream". Der *erste Beitrag* innerhalb dieses Themenkomplexes von *Chantal Wyssmüller und Rosita Fibbi* fragt nach bestehenden Mustern der Mehrsprachigkeit bei Jugendlichen der dritten Generation in der Schweiz. Sprechen die Enkel der italienischen und spanischen ArbeitsmigrantInnen, die in den 1950er und 1960er Jahren in die Schweiz eingewandert sind, noch die Sprache ihrer Großeltern? Hatten bzw. haben die Eltern und Großeltern dieser Jugendlichen den Wunsch, ihre Herkunftssprache an die Kinder der dritten Generation weiterzugeben? Welche Strategien verfolg(t)en sie zu diesem Zweck? Um Prozesse der sprachlichen Transmission abzubilden, wurden insgesamt 32 Familien italienischer und spanischer Herkunft, wohnhaft in den Agglomerationen Basel und Genf, interviewt. Pro Familie gab jeweils ein/e VertreterIn der ersten, zweiten und dritten Generation Auskunft über das jeweilige Sprachverhalten (insgesamt 96 Interviews). Die empirischen Ergebnisse zeigen, dass trotz heterogener familiärer und individueller Ausgangslagen und Rahmenbedingungen ein breites Ausprägungsspektrum der Herkunftssprache (Sprache ihrer Großeltern) unter den befragten Jugendlichen der dritten Generation besteht. Zwar nimmt der Sprachgebrauch der Herkunftssprache tendenziell mit jeder Generation ab, allerdings nicht zugunsten von Einsprachigkeit in der Lokalsprache. Vielmehr beobachten die Autorinnen einen soliden und funktionalen

Bilingualismus in der dritten Generation. Gleichzeitig identifiziert der Beitrag entscheidende Faktoren und deren Wirksamkeit, welche die Stabilität des Sprachgebrauchs innerhalb der dritten Generation beeinflussen. Dazu zählen familienbezogenen Faktoren, wie die räumliche Nähe, Engagement der Großeltern bei der Betreuung der Enkelkinder, die Sprachkonstellation in der Kernfamilie und/oder die transnationalen Beziehungen und Aktivitäten, die Großeltern und Eltern mit dem Herkunftsland verbinden. Funktionaler Bilingualismus der dritten Generation festigt sich allerdings vor allem auch durch extra-familiale Kontextfaktoren, wie kostenloser Herkunftssprachen-Unterricht, Fremdsprachunterrichtsangebot postobligatorischer Bildungsgänge bis hin zur Existenz konkreter Gelegenheiten im Alltag. Beide Faktorengruppen sind unabdingbar für einen soliden Bilingualismus in der dritten Generation.

Intergenerationale Werteähnlichkeit, d.h. eine geringe Distanz zwischen den Wertprioritäten der Eltern und der Kinder, von Familien der Mehrheit einer Gesellschaft und Familien mit einem Minderheitenstatus steht im *zweiten Kapitel* im Mittelpunkt der Betrachtung. *Andreas Hadjar und Ko-AutorInnen* untersuchen, inwieweit Eltern-Kind-Werteähnlichkeit und subjektives Wohlbefinden – als Ausdruck erfolgreicher Integration – bei Familien mit und ohne Migrationshintergrund verknüpft sind. Die entsprechenden Zusammenhänge wurden an einer israelischen und einer deutschen Stichprobe vergleichend untersucht. Zur Betrachtung der intergenerationalen Werteähnlichkeit ziehen die AutorInnen alle Dimensionen des Wertekreises nach Schwartz (1992) heran. In den Ergebnissen deutet sich an, dass bei Familien der Mehrheitsgesellschaft eine höhere intergenerationale Werteähnlichkeit mit einem höheren subjektiven Wohlbefinden der Kinder verbunden ist. Dies gilt für Deutschland und Israel. Differentielle Befunde zeigen sich im Falle der Wertedistanz zur Mainstream-Gesellschaft: Während in Deutschland eine höhere Wertedistanz zum gesellschaftlichen Wertemainstream bei Migrations-/Minderheitengruppen nicht mit einem geringeren Wohlbefinden verbunden ist, zeigt sich in Israel für diese Gruppen ein enger negativer Zusammenhang zwischen der Distanz zwischen familialen Werten und Mainstream-Werten auf der einen Seite und dem subjektiven Wohlbefinden des Kindes auf der anderen Seite.

In den öffentlichen Diskursen wird die Zuwanderung zunehmend unter dem Aspekt kultureller Konflikte thematisiert und besonders muslimische MigrantInnen stehen im Blickfeld normativer Integrationsdiskurse. Auch die folgenden Beiträge von Hilde Weiss, Gülay Ates und Philipp Schnell befassen sich mit der Transmission religiöser Einstellungen und religiöser Verhaltensweisen im Generationenverlauf. Die Ergebnisse basieren auf einer standardisierten Befragung von 363 Eltern-Kind-Paaren muslimischer Familien in Österreich.

Im Fokus des *dritten Beitrags* von *Hilde Weiss* steht der intergenerationale Wandel von Religiosität, die hier unter dem Aspekt untersucht wird, ob und unter welchen Bedingungen „strenge" religiöse Grundsätze von der zweiten Generation übernommen werden. Eine Einstellungsskala erfasst die religiöse Haltung zwischen den Polen konservativ-orthodox und offen-säkular, indem sie ein Spektrum von speziellen Glaubensinhalten bis hin zu religionsbezogenen Normen, etwa bezüglich Sexualität, Geschlechterbeziehungen oder des Umgangs mit Andersgläubigen, umfasst. Es zeigt sich, dass die Verbindlichkeit der religiösen Normen am deutlichsten in lebensnahen Bereichen individueller Freiheiten schwächer wird, während andere religionsspezifische Glaubenssätze durchaus stabil sind. Damit bestätigt sich die These von Gans (1994), dass sich Wandel zumeist an der Erosion streng orthodoxer Gebote abzeichnet, während andere religiöse Dimensionen weiterhin zwischen den Generation weitergegeben werden. Insgesamt erweist sich die religiöse Einstellung der Kinder stark vom elterlichen Milieu und der religiösen Erziehung beeinflusst. Anders als in manchen europäischen Ländern wird in dieser Österreichischen Untersuchung jedoch keine „Re-Islamisierung" der zweiten Generation festgestellt. Das durchaus starke Gefühl, in der österreichischen Gesellschaft nicht anerkannt und diskriminiert zu werden, stärkt zwar das religiöse Bewusstsein, wirkt sich jedoch vor allem auf das Zugehörigkeitsgefühl zur österreichischen Gesellschaft negativ aus.

Gülay Ateş wirft im *vierten Kapitel* die Fragen auf, welche Rolle die Familie als religiöse Sozialisationsinstanz einnimmt. Auf welchem Niveau und welche religiösen Riten in der Familie praktiziert und weitergegeben? Und wie sehr wird auf religiöse Institutionen zurückgegriffen? Einen interaktionsgeleiteten Theorieansatz aufgreifend wird mittels der befragten Eltern-Kind-Paare muslimischer Religionszugehörigkeit ein rekursives Pfadmodell gezeichnet. Hierbei werden zuerst Einblicke in die Weitergabe religiöser Praktiken, wie Beten, Fasten und Moscheebesuche, innerhalb der in Österreich lebenden muslimischen Familien gegeben. Im nächsten Schritt wird analysiert, welchen Stellenwert die unterschiedlichen religiösen Sozialisationsagenten „Familie" und „Moscheevereine" einnehmen können. Die Ergebnisse zeigen, dass bei nicht praktizierenden Eltern sich auch die Kinder keinem religiösen Verhalten zuwenden (Fend 2009). Anders als in der Öffentlichkeit oft angenommen wird, haben Moscheevereine nur einen marginalen Einfluss auf die eigene religiöse Praxis (und zeigen auch keinen Einfluss auf die Familie). Eine Weitergabe von religiösen Praktiken ist eng mit den innerfamiliär gelebten Ritualen seitens der Eltern verbunden. Auf der an-

Einleitung: „Wie die Eltern, so die Kinder?" 13

deren Seite weisen aber genau diese religiösen Familien die größten Dynamiken innerhalb der Generationen auf.

Im *fünften Kapitel* schließt *Philipp Schnell* an die Diskussion um den religiösen Wandel innerhalb der muslimischen zweiten Generation in Österreich an, indem er Präferenzen für inner-muslimische Partnerschaften in den Mittelpunkt der Betrachtung rückt. Wenn die Religiosität der zweiten Generation in Österreich im Bereich sozialer Beziehungen und individueller Lebensstile an Bedeutung verliert (Vgl. die Beiträge von Weiss und Ateş in diesem Band), nimmt dann auch die Effektivität im Transfer von Präferenzen für inner-muslimische Partnerschaften zwischen den Generationen ab? Für wie wichtig erachten es MuslimInnen der zweiten Generation in Österreich, dass ihre PartnerInnen ebenfalls muslimisch sind? Welche Rolle spielt das außerfamiliäre Umfeld in der Entwicklung von Partnerwahlpräferenzen für die zweite Generation? Diesen Fragen folgend werden theoretische Erklärungsansätze der vertikalen und horizontalen Transmission für die Entstehung von gleichreligiösen Partnerschaftspräferenzen herangezogen und anhand von empirischen Daten aus dem Projekt „Muslimische Familien im Wandel" für Österreich empirisch überprüft. Die Ergebnisse zeigen, dass auch Präferenzen für gleichreligiöse Partnerschaften im Generationenvergleich tendenziell abnehmen. Andererseits sind die Präferenzen für inner-muslimische Partnerschaften zwischen den Generationen deutlich stabiler als in anderen religiösen Bereichen, was auf eine besonders starke innerfamiliäre Transmission zurück zu führen ist. Die Ergebnisse zeigen auch deutliche Unterschiede in der Bedeutsamkeit von inner-muslimischen Partnerschaften zwischen MuslimInnen der zweiten Generation türkischer und ex-jugoslawischer Herkunft, welche primär auf den unterschiedlichen Grad der Einbettung in nicht-muslimische Freundschaftsnetzwerke zurück zu führen sind.

Der zweite größere Themenkomplex innerhalb dieses Buches umfasst zwei Beiträge, die beide auf unterschiedliche Art tiefer gehende Einblicke in das familiäre „Projekt Migration" geben. Im Mittelpunkt beider Kapitel stehen Fragen nach dem *Statusgewinn, Überwindung von Armut oder Stagnation im Generationenverlauf.* Eröffnet wird dieser Themenkomplex durch das *sechste Kapitel,* welches den Fokus auf die Reproduktion von sozialer Ungleichheit und Armutslagen in Familien mit und ohne Migrationshintergrund in Deutschland richtet. Basierend auf Daten des Sozio-Ökonomischen Panels analysieren *Petra Böhnke und Boris Heizmann* das Ausmaß des Zusammenhangs zwischen Armut im Jugendalter und der gegenwärtig erlebten Armut über einen Zeitraum von 27 Jahren. Eingebettet in Sozialisations- und Migrationstheorien beleuchten die AutorInnen, wie aussagekräftig Faktoren des Aufwachsens und andere elterliche Merkmale im Vergleich zum gegenwärtigen sozio-ökonomischen Status der Nachkommen für das Verständnis ihrer aktuellen Armutslage sind. Die Ergebnisse belegen zum einen, dass die intergenerationale Weitergabe von Armutsrisiken sowohl für Personen mit als auch für Personen ohne Migrationshintergrund bestehen und bestätigen eine anhaltende Reproduktion von Einkommenspositionen über Generationen hinweg. Andererseits belegen die Ergebnisse unterschiedliche Vermittlungsmechanismen bei Personen ohne und mit Migrationshintergrund, welche die intergenerationale Transmission von Armut in Deutschland erklären. Für Personen ohne Migrationshintergrund übersetzt sich die jugendliche Armutserfahrung im elterlichen Haushalt ganz wesentlich in eine eigene unvorteilhafte Arbeitsmarktanbindung, die ein Einkommen unterhalb der Armutsschwelle nach sich zieht. Für MigrantInnen der zweiten Generation hingegen kann ein stärkerer und vor allem eigenständiger Einfluss des Aufwachsens in Armut auf ihre gegenwärtige Armutslage nachgewiesen werden. Dieser bleibt auch dann bestehen, wenn ihr aktueller Bildungsstatus, die Arbeitsmarktanbindung, Haushaltszusammensetzung und Nationalität berücksichtigt werden. Damit ist der Zusammenhang zwischen Aufwachsen in Armut und einer aktuellen Armutslage (und damit deren Reproduktion) für Nachkommen stärker als für Personen ohne Migrationshintergrund.

In dem *siebten Beitrag* stellt *Thomas Geisen* unter dem Titel „Sie wollten nur das Beste für uns" das Thema transnationaler Familienbeziehungen in den Mittelpunkt. Die migrationsbedingte Trennung zwischen Eltern und Kindern in der Phase der frühen und schulischen Sozialisation der Kinder stellt die Problematik der Weitergabe des „Projekts Migration" durch die Pionier-Generation an die zweite Generation zur Diskussion. In den qualitativen Untersuchungen werden die unterschiedlichen Strategien herausgearbeitet, die Eltern entwickeln, um die Weitergabe ihrer Ziele – sei es sozialer Aufstieg oder die Weitergabe spezifischer Werte und Traditionen des Herkunftslandes – zu realisieren. Es werden einerseits spezifische biografische Sequenzen, die mit schmerzhaften Trennungserfahrungen verbunden sind, herausgearbeitet, andererseits aber auch unterschiedliche Strategien und Ziele der Eltern hinsichtlich der in Kauf genommenen Trennungssituationen aufgezeigt. Dabei fällt der Blick auf die in den klassischen Integrationstheorien wenig beachteten Situationen einer oft lange andauernden Trennung zwischen den Generationen und zeigt die Krisen und Ambivalenzen auf, die sich für Eltern und Kinder aus diesen zwiespältigen Lebenssituationen entwickeln. Anhand ausgewählter Fallstudien werden zwei konträre Kontexte intergenerationaler Transmission untersucht: zum einen, wenn Eltern ihre Kinder im Herkunftsland bei Betreuungspersonen (Eltern) zurücklassen, zum anderen, wenn Eltern ihr Kind für längere Zeit zu einer Betreuungsperson ins Herkunftsland schicken. Damit

Einleitung: „Wie die Eltern, so die Kinder?" 15

wirft auch dieser Beitrag ein Licht auf oft ausgeblendete Problemzonen, wenn es um Integrationsdiskurse in der Mehrheitsgesellschaft geht. Es werden wesentliche Fragen aufgeworfen, etwa welche Bedeutung dem Integrationskonzept unter der Bedingung transnationaler Mobilität zukommt, wie Familien selbst ihre „Integrationsziele" und innerfamiliären Perspektiven bestimmen und wie sich diese Zielsetzungen im intergenerationalen Transmissionsprozess gestalten.

Der letzte Themenbereich beschreibt *Familienbeziehungen und innerfamiliäre Kommunikation* und damit *Brüche und Kontinuitäten zwischen den Generationen*. Die drei folgenden Beiträge legen den Fokus auf andere bzw. neue Formen von Tradition, die aufgrund des Migrationskontextes im intergenerationalen Verlauf einen raschen Wandel vollzogen haben. In diesem Sinn untersucht das *achte Kapitel* intergenerationale Transmissionsprozesse von Werten, Rollen und Normen zwischen Generationen und zwischen den Geschlechtern in Familien mit Migrationserfahrung in Deutschland. *Ursula Apitzsch* erforscht anhand biographisch-narrativer Interviews aus dem Großraum Frankfurt mit Mitgliedern mehrerer Generationen nach Deutschland eingewanderter Familien aus Südeuropa, der Türkei und Nordafrika den Wandel von Geschlechterbeziehungen und -normen sowie die Besonderheiten transnationaler Familienkooperationsnetzwerke. Die Autorin skizziert anhand ihres empirischen Materials, wie die Migrationsfamilie sich im Verlaufe des Migrationsprozesses im Übergang zwischen verschiedenen sozialen und kulturellen Systemen selbst verändert und wie transnationale Kooperationsformen über die Generationen hinweg tradiert und neu gebildet werden. Besonders im Mittelpunkt steht die Aushandlung von patriarchalen Autoritätsstrukturen im Gegensatz zu neuen, eher egalitären Kooperationsformen. Die Ergebnisse zeigen, dass bei jungen Frauen in drei Generationen eine Übereinkunft mit wichtigen Normen der Ankunftsgesellschaft besteht, vor allem hinsichtlich der Erwartung der Vereinbarkeit von beruflichem Aufstieg und Familiengründung. Umgesetzt wird diese Erwartung allerdings oft transnational und nicht ausschließlich in der Ankunftsgesellschaft. Apitzschs' Resultate stehen konträr zu der Alltagserwartung einer über höchstens drei Generationen zu erbringenden Assimilation der EinwanderInnen in der Mehrheitsgesellschaft und hinterfragen damit die oftmals vorausgesetzte Linearität und den rationalen Charakter von theoretischen Eingliederungsmodellen.

Canan Korucu-Rieger betrachtet im *neunten Kapitel* den Stellenwert von Religiosität auf weibliche Bildungsverläufe innerhalb türkischstämmiger, muslimischer Familien in Deutschland. Theoretische Ausgangsbasis ist Bourdieus' Konzept des kulturellen Kapitals. Die Autorin führte biografische Interviews mit Müttern, Töchtern und Enkelinnen bei drei türkisch-muslimischen Familien. Sie erörtert anhand des Fallbeispiels „Bayram", wie sich weibliche Bildungsverläufe und gelebte religiöse Praktiken zueinander verhalten. Die Analysen zeichnen ein ambivalentes Bild bei der intergenrationalen Weitergabe des Projektes Bildungsaufstieg im Kontext der Migration. Bei der hier erörterten Familie Bayram nimmt die religiöse Lebensführung für alle drei Generationen einen wichtigen, wenn auch verschiedenen Stellenwert ein. In der ersten Generation wird im Moscheeverein die Fähigkeit zu lesen und zu schreiben aufgeholt. Die Tochter erlangt einen Hochschulabschluss und schafft den innerfamiliären Bildungsaufstieg. Sie wendet sich im Vergleich zu ihrer Mutter etwas stärker zur Religion hin, die hier unter anderem auch zur Kompensation fehlender Anerkennung von Seiten der Einwanderungsgesellschaft dient. Bei der Enkelin der Familie Bayram nimmt Religion schließlich einen noch größeren Stellenwert ein. Die Religion ist sowohl Distinktionsmerkmal als auch Rückzugsort. Die Autorin Korucu-Rieger zeigt auf, dass es sich um eine positive Wechselwirkung von Religiosität und Bildung handele; gleichzeitig verweist sie auch auf die Variationsbreite der Religionsverbundenheit von einzelnen Familienmitgliedern. Bei der Beantwortung der Frage, welchen Stellenwert die Religion in Bezug auf die weiblichen Bildungsverläufe einnimmt, kommt sie zu dem Schluss, dass diese beeinträchtigend oder auch zeitlich verzögert re-motivierend sein kann.

Der *zehnte Beitrag* von *Mathias Jung* beschließt den Band und knüpft an die Thematik des intergenerativen Wandels von Normen, Handlungsstrategien und Selbstdeutungen an. Der Wandel der intergenerativen Beziehungen wird anhand zweier Fallbeispiele untersucht, in denen die Interviews mittels der Methode der objektiven Hermeneutik analysiert werden. An den Erzählungen wird der Übergang zwischen kontrastierenden Beziehungstypen – dem „traditionalistischen" Muster einerseits, dem „modernen" andererseits – studiert. Das Besondere dieses Beitrages liegt darin, zu zeigen, auf welche subtile Weise sich die AkteurInnen, die aus „traditionalen" Herkunftskulturen stammen, alternative Lebenswege erschlossen haben; wie es ihnen gelingt, durch Pragmatismus – „Geschmeidigkeit" – auf der Ebene der gelebten Praxis die „positional" zugeschriebenen Normen zu manipulieren und zu unterlaufen. Jung arbeitet detailliert heraus, wie in den restringierten Handlungsspielräumen positionaler Beziehungen Autonomie gewonnen werden kann, ohne dass aber der Bruch mit den Eltern und der Herkunftskultur riskiert werden muss. Theoretischer Ausgangspunkt ist bei Jung die Diskrepanz traditionaler Sozialbeziehungen zu den in den Aufnahmeländern dominierenden rollenförmigen und funktional diffusen Sozialbeziehungen, die durch die Handelnden gelöst werden muss. Damit greift Jung zugleich klassische soziologische Dichotomien (folgend Weber, Tönnies) zwischen traditionaler und moderner Gesellschaft und Rollenmodellen (Parsons, Oevermann) auf und wendet sie als Interpretationsfolie seiner Analysen an. Die Dichotomien von Traditionalität und Moderne unterliegen heute durchaus kritischer Reflexion, nicht nur hinsichtlich „eurozentrischer" Sichtweisen, sondern inwieweit sie überhaupt (noch) ein taugliches Analyseinstrument sind, um Gesellschaften aus historischer Perspektive und insbesondere unter den heute gegebenen Bedingungen globaler Verflechtungen (Märkte, Technologien, Mobilität etc.) zu erfassen. Migrationsprozesse tragen erheblich zu den heute konstatierten Formen hybrid werdender nationaler, ethnischer oder anderer „Gemeinschaftlichkeit" bei. Was also die klassischen Typologien heute zur Gesellschaftsanalyse taugen, soll nun nicht Thema dieses Bandes sein. Jung zeigt bei der Anwendung dieser Begrifflichkeit, unter dem Aspekt der Sozialbeziehungen, wie „Hybriditäten und Kompromissbildungen" erfolgen und wie, auch in Anlehnung an andere AutorInnen, sich Traditionen neu formieren und revolutionieren.

3. Ausblick

Die Beiträge in diesem Band behandeln jeweils spezielle Aspekte von intergenerationalen Transmissionsprozessen innerhalb von Familien mit Migrationshintergrund. Damit bieten sie in ihrer Gesamtheit wichtige Erkenntnisse, wann, wie und unter welchen Umständen Werte, Einstellungen, Sprache oder sozialer Status von der ersten Generation an die zweite (und in einigen Fällen sogar an die dritte) Generation weiter gegeben werden. Eine zusammenfassende Analyse der vorliegenden Befunde ist unter anderem aufgrund der unterschiedlichen Themenbereiche, verschiedener ethnischer Gruppen und Untersuchungsländer sowie der Heterogenität in Hinblick auf die verwendeten Daten und Methoden nur bedingt sinnvoll. Trotzdem zeigen die Ergebnisse der einzelnen Beiträge einige entscheidende Erkenntnisse zur *Bedeutung familiärer Transmission im gesellschaftlichen Integrationsprozess.*

Im integrationssoziologischen Diskurs wird vermehrt die Frage aufgeworfen, ob und in wie fern die Migrationssituation und/oder der kulturelle Hintergrund der Eltern bei der Weitergabe von Werten, Einstellungen und ethnischen Zugehörigkeiten zu einem Spannungsfeld zwischen den Generationen innerhalb der Familien führt. Dieser Frage inhärent ist die theoretische Annahme eines graduellen Integrations- oder Assimilationsprozesses von einer Generation zur Nächsten. Dem gegenüber stehen aktuelle Studien, welche eine Stabilität von Werten und Einstellungen im Generationenverlauf aufzeigen. Die empirischen Beiträge dieses Buches liefern detaillierte Einsichten, Gründe und neue Erkenntnisse zu diesen Tendenzen. Sie zeigen beispielsweise deutlich, dass der Wandel in Einstellungen zwischen der ersten und zweiten Generation in einigen Facetten deutlich schneller (und konfliktloser) abläuft als in anderen Bereichen. Während eine deutliche Abnahme an Werten und Verhaltensweise für die zweite Generation in einigen Teilbereichen zu verzeichnen ist, weisen andere Werte- und Einstellungsbereiche eine deutliche Stabilität der intergenerationalen Transmission auf. Die Ergebnisse von Weiss, Ateş und Schnell zur Situation der muslimischen zweiten Generation in Österreich belegen zusammen betrachtet beispielsweise, dass zwar die Bedeutsamkeit von Religiosität und religiösen Praktiken in der zweiten Generation tendenziell abnehmen, allerdings spezifische Inhalte der Religiosität auch dauerhaft tradiert werden. So erodieren einerseits religiös fundierte Normen des „richtigen Lebens" stärker als die abstrakteren religionsspezifischen Glaubenssätze. Andererseits sind die Präferenzen für gleichreligiöse Partnerschaften zwischen den Generationen deutlich stabiler, was auf eine besonders starke innerfamiliäre Transmission zurück zu führen ist. Diese Art von fragmentierten Befunden – Wandel und Kontinuität – steht konträr zu graduellen und linearen Annahmen von theoretischen Eingliederungsmodellen zur Integration von MigrantInnen im Generationenverlauf. Mit anderen Worten: Die Ergebnisse belegen, dass Stabilität und Wandel im Generationenverlauf sich nicht ausschließen und teilweise parallel verlaufen können. Unterstützung erhält diese Hypothese auch aus den Beiträgen von Geisen und Jung. Unter dem Aspekt der verstärkten Mobilität und transnationalen Familienbeziehungen ergibt sich, wie die Autoren in ihren Beiträgen betonen, eine Gleichzeitigkeit von Bewahrung und Veränderung, Kontinuität und Bruch in den Prozessen der intergenerationalen Transmission. Zudem wird etwa bei Apitzsch auch auf das Problem hingewiesen, dass das geläufige Verlaufsmodell implizit dazu führt, Integration in einer Dichotomie, Assimilation versus Re-Traditionalisierung, gelungen versus missglückt, zu bewerten ohne neue und hybride Formen zu erkennen, die sich in einem sich transnationalisierenden Europa bilden. Es wird gezeigt, dass in modernen Gesellschaften Traditionsbildung nicht nur Rückzug oder Rückkehr zu ethnischen Beziehungen bedeutet, sondern auch das Resultat von Aushandlungsprozessen ist, die sich aus der konkreten Alltagspraxis der Beteiligten konstituiert (z. B. hinsichtlich der Geschlechterbeziehungen).

Darüber hinaus liefert der Beitrag von Wyssmüller und Fibbi zur intergenerationalen Transmission von Sprache und die sich daraus ergebende Mehrsprachigkeit die Erkenntnis, dass eine Stabilität im Generationenverlauf nicht unbedingt als „Integrationshindernis" wirken muss und die Nachfolgegenerationen von einer stabilen Transmission profitieren können. Vor dem Hintergrund der

Sprachenvielfalt Europas und seiner sprachlich-ethnisch gemischten Regionen stellt sich schließlich die Frage der Übertragbarkeit des auf Sprachdominanz beruhenden US-Modells der Assimilation. Weiteres wird deutlich, wie ein geeigneter institutioneller Rahmen des Sprachunterrichts die (heute ideologisch oft überfrachtete) Frage der Sprachkompetenz von Kindern der zweiten Generation von MigrantInnen zu lösen imstande ist.

Abschließend zeigen einige der empirischen Studien, dass intergenerationale Transmissionsprozesse zum einen in unterschiedlichen Kontexten für verschiedene Herkunftsgruppen deutlich variieren (beispielsweise Hadjar et al.). Zum anderen kommt den institutionellen Rahmenbedingungen eine signifikante Rolle im Prozess der intergenerationalen Transmission zu, wie beispielsweise im Beitrag von Böhnke und Heizmann deutlich wird. Ob und in welchem Ausmaß Transmissionsprozesse durchlaufen werden, hängt von den spezifischen sozialstrukturellen Gegebenheiten der Zuwanderungsländer und den daraus resultierenden Integrationsverhältnissen ab.

Die Beiträge in diesem Buch haben nicht die Intention, das abstrakte Modell der in Stufen erfolgenden Adaptation im Generationenverlauf zu bestätigen oder zu widerlegen. Allerdings tragen die hier diskutierten Aspekte der Generationenbeziehungen dazu bei, manche theoretischen Annahmen zu überdenken und sie helfen zugleich, bisherige Unschärfe in einigen Facetten der intergenerationalen Integrationstheorie zu erhellen. Desweiteren formulieren die Studien dieses Bandes vor diesem Hintergrund auch neue, offene Fragen, die es in der Gegenwart zu stellen und zu beantworten gilt.

Literatur

Alba, R., & Nee, V. (2003). Remaking the American mainstream. Assimilation and contemporary immigration. Cambridge M.A.: Harvard University Press.

Alba, R., & Nee, V. (2004). Assimilation und Einwanderung in den USA. In K. J. Bade, & M. Bommes (Hrsg.), Migration-Integration-Bildung. Grundfragen und Problembereiche. IMIS- Beiträge Nr. 23. Osnabrück: IMIS.

Crul, M., & Thomson, M. (2007). The Second Generation in Europe and the United States: How is the Transatlantic Debate Relevant for Further Research on the European Second Generation? Journal of Ethnic and Migration Studies, 33 (7), 1025-1041.

Esser, H. (2001). Integration und ethnische Schichtung. Arbeitspapiere – Mannheimer Zentrum für Europäische Sozialforschung (Vol. 40). Mannheim: MZES.

Esser, H. (2004). Does the "New" Immigration Require a "New" Theory of Intergenerational Integration? International Migration Review, 38 (3), 1126-1159.

Fend, H. (2009). Was die Eltern ihren Kindern mitgeben-Generationen aus Sicht der Erziehungswissenschaft. In H. Künemund, & M. Szydlik (Hrsg.), Generationen. Multidisziplinäre Perspektiven (S. 81-103). Wiesbaden: VS Verlag für Sozialwissenschaften.

Foner, N. (2009). Introduction: Intergenerational relations in immigrant families. In N. Foner (Hrsg.), Across generations: Immigrant families in America (S. 1-20). New York: New York University Press.

Gans, H. J. (1994). Symbolic ethnicity and symbolic religiosity: towards a comparison of ethnic and religious acculturation. Ethnic and Racial Studies, 17 (4), 577-592.

Gordon, M. M. (1964). Assimilation in American Life. The Role of Race, Religion, and National Origins. New York: Oxford University Press.

Lucassen, L. (2005). The Immigrant Threat. The Integration of Old and New Migrants in Western Europe. Urbana/ Chicago: University of Illinois Press.

Park, R. E. (1928). Human migration and the marginal man. American Journal of Sociology, 33 (6), 881-893.

Portes, A. (1997). Immigration theory for a new century: Some problems and opportunities. International Migration Review, 31 (4), 799-825.

Schwartz, S. H. (1992). Universals in the content and structure of values: Theoretical advances and empirical tests in 20 countries. In M. P. Zanna (Hrsg.), Advances in experimental social psychology (Vol. 25, S. 1-65). New York: Academic Press.

I
**Sprache, Werte, Religion:
Ethnische Identitäten im Mainstream**

Eine Sprache und ein Pass als Erbe: Mehrsprachigkeit bei Enkelkindern von ImmigrantInnen in der Schweiz

Chantal Wyssmüller / Rosita Fibbi

1. Einleitung

Sprechen die Enkel der italienischen und spanischen ArbeitsmigrantInnen, die in den 1950er und 1960er Jahren in die Schweiz eingewandert sind, die Sprache ihrer Großeltern (noch)? Hatten bzw. haben die Eltern und Großeltern dieser Jugendlichen den Wunsch, ihre Herkunftssprache[1] an die Kinder der dritten Generation weiterzugeben, und welche Strategien verfolg(t)en sie zu diesem Zweck? Welche praktische und identitäre Bedeutung hat diese (Familien-)Sprache hier und jetzt für die Jugendlichen der dritten Generation? Diesen Fragen sind wir in einer Studie über eingewanderte Familien in der Schweiz nachgegangen.[2]

In der amerikanischen wissenschaftlichen Literatur werden Sprachgebrauch und Mehrsprachigkeit im Migrationskontext meist unter dem Gesichtspunkt des Übergangs hin zum (ausschließlichen) Gebrauch der englischen Lokalsprache durch die Eingewanderten innerhalb von drei Generationen beschrieben (Fishmann 1972, 1980). Diese Sichtweise zeugt von einer binären Logik, die zwei- oder gemischtsprachigen Realitäten wenig Platz zugesteht. Gerade solche gemischtsprachige Kontexte sind im heutigen Europa aber eine Realität; zum Teil bestehen sie seit langem, zum Teil haben sie durch Migration an Bedeutung gewonnen. Ohne die Gültigkeit von Fishmans Modell im untersuchten US-Kontext bestreiten zu wollen, kann man sich also fragen, inwieweit es der Realität hier und jetzt, im vielsprachigen Europa bzw. insbesondere im mehrsprachigen Kontext der Schweiz, gerecht wird. Sprachliche (Nicht-)Assimilation vollzieht sich immer in einem spe-

---

1 Mit *Herkunftssprache* bezeichnen wir die Standard- und regionalen Varietäten der Nationalsprachen in den Herkunftsländern der Großeltern, also des Italienischen und des Spanischen. Die Sprache der Umgebung, in der die befragten Familien leben (Deutsch oder Französisch), wird demgegenüber mit *Lokalsprache* bezeichnet.
2 Projekt *Intergenerationeller Spracherhalt im Migrationskontext und Sprachengebrauch von Jugendlichen der dritten Generation in der Schweiz* (Dr. Rosita Fibbi und Prof. Marinette Matthey, unter Mitarbeit von Cristina Bonsignori, Maud Merle und Chantal Wyssmüller), unterstützt vom Schweizerischen Nationalfonds im Rahmen des Nationalen Forschungsprogramms NFP 56 *Sprachenvielfalt und Sprachkompetenz in der Schweiz*.

zifischen linguistischen, historischen und geographischen Kontext. Die Bedeutung dieser kontextuellen Dimension scheint bisher in der Literatur mehrheitlich vernachlässigt worden zu sein. Unserer Studie liegt die Hypothese zugrunde, dass sich die europäischen Gegebenheiten deutlich von der Situation in Nordamerika unterscheiden, und dass der europäische Kontext – indem der Mehrsprachigkeit generell mehr Anerkennung zukommt und gemischtsprachigen Situationen mehr Platz eingeräumt wird – sich letztlich auch positiv auf den intergenerationellen Spracherhalt im Migrationskontext auswirkt.

Dabei bleibt unbestritten, dass die Lokalsprache im Sprachgebrauch von ImmigrantInnen und ihren Nachkommen längerfristig zur klar dominierenden Sprache wird. Es gilt vielmehr zu beobachten und genauer zu verstehen, ob und unter welchen Bedingungen der Gebrauch der Lokalsprache mit dem Erhalt der Herkunftssprache (innerhalb oder außerhalb des familiären Umfelds) einhergeht.

Die Sprachvermittlungsabsichten ihrer Eltern und Großeltern wie auch die Resonanz, die diese Intentionen bei den Jugendlichen der dritten Generation in der Schweiz finden, dürften, so argumentieren wir, wesentlich dadurch beeinflusst sein, dass eine funktionale Mehrsprachigkeit im heutigen Europa unter mehreren Gesichtspunkten durchaus wünschenswert und nahe liegend erscheint. Zunächst gibt es praktische und affektive Gründe für die Aufrechterhaltung innerfamiliärer Mehrsprachigkeit. Des Weiteren dürften auch Aspekte des außerfamiliären Kontextes eine Rolle spielen. Hinzu kommt, dass in einer durch Kommunikation und Mobilität mehr und mehr vernetzten Welt die Dominanz einer Sprache immer weniger als „normales" Leitbild gesehen wird. Die hier kurz erläuterten Prämissen haben wir im Rahmen unseres Forschungsprojekts der Realität italienischer und spanischer ImmigrantInnen der ersten Generation und ihren Kindern und EnkelInnen gegenübergestellt, um Hinweise darauf zu erhalten, inwiefern sie heute in der Schweiz Gültigkeit haben.[3] Wir wollten konkret Aufschluss darüber erhalten, welche Bedeutung in den einzelnen Familien der Weitervermittlung der Herkunftssprache beigemessen wird. Unser Forschungsinteresse galt zum einen den Intentionen, Strategien und Modalitäten der Sprachvermittlung und Identitätsreproduktion, welche ImmigrantInnen der ersten Generation und die zweite Generation in Bezug auf ihre Nachkommen, die Angehörigen der dritten Generation, entwickeln und umsetzen. Auf welche Art und Weise erfolgt die Weitergabe an die dritte Generation und wie wird sie begründet? Zum an-

---

3   Der Schweizer Kontext eignet sich für die Untersuchung dieser sprachlichen Dynamiken besonders gut: Einerseits wegen der historischen Mehrsprachigkeit des Landes, andererseits aufgrund der Tatsache, dass die Schweiz seit Jahrzehnten von Immigration geprägt ist und mittlerweile mehrere Generationen von Nachkommen (insbesondere italienischer und spanischer) ImmigrantInnen hier leben.

deren wollten wir den Sprachgebrauch von Jugendlichen der dritten Generation näher betrachten und in diesem Zusammenhang aufzeigen, ob, und wenn ja inwiefern, die Beherrschung und der Gebrauch der Herkunftssprache im identitären Prozess eine Rolle spielen.

2. Forschungsstand, Hypothesen und Methodik

2.1 Forschungsstand und Hypothesen

Zahlreiche Forschungsarbeiten weisen darauf hin, dass die Vitalität von Immigrationssprachen im Allgemeinen mit jeder Generation von Nachkommen abnimmt (Alba 2004; Jacqueline Billiez 1985; Cavallaro 2005; Esser 2006; Franceschini et al. 1984; Milza 1995; Moretti and Antonini 2000; Yagmur et al. 1999).

Der Hauptgrund dafür liegt darin, dass zahlreiche Faktoren, welche die Mehrheitssprache/Umgebungssprache favorisieren und stärken, wirksam sind. Diese unbestrittene Tatsache schließt aber das Fortbestehen funktionaler Zweisprachigkeit über die zweite Generation hinaus nicht *a priori* aus. Ein spezifischer Kontext oder geeignete Strategien und Maßnahmen können das „Überleben" einer Immigrationssprache durch die Präsenz eines funktionalen Bilingualismus auch in späteren Generationen begünstigen und unterstützen (Reich and Roth 2002; Stösslein 2005).

Die soziolinguistische Forschung hat zahlreiche Faktoren mit Einfluss auf den Prozess der Sprachverschiebung identifiziert und untersucht. Folgende Faktoren spielen eine Rolle: die räumliche Konzentration von SprecherInnen der Immigrationssprache und ob eine lokale Gruppe durch kontinuierlichen Zuzug weiterer SprecherInnen immer neu „genährt" wird, die sprachliche „Durchmischung" der Gruppe durch heteroglotte Ehen, die Existenz und Intensität transnationaler Beziehungen mit dem Herkunftsland, die Dauer des Aufenthalts im Einwanderungsland, die am Arbeitsplatz verwendete Sprache, das Prestige der Immigrationssprache in der Einwanderungsgesellschaft, der Grad der sozioökonomischen Mobilität der Familie, u.a.m. Diese Faktoren spielen in den jeweiligen individuellen und familiären Kontexten und Konstellationen in je eigener Weise zusammen (Alba et al. 2002; Casesnoves Ferrer 2002; Deprez 1994; Zouali 1997).

Unserer Studie liegt die Hypothese zugrunde, dass der europäische Kontext den intergenerationellen Spracherhalt im Migrationskontext stärker begünstigt als der nordamerikanische. Die historische Tiefe der europäischen Einwanderung in Nordamerika ermöglichte es der soziolinguistischen Forschung seit längerer Zeit, das Phänomen der Sprachverschiebung in diesem Immigrationskontext zu beobachten. Der Soziolinguist Joshua A. Fishman hat in den 1970er Jahren aufgrund seiner Studien in Einwanderungsgruppen europäischer Herkunft das *three-generation-model of language assimilation* geprägt (Fishman et al. 1966; Fishman 1972, 1980). Dabei wurde der Bilingualismus der zweiten Generation als zeitlich beschränktes und relativ unbedeutendes Phänomen zwischen einer monolingualen Ausgangs- (erste Generation) und Endsituation (dritte Generation) darstellt. Das Drei-Generationen-Modell der sprachlichen Assimilation wird bis heute in verschiedenen Studien immer wieder grundsätzlich bestätigt (Stevens (1992), Alba et al. (2003; 2002)).

Während Nordamerika bis heute stark vom englischen Monolingualismus geprägt ist, sind Europa und insbesondere die Schweiz seit jeher durch sprachliche Vielfalt charakterisiert. Diese wird heute nicht nur anerkannt, sondern in breiten Kreisen auch speziell gefördert. Der Europarat und die Europäische Union haben sich stark für die Anerkennung von Sprachenpluralismus innerhalb nationalstaatlicher Räume eingesetzt (z. B. durch das Europäische Sprachenportfolio (Schärer 2000), oder durch den Ansatz der *language awareness* zur Förderung von sprachlicher und kultureller Vielfalt im Schulbereich (Candelier 2003)). Die Tatsache, dass das heutige Europa stark von (interner) Migration und Mobilität geprägt ist, dürfte außerdem die Vitalität mehrsprachiger Kontexte insofern befördern, als Transnationalismus eine zunehmend verbreitete Realität darstellt. Der Begriff Transnationalismus verweist darauf, dass wirtschaftliche Tätigkeiten, familiäre und soziale Netzwerke, kulturelle Identitäten oder symbolische Zugehörigkeitsgefühle Menschen über nationale Grenzen hinweg verbinden. Auf der Grundlage dieser Verbundenheitsgefühle bringen MigrantInnen und deren Nachkommen Aspekte ihres „Herkunftskontextes" (die dabei nicht unbedingt der Realität entsprechen müssen, sondern – gerade bei den Nachkommen-Generationen – zum Teil auch mythisch erhöht werden) mit ihrem Lebenskontext im Immigrationsland in Zusammenhang und entwickeln oft auch mehrfache Zugehörigkeitsgefühle (Portes 1997; Glick Schiller et al. 1992). Die Häufigkeit transnationaler Austauschbeziehungen materieller wie auch symbolischer Art zwischen unterschiedlichen Sprachräumen im heutigen Europa dürfte der Aufrechterhaltung und fließenden Verwendung der Herkunftssprache auch für ImmigrantInnen ohne Rückkehrabsichten und deren im Aufnahmeland aufgewachsene Nachkommen eine gewisse Relevanz und Aktualitätsbezogenheit verleihen. Dies wird durch die im Vergleich zum nordamerikanischen Kontext geringeren Entfernungen zwischen Herkunfts- und Immigrationsland sowie durch den legalen Rahmen der Personenfreizügigkeit begünstigt. All dies spricht für die Gültigkeit unserer Hypothese, dass Europa und insbesondere die Schweiz einen fruchtbareren Boden für mehrsprachige

Realitäten bietet als Nordamerika. Allerdings wird das *three generation model of language assimilation* auch im nordamerikanischen Kontext ansatzweise in Frage gestellt (Stösslein 2005; Alba et al. 2002)).

2.2 Methodik

Unsere Studie stützt sich auf Ansätze und Methoden qualitativer Sozialforschung. Das Datenerhebungsdispositiv setzte sich aus den folgenden drei Elementen zusammen:

- Fokusgruppengespräche mit Lehrpersonen des Unterrichts in heimatlicher Sprache und Kultur „Italinienisch" und „Spanisch" (fortan: HSK) in Basel und in Genf;
- halbstrukturierte, „problemzentrierte" (Witzel 2000) Interviews wurden in 32 Familien mit italienischer und spanischer Herkunft mit je einem/einer Angehörigen der ersten, zweiten und dritten Generation geführt (insgesamt 96 Interviews)[4];
- standardisierter Kurzfragebogen am Ende der Interviews.

Die Interviews waren darauf ausgerichtet, Informationen zu folgenden Themenfeldern zu generieren: Sprachbiographie und aktueller Sprachgebrauch der Befragten, Weitergabe der Herkunftssprache in der Familie sowie Einstellung gegenüber Sprachen und Mehrsprachigkeit. Bei den Jugendlichen (Enkelkindern) wurden zudem (nationale) Zugehörigkeitsgefühle thematisiert. Die Interviews wurden von zweisprachigen Interviewerinnen (Lokal- und Herkunftssprache) geführt.

Das realisierte Sample der dritten Generation umfasst insgesamt 19 weibliche und 13 männliche Jugendliche zwischen 8 und 21 Jahren (wobei der Großteil zum Zeitpunkt des Interviews zwischen 11 und 16 Jahre alt war). Zwanzig Jugendliche haben Großeltern italienischer und weitere zwölf spanischer Herkunft. Sie wohnten zum Zeitpunkt des Interviews mit ihren Familien in den Agglomerationen Basel (15) und Genf (17) (vgl. Tabelle 1)

---

4 Das qualitative Sample zielt darauf ab, eine möglichst grosse Variationsbreite zu umfassen (*purposive sampling* (Flick 2005)). Das Profil der befragten Personen ist:
1. Generation (G1, Großeltern): Beide Partner sind italienischer oder spanischer Herkunft und in den 1950er/60er Jahren in die Schweiz eingewandert. Sie haben mindestens eine Tochter/ einen Sohn, die/der (grösstenteils) in der Schweiz aufgewachsen ist, und heute selber mindestens ein Kind im Alter von 12-18 Jahren hat und in der Region Genf oder Basel wohnt. Die Großeltern haben ihren Wohnsitz ebenfalls vorzugsweise in Genf oder Basel.
2. Generation (G2, Eltern): Mindestens ein Elternteil ist Tochter/Sohn von ImmigrantInnen, ist also in der Schweiz aufgewachsen. Die Staatsbürgerschaft(en) spielen keine Rolle.
3. Generation (G3, Jugendliche): Kind/Enkelkind von Befragten mit oben beschriebenen Profilen, 12-18-jährig.

Tabelle 1: Erzieltes Sample der dritten Generation

Alter	8 – 21 Jahre
Geschlecht	19 weiblich; 13 männlich
Herkunft der Großeltern	20 Italien ; 12 Spanien
Wohnort/Agglomeration	15 Basel; 17 Genf
Elternpaar	14 homoglott/gleichsprachig; 18 heteroglott/ gemischtsprachig

Die in diesem Artikel vorgestellte Analyse stützt sich einerseits auf Angaben/Beobachtungen der Interviewerinnen zur Interviewsituation und der Art und Weise, wie die InformantInnen sich in der Herkunftssprache auszudrücken vermochten, und andererseits auf die in den Interviews gemachten Aussagen der Jugendlichen selber wie auch ihres jeweiligen befragten Eltern- bzw. Großelternteils über:

- den Spracherwerb und -gebrauch der dritten Generation im Verlauf ihres Lebens (Sprachbiographie)
- ihre subjektiven Einstellungen gegenüber verschiedenen Sprachen und Mehrsprachigkeit
- ihre (nationalen) Zugehörigkeitsgefühle bzw. deren Begründung/Legitimation.

3. Ergebnisse und Interpretation der Daten

3.1 Herkunftssprachliche Kenntnisse und Sprachgebrauch der dritten Generation

Im Folgenden wollen wir den alltäglichen Gebrauch der Herkunftssprache der befragten dritten Generation – wie er im Interview direkt beobachtet werden konnte und wie er von den Befragten selbst bzw. ihren Eltern- und Großeltern im Gespräch geschildert wurde – darstellen und diskutieren.

Vorab gilt es festzuhalten: Unsere Daten bestätigen, dass die Lokalsprache spätestens nach Einschulung der Kinder zur dominierenden und am besten beherrschten Sprache der dritten Generation wird. Gleichzeitig war aber die Mehrheit der Befragten der dritten Generation gewillt und (einigermaßen) in der Lage, das 30 bis 45 minütige Interview in Italienisch bzw. Spanisch, also der Sprache ihrer Großeltern, zu bestreiten. Dies ist eine beachtliche Leistung und ein Hinweis auf bemerkenswerte Kenntnisse in der Herkunftssprache bei manchen Jugendlichen der dritten Generation, wenn auch die Ausdrucksfähigkeit in der Herkunftssprache variierte. Ein geringer Anteil der Jugendlichen, die unsere Fragen (weitgehend) in der jeweiligen Lokalsprache beantworteten, erklärten außerdem, dass sie in der Herkunftssprache ihrer Großeltern vieles verstehen würden und sie auch „ein wenig" sprechen könnten. Nur einzelne Befragte sprachen sich selber keinerlei Kenntnisse in der Sprache der Großeltern zu.

Dies führt uns zu zwei Feststellungen: Obwohl die Lokalsprache in der Wahrnehmung der Jugendlichen der dritten Generation klar die Sprache ist, die sie am besten beherrschen, kann man bei einem Großteil der dritten Generation im Rahmen des Interviews direkt eine funktionale Zweisprachigkeit beobachten. Zudem deuten ihr Auftreten sowie ihre Aussagen darauf hin, dass sich die meisten der befragten Jugendlichen nicht für ihre Kenntnisse in der Herkunftssprache schämen, sondern im Gegenteil Gefallen daran finden, diese (bzw. ihre Zweisprachigkeit) gegenüber einer unbekannten Interviewerin unter Beweis zu stellen.

Wie sieht der alltägliche Sprachgebrauch der befragten Jugendlichen der dritten Generation nun aber konkret aus? Anhand der in den Familieninterviews erhobenen Daten haben wir die 32 Personen unseres Samples nach ihrem deklarierten Gebrauch der Herkunftssprache in drei Gruppen eingeteilt. Eine erste Gruppe von Jugendlichen charakterisiert sich dadurch, dass die Herkunftssprache im Alltag der Kern- wie auch der erweiterten Familie präsent ist und in diesem Rahmen auch von der dritten Generation praktiziert wird. Diese gebrauchen die Sprache gelegentlich auch außerhalb des familiären Kontexts (mit Peers, im schulischen Unterricht oder bei der Arbeit). Bei den Jugendlichen, die der zweiten Gruppe zugeordnet wurden, wird die Herkunftssprache in der Kernfamilie nicht (mehr) oder eher selten gesprochen, von der dritten Generation aber im Kontext der erweiterten Familie (in der Schweiz oder im Herkunftsland) praktiziert. Auch diese Jugendlichen gebrauchen die Sprache zudem gelegentlich außerhalb des familiären Kontexts. Einige Jugendliche der dritten Generation schließlich hören die Herkunftssprache zwar ab und zu in ihrem Alltag, sie wird in der Familie (Kern- und erweiterte Familie) aber sehr selten gebraucht. Wenn diese Jugendlichen ihre Herkunftssprache brauchen, dann eher passiv oder auf der Grundlage schulisch erlernter Kenntnisse.

Insgesamt spricht also eine Mehrheit der dritten Generation unseres (nichtrepräsentativen) Samples die Sprache ihrer Großeltern relativ fließend und praktiziert diese primär innerhalb der (erweiterten) Familie, hin und wieder jedoch auch außerhalb. Auch wenn für sie die Lokalsprache ganz klar die am besten beherrschte Sprache ist, sind sie funktional zweisprachig. Die Gültigkeit von Fishmans Modell in seiner Absolutheit muss also mit Blick auf den untersuchten Kontext tatsächlich in Frage gestellt werden. Auffallend ist jedoch die beträchtliche Variationsbreite innerhalb unseres Samples was die Kenntnisse in und den Gebrauch der Herkunftssprache angeht. Wir wollen im Folgenden analysieren, wodurch sie zustande kommt.

3.2 Einflussfaktoren auf den Gebrauch der Herkunftssprache

Der Sprachgebrauch und die Kenntnisse in der Herkunftssprache der dritten Generation sind das Resultat eines individuell unterschiedlichen und spezifischen Zusammenspiels einer Vielzahl von Faktoren. In der Regel sind besonders jene Faktoren wirksam, welche die Mehrheitssprache/Umgebungssprache favorisieren, so dass in vielen Fällen die Lokalsprache rasch, oft bereits in der zweiten Generation, zur stärkeren Sprache der Individuen wird. Ein spezifischer Kontext oder geeignete Strategien und Maßnahmen können jedoch einen funktionalen Bilingualismus der Nachkommen der Eingewanderten und damit das Fortbestehen der Immigrationssprache über mehrere Generationen hinweg begünstigen und unterstützen.

Welches sind die Faktoren, die den Erhalt der Herkunftssprache in einigen Familien unseres Samples unterstützt haben? Was hat bei anderen Jugendlichen der dritten Generation dazu geführt, dass sie die Herkunftssprache im Alltag kaum gebrauchen?

3.2.1 Familienbezogene Faktoren

Von primärer Bedeutung für den Erwerb und die Entwicklung der Herkunftssprache bei der dritten Generation sind familienbezogene Faktoren. Der Prozess der Sprachverschiebung im Migrationskontext läuft in den einzelnen Familien unterschiedlich ab. Er kann sich über mehrere Generationen in die Länge ziehen, u. U. verschiebt sich aber bereits in der zweiten Generation das Sprachverhalten deutlich in Richtung Lokalsprache. Neben der Entscheidung der Eltern und Großeltern über die Weitergabe der Herkunftssprache sind deren Sprachverhalten und (selbstwahrgenommene) Sprachkompetenz von entscheidender Bedeutung (Stösslein 2005). Dabei ist zu bedenken, dass sich die Sprachkenntnisse und der Sprachgebrauch der Individuen im Zeitverlauf ständig verändern. Bereits in der ersten und zweiten Generation bestehen je nach Individuum/Familie unterschiedliche Kenntnisse in der Herkunftssprache und der Lokalsprache, welche wiederum zu einer großen Heterogenität in der dritten Generation führen.

Hinzu kommt, dass das Elternpaar der dritten Generation, also Elternteil und (Ehe-) PartnerIn der zweiten Generation, in sprachlicher Hinsicht unterschiedlich charakterisiert sein kann. Die Art dieser Konstellation wirkt sich in der Regel stark auf die sprachlichen Praktiken in der Familie aus und beeinflusst auch die familialen Strategien der Sprachweitergabe.

Die große theoretische Heterogenität der Sprachkonstellationen in den (Kern-) Familien der dritten Generation spiegelt sich auch im Sample unserer Studie wider. Die vorhandenen Konstellationen auf der Ebene der Paare der zweiten Generation sind folgende:

- beide Elternteile gehören der zweiten Generation an und sind bilingual mit der Herkunftssprache und der Lokalsprache aufgewachsen (homoglottes Paar, beide zweite Generation);
- ein Elternteil gehört der zweiten Generation an und ist bilingual (Herkunfts- und Lokalsprache), während das andere Elternteil selber zugewandert ist und mit derselben Herkunftssprache seines Partners aufgewachsen ist (homoglottes Paar, zweite und erste Generation);
- ein Elternteil gehört der zweiten Generation an und ist bilingual (Herkunftssprache und Lokalsprache), während das andere Elternteil selber zugewandert ist und mit einer anderen Herkunftssprache als der Partner aufgewachsen ist (heteroglottes Paar mit zwei unterschiedlichen Herkunftssprachen);
- ein Elternteil gehört der zweiten Generation an und ist bilingual (Herkunfts- und Lokalsprache), während das andere Elternteil keinen Migrationshintergrund hat und in der Lokalsprache aufgewachsen ist (heteroglottes Paar mit Herkunftssprache und Lokalsprache).

Insgesamt ist etwa die Hälfte der Elternpaare der befragten Jugendlichen homoglott; ebenfalls ungefähr die Hälfte der Elternpaare ist heteroglott.

Tabelle 2: Elternpaare und Sprachkonstellationen

	Herkunfts-sprache1	Herkunfts-sprache2	Lokal-sprache	Generation	TYP
Eltern 1	X		X	2. Generation	**Homoglottes Paar**
Eltern 2	X		X	2. Generation	Beide 2. Generation
Eltern 1	X		X	2. Generation	**Homoglottes Paar**
Eltern 2	X			1. Generation	1. und 2. Generation
Eltern 1	X		X	2. Generation	**Heteroglottes Paar**
Eltern 2		X	X	2. Generation	Beide 2. Generation
Eltern 1	X		X	2. Generation	**Heteroglottes Paar**
Eltern 2			X	Kein Migrations-hintergrund	2. Generation und Einheimische

Unsere Daten zeugen eindrücklich davon, dass bei der Weitergabe der Herkunftssprache an die dritte Generation die Sprache, die in der Kernfamilie gesprochen wird, eine entscheidende Rolle spielt. Spricht ein Elternteil ausschließlich die Sprache der Umgebung bzw. die Herkunftssprache nur mit Mühe – was bei heteroglotten Paaren mit Herkunfts- und Lokalsprache der Fall sein kann – wird es vom Elternpaar oft als „unnatürlich" oder als große Anstrengung empfunden, die Herkunftssprache zur Kernfamiliensprache zu machen. Die Lokalsprache, welche von allen gleichermaßen gut beherrscht wird und in der auch das Leben außerhalb der Familie stattfindet, bietet sich in diesem Fall als Kommunikationssprache in der Kernfamilie an und wird häufig als solche gebraucht. Die Herkunftssprache wird dann höchstens im Rahmen der erweiterten Familie benutzt – infolge der Familienkonstellation bloß im Kontakt mit der einen Hälfte der Verwandtschaft – was die Aneignung der Herkunftssprache durch die dritte Generation erschwert und die Häufigkeit ihres Gebrauchs beschränkt.

Einige Jugendliche aus heteroglotten Elternpaaren mit Herkunfts- und Lokalsprache gebrauchen die Herkunftssprache allerdings regelmäßig im Rahmen der erweiterten Familie und gelegentlich auch außerhalb der Familie und sprechen darum auch fließender. An ihnen zeigt sich, dass sich Jugendliche der dritten Generation unter bestimmten begünstigenden Bedingungen die Herkunftssprache auch dann relativ gut aneignen können, wenn in der Kernfamilie nicht die Herkunftssprache, sondern die Lokalsprache die Kommunikationssprache ist. Als begünstigender Faktor sticht hier insbesondere das Vorhandensein einer engen Beziehung zu den Großeltern hervor: Eine solche kann sich sehr positiv auf die Aneignung und Weiterentwicklung der Herkunftssprache durch die dritte Generation auswirken – vorausgesetzt die Großeltern setzen sich auch in einem gewissen Maß dafür ein, die Herkunftssprache für ihre Enkel aktuell zu halten. Dies war zum Beispiel in der Familie von Laura der Fall. Ihre Mutter erzählt: *Ich hatte das Glück, dass meine Eltern, also die Großeltern meiner Kinder, Italienisch sprachen, also nur Italienisch sprachen mit den Kindern, so dass sie nie angefangen haben, die Sprachen zu vermischen, mit Schweizerdeutsch und so weiter, aber dass jeder seine Sprache hatte und diese wohl oder übel gesprochen wurde.*[5] Und die Großmutter erläutert, was sie unternimmt, um ihren Enkelkindern einen Resonanzraum für ihre Herkunftssprache zu schaffen: *Sie sprechen fließend, wenn auch nicht immer fehlerfrei Italienisch, weil ich immer versuche, Gelegenheiten zu schaffen, in denen dies geschieht. Beispielsweise gehe ich in zwei*

---

5   *"in più ho avuto la grande fortuna che i miei genitori parlassero / cioè che i nonni parlassero italiano e parlassero esclusivamente italiano con i ragazzi / cioè non iniziassero mai a fare un miscuglio di tedesco svizzero eccetera eccetera / ma fossero veramente ognuno aveva la sua lingua e in quella nel bene o nel male"* (IB01_G2, 56).

Tagen ins Friaul und nehme alle und alles mit, ich gehe ans Meer und bilde eine Art Urlaubdorf mit den Enkelkindern (...) Das ist für mich eine Reise nach Italien, dann bringe ich sie nach Venedig, so möchte ich ihnen zeigen, was dahinter steckt und mit der Sprache einhergeht. Denn allein die Sprache an und für sich interessiert sie nur bis zu einem gewissen Grad.[6]

Betrachtet man nun die Jugendlichen der dritten Generation, deren Elternpaare beide die Herkunftssprache sprechen, dann stellt man fest, dass nahezu alle die Herkunftssprache im Alltag häufig oder ziemlich häufig gebrauchen. Der Großteil der Jugendlichen praktiziert sie auch innerhalb der Kernfamilie und nahezu alle mindestens in der erweiterten Familie. Die Präsenz der Herkunftssprache in der gesamten Verwandtschaft – oft auch einhergehend mit häufigen und intensiven transnationalen Beziehungen und Aktivitäten – scheint den Erwerb und Gebrauch der Herkunftssprache durch die dritte Generation offensichtlich stark zu begünstigen.

Eindeutig scheint sich ein späterer Einreisezeitpunkt eines Elternteils positiv auf die Häufigkeit des Gebrauchs der Herkunftssprache durch die Jugendlichen auszuwirken. In diesen Familien unseres Samples wird die Herkunftssprache tendenziell als Familiensprache gebraucht und als solche als „natürlich" empfunden. Die Weitergabe der Herkunftssprache wird so in vielen Fällen wie selbstverständlich vollzogen. Dies betrifft immerhin zwei Drittel der dritten Generation aus unserem Sample, die die Herkunftssprache häufig und auch in der Kernfamilie gebrauchen.

Aber auch drei von fünf Befragten der dritten Generation mit bilingual aufgewachsenen Elternteilen, d. h. mit zwei Herkunftssprachen plus Lokalsprache gebrauchen die Herkunftssprache häufig und auch in der Kernfamilie. Die anderen beiden praktizieren die Herkunftssprache immerhin regelmäßig im Rahmen der erweiterten Familie.

Die befragten Jugendlichen der dritten Generation, deren Eltern je eine unterschiedliche Herkunftssprache haben, finden sich also mehrheitlich unter denjenigen, die die Herkunftssprache ziemlich häufig gebrauchen. Dies scheint auf Anhieb einleuchtend: Die Präsenz von zwei Herkunftssprachen führt theoretisch dazu, dass sich der Gebrauch der einen Herkunftssprache in der dritten Generation halbiert. Tatsächlich funktioniert es aber kaum nach so einfachen mathema-

---

6 *"parlano correntemente se non correttamente l'italiano anche perché io mi son fatta carico di creare occasioni per cui questo avvenisse / non so adesso io dopodomani parto / vado in Friuli / prendo tutto un'ambaradan / lo porto al mare / e creo una specie di villaggio in riva al mare in cui ci sono tutti i nipoti (...) e questo è per me un viaggio in Italia / portargli a Venezia / cioè creargli lo spessore che c'è dietro una cosa perché se no / la lingua può interessare fino a un certo punto"* (IB01_G1, 71).

tischen Regeln. Im Fall von André stellt die eine Herkunftssprache (Italienisch), als die Sprache der Mutter und der in der Umgebung präsenten Großeltern, eindeutig die „stärkere", präsentere der beiden Herkunftssprachen dar, während die andere (Portugiesisch), welche die Sprache des Vaters und der in Portugal lebenden Großeltern ist, viel seltener praktiziert wird und der dritten Generation nur in Ansätzen zur Verfügung steht. In den meisten Fällen von heteroglotten Eltern mit zwei Herkunftssprachen beobachten wir hinsichtlich des Gebrauchs einer der beiden Herkunftssprachen aber eine größere Häufigkeit als bei der Mehrheit der Jugendlichen mit heteroglotten Eltern, die sowohl die Herkunfts- als auch die Lokalsprache sprechen.

Aufgrund der bisherigen Beschreibungen erhält man bereits eine Vorstellung davon, wie individuell unterschiedlich die Sprache der Großeltern in den Familien unseres Samples weitergegeben und von der dritten Generation rezipiert wird. Insgesamt zeigt sich aber in unserem Sample klar, dass es insbesondere die Jugendlichen aus homoglotten Elternpaaren oder aus Familien mit zwei Herkunftssprachen sind, die als funktional zweisprachig bezeichnet werden können. Andererseits scheint ein monolinguales Elternteil mit Lokalsprache die Wahrscheinlichkeit, dass die dritte Generation die Herkunftssprache erwirbt, beträchtlich zu reduzieren.

Neben diesem unbestritten zentralen Faktor der Sprachkonstellation in der Kernfamilie verweisen die Aussagen unserer InterviewpartnerInnen auf weitere familienbezogene Faktoren, die den Erwerb und Gebrauch der Herkunftssprache durch die dritte Generation beeinflussen. Bereits angedeutet wurde einerseits die Intensität der Beziehung zu den in der Schweiz lebenden Großeltern bzw. deren Einstellung und Handeln im Hinblick auf die Weitergabe der Herkunftssprache, andererseits das Vorhandensein bzw. die Intensität transnationaler Beziehungen. Paula und Claire etwa, die im Alltag in der Schweiz kaum in der Herkunftssprache sprechen, „chatten" jedoch regelmäßig in der Herkunftssprache mit ihren Cousins in Spanien bzw. Italien. Die Mutter von Sandra weist darauf hin, wie fruchtbar die Ferienaufenthalte für die Weiterentwicklung der Herkunftssprache ihrer Töchter sind: *Wenn sie dort sind, sprechen sie Italienisch, sie verstehen alles, sogar den Dialekt (...) aber sie machen wirklich Fortschritte wenn sie dort sind (...) Außerdem wird ihnen klar, dass sie dort Freunde finden: wenn sie kein Italienisch könnten, wäre es viel schwieriger, denn sie würden nicht mit ihnen ausgehen, sie könnten nicht mit den anderen kommunizieren.*[7]

---

7   "allora lì parlano italiano / capiscono tutto / anche il dialetto capiscono (...) però è vero che fanno progressi capisci quando sono là (...) e poi vedono che quando vanno in italia che hanno amichetti lì / amichette / beh / se non lo sapessero sarebbero piuttosto un problema / perché sì / non puoi più uscire / non puoi comunicare con gli altri" (IG04_G2, 28, 30, 52).

Als innerfamiliärer Einflussfaktor erweist sich außerdem die Interaktion zwischen Geschwistern. In unserem Sample wird deutlich sichtbar, dass die Erstgeborenen/Älteren die Herkunftssprache in der Regel einfacher erwerben als die Letztgeborenen/Jüngeren, denn letztere sind durch die Präsenz ihrer älteren Geschwister, welche bereits die Lokalsprache sprechen, quasi von Beginn weg beiden Sprachen (Herkunftssprache und Lokalsprache) ausgesetzt. Der starke Einfluss der Umgebungssprache setzt dadurch früher ein und der Erwerb der Herkunftssprache durch die jüngeren Geschwister kann dadurch eingeschränkt werden, was sich wiederum auf ihren Gebrauch der Herkunftssprache auswirken kann (Jacqueline Billiez and Merabti 1990; Fürstenau 2004; Nodari and De Rosa 2003; Pujol 1991).

3.2.2 Familienexterne Faktoren

Ein anderes Erklärungselement für den geringen Gebrauch der Herkunftssprache einiger Befragter ist altersbedingt. Unsere Daten zeigen sehr deutlich, dass der Sprachgebrauch einer Person sich im Verlauf der Zeit und je nach Lebensphase stark verändern kann. Bei zweisprachig aufwachsenden Kindern und Jugendlichen ist gerade das zunehmende Alter ein Faktor, der sich in der Regel deutlich auf die Häufigkeit des Gebrauchs der Herkunftssprache und somit auch auf die Möglichkeit zur Weiterentwicklung deren Kenntnisse auswirkt (Reich and Roth 2002). Ein in dieser Hinsicht erstes einschneidendes Ereignis ist der Eintritt in die Schule und in die Peer-Gruppe. Hier spielt zunächst der Wunsch nach „Gleichsein wie die anderen" eine wichtige Rolle. Er kann bei jenen Jugendlichen, die die Herkunftssprache in der Familie erworben haben, zu einer – zumindest phasenweisen –Verweigerung der Herkunftssprache führen, denn der Gebrauch einer anderen als der Umgebungssprache unterscheidet sie deutlich wahrnehmbar von den Peers. Mehrfach erwähnen die befragten Elternteile der zweiten Generation, dass sich der Gebrauch der Herkunftssprache ihrer Kinder mit Eintritt in den Kindergarten und die Schule schlagartig verringert habe, und zwar auch innerhalb der Familie. So etwa die Mutter von Alba: *Als sie mit dem Kindergarten anfing, sprach sie überhaupt kein Deutsch, aber nach zwei, drei Monaten hat sich dies radikal geändert, sie hat sofort Deutsch gelernt, denn sie sprach nur Deutsch dort, sogar mit uns sprach sie nur noch Deutsch.*[8]

Der Beginn der Adoleszenz (ab ca. 11 Jahren) kann ebenfalls eine Veränderung im Sprachgebrauch der Jugendlichen einleiten. Die Adoleszenz wird häufig

---

8   *"lei ha iniziato l'asilo che non parlava per niente il tedesco / dopo due tre mesi c'è stato un cambiamento enorme / ha imparato subito il tedesco / e di lì parlava solo tedesco / anche con noi solo tedesco"* (IB10_G2, 112).

als eine Phase der besonders intensiven Selbstdefinition bezeichnet – das Konstruieren der eigenen Identität ist in diesem Lebensabschnitt von zentraler Bedeutung für den jungen Menschen (Erikson 1970). Die Jugendlichen experimentieren mit verschiedenen sozialen Rollen, beschäftigen sich intensiv mit Werten und Normen, erwägen unterschiedliche Lebensentwürfe und Gruppenzugehörigkeiten. In dieser Phase des Übergangs ins Erwachsenenleben und der Ablösung von der Primärgruppe kommt der Peergruppe als einer Art „Familienersatz" besondere Bedeutung zu. Während sie bis dahin die Weltbilder und Vorstellungen annahmen, die ihnen von den Eltern und für sie bedeutsamen Erwachsenen vermittelt wurden, werden die Jugendlichen jetzt selbstbestimmter und orientieren sich vermehrt an den Peers. Auch werden sie sich – indem sie vermehrt mit Peers in Kontakt kommen, die sich in mancher Hinsicht von ihnen unterscheiden – ihrer eigenen, von der familiären Herkunft geprägten Besonderheiten bewusster. Es besteht nun nicht mehr vor allen Dingen der Wunsch nach Gleichsein wie die anderen, sondern gleichzeitig auch jener nach Individualität und Sich-Abheben von den anderen. In Phasen oder Situationen, in denen dieser Wunsch dominiert, können Kenntnisse in der Herkunftssprache und ihr Gebrauch für die zweisprachigen Jugendlichen also sehr nützlich sein, indem sie als Zeichen von Individualität eingesetzt werden. So spricht etwa Laura mit einer Freundin, mit der zusammen sie den HSK-Unterricht besucht, auch in der regulären Klasse ab und zu gerne ein bisschen Herkunftssprache und genießt es, dass die anderen sie nicht verstehen: *(...)Mit ihr spreche ich ab und zu Italienisch (...) in der Schule weil die anderen Kinder uns nicht verstehen.* [9] Und ihre Mutter bestätigt, dass ihre Kinder mittlerweile ganz froh seien über ihre Zweisprachigkeit: *Ja, mittlerweile bestimmt, sie sind sich jetzt dessen bewusst... ich glaube, dass sie in der jetzigen Lebensphase froh sind darüber.*[10]

Auch die Zusammensetzung des Peer-Umfeldes scheint als Kontextvariable einen gewissen Einfluss auf die sprachlichen Praktiken der befragten Jugendlichen auszuüben. Marco etwa meint auf die Frage, was seine KollegInnen von seiner Zweisprachigkeit halten: *Alle sprechen eine Sprache, eine andere Sprache.*[11] Allerdings sind anders als zur Schulzeit ihrer Eltern (zweite Generation) in den heutigen Klassen/Schulen italienisch- oder spanischsprachige Jugendliche nicht mehr sehr zahlreich anzutreffen. Zwar berichten die meisten der befragten dritten Generation von vielen zwei- oder mehrsprachigen KlassenkameradInnen, al-

---

9   *"con lei parlo qualche volta italiano (...) in scuola perché gli altri bambini non capiscono"* (IB01_G3_45, 47).
10 *"sì sicuramente adesso / ne sono diventati coscienti / fondamentalmente credo che siano contenti adesso in questa fase della vita sono contenti"* (IB01_G2, 119).
11 *"tutti parlano una lingua / un'altra lingua"* (IB08_G3_66).

lerdings sprechen diese eher Albanisch, Bosnisch, Portugiesisch oder Türkisch, manchmal auch Englisch oder Schwedisch.

Für viele der befragten Jugendlichen ist Zwei- oder Mehrsprachigkeit in ihrem Peerumfeld eher die Norm als eine Ausnahme und sie beobachten auch, dass sie sich nicht nur auf „Migrantenkinder" beschränkt, sondern auch von den „Einheimischen" zunehmend angestrebt und praktiziert wird. Giuseppe erzählt: *es gibt jetzt viele Leute hier in der Schweiz, die nicht nur Deutsch sprechen. Sogar die Schweizer sprechen nicht mehr nur Deutsch, sie können Französisch, Englisch dann gibt es andere die sprechen Deutsch und Türkisch, Deutsch und Spanisch, Deutsch und Portugiesisch. Ich kenne ja viele solche: also jetzt die meisten Jungen in meinem Alter können zwei Sprachen (...).*[12]

Zum Schluss weist Giuseppe allerdings darauf hin, dass die Kommunikationssprache in der vielsprachigen Peergruppe in der Regel die Lokalsprache ist. Einzig einzelne (mit Vorliebe Fluch-) Wörter und Wendungen aus dem vielfältigen sprachlichen Repertoire der Peers scheinen Eingang in die allgemeine Jugendsprache gefunden zu haben.

Einerseits wird also Bilingualismus bzw. Mehrsprachigkeit heute allgemein sehr positiv bewertet (viel stärker als zur Schulzeit ihrer Eltern), er wird von vielen angestrebt und von Jugendlichen beinahe schon als "die Regel" erfahren. Auf die Mehrsprachigen der dritten Generation wirkt das zweifelsohne valorisierend. Sie zeigen sich auch mehrheitlich dieser Tatsache bewusst und sehr zufrieden darüber, dass sie etwas besitzen, was für viele erstrebenswert ist. Cristina z. B. findet, mehrsprachig zu sein sei für junge Menschen heutzutage sehr nützlich, wenn sie in ein anderes Sprachgebiet zögen: *Ja, denn so vergessen sie die Herkunftssprache nicht, sie können kommunizieren, falls sie einmal anderswohin wohnen gehen.*[13]

Andererseits scheinen der dritten Generation aber – anders als zur Jugendzeit ihrer Eltern, die mit ihren FreundInnen der zweiten Generation reges *Code Switching* praktizierten – in ihrem außerfamiliären (Peer-) Umfeld oft die Gelegenheiten zu fehlen, um ihre Kenntnisse in der Herkunftssprache zu benutzen und so aufrecht zu erhalten. Lucia erzählt, sie spreche die Herkunftssprache nur in den Ferien in Italien, wo sie dazu gezwungen sei: *(...)nur in Italien schaffe ich es, italienisch zu sprechen, wenn ich mit meinen Cousinen bin.*[14] Und Lau-

---

12   "*ci sono tante persone adesso qua in Svizzera che non parlano solo il tedesco / anche gli Svizzeri non parlano più solo il tedesco / sanno parlare il francese inglese / però ci sono gli altri che parlano tedesco e turco / tedesco spagnolo / tedesco portoghese conosco tanti / allora adesso i ragazzi della mia età la maggior parte sa parlare due lingue*" (IB02_G3_87, 40, 32).

13   "*sí porque así euh / no se [ll]lo van a olvidar y: pueden comunicar si se van a vivir a otro sitio así*"(EG03_G3_200).

14   "*solo in italia che ce la faccio* [parlare italiano] */ quando c'è i miei cugini*" (IG08_G3_51).

ra meint: *In der Schweiz spreche ich kaum Italienisch, außer mit meinen Eltern oder mit den Großeltern aber mit den Freunden spreche ich nicht so viel Italienisch.*[15] Wie sich eine Veränderung des Peer- oder allgemein des sozialen Umfeldes auf den Gebrauch der Herkunftssprache auswirken kann, zeigt etwa Antonio, der mit 21 Jahren einer der älteren im Sample ist. Er deutet an, dass sich sein Freundeskreis in letzter Zeit stark „verdeutscht" habe und er deswegen deutlich seltener die Herkunftssprache spreche als noch vor einigen Jahren. Gleichzeitig trat er mit Beginn seiner Lehre in einer „italienischen" Autogarage aber in ein berufliches Umfeld ein, das es ihm ermöglicht, wenigstens hier seine Italienischkenntnisse hin und wieder gewinnbringend anzuwenden: *Ich möchte die Sprache nicht verlieren. Aber die Freunde, mit denen ich jetzt immer zusammen bin, sind nicht Italiener. Also so [verliere ich die Sprache]. Aber ich habe meine Lehre in einer italienischen Garage absolviert, wo es auch italienische Kunden gab, so konnte ich immer Italienisch sprechen.*[16]

3.2.3 Der Einfluss der Schule und des institutionellen Diskurses

Mit Schuleintritt kann der Sprachgebrauch der dritten Generation und ihre Einstellung gegenüber der Sprache ihrer Großeltern bzw. ihrer Mehrsprachigkeit auch durch den institutionellen Diskurs der Schule über den Wert verschiedener Sprachen und Mehrsprachigkeit beeinflusst werden. Die von uns befragten Jugendlichen berichten im Interview allerdings kaum davon, dass ihre Mehrsprachigkeit in der Schule spezielle Aufmerksamkeit oder Förderung erfahren würde.

Ein wichtiger Impuls für die Entwicklung der Herkunftssprache vieler befragter Jugendlicher der dritten Generation liefert hingegen der Unterricht in heimatlicher Sprache und Kultur (HSK), der von den Konsulaten Italiens und Spaniens organisiert wird. Er ist in diesem Sinne eine schulische Institution, die eine klare Valorisierung der Herkunftssprache ausdrückt. Obwohl die Jugendlichen nicht immer gerne hingehen, da es für sie oft zusätzliche Schulzeit bedeutet, bietet dieser Unterricht für viele – zum Teil gerade auch für jene, die in der Kernfamilie kaum Herkunftssprache sprechen – eine regelmäßige Gelegenheit, ihre Kenntnisse in der Herkunftssprache zu gebrauchen und weiter zu entwickeln. Auch die Eltern, von denen manche diese Kurse in ihrer Jugend selber besucht haben, sind mehrheitlich von deren Nutzen überzeugt, wenn sie auch zum Teil an

---

15 *"ma in Svizzera non parlo quasi mai in italiano / se non con i genitori qualche volta / e con i nonni e con gli amici / non così tanto"* (IB01_G3_134).

16 *"per me / non è che lo voglio perdere / però i miei amici adesso / quelli che sto sempre insieme / non sono italiani e allora così* [Ad]jo / *però ho fatto pure / quando ho fatto la* [Al]Lehr / *un garage italiano no / poi ci sono un po i clienti italiani e così poi / sempre ho potuto parlare italiano"* (IB03_G3_93).

der Qualität des Unterrichts zweifeln. Die Mutter von Giuseppe urteilt: *Ich schicke meine Kinder in den Italienischkurs. Ich weiß nicht, wie viel sie lernen werden, aber ich schicke sie trotzdem zu diesen Kursen.*[17]

Die Aussagen der befragten Jugendlichen hinsichtlich ihrer Sprachlernwünsche und -pläne deuten insgesamt darauf hin, dass auch Italienisch- und Spanischunterricht an den regulären Schulen einem Bedürfnis der dritten Generation entspricht. Nicht zuletzt kommt dieses Angebot jenen der dritten Generation zugute, die die Sprache ihrer Großeltern nicht innerhalb der Familie erwerben konnten und die sich daher oft auch im HSK-Unterricht nicht wohlgefühlt haben. Riccardo will seine Kenntnisse in der Herkunftssprache nun im Rahmen eines Wahlfachs in der regulären Schule verbessern: *Also wir werden jetzt demnächst Italienischunterricht haben, Italienisch oder Mathe, da werde ich Italienisch wählen*[18]. Aber auch Jugendliche der dritten Generation, die die Herkunftssprache in der Kernfamilie praktizieren, schätzen die Möglichkeit, nach Abschluss der HSK-Kurse ihre Kenntnisse in der Herkunftssprache noch weiter vertiefen zu können, wie das Beispiel von Sandra zeigt: *Während der Sekundarschule hat Sandra die Italienischkurse besucht; jetzt im Gymnasium hat sie wiederum Italienisch als Fach gewählt.*[19]

3.2.4 Der Einfluss des lokalen sprachlichen Umfelds

Schließlich lassen unsere Daten auch einen Einfluss des lokalen sprachlichen Umfelds vermuten, welcher sich in den zwei berücksichtigten Städten – Basel mit Deutsch als Lokalsprache und Genf mit Französisch – widerspiegelt.

Die Analyse der Volkszählungsdaten 2000 (Lüdi and Werlen 2005) wies auf eine größere (sprach-)integrative Wirkung im französischen im Vergleich zum deutschen Sprachgebiet hin: Der Anteil der AusländerInnen der zweiten Generation, die im Jahr 2000 die Lokalsprache als Hauptsprache angaben, ist im französischsprachigen Landesteil erheblich höher (79,7%) als im deutschsprachigen (60,6%). In dieselbe Richtung weist die Beobachtung, dass im deutschen Sprachgebiet von den Personen, die Italienisch als Hauptsprache angaben, 38,8% die Lokalsprache Deutsch als in der Familie ebenfalls gesprochene Sprache nannten, während im französischen Sprachgebiet 68,1% der Haupt-Italienischsprachigen angaben, in der Familie auch Französisch zu sprechen. Betrachtet man die Personen, die Spanisch als Hauptsprache nannten, so sprachen von ihnen in der

---

17 "*li mando ai corsi d'italiano / non so quanto impareranno là / comunque li mando (...) al corso d'italiano*" (IB02_G2, 32, 59, 87).
18 (IB04_G3, 54).
19 "*Sandra ha fatto tutte le scuole medie del corso d'italiano e ora continua ancora al collège / ha scelto ancora l'italiano*" (IG04_G2, 22).

Deutschschweiz 36,6% in der Familie auch Deutsch und in der Romandie 55,8% in der Familie auch Französisch. Die größere integrative Wirkung im französischen Sprachgebiet kann im Falle der romanischen Sprachen Italienisch und Spanisch zum Teil mit der Sprachverwandtschaft zwischen Lokalsprache und Herkunftssprache erklärt werden. Da der Faktor Sprachverwandtschaft aber offensichtlich nicht alles erklärt (das deutsche Sprachgebiet integriert auch bei jenen Sprachen, die zu keiner Landessprache eine genetische Beziehung haben, deutlich weniger), werden als weitere mögliche Erklärungsfaktoren einerseits die Größe der SprecherInnengruppe der Herkunftssprache (je kleiner die Gruppe, desto grösser der Integrationsdruck) und andererseits die Diglossiesituation in der Deutschschweiz herangezogen (Lüdi and Werlen 2005).

Unsere Daten bestätigen die in den Volkszählungsdaten sichtbare Tendenz in Bezug aufs Italienische: Die Verschiebung in Richtung Lokalsprache scheint sich in den interviewten Genfer Familien rascher zu vollziehen als in den Familien, die wir in der Agglomeration Basel befragt haben. Dabei zeigt sich, dass der Faktor der Sprachverwandtschaft vor allem mit Blick auf die erste Generation von entscheidender Bedeutung gewesen ist: Die in die Region Genf eingewanderten Großeltern (erste Generation) scheinen die Lokalsprache rascher in ihr Repertoire integriert zu haben, was in manchen Fällen dazu führte, dass es ihnen zur Gewohnheit wurde, auch mit ihren Kindern (zweite Generation) häufig die Lokalsprache zu sprechen. Dies dürfte dann dazu beigetragen haben, dass sich bei diesen die Lokalsprache noch ausgeprägter zur stärkeren Sprache entwickelte und sie sich zum Teil in der Herkunftssprache zu unsicher fühlten, um sie an ihre eigenen Kinder (dritte Generation) weiterzugeben. In den befragten Basler Familien hingegen ist die zwischen der ersten und zweiten Generation gesprochene Sprache bis heute in jedem Fall Italienisch, weil der ersten Generation die Lokalsprache Deutsch mehr Mühe zu machen scheint. Für die zweite Generation blieb die Herkunftssprache dadurch immer bis zu einem gewissen Grad aktuell und wurde zumindest mit den Eltern praktiziert, und sie waren daher mit Blick auf die Weitergabe an die dritte Generation in diesem Sinne besser „gerüstet".

Was den Erhalt des Spanischen angeht erweist sich – betrachtet man unser Sample – das deutschsprachige Umfeld in Basel allerdings als integrativer als das französischsprachige in Genf. Dies könnte damit erklärt werden, dass die Gruppe der Spanischsprachigen in Basel bedeutend kleiner ist als in Genf, und darum der Integrationsdruck grösser (Lüdi and Werlen 2005). Unsere Daten weisen auch darauf hin, dass der Genfer Kontext (Genf als internationale Stadt, kontinuierliche Zuwanderung Spanischsprachiger, insbesondere auch aus Lateinamerika) nicht nur eine stärkere Präsenz des Spanischen, das auch UNO-Sprache ist, bietet, sondern diese Sprache im öffentlichen Diskurs auch stärker valorisiert wird.

3.3 Bedeutung von Herkunftssprache und Mehrsprachigkeit für die dritte Generation

Welche Bedeutung hat die Herkunftssprache für die befragten Jugendlichen und welche Funktionen erfüllt diese Sprache für sie? Es kann sich dabei um praktische Funktionen, aber auch um identitäre Bedeutungen handeln. Während man sich von den möglichen praktischen Vorteilen des Vertrautseins mit der (Familien-) Sprache eine Vorstellung machen kann, liegt die potentielle identitäre Funktion von Kenntnissen der Herkunftssprachen und funktionaler Mehrsprachigkeit nicht unmittelbar auf der Hand. Die befragten Jugendlichen geben in ihren Aussagen durchaus Hinweise darauf, wie sie die „Identitätsmarker" ihrer Sprachhandlungen erleben bzw. zum Teil sogar gezielt einsetzen.

Die identitäre Funktion der Herkunftssprache und Mehrsprachigkeit begründet sich in der Beziehung zwischen Sprache und sozialer Identifikation. Durch die Betonung bestimmter Merkmale bzw. Differenzen markieren soziale Akteure die Grenzen zwischen sozialen Gruppen, um die Wahrnehmung ihrer (Nicht-)Zugehörigkeit von innen wie auch von außen sicher zu stellen (Barth 1969). Diesen Zugehörigkeits- bzw. Abgrenzungssymbolen oder „Markern" wird identitätsstiftende Wirkung zugeschrieben. Auch Sprache kann in diesem Sinne als Differenz- und Grenzmarker funktionieren: Anhand ihrer sprachlichen Handlungen kann eine Person von anderen einer Gruppe/Kategorie zugeordnet werden, und sie selber kann durch ihren Sprachgebrauch Gruppenzugehörigkeiten, und damit Aspekte ihrer sozialen Identität (Tajfel and Turner 1986), preisgeben.

In einer der unseren vergleichbaren französischen Untersuchung hat Billiez (1985) festgestellt, dass in der Wahrnehmung der Kinder von ImmigrantInnen die Lokalsprache zwar eindeutig ihre bestbeherrschte Sprache ist, dass die Sprache ihrer Eltern für sie aber eine fundamentale symbolische Funktion erfüllt. Die von Billiez befragten Jugendlichen zeigen ein großes Bewusstsein für die Unvollständigkeit ihrer Kenntnisse in der Herkunftssprache und nehmen wohl auch darum diese Sprache weniger in ihrer Funktion als Kommunikationsmittel wahr, sondern als Komponente des Familienerbes, als Zugehörigkeitssymbol bzw. Identitätsmarker.

Die Aussagen etlicher der von uns befragten Jugendlichen deuten darauf hin, dass diese die Herkunftssprache (und Sprachen überhaupt) vor allem als Mittel zur Kommunikation und problemlosen Verständigung sehen und schätzen und damit eine eher instrumentale Haltung gegenüber der Herkunftssprache und allgemein Mehrsprachigkeit zeigen. Die Herkunftssprache zu beherrschen ist in ihren Augen nützlich, um auf Reisen zu gehen, um sich in anderen Sprachgebieten verständigen zu können, um weitere Sprachen zu lernen und bei der Suche nach einem Arbeitsplatz. Robert denkt vor allem an bessere Chancen auf dem Arbeitsmarkt und ökonomischen Mehrwert, den Mehrsprachigkeit bringen kann: *Um später eine Arbeitsstelle zu finden, ist es besser mehrere Sprachen zu können; und Spanisch ist auch eine wichtige Sprache.*[20]

3.3.1 Affektive, symbolische Bedeutung der Herkunftssprache

Gewisse Aussagen der Jugendlichen lassen aber erkennen, dass die Herkunftssprache für sie auch emotional aufgeladen ist und neben einer (potentiellen) praktischen auch eine affektive Bedeutung hat. Auf die Frage, welche seiner Sprachen ihm mehr bedeute, entscheidet sich beispielsweise Giuseppe ohne zu zögern für die Herkunftssprache, und begründet: *Italienisch gefällt mir etwas besser als Deutsch; ich weiß nicht warum, aber es ist einfach so.*[21] Carmen zeigt deutlich, dass sie eine praktische und eine affektive Ebene unterscheidet. Carmen hat als Tochter spanischsprachiger Eltern in ihrer Kindheit einige Jahre in den USA verbracht; daher spricht sie neben der Lokalsprache Französisch fließend Englisch und Spanisch. Für sie persönlich haben ihre „anderen" Sprachen (Englisch und Spanisch) auf einer emotionalen Ebene eindeutig Vorrang vor der Lokalsprache[22], obwohl letztere in Carmens Alltag stark dominiert.

Die Aussagen zeigen tendenziell einen positiven Zusammenhang zwischen der Häufigkeit des Herkunftssprachgebrauch und den im Interview geäußerten Zeichen einer affektiven Einstellung gegenüber dieser Herkunftssprache: Wer die Herkunftssprache in der Familie erworben hat und im Alltag regelmäßig benutzt, zeigt auch eine ausgeprägte affektive Verbundenheit mit dieser Sprache. Die praktische und affektive Bedeutung der Herkunftssprache gehen miteinander einher. Umgekehrt nimmt mit abnehmender Häufigkeit des Gebrauchs der Herkunftssprache im Alltag tendenziell auch die emotionale Bedeutung ab, die die Jugendlichen der Herkunftssprache zuschreiben.

---

20 *"para tener un trabajo después es mejor / conocer muchas lenguas / y el español es / bastante importante"* (EG02_G3_32).
21 *"l'italiano è una lingua che a me mi piace un po' di più del tedesco / non lo so perché però è così"* (IB02_G3_87).
22 (EG05_G3_172).

3.3.2 Identitäre Funktionen der Herkunftssprache

Zu denjenigen, für die die Herkunftssprache eine affektive Bedeutung hat, gehört zweifelsohne auch Giuseppe. Er liefert ein Beispiel dafür, wie eine reklamierte Identität auch sprachlich ausgedrückt werden kann (Liebkind 1999): Giuseppe berichtet, er melde sich am Telefon systematisch in Italienisch: *Am Telefon fange ich immer auf Italienisch an und wenn ich aber realisiere, dass die Person mich nicht versteht, spreche ich Deutsch.*[23] Wenn jemand in einer Situation, in der implizite Normen den Gebrauch einer bestimmten Sprache oder eines bestimmten Sprechstils verlangen, diesen Normen nicht entspricht, so wird das in der Regel als höchst signifikant auf der identitären Ebene interpretiert (Lüdi 1995; Giles 1979). Sich in einer deutschdominierten Umgebung systematisch in Italienisch am Telefon zu melden, weist demnach deutlich darauf hin, dass man eine italienische Identität beansprucht.

Nicht alle Jugendlichen der dritten Generation bestätigen den linearen Zusammenhang zwischen Gebrauch der Herkunftssprache und Zuschreibung einer affektiven Bedeutung an die Herkunftssprache. Viele zeigen systematisch ein leicht höheres Ausmaß an affektiver Verbundenheit mit der Sprache ihrer Großeltern als ihr relativ seltener Gebrauch der Herkunftssprache erwarten ließe. Im Vergleich zur Gebrauchshäufigkeit beobachten wir gewissermaßen eine emotional „übersteigerte" positive Einstellung ihrer Herkunftssprache gegenüber. Dies bestätigt eine Beobachtung Stössleins (2005): Je weiter die Sprachverschiebung fortgeschritten ist, desto häufiger komme es vor, dass die Betroffenen eine affektiv übersteigerte Einstellung zur Herkunftssprache und -kultur zeigten. Dies könne sowohl bei Personen vorkommen, die noch über die Herkunftssprache verfügen, wie auch bei solchen, die sie nicht (mehr) beherrschen.

So äußern einige Jugendliche den Wunsch, das Verpasste nachzuholen und die Sprache ihrer Großeltern schulisch noch zu erlernen oder zu perfektionieren. Einige sind auch bereits in diesem Sinne aktiv geworden, indem sie sich eigenständig für den Besuch entweder des HSK-Unterrichts oder eines herkunftssprachlichen Unterrichtsangebots im Rahmen der regulären Schulbildung entschieden haben. Im Fall der heute 20–jährigen Giovanna gab, als sie ca. 15-jährig war, weniger die Familie als ein spezifisches Peer-Umfeld den Anstoß zu einer „italienischen Phase" (*Vor 3- 4 Jahren war ich in meiner italienischen Phase)*[24]. Wie ihre Mutter erzählt, verbrachte Giovanna damals viel Zeit mit FreundInnen, die selber ItalienerInnen der zweiten Generation waren. Mit deren Familie fuhr sie auch

---

23 "Q: e quando parli al telefono / in quale lingua parli?] *io inizio sempre in italiano ma però se poi capisco che non mi capisce parlo in tedesco*" (IB02_G3_113).
24 "*3-4 anni fa (...) ero nel mio periodo italiano*" (IG03_G3_214).

in die Ferien nach Italien: *Als sie ins Gymnasium kam, sprach sie weder von Italienisch noch vom Wunsch, nach Italien zu fahren. Das hat sie erst mit 15 Jahren angefangen (...) es war für sie eine Möglichkeit sich abzugrenzen, z.B. den Freunden gegenüber. Ich glaube aber, dass es auch die Ferien am Meer waren, die das auslösten.*[25] Diese Erlebnisse ließen Giovanna sich ihrer eigenen italienischen Wurzeln bewusster werden und weckten in ihr den starken Wunsch, die Sprache ihrer Großeltern zu lernen, worauf sie sich im Gymnasium zum Italienischunterricht einschrieb und später auch einen mehrwöchigen Sprachaufenthalt in Florenz absolvierte. Auch bat sie in dieser Zeit ihre Mutter, ihr den italienischen Pass ausstellen zu lassen, auf den sie qua Abstammung Anrecht hatte. Giovanna sagt: *Nach der Reise wollte ich die italienische Staatsbürgerschaft haben. Ich weiß aber nicht, warum. Diese Reise hat mir so gut gefallen, dass ich den Pass wollte.*[26]

Die Aussagen etlicher der befragten Jugendlichen deuten also darauf hin, dass die Herkunftssprache für die sie, unabhängig vom Grad ihrer Beherrschung dieser Sprache, eine symbolische und identitäre Bedeutung hat.

4. Synthese

Wir haben dargestellt, wie sich der alltägliche Sprachgebrauch von Jugendlichen der dritten Generation in der Schweiz präsentiert und welchen Platz die Herkunftssprachen ihrer in den 1950er und 1960er Jahren eingewanderten Großeltern – Italienisch bzw. Spanisch – darin einnehmen. Obwohl der Gebrauch der Herkunftssprache tendenziell mit jeder Generation abnimmt, kann man nicht von Lokalsprache-Einsprachigkeit bei den Enkelkindern italienischer und spanischer Eingewanderter in der Schweiz sprechen. Vielmehr beobachtet man bei vielen einen soliden funktionalen Bilingualismus, sogar bei Jugendlichen, bei denen ein Elternteil die Herkunftssprache nicht oder nur ansatzweise beherrscht. Diese Beobachtung deutet darauf hin, dass sich wie angenommen die schweizerische bzw. europäische Dynamik bei der intergenerationellen Sprachverschiebung von derjenigen im nordamerikanischen Kontext unterscheidet.

Wir haben familienbezogene und extra-familiale Faktoren identifiziert, die den Erwerb und Erhalt der Herkunftssprache bzw. die Entwicklung eines zufrie-

---

25 *"quando ha cominciato il collège / prima non parlava di italiano / di andare in Italia / no / ha cominciato a 15 anni (...) c'était une façon de se démarquer aussi / je sais pas (...) par rapport aux copains / mais je pense que le déclic c'était quand même les vacances avec / au bord de la mer / avec / je sais pas / c'est ça qui a fait le déclic »* (IG03_G2_188-191).

26 *"dopo il viaggio / volevo avere la nazionalità italiana ma non so perché / questo viaggio mi è piaciuto molto / allora / così ho detto voglio il passaporto"* (IG03_G3_112).

denstellenden funktionalen Bilingualismus bei der dritten Generation beeinflussen. Was die familienbezogenen Faktoren angeht, so gewährleisten in vielen Fällen die räumliche Nähe und das Engagement der Großeltern bei der Betreuung der Enkelkinder sowie die transnationalen Beziehungen und Aktivitäten den Erwerb der Herkunftssprache oder zumindest ein erstes Vertraut werden der Kinder mit der Sprache ihrer Großeltern. Weiter hat sicher die Sprachkonstellation in der Kernfamilie (homo- oder heteroglotte Elternpaare) einen großen Einfluss. Begünstigende familienbezogene Faktoren alleine können allerdings keinen dauerhaften funktionalen Bilingualismus der dritten Generation garantieren. Erst im Zusammenspiel mit extra-familialen Kontextfaktoren kann sich dieser festigen. Ohne intra-familiale unterstützende Faktoren kein Bilingualismus, ohne extra-familiale begünstigende Faktoren stehen die Chancen für solide Zweisprachigkeit ebenfalls schlecht.

Insgesamt geben die Gespräche mit den Enkelkindern von MigrantInnen aufschlussreiche Hinweise darauf, wie die der Sprache ihrer Großeltern zugeschriebene Bedeutung und die Kenntnisse in der Herkunftssprache im identitären Prozess der Jugendlichen zum Tragen kommen. Unsere Studie lässt aber vermuten, dass ihre Kenntnisse in der Herkunftssprache für die Jugendlichen nicht nur für die Selbst-Identifikation unter national-ethnischem Gesichtspunkt, sondern auch mit Blick auf die Zugehörigkeit zur (stark international konnotierten) Gruppe der „Mehrsprachigen" bedeutend sind. Denn funktionale Zweisprachigkeit ist nicht nur das Resultat familialer Reproduktion der (nationalen) Identität, sondern auch eine in der heutigen globalisierten Gesellschaft stark valorisierte individuelle Eigenschaft, die wichtige Türen öffnet. Durch praktizierte Zwei-/Mehrsprachigkeit können die Schweizer Jugendlichen italienischer und spanischer Abstammung heute als Individuen eine positive soziale Identität als „Mehrsprachige" beanspruchen.

Die heute breite gesellschaftliche Anerkennung und hohe Bewertung vielfältiger Sprachkenntnisse sowie der relativ hohe Status, den die italienische (als nationale) bzw. spanische (als internationale) Sprache und die jeweilige Sprachgemeinschaft in der Schweiz genießen, kreieren grundsätzlich einen günstigen Kontext zur Verwirklichung familiärer Strategien zur Förderung des Gebrauchs der Herkunftssprache in der dritten Generation.

Literatur

Alba, R. (2004). Language Assimilation Today: Bilingualism Persists More Than in the Past, But English Still Dominates. Working Papers, Center for Comparative Immigration Studies, UC San Diego, 11-01-2004.

Alba, R., Logan, J., Lutz, A., & Stults, B. (2002). Only english by the third generation? Loss and preservation of the mother tongue among the grandchildren of contemporary immigrants. Demography, 39 (3), 467-484.

Alba, R., & Nee, V. (2003). Remaking the American Mainstream: Assimilation and Contemporary Immigration. Cambridge: Harvard University Press.

Barth, F. (Hrsg.). (1969). Ethnic Groups and Boundaries: The Social Organisation of Culture Difference. Boston: Little, Brown.

Billiez, J. (1985). La langue comme marqueur d'identité. Revue européenne des migrations internationales, 1 (2), 95-105.

Billiez, J., & Merabti, N. (1990). Communication familiale et entre pairs : variations du comportement langagier d'adolescents bilingues. . Plurilinguisme, 1, 34-52.

Bolzman, C., Fibbi, R., & Vial, M. (2003). Secondas – secondos : le processus d'intégration des jeunes adultes issus de la migration espagnole et italienne en Suisse. Zurich: Seismo.

Candelier, M. (2003). L'éveil aux langues à l'école primaire. Evlang: bilan d'une innovation européenne. Bruxelles: De Boeck&Larcier.

Casesnoves Ferrer, R. (2002). La transmission intergénérationnelle du valencien et son usage comme langue seconde. . Langage et société (101), 11-33.

Cavallaro, F. (2005). Language Maintenance Revisited: An Australian Perspective. Bilingual Research Journal, 29 (3), 561-582.

Deprez, C. (1994). Les enfants bilingues : langues et familles. : Collection Credif.

Erikson, E. H. (1970). Jugend und Krise. Stuttgart: Klett-Cotta.

Esser, H. (2006). Migration, Sprache und Integration. Berlin: Arbeitsstelle Interkulturelle Konflikte und gesellschaftliche Integration (AKI), Wissenschaftszentrum Berlin für Sozialforschung (WZB).

Fishman, J. A. (1972). The Sociology of Language. Rowley, MA: Newbury.

Fishman, J. A. (1980). Language Maintenance. In S. Thernstrom, A. Orlov, & O. Handlin (Hrsg.), Harvard Encyclopedia of American Ethnic Groups (S. 629-638). Cambridge: Harvard University Press.

Fishman, J. A., Nahirny, V., Hoffman, J., & Hayden, R. (1966). Language Loyalty in the United States. The Hague: Mouton.

Flick, U. (2005). Qualitative Sozialforschung. Eine Einführung (rowohlts enzyklopädie). Reinbek bei Hamburg: Rowohlt Taschenbuch Verlag.

Franceschini, R., Müller, M., & Schmid, S. (1984). Comportamento linguistico e competenza dell'italiano in immigrati di seconda generazione : un'indagine a Zurigo. Rivista italiana di dialettologia, 8, 41-72.

Fürstenau, S. (2004). Mehrsprachigkeit als „Kapital" im „transnationalen sozialen Raum". Perspektiven portugiesischsprachiger Jugendlicher beim Übergang von der Schule in die Arbeitswelt. Münster/New York: Waxmann.

Giles, H. (1979). Ethnicity markers in speech. In K. R. Scherer, & H. Giles (Hrsg.), Social markers in speech (S. 251-289, European studies in social psychology). Paris, Cambridge: Maison des Sciences de l'Homme and Cambridge University Press.

Glick Schiller, N., Basch, L., & Blanc-Szanton, C. (1992). Transnationalism : a new analytic framework for understanding migration. In N. Glick Schiller, L. Basch, & C. Blanc-Szanton (Hrsg.), Towards a transnational perspective on migration : race, class, ethnicity and nationalism reconsidered (S. 1-24). New York: New York Academy of Sciences.
Liebkind, K. (1999). Social Psychology. In J. A. Fishman (Hrsg.), Handbook of Language and Ethnic Identity (S. 140-151). Oxford etc.: Oxford University Press.
Lüdi, G. (1995). L'identité linguistique des migrants en question: perdre, maintenir, changer. In G. Lüdi, & B. Py (Hrsg.), Changement de langage et langage du changement. Aspects linguistiques de la migration interne en Suisse. (S. 203-292). Lausanne: L'Âge d'Homme.
Lüdi, G., & Werlen, I. (2005). Sprachenlandschaft in der Schweiz. Neuchâtel: Office fédéral de la statistique.
Milza, P. (1995). L'intégration des immigrés italiens dans la région parisienne. Une grande enquête revisitée, . In A. Bechelloni, M. Dreyfus, & P. Milza (Hrsg.), L'intégration italienne en France (S. 85-106). Paris: Edition Complexe. Questions au XXe.
Moretti, B., & Antonini, F. (2000). Famiglie bilingui. Modelli e dinamiche di mantenimento e perdita di lingua in famiglia Locarno: Dadò. .
Nodari, C., & De Rosa, R. (2003). Mehrsprachige Kinder : ein Ratgeber für Eltern und andere Bezugspersonen. Bern [etc.]: Haupt Verlag.
Portes, A. (1997). Globalization from Below: The Rise of Transnational Communities: Princeton University.
Pujol, M. (1991). L'alternance de langue comme signe de différenciation générationnelle. Langage et société (58), 37-64.
Reich, H. H., & Roth, H.-J. (2002). Spracherwerb zweisprachig aufwachsender Kinder und Jugendlicher : ein Überblick über den Stand der nationalen und internationalen Forschung. Hamburg [etc.]: SIZ – SchulInformationsZentrum [etc.].
Schärer, R. (2000). Politiques linguistiques pour une Europe multilingue et multiculturelle. Rapport final. Portfolio européen des langues. Phase pilote 1998 – 2000. (S. 67). Strasbourg: Conseil de l'Europe, Conseil de la Coopération Culturelle.
Stevens, G. (1992). The Social and Demographic Context of Language Use in the United States. American Sociological Review, 57, 171-185.
Stösslein, H. (2005). Die Einstellung linguistischer Laien der ersten, zweiten und dritten Latino-Generation beim spanisch-englischen Sprachkontakt in den Vereinigten Staaten von Amerika (Vol. Inauguraldissertation, Sprach- und Literaturwissenschaftliche Fakultät). Bamberg: Otto-Friedrich-Universität Bamberg.
Tajfel, H., & Turner, J. C. (1986). The social identity theory of intergroup behaviour. In S. Worchel, & W. G. Austin (Hrsg.), Psychology of intergroup relations. Chicago: Nelson-Hall.
Witzel, A. (2000). Das problemzentrierte Interview. Forum Qualitative Sozialforschung (online), 1 (1).
Yagmur, K., Bot, K. d., & Korzilius, H. (1999). Language attrition, language shift and ethnolinguistic vitality of Turkish in Australia. Journal of multilingual and multicultural development, 20 (1), 51-69.
Zouali, O. (1997). Maintien de la langue d'origine et acquisition de la langue seconde chez des élèves maghrébins à Montréal. In M.-L. Lefebvre, & M.-A. Hily (Hrsg.), Les situations plurilingues et leurs enjeux (S. 249-266): L'Harmattan.

Intergenerationale Werteähnlichkeit, Distanz zu gesellschaftlichen Mainstream-Werten und subjektives Wohlbefinden von MigrantInnen

Andreas Hadjar / Klaus Boehnke / Ariel Knafo / Ella Daniel / Anna-Lena Musiol / David Schiefer / Anna Möllering

1. Einleitung

Intergenerationale Wertetransmissionsprozesse – und damit auch die Ähnlichkeit zwischen den Werteprioritäten der Eltern und denen der Kinder als Produkt dieser Prozesse – sind essentiell für die Reproduktion der Kultur einer Gesellschaft. Ein wesentliches Motiv, die Werthaltungen der Eltern bzw. der Gesellschaft zu übernehmen, kann aus der rationalen Perspektive der Theorie der sozialen Produktionsfunktionen (Ormel et al. 1999) darin gesehen werden, dass über Verhaltensbestätigung subjektives Wohlbefinden produziert werden kann. Die Dimension der Verhaltensbestätigung wird als „the feeling of doing ‚the right thing' in the eyes of relevant others (including yourself)" (Lindenberg 2002, S. 649) beschrieben, wobei dies auch die Übereinstimmung hinsichtlich verhaltensrelevanter Normen und Werten von Bezugspersonen und -gruppen beinhaltet.

Ziel dieses Beitrags ist es, die Verbindung zwischen Eltern-Kind-Werteähnlichkeit (intergenerationaler Werteähnlichkeit) und subjektivem Wohlbefinden bei Familien mit Migrationshintergrund bzw. Minderheitenstatus[1] und bei Familien der jeweiligen Mehrheitsgesellschaft in Israel und Deutschland zu untersuchen. Die grundlegende These ist dabei, dass die Übereinstimmung des Kindes mit den Werten der Eltern Konsonanz im Sinne Festingers (1957) bzw. Verhaltensbestätigung im Sinne Lindenbergs (2002) produziert, die als wichtige Ressourcen zur Produktion subjektiven Wohlbefindens fungieren. Dass diese These auf Familien der Mehrheitsgesellschaft genauso zutrifft wie auf Familien mit Migrationshintergrund bzw. Minderheitenstatus ist in Zweifel zu ziehen, denn unter MigrantInnen/Minderheitenfamilien kann Eltern-Kind-Werteähnlichkeit mit einer

---

1 Wie im Folgenden genauer aufgezeigt wird, fokussieren die Untersuchungen in Israel auch dort lebende Araber. Da diese keine Migrantinnen bzw. Migranten darstellen, wird hinsichtlich dieser Gruppe von Minderheitenstatus gesprochen.

größeren Distanz zu den Wertprioritäten der Mehrheitsgesellschaft einhergehen. Dies gilt insbesondere dann, wenn die Eltern MigrantInnen der ersten Generation sind – also selbst immigriert sind – und die Kinder im Aufnahmeland geboren wurden und somit der zweiten Migrationsgeneration angehören. Die Grundlage der Analysen bilden zwei Stichproben für Deutschland und Israel, in denen Jugendliche und deren Eltern aus spezifischen Migrations- bzw. Minderheitengruppen und der jeweiligen Mehrheitsgesellschaft enthalten sind. Ein Vergleich zwischen Israel und Deutschland verspricht ein gewisses Erkenntnispotenzial, weil beide Länder durch klare Gemeinsamkeiten, aber auch durch starke kulturelle Unterschiede gekennzeichnet sind: In beiden Ländern leben große Migrationspopulationen aus der ehemaligen Sowjetunion und muslimische Minoritäten (arabische Minderheit in Israel, türkische ImmigrantInnen in Deutschland). Andererseits unterscheiden sich die grundlegenden Einstellungen gegenüber Immigration in beiden Ländern: Während Israel auf Basis einer Immigrationsideologie unter Bevorzugung jüdischer Immigranten gegründet wurde (Smooha 2002), wurde Deutschland lange Zeit nicht als Einwanderungsland verstanden (Kolb 2008).

2. Der Forschungsstand zur intergenerationalen Werteähnlichkeit

Ähnlichkeit zwischen Eltern- und Kind-Werten kann auf verschiedenen Wegen zustande kommen: a) Transmissionsprozesse im Sinne einer Übertragung von Eltern-Werten auf die Kinder, b) Rückwirkungen im Sinne einer Anpassung der Werte der Eltern an die Werte der Kinder und c) kontextuelle Einflüsse, die sowohl die Werte der Eltern als auch der Kinder prägen (Knafo 2003; Kohn 1983). In der Literatur gibt es ebenso vermeintliche Hinweise auf genetische Grundlagen von Werteähnlichkeit (Knafo und Spinath 2011).

Boehnke et al. (2007) weisen darauf hin, dass intrafamiliale Wertetransmissionsprozesse immer vor dem Hintergrund des spezifischen gesellschaftlichen Kontexts, in dem die Familien leben, analysiert werden sollten. Sowohl Eltern als auch Kinder stehen über Freundesgruppen, Massenmedien, Schulen oder ihr Arbeitsumfeld in einem permanenten Austausch mit außerfamiliären Umwelten. Kontexteffekte können auch von einem spezifischen gesellschaftlichen Werteklima ausgehen, das Boehnke und seine Kollegen als „Zeitgeist" im Sinne eines aktuellen modalen Werteklimas in einer Gesellschaft spezifizieren.

Über die Eltern-Kind-Werteähnlichkeit hinaus können Individuen auch davon profitieren, die Werte der Mehrheitsgesellschaft bzw. von spezifischen Bezugsgruppen zu teilen, denn eine solche Übereinstimmung ist mit dem Gefühl, „richtig zu sein", und mit Verhaltensbestätigung im Sinne Lindenbergs (2002) als wichtigem Bestimmungsfaktor des subjektiven Wohlbefindens verbunden. Einen theoretischen Hintergrund für diesen Mechanismus liefert auch die „Person-Environment-Fit–Theory" in ihrer ursprünglichen Form von Pervin (1968) oder ihrer aktuellen Konzeptualisierung von Fulmer et al. (2010).

3. Migrationshintergrund/Minderheitenstatus und intergenerationale Werteähnlichkeit

Hinsichtlich von Familien der Mehrheitsgesellschaft sowie von Familien mit Migrationshintergrund bzw. Minderheitenstatus sind differenzierende theoretische Überlegungen notwendig. Bei Migrationsfamilien sind zwar Eltern und Kinder in Akkulturationsprozesse eingebunden (Vedder et al. 2008), aber sie teilen nicht zwingend die gleichen Erfahrungen, noch haben sie die gleichen Bezugsgruppen. Auch können sich unter MigrantInnen die Akkulturationsziele zwischen Eltern und Kindern unterscheiden. Während die Elterngeneration zumeist ein stärkeres Interesse daran hat, die traditionellen Werte der Herkunftskultur beizubehalten, haben die Kinder bzw. Jugendlichen aus diesen Familien u. a. über ihre Einbindung in Bildungsinstitutionen einen stärkeren Kontakt zur Mehrheitsgesellschaft. Für diese Generation sind „experiences with the society of settlement [...] especially salient" (Vedder et al. 2008, S. 643). Jugendliche mit Migrationshintergrund sind „socialized by their families into the culture of their parents' origin, and then they are socialized into the culture of the country of residence by that country's education and social system" (Kwast-Welfel et al. 2008, S. 194). Für Jugendliche aus Minderheitenfamilien ohne Migrationshintergrund können ähnliche Mechanismen im Spannungsfeld zwischen dem Umfeld der Elterngeneration und dem Umfeld der folgenden Generation, d.h. der Jugendlichen, angenommen werden.

Infolge der angesprochenen differentiellen Akkulturationsprozesse, differentieller Erfahrungen und differentieller Bezugsgruppen sollte das Ausmaß an Eltern-Kind-Werteähnlichkeit bei Migrationsgruppen bzw. Minderheiten geringer sein als bei Familien der Mehrheitsgesellschaft. Des Weiteren können die Veränderungen im familialen System, die sich aus der Migrationserfahrung ergeben können, die Beziehungen innerhalb der Familie negativ beeinflussen und zu einer schwächeren Kommunikation und letztlich schwächeren Wertetransmissionsprozessen führen. Aus diesen Überlegungen heraus erwarten wir eine geringere intergenerationale Werteähnlichkeit für Familien mit Migrationshintergrund bzw. Minderheitenstatus.

Hypothese 1: Die Eltern-Kind-Werteähnlichkeit ist höher bei Familien ohne Migrationshintergrund bzw. Minderheitenstatus (Mehrheit) als bei Familien mit Migrationshintergrund bzw. Minderheitenstatus.

4. Intergenerationale Werteähnlichkeit und subjektives Wohlbefinden

Im Interesse dieser Untersuchung zur Eltern-Kind-Werteähnlichkeit liegt deren Verbindung zum subjektiven Wohlbefinden des Kindes bzw. Jugendlichen. Fokussiert wird dabei auf die Lebenszufriedenheit als kognitivem Aspekt des subjektiven Wohlbefindens, definiert als „how people evaluate their lives – both at the moment and for longer periods" (Diener et al. 2003, S. 404).

Eine entsprechende Verbindung zwischen Werteähnlichkeit und subjektivem Wohlbefinden lässt sich zunächst allgemein aus der Theorie der kognitiven Dissonanz von Festinger (1957) ableiten, nach der Wertekonsonanz innerhalb des eigenen Wertesystems als auch in zwischenmenschlichen Beziehungen als zentrales Ziel menschlicher Motivation dargestellt wird (Rosenberg 1977). Eine detailliertere Herleitung eines Zusammenhangs zwischen Eltern-Kind-Werteähnlichkeit und subjektivem Wohlbefinden erlaubt die Theorie der sozialen Produktionsfunktionen (Ormel et al. 1999, S. 66) mit ihrer zentralen Annahme, „that people produce their own well-being by trying to optimize achievement of universal goals". Zu den Zielen erster Ordnung (instrumentelle Ziele) gehören Stimulation, Komfort, Status, Verhaltensbestätigung und Affekt. Eltern-Kind-Werteähnlichkeit ist eng verbunden mit dem instrumentellen Ziel der Verhaltensbestätigung: „Compliance with external and internal norms" (Ormel et al. 1999, S. 67) ist ein wesentliches Instrument zur Produktion subjektiven Wohlbefindens. Auch wenn nicht davon ausgegangen werden kann, dass Eltern die einzigen Bezugspersonen bzw. Bezugsgruppen ihrer Kinder darstellen, ist Eltern-Kind-Werteähnlichkeit eine wichtige Ressource zur Produktion von Konsonanz und Verhaltensbestätigung. Ein Mangel an Übereinstimmung von den Werten des Kindes mit denen der Eltern geht wahrscheinlich mit einem reduzierten subjektiven Wohlbefinden einher.

Es lässt sich allerdings auch entgegengesetzt argumentieren, dass Jugendliche im Rahmen des Prozesses der Individuation auch gezielt die Werte ihrer Eltern in Frage stellen (Grusec und Goodnow 1994). „[T]hey actively 'test' their values in terms of their compatibility with the values of the outside world and a peer group during their adolescence and young adulthood" (Kwast-Welfel et al. 2008, S. 194). Eine zunehmende Unähnlichkeit zwischen den Werten der Jugendlichen und der Eltern könnte aus diesem Blickwinkel Ausdruck zunehmender Autonomie sein und entsprechend auch positiv mit dem Wohlbefinden des Jugendlichen verknüpft sein. Dennoch soll von der These einer positiven Beziehung zwischen Werteähnlichkeit und subjektivem Wohlbefinden ausgegangen werden (Knafo und Assor 2007). Während eine oppositionelle Haltung der Jugendlichen in konkreten Einstellungen (*lifestyle attitudes*) vermutlich unter bestimmten Voraussetzungen Wohlbefinden fördern kann, ist für allgemeine Werthaltungen (*basic values*) nicht anzunehmen, dass das Nicht-Übereinstimmen von grundlegenden Werten zwischen Eltern und Kindern das Wohlbefinden erhöht (Bernard et al. 2006). Biographische Studien zu Jugendlichen der deutschen Nachkriegsgeneration (Plowman 1998) zeigen, dass deren massive Distanzierung von den Werten der Eltern nicht mit Wohlbefinden, sondern vielmehr mit einem politischen und moralisch notwendigen Unbehagen einherging.[2]

Hypothese 2: Je höher die Eltern-Kind-Werteähnlichkeit ist, desto höher ist das subjektive Wohlbefinden des Kindes.

Dieser Zusammenhang erscheint nicht gleichermaßen plausibel für Familien der gesellschaftlichen Mehrheit und Familien mit Migrationshintergrund bzw. Minderheitenstatus. Weil in Migrations- bzw. Minderheitenfamilien die elterlichen Werte mit einer höheren Wahrscheinlichkeit mit gesellschaftlichen Werten konfligieren, sollte Eltern-Kind-Werteähnlichkeit in diesen Familien in geringerem Ausmaß positiv mit dem subjektiven Wohlbefinden des Kindes assoziiert sein. Familiale Werteprioritäten und gesellschaftliche Werteprioritäten klaffen vor allem in Familien der ersten Migrationsgeneration auseinander, die in ein Land (country of destination) immigriert sind, dessen kulturelle Rahmenbedingungen (Werteprioritäten, religiöse Aspekte, etc.) sich stark von den Bedingungen im Ursprungsland (country of origin) unterscheiden.

Hypothese 3: Bei Familien mit Migrationshintergrund bzw. Minderheitenstatus ist die Verbindung zwischen Eltern-Kind-Werteähnlichkeit und subjektivem Wohlbefinden schwächer ausgeprägt als bei Familien ohne Migrationshintergrund bzw. Minderheitenstatus (Mehrheit).

---

2 Aus psychologischer Perspektive wird der Zusammenhang zwischen der Übereinstimmung mit Bezugsgruppen und subjektivem Wohlbefinden von der Big-Five-Dimension der sozialen Verträglichkeit (De Raad 2000) moderiert. Bei einem Individuum mit einer niedrigen Ausprägung dieser Dimension sollten Konsonanz oder Übereinstimmung irrelevant für das subjektive Wohlbefinden sein.

5. Gesellschaftliche Mainstream-Werte und subjektives Wohlbefinden

Ein wesentlicher Faktor für die Unterschiede hinsichtlich dieser Prozesse zwischen Familien mit Migrationshintergrund bzw. Minderheitenstatus und den Familien ohne solche Hintergründe ist sicherlich die Distanz zu gesellschaftlichen Mainstream-Werten, d. h. zu dem in der Mehrheitsbevölkerung geteilten Wertekanon, der aus dem politisch-konservativen Lager auch mit dem problematischen Begriff der „Leit-Kultur" umschrieben wird. Einführend ist anzumerken, dass ein solcher gesellschaftlicher Wertemainstream nur ein heuristisches Konstrukt darstellt, denn der Wertekosmos einer Gesellschaft ist schwer zu fassen und unterscheidet sich zwischen Subgruppen (z. B. Sozialschichten, Altersgruppen). Wenn im Rahmen dieser Analysen von den Werteprioritäten der Mehrheitsgesellschaft bzw. den Mainstream-Werten die Rede ist, bezieht sich das auf ein empirisches Konstrukt – nämlich auf die Mittelwerte bezüglich einzelner Werteprioritäten, die auf Basis aller Personen der jeweiligen Stichprobe (Israel, Deutschland) berechnet wurden, die keinen Migrationshintergrund haben bzw. die Angehörige der jeweiligen ethnischen Mehrheit sind. Diese Vorgehensweise entspricht der Konzeptualisierung eines gesellschaftlichen „Zeitgeists" durch Boehnke und Kollegen als „modal current value climate of a society" (Boehnke et al. 2007, S. 779). Die Idee eines von den Mitgliedern einer Gesellschaft geteilten Wertekanons, der wiederum einen Teil des gesellschaftlichen Umfelds der einzelnen Individuen darstellt, und dass dieser Wertekanon mathematisch auf Basis empirischer Daten bestimmt werden kann, findet sich ebenso im „culture consensus model" von Romney (1999).

Die Präferenz von Werteprioritäten, die denen des gesellschaftlichen Mainstream ähnlich sind, könnten ebenso zur Produktion dessen beitragen, was Ormel et al. (1999) als Konformität bzw. Verhaltensbestätigung bezeichnen und damit auch der Produktion von subjektivem Wohlbefinden dienen. Familien mit Migrationshintergrund – und hier vor allem MigrantInnen der ersten Generation – oder Minderheitenstatus unterscheiden sich mit einer größeren Wahrscheinlichkeit von diesem Wertekanon der Mehrheitsgesellschaft, wenn sie in einem differentiellen kulturellen Kontext gelebt haben bzw. leben. Weil, wie bereits angedeutet, insbesondere bei Jugendlichen mit Migrationshintergrund oder Minderheitenstatus eine höhere Eltern-Kind-Werteähnlichkeit gleichbedeutend mit einer höheren Distanz zu gesellschaftlichen Mainstream-Werten sein kann, müssen hinsichtlich des subjektiven Wohlbefindens und der Verhaltensbestätigung als Produktionsmittel sowohl die Eltern-Kind-Werteähnlichkeit als auch die Distanz zu gesellschaftlichen Mainstream-Werten in Betracht gezogen werden. Wiederum kann auf die kognitive Dissonanztheorie (Festinger 1957) und die Theorie der sozialen Produktionsfunktionen (Ormel et al., 1999) zurückgegriffen werden, um theoretisch zu plausibilisieren, warum eine größere Dissonanz zwischen individuellen Werten und gesellschaftlichen Mainstream-Werten eine reduzierende Wirkung auf das individuelle subjektive Wohlbefinden haben könnte. Aus zwei Gründen sollten die postulierten Zusammenhänge vor allem für Familien mit Migrationshintergrund bzw. Minderheitenstatus gelten: Erstens sind insbesondere MigrantInnen Adressaten eines gesellschaftlichen Drucks, sich sozial zu integrieren und den in konservativen Kreisen als „Leit-Kultur" bezeichneten Wertekanon zu übernehmen. Zweitens sind die Werte von Minderheiten sowie MigrantInnen bereits per Definition weiter entfernt von denen der Mehrheit. Daher sollte der negative Zusammenhang zwischen der Distanz zu den Mainstream-Werten und dem subjektiven Wohlbefinden bei MigrantInnen wie auch Minoritäten besonders stark ausgeprägt sein.

Hypothese 4: Bei Familien mit Migrationshintergrund bzw. Minderheitenstatus geht eine stärkere Distanz der familialen Werte zu den gesellschaftlichen Mainstream-Werten mit einem geringeren subjektiven Wohlbefinden der Jugendlichen aus diesen Familien einher.

6. Das Bildungsniveau der Eltern als Kontrollvariable

Das Bildungsniveau der Familie wird als Kontrollvariable in Betracht gezogen. Befunde zeigen, dass in Familien, in denen die Eltern über höhere Bildungsabschlüsse verfügen, eine häufigere und intensivere Kommunikation über Wertprioritäten stattfindet und in diesen Familien daher Wertetransmissionsprozesse und entsprechend die Eltern-Kind-Werteähnlichkeit ausgeprägter sind (Boehnke et al. 2007). Zudem ist Bildung auch positiv mit subjektivem Wohlbefinden assoziiert, denn im Sinne der Theorie der sozialen Produktionsfunktionen (Ormel et al. 1999) ist Bildung ein bedeutsames Produktionsmittel für das instrumentelle Ziel Status, aber auch für Komfort und Verhaltensbestätigung. Bildung geht weiterhin mit höheren sozialen Kompetenzen, Empathie und Wissen einher. Höher Gebildete können besser einschätzen, welche Normen und Werthaltungen ihre Bezugsgruppen teilen. Schließlich können Familien mit einem höheren Bildungsniveau und einem entsprechend höheren Sozialstatus und Einkommen auf eine breitere Basis an Ressourcen zurückgreifen, um ihre Bedürfnisse und insbesondere auch die Bedürfnisse ihrer Kinder zu befriedigen (vgl. Hadjar und Berger 2010).

Aber es gibt noch einen dritten Grund, warum die Inkludierung einer sozio-ökonomischen Variable sinnvoll ist. Wie empirische Arbeiten hinsichtlich von Benachteiligungen von MigrantInnen im Bildungssystem (vgl. Heath und

Brinbaum 2007; Kristen und Granato 2007) und auf dem Arbeitsmarkt (Kogan et al. 2011) zeigen, geht ein Großteil der Unterschiede zwischen Menschen mit und ohne Migrationshintergrund auf die soziale Herkunft zurück, d. h. etwaige Nachteile lassen sich durch einen niedrigeren sozialen Status der MigrantInnen erklären – Gleiches kann auch für Angehörige von benachteiligten Minderheiten angenommen werden. Die Kontrolle des elterlichen Bildungsniveaus als Indikator für die soziale Herkunft verhindert, dass sich Unterschiede im subjektiven Wohlbefinden zeigen, die einzig auf den im Durchschnitt geringeren Status bestimmter Migrationsgruppen zurückzuführen sind.

7. Deutschland und Israel als Untersuchungskontexte

Der Ländervergleich zwischen Deutschland und Israel nimmt aufgrund des explorativen Charakters der folgenden Analysen eine untergeordnete Rolle ein. Deshalb sollen keine Hypothesen hinsichtlich entsprechender Unterschiede aufgestellt werden, wohl sind beide Länder aber als Kontexte der Analysen zu beschreiben. Die beiden Länder unterscheiden sich paradoxerweise genauso stark, wie sie andererseits auch Parallelen in ihrer Immigrationspolitik aufweisen (Joppke und Rosenhek 2002): Beide Länder haben Politiken, die bestimmte Ethnien bzw. Glaubensrichtungen bevorzugen, und sind auf der anderen Seite auch auf ein gewisses Maß an Immigration angewiesen, um ihre Wirtschaftskraft zu erhalten. Israel verfolgt eine eng mit den Gründungsprinzipien des Staates Israel verknüpfte Immigrationspolitik, im Zuge derer vor allem jüdische ImmigrantInnen willkommen sind. Gegenüber nicht-jüdischer Immigration verhält sich Israel sehr reserviert (Bartram 2011) und geht aus einer Bedrohungswahrnehmung heraus gegen nicht-jüdische Minoritäten (z. B. die substantielle arabische Minderheit) vor. Seit den frühen 1990er Jahren erlebte Israel eine verstärkte Einwanderung aus den Ländern der ehemaligen Sowjetunion mit vorwiegend jüdischer Konfession. Deutschland hat sich trotz kontinuierlicher Immigration in den 1960er Jahren erst um das neue Jahrtausend neu als Einwanderungsland definiert. Lange Zeit war Immigration nicht willkommen und die Einbürgerungsgesetze strikt. Nur Menschen mit deutschen Wurzeln wurde entsprechend dieser Politik die deutsche Staatsbürgerschaft bereits bei der Ankunft zuerkannt. Entsprechend bilden Aussiedlerinnen und Aussiedler aus Osteuropa inklusive der Sowjetunion eine wichtige Immigrationsgruppe, wenngleich erst für die Zeit nach 1990 ein größerer Einwanderungsschub zu konstatieren ist. Bereits vorher bildeten Menschen türkischer Herkunft in Deutschland eine wichtige Migrationsgruppe, die lange von einer schnellen Einbürgerung ausgeschlossen war. In beiden Ländern ist ein

Druck seitens der Mehrheit wahrzunehmen, dass sich die Minderheiten den Normen, Werten und Verhaltensmustern der Mehrheitsgesellschaft anpassen (Jasinskaja-Lathi et al. 2003; Titzmann 2005).

8. Untersuchungsdesign

8.1 Datenbasis

Die präsentierten Analysen basieren auf einer Studie, die sich unter anderem mit dem Einfluss von Migration auf Wertetransmissionsprozesse von den Eltern auf die Kinder beschäftigt hat. Diese Studie wurde zwischen 2007 und 2010 unter der Leitung von Klaus Boehnke (Jacobs University Bremen, Deutschland) und Ariel Knafo (The Hebrew University, Jerusalem, Israel) durchgeführt. Im Rahmen der Studie wurden mehrere tausend Jugendliche (5./6. Klasse, 10./11. Klasse) aus sechs verschiedenen kulturellen Hintergründen befragt. Die israelische Stichprobe besteht aus Angehörigen der jüdischen Mehrheit, ImmigrantInnen aus der früheren Sowjetunion sowie arabischen Israelis – die keine Migrationsgruppe, sondern eine Minderheit darstellen. In der deutschen Stichprobe finden sich wiederum die Angehörigen der deutschen Mehrheit (ohne Migrationshintergrund), Aussiedlerinnen und Aussiedler aus der ehemaligen Sowjetunion sowie türkische MigrantInnen[3]. Beide Stichproben wurden über eine Zufallsauswahl von Schulklassen (Klumpenstichprobe) gezogen. Die Stichprobe wurde – wenn nötig – durch weitere im Rahmen eines Schneeballverfahrens akquirierte Fälle ergänzt, um eine hinreichende Anzahl von MigrantInnen sowie Angehörigen von Minderheiten für die statistischen Auswertungen sicherzustellen. Die Eltern wurden ebenfalls in die Befragung einbezogen. Da die Elternbefragung allerdings auf einer streng freiwilligen Basis durchgeführt wurde und sich die Schulregularien sehr unterscheiden, war es in Israel viel schwieriger als in Deutschland, genügend Eltern für die Befragung zu gewinnen. Insgesamt haben 977 Familien an der Befragung teilgenommen, zu denen jeweils zumindest für ein Kind und ein Elternteil Daten vorliegen. Aufgrund der beschriebenen Teilnahmeproblematik bei den Eltern stehen 849 Familien in der deutschen Stichprobe, nur 128 Familien in der israelischen Stichprobe gegenüber. In der deutschen Stichprobe haben 46 Prozent der befragten Familien einen Migrationshintergrund – davon stammen zwei Drittel aus der ehemaligen Sowjetunion und ein Drittel aus der Türkei. In der israelischen Stichprobe haben 36 Prozent einen Minderheitenstatus, wobei vier Fünftel davon ImmigrantInnen aus der früheren Sowjetunion sind und ein Fünftel der

---

3 Für die konkrete Operationalisierung dieser Kategorisierungen vgl. Abschnitt 8.2.

Minorität der arabischen Israelis angehören. Für eine Analyse von Zusammenhängen sind die nicht-repräsentativen Stichproben – trotz ihrer Unterschiedlichkeit (für weitere Kennzahlen vgl. Hadjar et al. 2012) – geeignet.

8.2 Messinstrumente

Zur Erfassung der Werthaltungen als Grundlage der Differenzwerte wurde bei den Jugendlichen und deren Eltern die 25-Item-Version des *Portrait Value Questionnaire* zur Erfassung des Schwartzschen Wertekreises herangezogen. Dieses Messinstrument eignet sich besonders für diese deutsch-israelische Vergleichsstudie, da es für internationale Vergleiche entwickelt und getestet wurde – und sich entsprechend bewährt hat (Davidov et al. 2008; Schwartz und Rubel 2005). Es erfasst Präferenzen hinsichtlich der zehn individuellen Wertepräferenzen nach Schwartz: Universalismus, Benevolenz, Traditionalismus, Konformität, Sicherheit, Macht, Leistung, Hedonismus, Stimulation und Selbstbestimmung. Die Befragten hatten 25 Aussagen – Vignetten hinsichtlich von Werteprioritäten – auf einer 6-stufigen Ratingskala dahingehend zu bewerten, wie ähnlich sie der in der Aussage beschriebenen Person sind. Auf der Basis der Antworten wurden zehn Faktoren gebildet – wobei die einzelnen Antworten am individuellen Skalenmittelwert entsprechend der von Schwartz (2007) vorgeschlagenen Prozedur zentriert wurden, um Antworttendenzen auszugleichen.

Die Werthaltungen selbst sind jedoch nicht von Interesse in dieser Untersuchung, sondern die Differenz zwischen Eltern- und Kindwertprioritäten sowie zwischen den Werteprioritäten einer Familie und dem Wertemainstream, d. h. den Werteprioritäten, die von der Mehrheitsgruppe in einer Gesellschaft geteilt werden. Um die Ähnlichkeit zwischen Eltern- und Kindwerten zu bestimmen, wurden die absoluten Differenzen für jeden einzelnen Wert – also insgesamt 10 Faktoren – berechnet und invertiert. Bei Zwei-Eltern-Familien (N=506) wurden die Werte von Mutter und Vater gemittelt. Da sich die Wertedifferenz je nach Wertepriorität erheblich unterscheiden kann (vgl. Befunde von Boehnke 2004), wurde mittels einer Hauptkomponenten-Faktoren-Analyse ein Faktor-Score errechnet und als neue Variable gespeichert. Infolge der bereits erwähnten Invertierung bezieht sich der Faktor auf *Eltern-Kind-Werteähnlichkeit* und nicht auf die Differenz.

Die *Distanz der Familien-Werte zum gesellschaftlichen Wertemainstream* wurde folgendermaßen konstruiert: In einem ersten Schritt wurden die Mittelwerte für die zehn Werteprioritäten für alle Familien (Eltern, Kinder) berechnet. Dann wurden die Mittelwerte hinsichtlich der Angehörigen der deutschen Mehrheitsgruppe sowie der israelischen Mehrheitsgruppe (ohne Migrationshintergrund oder Minderheitenstatus) berechnet. Wiederum wurden die absoluten

Differenzen zwischen dem Mittelwert der einzelnen Familie und dem Mittelwert hinsichtlich der Mehrheitsbevölkerung berechnet. Schließlich wurde wiederum auf Basis einer Hauptkomponenten-Faktoren-Analyse eine Variable berechnet, die angibt, wie stark sich die Werteprioritäten der Familien vom jeweiligen Werte-Klima („Zeitgeist", Boehnke et al. 2007) der jeweiligen israelischen oder deutschen Mehrheitsgesellschaft unterscheidet.

Der *höchste Bildungsabschluss der Eltern* als bedeutsame Kontrollvariable wurde durch Dichotomisierung des höchsten von Mutter oder Vater erreichten Bildungszertifikats konstruiert. Da die Elternangaben hinsichtlich der Bildungsabschlüsse unvollständiger als die Angaben der Kinder waren, wurden die Angaben der Kinder herangezogen, auch wenn dies eine Einbuße an Reliabilität bedeutet. Zur Kategorie „hohe Bildung" gehören alle Familien, in denen mindestens ein Elternteil über einen Hochschulabschluss verfügt. Alle anderen Familien gehören zur Referenzkategorie der niedriger Gebildeten. Die Bildungsvariable dient nicht nur als Indikator für den sozio-ökonomischen Status, sondern ihre Kontrolle ebnet auch etwaige Unterschiede im Bildungsniveau zwischen den Stichproben sowie zwischen den einzelnen Gruppen ein.

Die Variable *Migrations-/Minderheitenstatus* bezieht sich auf die Position einer Gruppe im jeweiligen Land. Ein Migrationshintergrund liegt dann vor, wenn zumindest die Eltern in das Aufnahmeland (country of destination) migriert sind, d. h. der ersten Migrationsgeneration angehören. Die untersuchten Migrations- bzw. Minderheitengruppen in Deutschland (ImmigrantInnen aus der ehemaligen Sowjetunion bzw. aus der Türkei) und Israel (ImmigrantInnen aus der ehemaligen Sowjetunion, Minderheit der arabischen Israelis) wurden mit dem Wert „1" belegt, zur Referenzkategorie gehören die israelische und die deutsche Mehrheitsgruppe (ohne Migrationshintergrund oder Minderheitenstatus).

Die abhängige Variable *Lebenszufriedenheit* bezieht sich auf die kognitive Dimension des subjektiven Wohlbefindens. Die Jugendlichen hatten fünf Items der *Satisfaction with Life Scale* von Diener et al. (1985) anhand einer siebenstufigen Rating-Skala zu beantworten (1 – „stimme gar nicht zu" bis 7 – „stimme sehr zu"). Die Aussagen beziehen sich darauf, wie zufrieden eine Person mit ihrem bisherigen Leben ist. Beispiel-Item: „Wenn ich mein Leben noch einmal leben könnte, würde ich fast nichts ändern". Die interne Konsistenz der Skala ist mit $\alpha=.78$ (fünf Items) sehr gut und in beiden Stichproben sehr ähnlich. Die internen Konsistenzen hinsichtlich der einzelnen Gruppen bewegen sich zwischen $\alpha=.74$ und $\alpha=.85$. Das subjektive Wohlbefinden der befragten Jugendlichen mit Migrationshintergrund unterscheidet sich je nach Mehrheits- bzw. Migrationsgruppe (Tabelle 1). In Israel unterscheiden sich Mehrheits- und Minderheitengruppen stärker als in Deutschland.

Tabelle 1: Lebenszufriedenheit in den einzelnen Gruppen

Land	Ethnische Gruppe	Lebenszufriedenheit (Min: 1, Max: 7)
Israel	Jüdische Israelis (Mehrheit)	5.33
	MigrantInnen aus der ehemaligen Sowjetunion	4.79
	Israelische Araber	4.83
Deutschland	Deutsche (Mehrheit)	5.42
	MigrantInnen aus der ehemaligen Sowjetunion (*Aussiedler*)	5.09
	Türkische MigrantInnen	5.39

Anmerkung: Es wurde für den sozioökonomischen Status der Familie (Bildungsniveau der Eltern) kontrolliert.

9. Ergebnisse

In einem ersten Schritt wurde im Rahmen von *t*-Tests für unabhängige Stichproben (Annahme ungleicher Varianzen) den vermuteten Unterschieden in der Eltern-Kind-Werteähnlichkeit zwischen Mehrheitsgruppen und Migrations-/Minderheitengruppen nachgegangen. Es zeigte sich – hypothesenkonform –, dass die Eltern-Kind-Werteähnlichkeit bei Familien, die der Mehrheitsgruppe im jeweiligen Land angehören, höher ist als bei den Minderheitengruppen ($t_{(857.5)} = 2.63$, $p \leq .01$). Zudem wurden Varianzanalysen durchgeführt, um die Unterschiede nach Land, ethnischer Gruppe und Bildungsniveau der Eltern genauer zu untersuchen. Die Ergebnisse zeigen zum einen, dass in der Eltern-Kind-Werteähnlichkeit keine statistisch bedeutsamen Unterschiede zwischen der israelischen und der deutschen Stichprobe bestehen ($F_{(1/965)} = 1.34$, $p = .25$). Als signifikant erwiesen sich jedoch die Unterschiede zwischen den ethnischen Gruppen ($F_{(4/965)} = 2.89, p = .02$) sowie des Bildungsniveaus der Eltern ($F_{(1/965)} = 8.26, p \leq .01$), wobei sich keine signifikanten Interaktionen zeigten (Land x Bildung, $p = .75$; ethnische Gruppe x Bildung, $p = .53$). In allen ethnischen Gruppen wiesen die Familien, in denen mindestens ein Elternteil über einen Hochschulabschluss verfügt, eine höhere Eltern-Kind-Werteähnlichkeit auf. Hinsichtlich der Unterschiede zwischen den ethnischen Gruppen tauchten bei Post-Hoc-Tests (Tukeys LSD) folgende statistische Unterschiede auf: Die Familien der deutschen Mehrheitsgruppe weisen eine höhere Eltern-Kind-Werteähnlichkeit auf als die Familien, die der israelischen Mehrheitsgruppe angehören. Außerdem unterscheidet sich die deutsche Mehrheitsgruppe (ohne Migrationshintergrund) in ihrer hohen Eltern-Kind-Werteähnlichkeit auch von den Aussiedlern aus der ehemaligen Sowjetunion in Deutschland sowie den ImmigrantInnen aus der ehemaligen Sowjetunion in Israel.[4]

In einem zweiten Schritt wurden hinsichtlich der vermuteten Zusammenhänge mit dem subjektiven Wohlbefinden der Jugendlichen separate OLS-Regressionsmodelle für Israel und Deutschland berechnet. Die unabhängigen Variablen wurden schrittweise eingeführt, um die einzelnen Effekte besser vergleichen zu können (siehe Tabelle 2).[5]

In Modell I werden die Effekte der Eltern-Kind-Werteähnlichkeit und des Minderheitenstatus unter Kontrolle des elterlichen Bildungsniveaus in den Blick genommen. Eltern-Kind-Werteähnlichkeit ist entsprechend der Hypothese 2 sowohl in der deutschen Stichprobe als auch in der israelischen Stichprobe mit einem höheren subjektiven Wohlbefinden des Kindes bzw. des Jugendlichen verbunden. Einer Minorität oder Migrationsgruppe anzugehören, bedeutet ein signifikant reduziertes subjektives Wohlbefinden, wobei dies mehr für Israel und in geringerem Ausmaß für Deutschland zutrifft.

Modell II enthält zusätzlich die Distanz der Werte einer Familie zum gesellschaftlichen Wertemainstream – den Wertprioritäten der Mehrheitsgruppe. In Israel steht dieser Faktor in einem signifikanten Zusammenhang mit dem subjektiven Wohlbefinden: Je größer die Distanz zwischen den familialen Werten und dem gesellschaftlichen Wertemainstream ist, desto geringer ist das subjektive Wohlbefinden des Jugendlichen. In der deutschen Stichprobe hat die Distanz zu den Wertprioritäten der Mehrheit keinen signifikanten Effekt auf das subjektive Wohlbefinden.

Im Zentrum von Modell III steht ein Interaktionseffekt – das Produkt aus Migrations-/Minderheitenstatus und Eltern-Kind-Werteähnlichkeit –, der Hinweise darauf liefert, ob sich der positive Effekt der Eltern-Kind-Werteähnlichkeit auf das subjektive Wohlbefinden des Kindes zwischen Migrations-/Minderheitengruppen und der jeweiligen Mehrheit unterscheidet. In beiden Stichproben waren die Wirkungen nach Einführung dieses Interaktionseffekts marginal, wobei sich die Interaktionseffekte nicht als signifikant erweisen, d. h. bei Migrations-/Minderheitengruppen ist eine höhere Eltern-Kind-Werteähnlichkeit in vergleichbarem Ausmaß mit dem subjektiven Wohlbefinden verbunden wie bei Familien der jeweiligen gesellschaftlichen Mehrheit.

---

4   Für Mittelwerte und weitere statistische Kennzahlen siehe Hadjar et al. (2012).
5   Die geringe Fallzahl in Israel erlaubte die Einführung weiterer Kontrollvariablen nicht. Eventuelle Einflüsse solcher Kontrollvariablen (Alter und Geschlecht) wurden separat in verschiedenen Modellen, die hier nicht berichtet werden, analysiert. Die Befunde hinsichtlich der Eltern-Kind-Werteähnlichkeit veränderten sich dabei nicht substantiell. Da das Bildungsniveau der Eltern aber einen signifikanten Einfluss auf die abhängige Variable hat und andererseits sich auch substantiell zwischen den beiden Ländern unterscheidet, wird die Bildungsvariable in alle Modelle als Kontrollvariable aufgenommen.

In Modell IV wurde ein weiterer Interaktionsterm eingeführt: das Produkt aus Migrations-/Minderheitenstatus und Wertedistanz zur Mehrheitsgesellschaft. Dahinter steht die Frage, ob sich Minderheiten bzw. Migrationsgruppen von der jeweiligen Mehrheit hinsichtlich des Zusammenhangs zwischen der Distanz zum gesellschaftlichen Wertemainstream unterscheiden. Während sich in der deutschen Stichprobe ein solcher Interaktionseffekt nicht nachweisen lässt, erklärt der Interaktionseffekt in der israelischen Stichprobe den Einfluss der Wertedistanz zur Mehrheitsgesellschaft fast vollständig. Während in der israelischen Mehrheitsgesellschaft offenbar das subjektive Wohlbefinden der Jugendlichen nicht von der Frage abhängt, ob die Familie sich in ihren Werten vom Wertemainstream unterscheidet, vermindert sich bei den Migrations-/Minderheitengruppen das subjektive Wohlbefinden stark, je weiter die familialen Werte in diesen Gruppen von den Werten der israelischen Mehrheitsgesellschaft entfernt sind.

Tabelle 2: OLS-Regressionsmodelle zur Erklärung des subjektiven Wohlbefindens

Standardisierte Regressionskoeffizienten ß	Modell I		Modell II		Modell III		Modell IV	
	Israel	Deutschland	Israel	Deutschland	Israel	Deutschland	Israel	Deutschland
Eltern-Kind-Werteähnlichkeit	.19*	.10**	.18*	.10**	.18	.14**	.22*	.13*
Migrations-/Minderheitenstatus (Ref. Mehrheit)	-.22*	-.07*	-.19*	-.06†	-.19*	-.06†	-.15†	-.06†
Wertedistanz zur Mehrheitsgesellschaft			-.21*	-.02	-.21	-.02	.00	-.06
Migrations-/Minderheitenstatus * Eltern-Kind-Werteähnlichkeit					-.01	-.06	-.03	-.04
Migrations-/Minderheitenstatus * Wertedistanz zur Mehrheitsgesellschaft							-.33**	.06
Kontrollvariable: Bildungsniveau der Eltern	.01	.03	-.01	.03	-.01	.03	-.02	.03
Konstante	5.39	5.35	5.42	5.34	5.42	5.34	5.44	5.33
R^2	.08	.02	.12	.02	.12	.02	.19	.02
N^a	121	831	121	831	121	831	121	831

Anmerkungen: ** $p \leq .01$, * $p \leq .05$, † $p \leq .10$
[a] Es wurde die maximale Anzahl an Korrelationspaaren genutzt (*pairwise deletion*), um einer weiteren Verminderung der Fallzahl entgegenzuwirken.

Um die in den Hypothesen formulierten Vermutungen besser beurteilen zu können, bietet sich zusätzlich eine separate Betrachtung von Partialkorrelationen – wiederum unter Kontrolle des Bildungsniveaus der Eltern – für die beiden Länder und die jeweilige Mehrheits- und die Minderheiten- bzw. Migrationsgruppe an (Tabelle 3). Während die Eltern-Kind-Werteähnlichkeit sowohl bei der israelischen als auch bei der deutschen Mehrheitsgruppe positiv mit dem subjektiven Wohlbefinden assoziiert ist, ist das bei der jeweiligen Migrations-/Minderheitengruppe nicht der Fall. Dieser Unterschied ist aber entsprechend des in Modell III (Tabelle 2) eingeführten Interaktionseffekts nicht statistisch bedeutsam. Die in Tabelle 3 ersichtlichen Befunde hinsichtlich des Unterschieds im Zusammenhang von Wertedistanz zur Mehrheitsgesellschaft und subjektivem Wohlbefinden entsprechen aber den Interaktionseffekten in Modell IV hinsichtlich der israelischen Stichprobe (Tabelle 2): Während bei israelischen Migrations-/Minderheitengruppen eine zunehmende Distanz zu den Wertprioritäten der israelischen Mehrheitsgesellschaft mit einer Reduktion des subjektiven Wohlbefindens verbunden ist, zeigt sich für die israelische Mehrheitsgesellschaft kein solcher Zusammenhang. In der deutschen Stichprobe haben MigrantInnen keine Einbußen im subjektiven Wohlbefinden, wenn sie sich stark in ihren Wertprioritäten von der Mehrheit unterscheiden.

Tabelle 3: Partialkorrelationen zwischen Eltern-Kind-Werteähnlichkeit, Wertedistanz zur Mehrheitsgesellschaft und subjektivem Wohlbefinden

Subjektives Wohlbefinden	Eltern-Kind-Werteähnlichkeit		Wertedistanz zur Mehrheitsgesellschaft	
	Israel	Deutschland	Israel	Deutschland
MigrantInnen/ Minderheiten	.10 (N = 49)	.07 (N = 395)	**-.47**** (N = 49)	-.01 (N = 395)
Mehrheit	**.24*** (N = 79)	**.14**** (N = 454)	-.04 (N = 79)	**-.09*** (N = 454)

Anmerkungen: ** p ≤ .01, * p ≤ .05; kontrolliert für Bildungsniveau der Eltern.

10. Zusammenfassung und Diskussion

Im Rahmen dieses Beitrags wurden die Beziehungen zwischen Eltern-Kind-Werteähnlichkeit und subjektivem Wohlbefinden der Jugendlichen sowohl bei Familien der Mehrheitsgesellschaft als auch bei Familien mit einem Minderheitenstatus bzw. einem Migrationshintergrund untersucht.

In Hypothese 1 hatten wir eine größere Eltern-Kind-Werteähnlichkeit bei Familien, die der jeweiligen Mehrheitsgesellschaft zuzurechnen sind, gegenüber Migrations-/Minderheitenfamilien vermutet. Die Befunde stützen diese Annahme. Eine detailliertere Betrachtung der Mittelwerte für die beiden Länder und die verschiedenen ethnischen Mehrheits- und Minderheitengruppen brachte weitere interessante Befunde hervor: In der israelischen Mehrheitsgesellschaft und unter den ImmigrantInnen aus der früheren Sowjetunion in Israel und Deutschland ist die Eltern-Kind-Werteähnlichkeit deutlich geringer als in deutschen Familien ohne Migrationshintergrund oder mit Migrationsstatus. Dieser Befund passt zu der Wahrnehmung, dass in der deutschen Mainstream-Gesellschaft aktuell – anders als etwa in den 1960er Jahren oder den 1980er Jahren – nur ein geringes Konfliktpotenzial hinsichtlich der Wertprioritäten vorzufinden ist (Hofer et al. 2010).

Hinsichtlich der zentralen Forschungsfrage der präsentierten Studie – dem Zusammenhang zwischen intergenerationaler Werteähnlichkeit und dem subjektiven Wohlbefinden der Jugendlichen – kann sowohl für die israelische als auch für die deutsche Stichprobe ein positiver Effekt konstatiert werden. Damit fand die Hypothese 2 Unterstützung, dass Eltern-Kind-Werteähnlichkeit positiv mit subjektivem Wohlbefinden assoziiert ist. Gleiches gilt für die theoretische Überlegung, dass offenbar die Übereinstimmung mit der Familie einen wichtigen Aspekt im Rahmen der Produktion des instrumentellen Ziels der Konformität bzw. Verhaltensbestätigung – im Sinne der Theorie der sozialen Produktionsfunktionen (Ormel et al. 1999) – darstellt. Offenbar ist auch die theoretische Argumentation, dass die Konsistenz zwischen den Wertprioritäten der Eltern und denen der Jugendlichen kognitive Dissonanz reduzieren (Festinger 1957) und damit subjektives Wohlbefinden verbessern kann, empirisch plausibel.

In der Hypothese 3 vermuteten wir, dass die Beziehung zwischen Eltern-Kind-Werteähnlichkeit und dem subjektiven Wohlbefinden bei den Familien, die der jeweiligen gesellschaftlichen Mehrheit angehören, sowohl in Deutschland, als auch in Israel stärker sein sollte als bei den Migrations-/Minderheitengruppen. Im Rahmen der multivariaten Analysen konnte diese Hypothese – u. a. aufgrund der begrenzten Stichprobengrößen – nicht vollständig geklärt werden. Die Ergebnisse von Korrelationsanalysen (unter Berücksichtigung des Bildungsniveaus) stützten unsere Annahme teilweise: Die positive Korrelation zwischen der Eltern-Kind-

Werteähnlichkeit und dem subjektiven Wohlbefinden erwies sich in beiden Ländern für die jeweilige Mehrheitsgruppe als statistisch bedeutsam. Bei Familien mit Migrationshintergrund bzw. Minderheitenstatus war dies nicht der Fall. Offenbar liegt dieser Befund in dem im Vorfeld der Analysen skizzierten Widerspruch zwischen den Wertprioritäten der Familien in Migrations- und Minderheitengruppen und dem gesellschaftlichen Wertemainstream der Mehrheitsgesellschaft begründet. Mit den Werten der Mehrheitsgesellschaft übereinzustimmen, ist für Jugendliche mit Migrationshintergrund bzw. Minderheitenstatus für das subjektive Wohlbefinden wichtig, während offenbar die Übereinstimmung mit den familialen Wertprioritäten der jeweiligen Migrations- – bzw. Minderheiten-Familie kein Instrument darstellt, um im Sinne von Ormel und Kollegen (1999) Konformität und schließlich subjektives Wohlbefinden zu produzieren.

Entsprechend dieser Argumentation hatten wir in Hypothese 4 vermutet, dass die Distanz der familialen Wertprioritäten zu Mainstream-Werten der Mehrheitsgesellschaft bei Migrations-/Minderheitengruppen in einer positiven Beziehung mit dem subjektiven Wohlbefinden des Jugendlichen steht. Die Befunde der Analysen stützen diese Hypothese nur für die israelische Stichprobe. In Israel geht in der Gruppe der Minoritäten-Familien – aber nicht bei der gesellschaftlichen Mehrheit – eine große Kluft zwischen den Wertprioritäten der Familie und den Wertprioritäten der Mehrheitsgesellschaft mit einem stark reduzierten subjektiven Wohlbefinden einher.

In den Daten zeigte sich ebenso, dass – unabhängig von Ethnie oder Kultur – die intergenerationale Werteähnlichkeit in Familien, in denen mindestens ein Elternteil einen Hochschulabschluss hat, höher ist als in Familien mit einem geringeren Bildungsniveau. Frühere Studien haben zwar bereits gezeigt, dass die elterliche Bildung einen starken Einfluss auf die Ausbildung von Wertprioritäten bei Jugendlichen hat (Hitlin 2006), aber Arbeiten, die einen direkten Zusammenhang zwischen Bildung und Wertetransmission zeigen, sind bislang noch selten. Die Befunde dieser Studie weisen in die Richtung eigener früherer Befunde (Boehnke et al. 2007), dass Wertetransmissionsprozesse in höher gebildeten Familien – wahrscheinlich in Folge einer qualitativ und quantitativ besseren Kommunikation – besser vonstatten gehen.

Werden die beiden Länder Israel und Deutschland verglichen, scheinen in Israel die Aspekte des Minderheitenstatus und der Distanz zu Mainstream-Wertprioritäten für das subjektive Wohlbefinden bedeutsamer zu sein als in Deutschland. Auch ist der Unterschied im subjektiven Wohlbefinden zwischen der deutschen Mehrheitsgesellschaft und den Migrations-/Minderheitengruppen in Deutschland geringer ausgeprägt, als der entsprechende Unterschied zwischen der israelischen

Mehrheitsgesellschaft und den Minderheiten. Deutsche Minderheiten scheinen – im Unterschied zu israelischen Minderheiten – keine Einbuße im subjektiven Wohlbefinden zu haben, wenn ihre Wertprioritäten nicht dem Wertemainstream der Mehrheitsgesellschaft entsprechen. Dieser auf Basis wertfreier wissenschaftlicher Forschung gewonnene Befund gibt sicher einen Anlass für politisch und weltanschaulich geprägte Debatten. Zeigen diese Befunde, dass Deutschland – im Unterschied zu Israel – eine multikulturelle Gesellschaft ist, in der Jugendliche mit Migrationshintergrund oder Minderheitenstatus auch ein hohes subjektives Wohlbefinden haben können – selbst wenn sie nicht mit der deutschen Mehrheitskultur übereinstimmen? Oder weisen die Ergebnisse der Studie auf gesellschaftliche Desintegrationstendenzen in Deutschland hin, weil das Wohlergehen bestimmter Bevölkerungsgruppen offenbar wenig damit zu tun hat, ob diese die Mehrheitskultur teilen? Diese Fragen stehen spätestens seit den Behauptungen von Sarrazin (2010) im Zentrum öffentlicher Debatten in Deutschland. Für Israel ergeben sich auch konkurrierende Fragen: Bedeutet der Befund des substantiell verminderten Wohlbefindens der Minderheiten, die den Wertekanon der israelischen Mehrheitsgesellschaft nicht oder nur wenig teilen, dass die israelische Kultur einen hohen Assimilationsdruck auf ihre ImmigrantInnen wie auch Minoritäten ausübt? Oder kommt in der israelischen Kultur einfach nur Werteprioritäten – egal welcher Natur – eine größere Bedeutung zu als in anderen Kulturen, wie etwa der deutschen Kultur? Auch dazu finden sich im heutigen Israel kontroverse Antworten, zum Beispiel in der Diskussion um das Aufenthaltsrecht für die Kinder nicht-jüdischer GastarbeiterInnen (z. B. Friedman 2011).

Bei der Deutung der differentiellen Relevanz der Übereinstimmung mit Mainstream-Werten für das subjektive Wohlbefinden bei Minderheiten bzw. MigrantInnen in Israel und in Deutschland sind noch einmal die einzelnen Gruppen in Betracht zu ziehen. Das deutsche MigrantInnen-Sample ist stark durch türkische MigrantInnen geprägt, deren Communities seit nunmehr 50 und mehr Jahren in Deutschland leben. Die lange Aufenthaltsdauer (der Eltern) und die Ausgestaltung der ethnischen Gemeinschaft könnte dazu geführt haben, dass das Wohlbefinden zunehmend unabhängig von der Passung der Werteprioritäten mit den Mainstream-Werten geworden ist. Jugendliche mit türkischem Migrationshintergrund können somit möglicherweise mehr als Aussiedler und Aussiedlerinnen aus der ehemaligen Sowjetunion auf ein soziales und kulturelles Netzwerk der Herkunftskultur zurückgreifen und dieses als soziale Quelle von Wohlbefinden nutzen, unabhängig von ihrer Ähnlichkeit mit der Aufnahmegesellschaft. Im direkten Vergleich dazu besteht das israelische Sample primär aus Minderheiten, die entweder erst maximal 20 Jahre im Land leben (MigrantInnen aus der ehemaligen Sowjetunion) oder aber nicht-jüdisch sind und als Bedrohung wahrgenommen werden (arabische Minorität). Türkische MigrantInnen in Deutschland und Angehörige der arabischen Minorität in Israel sind aber dahingehend vergleichbar, dass beide Gruppen einen Glauben haben (Islam), der nicht der Glauben der Mehrheitsbevölkerung ist, wobei in Deutschland dieser Fakt nicht mit einer Reduktion des Wohlbefindens der entsprechenden Migrationsgruppe verbunden ist.

Neben dem Fakt, dass diese Studie auf einer besonderen Datenbasis beruht – nämlich Wertprioritäten von Eltern und Kindern in einem kultur-vergleichenden und ethnien-vergleichenden Design –, sind auch einige methodologische Limitationen zu benennen. Zuallererst standen nicht Wertetransmissionsprozesse im engeren Sinne im Zentrum der Betrachtung, sondern nur Ähnlichkeit bzw. Distanz zwischen Wertprioritäten der Eltern- und der Kindgeneration, weil nur Querschnittsdaten von Eltern und Kindern zur Verfügung standen. Daher wurde auch die Terminologie „Eltern-Kind-Werteähnlichkeit" gewählt, wenngleich diese Ähnlichkeit sicher zum Teil auf Transmissionsprozesse zwischen Eltern und Kindern zurückgeht. Zur Abbildung von Sozialisationsprozessen werden längsschnittliche Daten benötigt. Während die Stichprobengröße insgesamt – die Gesamtstichprobe enthielt fast 1000 Fälle – nicht so ein Problem darstellt, gilt dies doch für die Unterschiede in der Größe zwischen der israelischen und der deutschen Teilstichprobe sowie hinsichtlich der einzelnen Minderheitengruppen. Infolge dieser Unterschiede und teilweise geringer Zellbesetzungen konnten keine komplexen multivariaten Analysen durchgeführt werden, etwa unter Kontrolle von Alter, Geschlecht etc. Auch machte es auf Basis dieser Unterschiede keinen Sinn, die Länderdifferenzen in den Effekten auf Signifikanz zu testen.

Alles in allem zeigte sich die Eltern-Kind-Werteähnlichkeit als bedeutsamer Faktor für das subjektive Wohlbefinden. In Israel können offenbar Angehörige der Minderheiten zudem durch die Anpassung an die Wertprioritäten der Mehrheitsgesellschaft subjektives Wohlbefinden produzieren. In Deutschland müssen MigrantInnen in ihren Wertprioritäten nicht dem Wertekanon der deutschen Mehrheitsgesellschaft bzw. dem Zeitgeist entsprechen, sondern zeigen auch ein substantielles und im Vergleich zu den Einheimischen nicht reduziertes subjektives Wohlbefinden, wenn sie Wertprioritäten ihrer eigenen Herkunftskultur anhängen, die sich stärker von denen der deutschen Mehrheitskultur unterscheiden.

Literatur

Bartram, D. (2011). Migration, ethno-nationalist destinations, and social divisions: Non-Jewish immigrants in Israel. Ethnopolitics 10, 235–252.
Bernard, M., Gebauer, J. E., & Maio, G. R. (2006). Cultural estrangement: The role of personal and societal value discrepancies. Personality and Social Psychology Bulletin 32, 78-92.
Boehnke, K. (2004). Do our children become as we are? Intergenerational value transmission and societal value change – two unlinked concepts in social research. In F. Hardt (Hrsg.), Mapping the world: New perspectives in the humanities and social sciences (S. 99-118). Tübingen: Francke.
Boehnke, K., Hadjar, A., & Baier, D. (2007). Parent-child value similarity: The role of Zeitgeist. Journal of Marriage and Family 69, 778-792.
Davidov, E., Schmidt, P., & Schwartz, S.H. (2008). Bringing values back in – The adequacy of the European Social Survey to measure values in 20 countries. Public Opinion Quarterly 72, 420-445.
De Raad, B. (2000). The Big Five Personality Factors. The Psycholexical Approach to Personality. Hogrefe & Huber Publishers: Göttingen.
Diener, E., Emmons, R.A., Larsen, R.J., & Griffin, S. (1985). The satisfaction with life scale. Journal of Personality Assessment 49, 71-75.
Diener, E., Oishi, S., Lucas, R. (2003). Personality, culture, and subjective well-being. Annual Review of Psychology, 54, 403–425.
Festinger, L. (1957) A theory of cognitive dissonance. Stanford, CA: Stanford University Press.
Friedman, R. (2011). Yishai: I wouldn't let any foreign workers' kids stay here. Jerusalem Post Online, Wed, May 18, 2011 [last accessed: http://www.jpost.com/Israel/Article.aspx?id=184492].
Hadjar, A., & Berger, J. (2010). Lebenszufriedenheit im Zeitverlauf in Ost- und Westdeutschland [Life satisfaction across time in East and West Germany]. In: P. Krause, & I. Ostner (Hrsg.), Leben in Ost- und Westdeutschland (S. 709-726). Frankfurt am Main: Campus.
Hadjar, Andreas, Boehnke, K., Knafo, A., Daniel, E., Musiol, A.-L., Schiefer, D., & Möllering, A. (2012). Parent-child value similarity and subjective well-being in the context of migration: An exploration. Family Science 3, 55-63.
Heath, A. F. und Y. Brinbaum (2007). Guest editorial: Explaining ethnic inequalities in educational attainment. Ethnicities 7, 291-305.
Fulmer, A., Gelfand, M., Kruglanski, Chu Kim-Prieto, Diener, E., Pierro, A., & Higgins, T. (2010). On "feeling right" in cultural contexts: How person-culture match affects self-esteem and subjective well-being. Psychological Science 21, 1563-1569
Hitlin, S. (2006). Parental influences on children's values and aspirations: Bridging two theories of social class and socialization. Sociological Perspectives 49, 25-46.
Hofer, M., Reinders, H., & Fries, S. (2010). Wie sich Werte ändern. Ein zieltheoretischer Vorschlag zur Erklärung individuellen und gesellschaftlichen Wertewandels [How values change. A goaltheoretic approach to explain individual and societal value change]. Zeitschrift für Entwicklungspsychologie und Pädagogische Psychologie 42, 26-38.
Jasinskaja-Lahti, I., Liebkind, K., Horenczyk, G., & Schmitz, P. (2003). The interactive nature of acculturation: Perceived discrimination, acculturation attitudes and stress among young ethnic repatriates in Finland, Israel and Germany. International Journal of Intercultural Relations 27, 79-97.
Joppke, C., & Rosenhek, Z. (2002). Contesting ethnic immigration: Germany and Israel compared. Archives européennes de sociologie 43, 301-335.
Knafo, A. (2003). Contexts, relationship quality, and family value socialization: The case of parent-school ideological fit in Israel. Personal Relationships 10, 371-388.

Knafo, A., & Assor, A. (2007). Motivation for agreement with parental values: Desirable when autonomous, problematic when controlled. Motivation and Emotion 31, 232-245.
Knafo, A., & Spinath, F. M. (2011). Genetic and environmental influences on girls' and boys' gender-typed and gender-neutral values, Developmental Psychology 47, 726-731.
Kohn, M. L. (1983). On the transmission of values in the family. Research in Sociology of Education and Socialization 4, 3-12.
Kolb, H. (2008). Immigration into a Non-immigration Country (FES-Information-Series 2008-04). Bonn/ Berlin: FES. [last accessed January 2012: http://library.fes.de/pdf-files/bueros/seoul/06050.pdf].
Kogan, I., Kalter, F., Liebau, E., & Cohen, Y. (2011). Individual Resources and Structural Constraints in Immigrants' Labour Market Integration. In M. Wingens, M. Windzio, H. de Valk, & C. Aybek (Hrsg.), A Life-Course Perspective on Migration and Integration. (S. 75–100). Dordrecht: Springer.
Kristen, C., & Granato, N. (2007). The educational attainment of the second generation in Germany. Social origins and ethnic inequality. Ethnicities 7, 343–366.
Kwast-Welfel, J., Boski, P., & Rovers, M. (2008). Intergenerational value similarity in Polish immigrant families in Canada in comparison to intergenerational value similarity in Polish and Canadian non-immigrant families. In: G. Zheng, K. Leung, & J.G. Adair (Hrsg.), Perspectives and progress in contemporary cross-cultural psychology (S. 193-209). Online-Edition. IACCP.
Lindenberg, S. (2002): Social rationality versus rational egoism. In J.H. Turner (Hrsg), Handbook of social theory (S. 635-668). New York: Kluwer.
Ormel, J., Lindenberg, S., Steverink, N., & Verbrugge, L. M. (1999). Subjective well-being and social production functions. Social Indicators Research 46, 61–90.
Pervin, L A. (1968). Performance and satisfaction as a function of individual-environment fit. Psychological Bulletin 69, 56-68.
Plowman, A. (1998). Bernward Vesper's „Die Reise": Politics and autobiography between the student movement and the act of self-invention. German Studies Review 21, 507-524.
Romney, A. K. (1999). Culture consensus as a statistical model. Current Anthropology 40 (Suppl., February), 103-115.
Rosenberg, M. (1977). Contextual dissonance effects: Nature and causes. Psychiatry 40, 205-217.
Sarrazin, T. (2010). Deutschland schafft sich ab: Wie wir unser Land aufs Spiel setzen [Germany abolishes itself: How we risk our country]. Munich: DVA.
Schwartz, S. H. (1992). Universals in the content and structure of values: Theoretical advances and empirical tests in 20 countries. In M. P. Zanna (Hrsg.), Advances in experimental social psychology (Band 25, S. 1-65). New York: Academic Press.
Schwartz, S. H. (2007). Value orientations: measurement, antecedents and consequences across nations. In R. Jowell, C. Roberts, R. Fitzgerald & G. Eva (Hrsg.), Measuring attitudes cross-nationally (S. 169-204). London, UK: Sage Publications.
Schwartz, S. H., & Rubel, T. (2005). Sex differences in value priorities: Cross-cultural and multi-method studies. Journal of Personality and Social Psychology 89, 1010–1028.
Smooha, S. (2002).The model of ethnic democracy. Israel as a Jewish and democratic state. Nations and Nationalism 8, 475–503.
Titzmann, P.F. (2005). Differences in processes of acculturation among adolescent immigrants in Israel and Germany. Jena: University of Jena.
Vedder, P., Berry, J., Sabatier, C., & Sam, D. (2009). The intergenerational transmission of values in national and immigrant families: The role of Zeitgeist. Journal of Youth and Adolescence 38, 642–653.

Der Wandel religiöser Glaubensgrundsätze in muslimischen Familien – Säkularisierungstendenzen bei der 2. Generation?

Hilde Weiss

1. Einleitung: Religion im Migrationskontext

Die öffentlichen Diskurse über Integration von MigrantInnen haben sich im letzten Jahrzehnt immer stärker auf die Thematik der „kulturellen Differenz" verlagert. Nicht nur in den politischen Debatten, auch in den Sozialwissenschaften fällt der Themenwandel auf: ging es in den ersten Dekaden der Arbeitsmigration um marginalisierte Lebensverhältnisse und in der Folge um die Entstehung einer „neuen Unterschicht" am Rande der Gesellschaft, so stehen nun häufig Kultur und Religion als Konfliktthemen im Blickfeld. Insbesondere strukturelle Probleme, die bei der Integration der zweiten Generation muslimischer Jugendlicher in den Bildungs- und Arbeitsmarkt auftreten, werden in Zusammenhang mit dem religiös-kulturellen Milieu gestellt. Untersuchungen zu Milieu und Lebenswelt, besonders zu religiösen Orientierungen, werden häufig mit der Frage verknüpft, ob religiöse Identität eine Barriere erfolgreicher Integration darstellt (z. B. Treibel 2006; Brettfeld und Wetzels 2007; Heitmeyer und Schröder 1997). Die in manchen europäischen Ländern festgestellte Tendenz einer verstärkten Zuwendung der zweiten Generation zum Islam (bzw. zu verschiedenen Strömungen) wird durch Statusprobleme, kulturelle Unsicherheit und Kampf um Anerkennung erklärt.

Die Untersuchungen zum Generationenwandel der Religiosität muslimischer ZuwanderInnen widmen sich zumeist der Frage „werden Kinder säkularer?" Welche Rolle spielt die Religion im Akkulturationsprozess der zweiten Generation? Studien, die auf repräsentativen Daten basieren, lassen nicht nur auf eine hohe Transmission von Religiosität schließen, sondern auch auf eine Übertragung von Normen und Werten, besonders in den Geschlechtsrollennormen und familiären Werten (vgl. Phalet, Gijsbert und Hagendoorn 2008). Allerdings lassen sich die Ergebnisse verschiedener Untersuchungen nicht zu einem einheitlichen Bild zusammenfügen. Sie weisen die Familie einerseits als Ort der kulturellen Weitergabe und Solidarität aus (vgl. Nauck 2004), andererseits aber auch als Ort des Wandels und Konflikts (Studien beschreiben die zweite Generation unter verschiedenen Aspekten des Identitätskonflikts, und auch die Beziehung zwischen Islam und weiblicher Geschlechtsrolle, Probleme der Traditionen von „Ehre" und Zwang stehen zur Diskussion; vgl. Toprak 2005). In den Untersuchungen zur Lebenssituation der zweiten Generation muslimischer MigrantInnen werden die vielfältigen Spannungen zwischen Eltern und Kindern aufgezeigt, besonders hinsichtlich eigener Lebensvorstellungen, Partner- oder Freundschaftswahlen (vgl. Hämmig 2000; Gapp 2007). Während einerseits eine Differenzierung der religiösen Einstellungen und Lebensstile der muslimischen zweiten Generation konstatiert wird (z. B. Khorchide 2007; Ornig 2006), stellen andererseits Untersuchungen zum intergenerativen Wertewandel eine starke Persistenz der Religiosität fest, besonders wenn man diese in Relation zur Mehrheitsbevölkerung betrachtet (vgl. Diehl und König 2009).

In diesem Beitrag werden Ergebnisse einer in Österreich durchgeführten Untersuchung zum intergenerativen Wandel von Religiosität und Lebensmustern in muslimischen Familien präsentiert. Religiöse Orientierungen wurden (folgend den mehrdimensionalen Konzepten, vgl. Glock 1969; Huber 1996) in verschiedenen Dimensionen – Verhaltensweisen, Glaubensgrundsätzen, sozialen Regeln und Normen – erhoben und mit Einstellungsbereichen sowie Merkmalen der Lebenslagen verknüpft. Die quantitativen Untersuchungen zum intergenerativen Wandel von Religiosität beruhen oft nur auf einigen wenigen Merkmalen, wie religiöse Selbsteinstufung, Häufigkeit von Gebeten, Einhalten oder Bedeutung von Ritualen, während Aspekte der gesellschaftlichen Dimension religiöser Normen kaum erhoben werden. Besonders letztere sind es aber, die in der These des „Kulturkonflikts" implizit angesprochen werden. Daher lag der Schwerpunkt dieser Studie auf der Erhebung solcher religiös fundierter moralischer Vorstellungen und Verhaltensregeln.

Die hier vorgestellten Analysen konzentrieren sich auf den normativen Aspekt von Religiosität. Im Mittelpunkt stehen deskriptive und kausale Analysen des Generationentransfers religiöser Überzeugungen. Die religionsbezogenen Grundsätze, die zu einer Einstellungsskala zusammengefasst werden, umfassen ein breites Spektrum von speziellen Glaubensvorstellungen bis hin zu Regeln des Umgangs mit Andersgläubigen sowie sozialen Normen, wie z. B. Sexualität und Geschlechterbeziehungen. Die Einstellungsskala misst die religiöse Haltung zwischen den Polen „konservativ-orthodox" und „offen-säkular". Darauf aufbauend wird der Frage nachgegangen, welche materiellen und sozialen Faktoren den Transfer zwischen Eltern und Kindern am stärksten beeinflussen, und welche Bedeutung dem Akkulturationsgrad der Familie und ihren familiären Werteausrichtungen zukommt. Abschließend wird auf die Frage eingegangen, ob subjektiv wahrgenommene Diskriminierung und ein (vermutetes) negatives Bild von MuslimInnen seitens der Mehrheitsgesellschaft die religiöse Einstellung in der zweiten Generation beeinflussen und sich auf religiöse und nationale Identifikationen (mit Herkunfts- und Zuwanderungsland) auswirken.

2. Stichprobe und Forschungsdesign

Die Ergebnisse basieren auf einer standardisierten Befragung von Eltern-Kind-Paaren muslimischer Familien in Österreich[1]. D. h. es wurden jeweils eine Person der Eltern- bzw. ersten Generation und deren Kind, im Alter von 18 bis 35 Jahren, befragt; die Kind- bzw. zweite Generation ist entweder selbst in Österreich geboren oder bis zum Alter von 6 Jahren nach Österreich gekommen. In den vorliegenden Analysen wurden 363 Paar-Interviews (bzw. 726 Personeninterviews) ausgewertet. Dabei handelt es sich um eine Quotenstichprobe, da amtliches Adressmaterial für eine Zufallsstichprobe von MuslimInnen nicht verfügbar ist. 73 % der Befragten stammen aus der Türkei und 27 % aus dem ehemaligen Jugoslawien bzw. Bosnien (24 %) und Kosovo (3 %)[2]. Der Großteil (85 %) sind SunnitInnen, gefolgt von AlevitInnen und SchiitInnen. Die Stichprobe spiegelt die typischen Zuwanderungsmuster der MuslimInnen in Österreich. Die aus der Türkei stammenden Familien sind im Zuge der Arbeitsmigration und Familienzusammenführung nach Österreich eingewandert, die ex-jugoslawischen ZuwanderInnen hingegen hauptsächlich aufgrund von Flucht und Vertreibung. Entsprechend der räumlichen Verteilung wurden rund 50 Prozent der Interviews in Wien und 50 Prozent in den anderen Bundesländern durchgeführt.

Der Dyaden-Datensatz beruht auf einer Befragung, welche mittels vollstandardisiertem Fragebogens, in face-to-face Interviews mit muttersprachlichen InterviewerInnen, durchgeführt wurde. Zur Erstellung des Fragebogens wurden vorab 15 leitfadengestützte, offene Interviews mit Eltern-Kind-Paaren durchgeführt. Nachdem sich Kernthemen der muslimischen Religiosität herauskristallisiert hatten, wurde das quantitative Instrument mittels Pre-Tests geprüft. Die Fragebögen der Hauptuntersuchung wurden in deutscher, türkischer und BKS Sprache vorgelegt; übersetzte Fragebögen wurden nur in der ersten Generation in Anspruch genommen. Die Interviews der Eltern-Kind-Paare fanden zeitgleich und räumlich getrennt, ohne Anwesenheit anderer Personen statt.

---

1   Die Forschung (Kurztitel: „Muslimische Familien im Wandel") unter Projektleitung von Hilde Weiss wurde vom FWF (Wissenschaftsfonds Österreichs) gefördert; die Feldarbeit wurde vom Institut für empirische Sozialforschung (Wien) 2012 durchgeführt.
2   Laut den statistischen Angaben (Statistik Austria 2002) sind 28 % der MuslimInnen in Österreich geboren; 36 % in der Türkei, 18 % in den Staaten Ex-Jugoslawiens – Bosnien-Herzegowina 19 %, Serbien und Montenegro 7 %, Mazedonien 3 %. Es werden 2010 ca. 500.000 Personen mit muslimischem Glaubensbekenntnis in der österreichischen Bevölkerung (6,2 %) geschätzt.

3. Religiosität im Generationenwandel

3.1 Konzept und Operationalisierung

Untersuchungen zur Veränderung der Religiosität in der Generationenfolge verweisen darauf, dass sich diese weniger an einem deutlichen Absinken der Durchschnittswerte, sondern am Rückgang der „strengen", orthodoxen Gläubigkeit manifestiert. Eine Religiosität, die sich an Symbolen und Riten orientiert, bleibt als Symbol ethnischer Identität und Differenzierung noch lange lebendig und bildet nach Gans (1994) eine Station, zwischen den Polen der streng-traditionellen religiösen Auffassung und einer säkularen Anpassung. Die folgenden Analysen greifen die These des differentiellen Wandels von Religiosität auf und beziehen sich vorrangig auf „religiöse Grundüberzeugungen" (eine ausführliche Darstellung des Wandels der religiösen Praxis findet sich im Beitrag von Gülay Ateş in diesem Band).

Auch wenn sich Religionen in den konkreten normativen Leitbildern voneinander abheben, basieren sie doch auf ziemlich ähnlichen Konstruktionsprinzipien. Das „Heilige Buch" (Exklusivität) und die Regeln des „richtigen Lebens" (Moral, Sanktionen) haben einen zentralen Stellenwert im Leben der Gläubigen und wirken sich auf das Welt- und Gesellschaftsbild aus (vgl. Bartkowsky 2001). So zeigte eine Studie zum protestantischen Fundamentalismus in den USA (Hempel und Bartkowsky 2008; Smith 2000), dass der zentrale Glaube an die wörtliche Wahrheit des biblischen Textes, mit seinen Prinzipien der natürlichen Sündhaftigkeit des Menschen und der Notwendigkeit harter Bestrafung, eng mit den Normen eines konservativen Geschlechts- und Familienbildes und hierarchischen Ideologien verknüpft ist.

Um der Relevanz „konservativ-orthodoxer" Inhalte bei der ersten und zweiten Generation nachzugehen, beziehen sich die Statements auf religiös fundierte soziale Regeln; darunter fallen insbesondere Fragen der Beziehung zu anderen Religionen, Fragen der Selbstbestimmung über Körper und Sexualität, sowie Fragen des Lebens in einer säkularen Lebensumwelt. Es wurden von den Befragten Einstellungen zu religiöser Exklusivität, strenger Koranauslegung, zur Stellung der Religion in der Demokratie und zu spezifischen, mit der Religion verbundene sozialen Normen beurteilt.

3.2 Beschreibung und Intensität des Wandels „religiöser Grundsätze"

Tabelle 1 gibt einen Überblick über die Statements und die Beurteilungen der Eltern- und der Kind-Generation. Die Items wurden auf Basis einer Faktorenanaly-

Der Wandel religiöser Glaubensgrundsätze in muslimischen Familien 75

se ausgewählt[3] und laden auf einem Faktor (Eltern: Cronbach-Alpha = 0,85, Kinder: Cronbach-Alpha = 0,87).

Tabelle 1: Religiöse Grundsätze. Zustimmung[1], Prozentangaben

Item	Eltern	Kinder	Differenz[2]
Nur wer die Regeln des Koran wörtlich befolgt, ist ein echter Moslem.	66	54	12
Der Islam ist die einzige wahre Religion.	78	74	4
Nur Muslime kommen ins Paradies, alle anderen in die Hölle.	56	53	3
Dass Kinder am Sexualkunde-Unterricht teilnehmen sollen.	47	63	16
Dass es gemeinsamen Schwimmunterricht für Jungen und Mädchen gibt.	47	60	13
Eine Frau und ein Mann können voreheliche Geschlechtsverkehr haben.	19	37	18
Dass sich eine Frau für ein Kind entscheiden kann, auch wenn sie nicht verheiratet ist.	27	43	16
Man kann als Moslem mit Menschen, die einer anderen Religion angehören, befreundet sein.	97	98	1
Homosexualität ist verwerflich und soll gesetzlich nicht erlaubt sein bzw. bestraft werden.	65	43	22
Dass die Grundrechte der Demokratie (z. B. Freiheitsrecht) über dem islamischen Recht stehen.	55	58	3

[1] Zustimmung: trifft „sehr" und „eher" zu auf einer 4-stufigen Antwortskala; Eltern: n = 363, Kinder: n = 363

[2] Die Differenzangaben gehen von den inhaltlichen Ausrichtungen der Statements in Richtung „streng" aus. Beispiel: 66% der Eltern stimmen dem Satz „Nur wer die Regeln des Koran wörtlich befolgt, ist ein echter Moslem" im Vergleich zu 54% der Kinder zu, hieraus ergibt sich eine Differenz von 12 Prozentpunkten. Dem Item „Eine Frau und ein Mann können voreheliche Geschlechtsverkehr haben", stimmen 19% der Eltern und 37% der Kinder „sehr" bis „eher" zu, dies zeigt, dass der voreheliche Geschlechtsverkehr bei den Kindern auf weniger Vorbehalte stößt. Die Unterschiede im Antwortverhalten von Eltern und Kind weisen auf eine Verringerung „strenger Grundsätze" bei der Kind-Generation hin.

---

3 Die Selektion stammt aus einem umfangreichen Itempool; da es unter anderem das Ziel der Untersuchung war, spezifische Dimensionen wie Fundamentalismus, Offenheit und Anerkennung anderer, religiöser Radikalismus u. a., zu erfassen, wurde eine breite Palette von Items entwickelt. In der hier präsentierten Item-Auswahl „religiöse Grundsätze" werden Aussagen zusammengefasst, die faktoriell einen gemeinsamen Kanon von Regeln und Lebensprinzipien präsentieren.

An den Verteilungen der Antworten der Eltern- und Kind-Generation zeichnet sich deutlich ab, in welchen Inhalten die stärksten Veränderungen stattfinden. Es sind dies besonders Einstellungen im Bereich Geschlechtergleichheit und Sexualität – es sollen die gleichen moralischen Regeln für Mann und Frau gelten (beide können voreheliche intime Kontakte haben, Differenz 18 %); Homosexualität soll nicht bestraft bzw. geächtet werden (Differenz 22 %). Auch die wörtliche Befolgung des Korans findet abnehmende (12 % geringere) Zustimmung bei den jungen, während hingegen der Exklusionsanspruch („der Islam ist die einzig wahre Religion") wenig Wandel erfährt. Kaum Veränderung zeigt sich auch bei der Frage, ob die Grundrechte der Demokratie (z. B. Freiheitsrechte) über dem islamischen Recht stehen sollen, die bei beiden Generationen tendenziell gespalten beantwortet wird (55 % bzw. 58 % pro Demokratie).

Fasst man die Skalenwerte in drei Gruppen zusammen, von „wenig und schwacher" Religiosität zu „mittlerer" und „starker" Religiosität[4], so treten im Vergleich der Generationen (s. Tabelle 2) die Verschiebungen in Richtung des Rückgangs „starker" religiöser Grundsätze deutlich hervor. Während 44 % der Eltern-Generation als „stark" religiös eingestuft werden, sind es 32 % bei der Kind-Generation; eine „schwache" Ausprägung zeigen nur 18 % der Eltern, jedoch 37 % der Kinder.

Tabelle 2: Religiöse Grundsätze (nach gruppierten Skalenscores). Prozentangaben

	Eltern	Kinder
Schwach	18	37
Mittel	38	30
Stark	44	32
	100	100

Wie weit nun tatsächlich die moralisch-religiösen Standards von den Eltern an ihre Kinder weitergegeben werden, zeigt Tabelle 3. Eine „reaktive" Religiosität, d. h. eine starke religiös-orthodoxe Einstellung bei Kindern, deren Eltern jedoch eine tendenziell liberale, also schwache oder mittlere religiöse Haltung einnehmen, ist nur bei einer extrem kleinen Zahl (4 %) der Kinder feststellbar. Der Haupt-

---

4 Die Skalenscores wurden bei beiden Generationen nach denselben Werten gruppiert, wobei die Abgrenzung der drei Kategorien stärker an der Antwortverteilung der Kind-Generation orientiert war.

trend geht sehr deutlich in Richtung einer Abnahme strikter religiöser Grundsätze. Obwohl die Eltern-Kind-Übereinstimmung im Bereich starker Religiosität anteilsmäßig hoch ist – diese ist bei den Eltern mit 42 % auch die häufigste Ausgansbasis für die Kinder – schwächt sich bei 13 % der Kinder stark religiöser Eltern diese Ausprägung zu einer mittelmäßig ausgeprägten Religiosität ab. Eine radikalere Abkehr (zu einer nur schwachen Ausprägung) findet allerdings nicht statt. Bei Kindern von mittelmäßig religiösen Eltern kommt es hingegen in beträchtlichem Ausmaß (23 %) zu einer nur noch schwach ausgeprägten religiösen Orientierung. Der Transfer bei Eltern mit schwacher Religiosität ist aber insgesamt am wirkungsvollsten – nur 2 % der Kinder werden insgesamt stärker religiös als ihre Eltern.

Tabelle 3: Wandel der religiösen Grundsätze (gruppierte Skalenwerte). Eltern-Kind-Dyaden

		Eltern			
		Schwach	Mittel	Stark	
Kinder	Stark	1	2	29	*32*
	Mittel	1	13	13	*27*
	Schwach	18	23	0	*41*
		20	*38*	*42*	*100*

Fasst man diese Veränderungen weiter zusammen, indem man auf der einen Seite die „schwach religiös gebliebenen" und „weniger religiös gewordenen" denen gegenüberstellt, die „mittel oder stark religiös geblieben" und „religiös geworden" sind, so tritt die Tendenz zur Säkularisierung des Einstellungskanons recht deutlich zutage: 54 % der Kinder sind wie ihre Eltern schwach religiös geblieben oder sind weniger religiös als die Eltern geworden, während 46 % mit starker und mittlerer Ausprägung religiös geblieben sind oder (was sehr selten ist) religiös geworden sind (s. Tabelle 4).

Tabelle 4: Wandel der religiösen Grundsätze (dichotome Darstellung). Eltern-Kind-Dyaden

		Eltern			
		Schwach	Mittel	Stark	
Kinder	Stark	Religiös geblieben oder geworden			46%
	Mittel				
	Schwach	Schwach religiös geblieben oder geworden			54%

Zusammenfassend bestätigt sich die These eines Wandels durch Erosion des streng gläubigen Randes, d. h. durch die schwächer werdende Bindung an die strengen Gebote. Der Rückgang strenger Normen (wie die wörtliche Bindung an den heiligen Text, Regeln der Sexualität), die auch den Lebensalltag stärker tangieren als etwa abstrakte Glaubensinhalte (wie Glaube ans Paradies, religiöse Exklusivität), ist markant.

Eine Identifikation mit dem Islam und religiösen Symbolen kann in der zweiten Generation als Ausdruck des Glaubens wie auch der kollektiven Zugehörigkeit oder der kulturellen Differenzierung übernommen werden, während sich ein Wandel eher unsichtbar im Bereich sozialer Beziehungen und individueller Lebensstile vollzieht. Verschiedene Aspekte von Religiosität, wie Feste und Bräuche, Zeremonien bei Geburt, Heirat und Tod, verknüpfen sich auch bei Gläubigen der säkularen Länder mit den Traditionen sozialer Gemeinschaften und Identitäten. Ohne hier auf den Religionswandel in der nicht-muslimischen Bevölkerung Österreichs näher einzugehen, sei angemerkt, dass Bräuche und Riten (besonders in den ländlichen Regionen) sehr lebendig sind und Glaubensinhalte, wie Glaube an das Jüngste Gericht, ein Leben nach dem Tod, weit verbreitet sind, während sich die sozialen Normen modernisiert, von der Orthodoxie bzw. den offiziellen klerikalen Dogmen stark wegbewegt haben (vgl. Datler, Kerschbaum und Schulz 2005).

4. Hintergründe und Hypothesen zum religiösen Wandel

Die Lebensumstände in der Migration werden allgemein als Ursache dafür gesehen, dass ein stärkeres Bewusstsein kultureller „Eigenart", der eigenen Sitten und der religiösen Praxis, geweckt wird. In der neuen Umwelt treten aber auch neue Handlungsoptionen ins Bewusstsein und fordern reflektierte Entscheidungen über habituelle Verhaltensweisen und Normen heraus. In der ersten Generation bedeutet der Islam vornehmlich das Festhalten an den hergebrachten heimatlichen Traditionen („folk-Islam", vgl. Delaney 1991) in Verbindung mit einer patriarchalischen Familienordnung, und es bestehen meist auch geringe Kontakte zu Mitgliedern der neuen Gesellschaft, sodass in den Familien eine starke Weitergabe der traditional-religiösen Normen forciert wird. Allerdings ist die Möglichkeit habitueller islamischer religiöser Praxis im Alltag meist stark eingeschränkt. Sind Frauen in der Migration berufstätig, wird dadurch oft auch ein Rollenwandel zwischen den Ehepartnern ausgelöst (vgl. Fernández de la Hoz 2004).

Die Reaktionen der zweiten Generation werden jedoch in komplexeren Zusammenhängen gesehen und gestalten sich differenzierter. Die Auseinandersetzung mit der Religion stellt sich auf dem Hintergrund der Suche nach Identität und Selbstbewusstsein, teils in Auseinandersetzung mit den Eltern, teils mit der Umwelt (Peers, Schule, Medien) dar. Die zweite Generation stellt z. B. die Sinnhaftigkeit religiöser Gebote häufiger in Frage und individuelle Selbstverantwortung erhält einen wichtigen Stellenwert (vgl. Sandt 1996). Auf der Suche nach einer „authentischen" Lebensführung in der modernen Gesellschaft greifen Jugendliche aber auch bewusst auf den Islam zurück, sei es gegenüber dem „traditionalistischen" Islam der Eltern (vgl. Sackmann 2001) oder als Reaktion auf Diskriminierungserfahrungen und negative stereotype Zuschreibungen der Gesellschaft (vgl. Fleischmann, Phalet und Klein 2011).

In den folgenden Analysen soll nun konkret untersucht werden, welche spezifischen Merkmale des elterlichen Milieus sich auf die religiöse Einstellung der Kinder (gemessen an der Skala „religiöser Grundsätze") auswirken und welchen Einfluss dagegen die soziale Umwelt und Einschätzungen der jungen Erwachsenen selbst haben. Schließlich soll die Auswirkung von Diskriminierung (subjektive Erfahrung und kollektive Zuschreibungen) auf die Religiosität geprüft werden.

In den Regressionsanalysen zur religiösen Transmission werden im ersten Schritt die Effekte von Merkmalen der Eltern auf die religiöse Einstellung der Kinder geprüft, im zweiten Schritt werden die Merkmale der Kind-Generation einbezogen. Es werden für beide Generationen folgende Variablenbereiche geprüft: soziale Charakteristika, die soziale Kontaktstruktur und traditionell-patriarchalische Familienwerte. Für die Kind-Generation werden zudem auch Einschätzungen der Autoritätsstrukturen im Elternhaus und der subjektiv empfundenen Strenge einer „islamischen Erziehung" einbezogen.

Es werden folgende Einflüsse auf die Weitergabe der religiösen Einstellung vermutet: eine schlechte materielle Lage der Eltern wirkt sich nachhaltig aus, da in ärmeren Haushalten ein stärkerer Druck zu innerfamiliärem Zusammenhalt besteht und die familiäre Solidarität durch das Bewahren religiöser Regeln und traditionaler Werte in der Familie gestärkt wird. Weiteres werden, auch unabhängig von der materiellen Situation, ein stark an traditionalen Rollenerwartungen[5] ausgerichtetes Familienklima und das Aufwachsen in einer autoritären Familienstruktur[6] die religiöse Transmission fördern. Einen wichtigen Einfluss auf die Transmission übt zudem die Zusammensetzung des Freundeskreises aus, da gemischte ethnische Kontakte die Kommunikation zwischen Personen unterschiedlicher Lebensstile fördern, wodurch die Verbindlichkeit streng religiöser Sitten vermutlich schwächer wird (während ausschließlich muslimische Freundschaften diese bekräftigen).

Bei der Kind-Generation wird vermutet, dass besonders ein höherer Bildungsstatus einer stark religiösen Einstellung entgegen wirkt, da sich über den Bildungsweg mehr Optionen in der Lebensgestaltung, also auch in den von religiösen Normen geprägten Verhaltenserwartungen eröffnen. Da die Frauenrolle stärker in Bezug zu reglementierenden religionsbezogenen Normen steht, wird zudem eine offenere Haltung seitens der Frauen vermutet. Beide Hypothesen sind allerdings nicht eindeutig, da Untersuchungen unterschiedliche Ergebnisse aufweisen (vgl. Diehl und Koenig 2009, S. 311; Idema und Phalet 2007). Vor allem in qualitativen und biografischen Studien wird auf einen reflexiven Umgang der Frauen mit Religion verwiesen, etwa dass es Frauen durch bestimmte Formen der Aneignung des Religiösen gelinge, ihren weibliche Status in der Familie zu verbessern und sich mehr Autonomie anzueignen (vgl. Apitzsch 1996; s. auch Apitzsch in diesem Band).

Die beiden großen muslimischen Gruppen in Österreich, aus der Türkei und dem ehemaligen Jugoslawien (vornehmlich Bosnien, Kosovo), unterscheiden sich sehr stark in ihrer religiösen Haltung: 60% der aus der Türkei stammenden Eltern sind „stark" religiös, gegenüber 11% der aus Ex-Jugoslawien kommenden Eltern. Daher scheint es sinnvoll, die anschließenden Analysen getrennt für beide Untersuchungsgruppen durchzuführen. Die getrennte Vorgehensweise ist auch aufgrund der unterschiedlichen Migrationskontexte – Flucht bei den MuslimInnen aus Bosnien und Kosovo, Arbeitsmigration bzw. Familienzusammenführung bei den aus der Türkei stammenden – sinnvoll. Da in den multivariaten Analy-

---

5   Skala „patriarchalische Familiennormen" aus 3 Items: Kinder sollten bei ihren Eltern leben, bis sie verheiratet sind; junge Frauen sollten außer Haus von männlichen Familienmitgliedern begleitet werden; eine Tochter, die vor der Ehe intime Kontakte hat, befleckt die Ehre der Familie.

6   Index „autoritäre Familienstruktur" aus 3 Items: Zu Hause wurden fast alle Entscheidungen von meinem Vater alleine getroffen; in meiner Familie wurden männliche Mitglieder gegenüber weiblichen bevorzugt; Entscheidungen der Eltern wurden nie in Frage gestellt. Diese Items wurden durch die Kinder eingestuft.

sen letztlich aber nur geringe Fallzahlen der ex-jugoslawischen Dyaden vorlagen, werden die Analysen zum Religionstransfer nur für die türkischen Eltern-Kind-Paare präsentiert. In den logistischen Regressionsmodellen werden im Folgenden die Effekte auf die „religiösen Grundsätze" der Kinder untersucht. Die Skalenwerte wurden aufgrund der Verteilung dichotomisiert (55 % sind schwach bis mittel religiös, 45 % „stark" religiös).

Tabelle 5: Religiöse Grundsätze; stufenweise logistische Regression (Wald-Kriterium), Modell 1: Soziodemografische Merkmale und Kontakte

Item	Nur Eltern Exp(B)	Eltern und Kinder Exp(B)
Eltern		
Geschlecht (Ref. Weiblich)	-	-
HH-Äquivalenzeinkommen (Ref. Hoch)		
bis 450 €	5,763 *	-
bis 700 €	4,771 *	-
bis 950 €	2,494	-
bis 1.200 €	2,300	-
Anteil Muslim. Freunde (Ref. Nur Muslime)	0,337 *	0,374 *
Kinder		
Geschlecht (Ref. Weiblich)		2,773 **
Bildung (Ref. Höhere Schule, HS)[1]		0,382 **
Anteil Muslim. Freunde (Ref. Nur Muslime)		0,441 *
Nagelkerke Pseudo-r^2	0,130	0,169

Es werden nur signifikante Werte ausgewiesen; ** p<,01, * p<,05. Basis: türkische Herkunftsgruppe, 265 Eltern-Kind-Dyaden.
[1] bei der Kind-Generation abgeschlossene oder laufende Bildung; Pflichtschule, Lehre, Fachschule vs. höhere Schule, Hochschule

Die Ergebnisse von Modell 1 (Soziale Merkmale und Kontakte, Tabelle 5) zeigen im ersten Schritt[7] den Effekt des elterlichen Haushalts: ohne Berücksichtigung der

---

7 Es wurden zuvor die Effekte soziodemografischer Einflüsse geprüft, wobei weitere Merkmale, wie Alter, Besitz der österreichischen Staatsbürgerschaft etc. einbezogen waren, die jedoch keinen Effekt hatten. Im Folgenden wurden nur noch die relevanten soziodemografischen Variablen in das Modell aufgenommen.

Lage der jungen Erwachsenen wirken sich das niedrige Einkommensniveau und ein homogen muslimischer Kontaktkreis der Eltern auf die Wahrscheinlichkeit starker Religiosität der Kinder aus (Pseudo-R^2 = ,130). Bezieht man die Merkmale der Kind-Generation[8] im zweiten Schritt mit ein, bleibt lediglich der muslimische Freundeskreis der Eltern wirksam, während die Effekte der sozio-ökonomischen Lage der Eltern verschwinden. Die im zweiten Schritt hinzugefügten Charakteristika der Kind-Generation zeigen folgende Muster: der homogen muslimische Freundeskreis der Kinder bestärkt die religiöse Einstellung, während Frauen weniger stark an die religiösen Normen gebunden sind. Entgegen der Erwartung fördert das Bildungsniveau der zweiten Generation jedoch stärkere Religiosität.

Im folgenden analytischen Schritt (Modell 2) wird das Regressionsmodell nun bei den Eltern-Merkmalen durch die Familienwerte („patriarchalische Familiennormen") erweitert (Tabelle 6). Dabei zeigt sich keine Auswirkung dieser Normen und es bleiben die zuvor festgestellten signifikanten Merkmale niedriges Einkommen und muslimischer Freundeskreis der Eltern wirksam (Pseudo-R^2 = ,136). Schließt man nun die Variablen der Kinder mit ein, nämlich ebenfalls ihre Einstellung zu patriarchalischen Familiennormen, aber auch ihre Einschätzung hinsichtlich der religiösen Erziehung („wurde streng nach dem Islam erzogen") und hinsichtlich der Autoritätsstruktur in der elterlichen Familie (Index „autoritäre" Familienstruktur), so tritt die „strenge" Erziehung als stark signifikanter Effekt hervor. Einen Einfluss hat auch weiterhin das niedrige Einkommenslevel der Eltern. Der Bildungseffekt – in Richtung stärkerer Religiosität bei höherer Bildung der Kinder – bleibt bestehen. Wird also Sozialisation und Erziehung konstant gehalten, verschwindet der Geschlechtseffekt. Das Resultat unterstreicht die starke Bedeutung einer religiösen Sozialisation (Pseudo-R^2 = ,297).

Fasst man die Ergebnisse insgesamt zusammen, so zeigen die Analysen die nachhaltigen Wirkungen der Situation im Elternhaus: ein ärmeres Milieu mit starken muslimischen Binnenkontakten fördert die Weitergabe streng religiöser Normen an die Kinder. Einen starken Einfluss hat die aus der Sicht der Kinder strenge religiöse Erziehung, die eine wesentliche Komponente des elterlichen Milieus ist. Unter Berücksichtigung der Sozialisation zeigt das Geschlecht keine Relevanz mehr im Hinblick auf die Religiosität; höhere Bildung bestärkt jedoch die religiöse Einstellung. Welche Mechanismen hinter diesem Bildungseffekt stehen, kann hier nicht weiter verfolgt werden.

---

8   Da ein beträchtlicher Teil der Kind-Generation noch in Ausbildung ist, sind deren Einkommensangaben in die Analysen nicht aufgenommen worden.

Der Wandel religiöser Glaubensgrundsätze in muslimischen Familien 83

Tabelle 6: Religiöse Grundsätze; stufenweise logistische Regression (Wald-Kriterium), Modell 2: Soziodemografische Merkmale, Kontakte und Sozialisationsmerkmale

Item	Nur **Eltern** Exp(B)	**Eltern** und **Kinder** Exp(B)
Eltern		
Geschlecht (Ref. Weiblich)	-	-
HH-Äquivalenzeinkommen (Ref. Hoch)		
bis 450 €	5,899 **	9,307 **
bis 700 €	4,405 *	5,172 *
bis 950 €	2,367	2,168
bis 1.200 €	2,086	1,225
Muslim. Freunde (Ref. Nur Muslime)	0,342 *	-
Familienwerte	-	-
Kinder		
Geschlecht (Ref. Weiblich)		-
Bildung (Ref. Höhere Schule, HS)[1]		0,367 *
Muslim. Freunde (Ref. Nur Muslime)		-
Familienwerte (Ref. wichtig)		-
Streng nach Islam erzogen		2,115 **
Familienstruktur autoritär		-
Nagelkerke Pseudo-r^2	0,136	0,297

Es werden nur signifikante Werte ausgewiesen; ** p<,01, * p<,05. Basis: türkische Herkunftsgruppe, 265 Eltern-Kind-Dyaden.

[1] bei der Kind-Generation abgeschlossene oder laufende Bildung; Pflichtschule, Lehre, Fachschule vs. höhere Schule, Hochschule

Abschließend soll nun noch den Wirkungen von Diskriminierungserfahrungen nachgegangen werden. Sowohl die Angaben zu erfahrenen Diskriminierungen als auch zu negativen Vorstellungen der ÖsterreicherInnen über MuslimInnen unterscheiden sich zwischen Eltern und Kindern kaum und sind im Ausmaß beträchtlich (Tabelle 7 und Tabelle 8).

Tabelle 7: Subjektive Diskriminierung. Prozentangaben

Diskriminierung ("... wegen Herkunft oder Religion beleidigt oder schlecht behandelt gefühlt")	"oft" und "manchmal" (%)	
	Eltern	Kinder
... in der Nachbarschaft	36	30
... im Umgang mit Behörden und Ämtern	56	47
... auf öffentlichen Plätzen, beim Einkaufen oder in öffentlichen Verkehrsmitteln	55	45

Ziemlich übereinstimmend geben Eltern wie Kinder zu mehr als der Hälfte an, dass Unwissenheit und Vorurteile für das Leben der MuslimInnen in Österreich ein Problem sei und dass man mit Terror in Verbindung gebracht werde. Starke Übereinstimmungen zeigten sich aber auch hinsichtlich der durchaus beträchtlichen Angaben zu subjektiven Diskriminierungen (die jeweiligen Items wurden zu den Indizes „kollektives Selbstbild" und „subjektive Diskriminierung" zusammengefasst).

Tabelle 8: Kollektives Selbstbild. Prozentangaben

Für des Leben als Muslim in Österreich ist ein Problem...	„sehr" und „ziemlich" großes Problem (%)	
	Eltern	Kinder
... Unwissennheit und Vorurteile gegenüber Muslimen	57	52
... mit Terror in Verbindung gebracht werden	60	60
... Einstellung der Österreicher zu Kultur und Lebensweise des Islam	39	33

In die Regressionsanalyse werden zu den bisherigen Merkmalen nun die subjektive Diskriminierungserfahrung (Index) und das kollektive Selbstbild (Index) bei der Kind-Generation aufgenommen (s. Tabelle 9). Die eingegebenen Eltern-Einflüsse zeigen nun keine Effekte mehr; zusammen mit der positiven Einstellung zu patriarchalischen Familiennormen wirken sich das negative kollektive Selbstbild wie auch subjektive Diskriminierung auf die Wahrscheinlichkeit, eine starke religiöse Überzeugung einzunehmen, aus (Pseudo-R^2 = ,369). Es ist also zu vermuten, dass eine starke Zustimmung zu religiös fundierten moralischen Vorstellungen und Verhaltensnormen auch mit einer starken kollektiven Identifikation mit dem Islam verknüpft ist. Da die religiöse Überzeugung ein wichtiger Teil auch der persönlichen Identität ist, in der auch traditionale Familiennormen bedeutsam sind, werden besonders Stigmatisierung und Abwertung in den öffentlichen Diskursen (Politik, Medien) intensiver wahrgenommen als bei nicht (stark) Religiösen. Interessant ist, dass die Bildungseffekte nun, unter der Kontrolle von Diskriminierung, nicht mehr signifikant sind.

Tabelle 9: Religiöse Grundsätze; stufenweise logistische Regression (Wald-Kriterium), Modell 3: Soziodemografische Merkmale, Kontakte, Sozialisationsmerkmale und Diskriminierung

Item	**Eltern** und **Kinder** Exp(B)
Eltern	
Geschlecht (Ref. Weiblich)	-
HH-Äquivalenzeinkommen (Ref. Hoch)	-
bis 450 €	
bis 700 €	
bis 950 €	
bis 1.200 €	
Anteil Muslim. Freunde (Ref. Nur Muslime)	-
Kinder	
Geschlecht (Ref. Weiblich)	-
Bildung (Ref. Höhere Schule, HS)[1]	-
Anteil Muslim. Freunde (Ref. Nur Muslime)	-
Familienwerte (Ref. Wichtig)	1,545 **
Familienstruktur autoritär	-
Streng nach Islam erzogen	-
Subj. Diskriminierung	1,202 *
Neg. kollektives Selbstbild	1,612 **
Nagelkerke Pseudo-r^2	0,369

Es werden nur signifikante Werte ausgewiesen; ** p<,01, * p<,05. Basis: türkische Herkunftsgruppe, 265 Eltern-Kind-Dyaden.

[1] bei der Kind-Generation abgeschlossene oder laufende Bildung; Pflichtschule, Lehre, Fachschule vs. höhere Schule, Hochschule

Thesen zu den Wirkungsweisen verschiedener Formen von Diskriminierung – persönlich erfahrene oder kollektive Stigmatisierung – können hier nicht weiter verfolgt werden (vgl. die Diskussion bei Fleischmann, Phalet und Klein 2011). Besonders die Relationen zwischen Diskriminierungsformen und verschiedenen identifikativen Bezügen sind im Hinblick auf die zweite Generation komplex. Religion und nationale Herkunft sind bedeutsame „Marker" in den Mehrheits-Minderheits-Beziehungen. Die Beziehungen zum Herkunftsland sind jedoch oft nur noch rudimentär, die Identifikation mit dem Herkunftsland oft ebenso brüchig wie die mit dem neuen Heimatland. Religiosität könnte daher, auch ohne „echte" religiöse Motivation, der Herstellung einer Gruppenidentität dienen, die das Bedürfnis nach Inklusion, Gemeinschaftlichkeit oder auch nach kultureller Differenzierung sichert.

Im folgenden Abschnitt soll daher den Zusammenhängen zwischen Diskriminierung, Identifikationen und kollektiven Zugehörigkeitsgefühlen noch näher nachgegangen werden.

5. Diskriminierung, religiöse Identifikation und Zugehörigkeit

Zwischen den Generationen zeigen sich erwartungsgemäß starke Unterschiede in den nationalen Identifikationen (s. Tabelle 10). In Relation zu den Eltern ist die Entfremdung der Kinder vom Herkunftsland ihrer Eltern deutlich sichtbar. Die nationalen Bindungen lassen sich anhand zweier Zugänge beschreiben: zum einen als eine emotionale Beziehung im Sinne von „Heimat" (sich hier zu Hause fühlen, in Kontrast zu Fremdheitserleben), zum anderen als nationale Identifikation. Obschon die Beziehung der zweiten Generation zu Österreich insgesamt positiv ist und der Rückkehrwunsch in das Land der Eltern ziemlich schwach ausgeprägt ist, ist in Kontrast dazu aber die religiöse Identifikation „als Muslim" auch bei der zweiten Generation (62 % „sehr") stark. Allerdings ist die religiöse Bedeutung dieser Identifikation nicht eindeutig; zum einen wurde oben gezeigt, dass Religiosität mit einer gewissen Erosion der Gläubigkeit einher geht, zum anderen können der Identifikation unterschiedliche Typen des Religiösen zugrunde liegen. Khorchide (2007) spricht in seiner Typologie-Bildung muslimischer Religiosität unter anderem von „Schalen-Muslimen", was weitgehend einem Bekenntnis ohne religiöse Lebensführung entspricht.

Tabelle 10: Emotionale Zugehörigkeit („Heimat") und Identifikationen. Prozentangaben

	Prozent Zustimmungen[1]			
	Eltern		Kinder	
	1	(1+2)	1	(1+2)
Ich empfinde Österreich als meine Heimat	8	(36)	22	(63)
Ich fühle mich in Österreich fremd	26	(62)	12	(36)
Ich fühle mich nur in dem Land, aus dem ich/ meine Eltern stamme/n wirklich zu Hause	44	(77)	21	(50)
Wie sehr fühlen Sie sich ...				
... als Österreicher/Österreicherin	5	(20)	19	(57)
... als Angehöriger/Angehörige Ihres Herkunftslandes	59	(92)	38	(76)
... als Muslim/Muslimin	76	(95)	62	(89)
... als Europäer/Europäerin	13	(44)	22	(64)
Wollen Sie wieder in Ihr ursprüngliches Herkunftsland zurückkehren	29	(70)	13	(38)

1) 4-stufige Antwortskala, 1 = „sehr", 1+2 = „sehr" und „eher"; bei der Frage „Wollen Sie wieder in Ihre ursprüngliches Herkunftsland zurückkehren" 1 = „ja", 1+2 = „ja" und „eher schon".

Dass die Identifikation mit dem Islam vergleichsweise wenig an Bindungskraft verloren hat, kann verschiedene Hintergründe haben: der Bezug zum Islam kann eine Brückenfunktion zur Herkunftskultur im weiteren Sinn erfüllen, sei es weil „Muslim-Sein" auch in den Traditionen der Familie (Bräuche, Festtage, im Alltag eingebettete Verhaltensregeln u. a.) weitergegeben wird, sei es, weil sich darin eine bewusste kulturelle Abgrenzung oder Strategie der Differenzierung (in Moral, Weltsicht) ausdrückt (vgl. Boos-Nünning und Karakasoglu-Aydin 2005). Nicht zuletzt kann die muslimische Identifikation ein kollektives Zugehörigkeitsgefühl vermitteln, wenn herkömmliche nationale Bezugsrahmen – Herkunftsland der Eltern oder Österreich – brüchig sind.

In einem Kausalmodell soll geprüft werden, welchen direkten Effekt das kollektive Selbstbild und subjektive Diskriminierung auf muslimische Identität sowie auf die Identifikationen mit dem Herkunftsland der Eltern und Österreich[9] bei der zweiten Generation hat. Außerdem wird die Auswirkung der religiösen Erziehung durch die Eltern („streng nach Islam erzogen") auf die Identifikationen geprüft. Ist also „muslimische Identität" bei der zweiten Generation vorran-

---

9 Die Beziehung zu Österreich ist hier mit dem Indikator emotionale Bindung („Heimat") erfasst.

gig eine Identität, die sich durch die religiöse Erziehung erklärt? Oder erklärt sie sich auch – oder sogar stärker – durch Diskriminierung, die damit eine oppositionelle, an der Religion bzw. muslimischen Kultur orientierte Identität erzeugt? Wie oben bereits erwähnt wurde, unterscheiden sich die beiden Gruppen – MuslimInnen türkischer und ex-jugoslawischer Herkunftsländer – sowohl in ihrer Religiosität, als auch hinsichtlich der Migrationsmotive sehr stark[10]. Die Pfadmodelle wurden daher für beide Gruppen getrennt berechnet. Das Modell erbrachte hinsichtlich des negativen kollektiven Selbstbildes bei der türkischstämmigen Gruppe keine zufriedenstellende Anpassungsgüte; es werden daher nur die – sehr unterschiedlichen – Modellstrukturen der beiden Gruppen hinsichtlich der subjektiven Diskriminierung dargestellt.

Bei der zweiten Generation türkischstämmiger MuslimInnen wirkt sich Diskriminierungserfahrung unmittelbar stark negativ auf die Österreich-Identität aus (r = -,47), sie hat aber interessanterweise weder einen Einfluss auf muslimische Identität (r = ,04) noch auf die Herkunftsidentität (r = ,02). Einen starken Einfluss auf die Identifikation „als Muslim" hat die strenge islamische Erziehung durch die Eltern (r = ,38); die muslimische Identität wirkt sich im Weiteren auf eine starke Identifikation mit dem Herkunftsland aus (r = ,37).

Die These, dass Diskriminierung eine reaktive Zuwendung zu einer kollektiven Identifikation mit dem Islam hervorruft, trifft also nicht zu, dagegen ist die religiöse Sozialisation im Elternhaus der wesentlich wirkungsvollere Faktor. Interessant ist außerdem, dass sich muslimische Identität nur schwach negativ auf die Österreich-Identität auswirkt (r = -,12). Muslimische Identität trägt zwar stark zur Identifikation mit dem Herkunftsland bei, diese aber hat überraschenderweise keinen negativen, sondern sogar einen moderat positiven Einfluss auf die Österreich-Identität und steht mit dieser also nicht in Konflikt (was auf die in vielen Studien als Mainstream diagnostizierte Doppelidentität hindeutet). Das Ergebnis lässt sich dahingehend zusammenfassen, dass es vorrangig das Gefühl von Benachteiligungen ist, das die Zugehörigkeit zu Österreich problematisch macht, während die religiöse Identifikation Zugehörigkeitsempfindungen nur geringfügig abschwächt.

---

10 Während die aus der Türkei stammenden befragten Eltern zu 39% im Zuge der Arbeitsmigration und 54% durch Familienzusammenführung nach Österreich kamen, kamen 81% der aus Bosnien und Kosovo stammenden Eltern als Asylwerber oder Flüchtling (nur 12% durch Arbeitsmigration, 6% durch Familienzusammenführung).

Abbildung 1: Strukturgleichungsmodell, zweite Generation; Herkunft Türkei

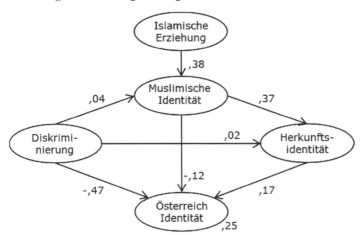

Eine andere, nahezu kontrastierende Kausalstruktur zeigt sich hingegen bei der aus Ex-Jugoslawien stammenden zweiten Generation: hier hat muslimische Identität einen starken negativen Effekt auf die emotionale Beziehung zu Österreich (r = -,38). Die religiöse Identifikation wird besonders stark durch die elterliche Sozialisation (r = ,69) erklärt und dagegen eher schwach durch Diskriminierung (r = ,13). Die Identifikation mit dem Herkunftsland der Eltern zeigt sich aber weder von Diskriminierung noch von muslimischer Identität beeinflusst. Anders als bei den türkischstämmigen MuslimInnen hat die Herkunftsidentität jedoch eine sehr starke negative Wirkung auf eine österreichische Identität (r = -,59). Auch stehen religiöse Identifikation und Herkunftsidentifikation interessanterweise in keiner Relation zueinander, und wirken sich jeweils unabhängig aus. Diese deutliche Trennung der Motive – religiöse und nationale Identifikation – ist auch auf dem Hintergrund der insgesamt relativ schwach ausgeprägten Religiosität bzw. religiösen Polarisierung in dieser Gruppe (nur ein geringer Anteil ist stark religiös) zu sehen.

Abbildung 2: Strukturgleichungsmodell, zweite Generation; Herkunft Ex-Jugoslawien

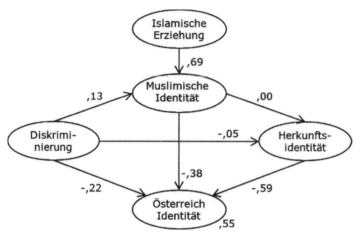

Dieses Modell erklärt bei den ex-jugoslawischen MuslimInnen der zweiten Generation 55 % der Varianz, während es bei den aus der Türkei stammenden 25 % erklärt (CFI = ,934; RMSEA = 0,056).

In beiden Modellen wird der starke Einfluss der elterlichen religiösen Erziehung deutlich, während subjektive Diskriminierung für die muslimische Identität eine sekundäre Rolle spielt. Diskriminierung ist – besonders bei der türkischstämmigen zweiten Generation – jedoch ein Grund für eine geringe Verbundenheit mit Österreich. Bei den aus Ex-Jugoslawien stammenden jungen MuslimInnen bewirken hingegen einerseits eine starke emotionale Bindung an das Herkunftsland, andererseits islamische Sozialisation und muslimische Identität eine starke Distanz zum Einwanderungsland. Diese Effekte sind primär auf dem Hintergrund der Migrationsgeschichte interpretierbar. Flucht und Vertreibung erzeugen andere kollektive Erinnerungen und Identitäten als die intendierte Arbeitsmigration. Sie verstärken Verlustgefühle und Bindungen an die zurückgelassene Heimat. Während im Falle der türkischstämmigen MuslimInnen eindeutig die subjektive Diskriminierung die Identifikation mit Österreich problematisch macht – ohne indirekten Pfad über eine Identifikation als Muslim –, sind es bei den ex-jugoslawischen MuslimInnen religiös-kulturelle Motive und, davon unabhängig, besonders die national-territorialen Bindungen.

6. Diskussion der Ergebnisse

Österreich zählt zu den Ländern, in denen ein starker politischer Druck auf „Assimilierung" (in Lebensstil, Sprache), besonders bei ZuwanderInnen islamischer Länder besteht, während strukturelle Mobilitätschancen (Bildung, Zugang zum Arbeitsplatz) der zweiten Generation sehr begrenzt sind (wie internationale Vergleiche belegen; vgl. Crul, Schneider und Lelie 2012). Die muslimischen Jugendlichen und jungen Erwachsenen sind in materiell stark benachteiligten Verhältnissen aufgewachsen. Sie fühlen sich in beträchtlichem Ausmaß in der österreichischen Gesellschaft diskriminiert und nicht anerkannt. Doch ist die in manchen Ländern Europas konstatierte religiöse Rückorientierung auf den Islam in der zweiten Generation an den vorliegenden Daten für Österreich nicht ersichtlich.

Auf Basis der in diesem Beitrag hervorgehobenen normativen Komponente von Religiosität, in der das religiös fundierte Regelwerk des „richtigen Lebens" stärker im Vordergrund stand, trat der religiöse Wandel zwischen Eltern- und Kind-Generation deutlich hervor. Im Generationentransfer werden spezifische religionsbezogene Normen schwächer. Religiöse Normen erodieren am stärksten in lebensnahen Bereichen, wie die ziemlich großen Differenzen bei Themen der Sexualität und individueller Freiheiten zeigen, weniger aber in den religionsspezifischen Glaubenssätzen.

Auch in Österreichs muslimischer zweiter Generation ist eine Identifikation „als Muslim" durchaus im Mainstream, doch ist diese, wie die Analysen zeigten, nur in geringem Ausmaß als Folge bewusster religiöser Re-Orientierung zu bewerten. Diskriminierungserfahrungen lösen kaum verstärkte religiöse Identifikation aus, sind jedoch eine erheblich Ursache für eine brüchige Identifikation mit dem Leben in Österreich. Die religiöse Einstellung der Kinder ist von der Sozialisation und dem elterlichen Milieu stark geprägt; die Weitergabe strenger religiöser Grundsätze ist in ärmeren Haushalten mit segregierten Netzwerken stärker.

Ein Licht auf die Ergebnisse und eine mögliche Interpretation wirft ein Blick auf die zwiespältige Situation in Österreich: einerseits ist in der Bevölkerung ein weitgehend negatives Stereotyp von MuslimInnen verbreitet und wird in den politisch rechtspopulistischen Diskursen vehement kommuniziert, andererseits ist der Islam als Staatsreligion anerkannt und wird als Religion an den Schulen seit 1982 unterrichtet. Abid (2006) beschreibt den „Österreichischen Weg" als pragmatischen Ansatz der Integration: "Most Muslim families consider the religious lessons in public schools as a minimum amount of religious education, while the religious (or secular) lifestyles of children and young Muslims are formed at home, in school, and through interaction with the society in which they live" (Abid, 2006: S. 275). Nicht zuletzt werfen die Analysen ein Licht auf die starke

Differenzierung der MuslimInnen, hinsichtlich der nationalen Herkunft, der Geschichte des Herkunftsgebiets und des Migrationsmotivs.

Literatur

Abid, L. J. 2006. Muslims in Austria: Integration through participation in Austrian society. Journal of Muslim Minority Affairs, 26 (2), 263-278.

Apitzsch, U. 1996. Migration und Traditionsbildung. Biografien Jugendlicher ausländischer Herkunft. In Ernst Karpf, Doron Kiesel (Hrsg.). Politische Kultur und politische Bildung Jugendlicher ausländischer Herkunft, (S. 11-30), Frankfurt/Main: Haag + Herchen.

Bartkowsi, J. P. 2001. Remaking the Godly Marriage: Gender Negotiation in Evangelical Families. Rutgers University Press.

Boos-Nünning, U. & Karakasoglu-Aydin, Y. 2005. Viele Welten leben. Zur Lebenssituation von Mädchen und jungen Frauen mit Migrationshintergrund. Münster: Waxmann.

Brettfeld, K., & Wetzels, P. 2007. Muslime in Deutschland – Integration, Integrationsbarrieren, Religion sowie Einstellungen zu Demokratie, Rechtsstaat und politisch-religiös motivierter Gewalt. Berlin: Bundesministerium des Inneren. http://www.bmi.bund.de/cae/servlet/contentblob/139732/publicationFile/14975/Muslime in Deutschland.pd f. Zugegriffen: 9. August 2013.

Crul, M., Schneider, J. & Lelie, F. (Eds.) (2012). The European Second Generation Compared. Does the Immigration Context Matter? Amsterdam: Amsterdam University Press.

Datler, G., Kerschbaum, J. & Schulz, W. 2005. Religion und Kirche in Österreich – Bekenntnis ohne Folgen? SWS-Rundschau 45, 449-471.

Delaney, C. 1991. The Seed and the Soil. Gender and Cosmology in Turkish Village Society. Berkeley: Univ. of California Press.

Diehl, C. & Koenig, M. 2009. Religiosität türkischer Migranten im Generationenverlauf: Ein Befund und einige Erklärungsversuche. Zeitschrift für Soziologie 38 (4): 300-319.

Fernández de la Hoz, P. 2004. Familienleben, Transnationalität und Diaspora. ÖIF Materialien Heft 21. Wien: Österreichisches Institut für Familienforschung.

Fleischmann, F., Phalet, K. & Klein, O. 2011. Religious identification and politicization in the face of discrimination: Support of political Islam and political action among the Turkish and Moroccan second generation in Europe. British Journal of Social Psychology 50, 628-648.

Gans, H. J. 1994. Symbolic Ethnicity and Symbolic Religiosity: Towards a Comparison of Ethnic and Religious Acculturation. Ethnic and Racial Studies 17, 577-592.

Gapp, P. 2007. Konflikte zwischen den Generationen? Familiäre Beziehungen in Migrantenfamilien. In Leben in zwei Welten. Zur sozialen Integration ausländischer Jugendlicher der zweiten Generation, hrsg. Hilde Weiss, 131-155. Wiesbaden: VS Verlag für Sozialwissenschaften.

Glock, C. Y. 1996. Über die Dimensionen von Religiosität. In: Matthes, J. M. (Hrsg). Kirche und Gesellschaft. Einführung in die Religionssoziologie, Bd. 2, (S. 150-168). Reinbeck: Rowohlth.

Hämmig, O.. 2000. Zwischen zwei Kulturen. Spannungen, Konflikte und ihre Bewältigung bei der zweiten Ausländergeneration. Opladen: Leske und Budrich

Heitmeyer, W., Müller, J. & Schröder, H. 1997. Verlockender Fundamentalismus. Türkische Jugendliche in Deutschland. Frankfurt/Main: Suhrkamp.

Hempel, L. M. & Bartkowsky, J. L. 2008. Scripture, Sin and Salvation: Theological Conservatism Reconsidered. Social Forces 86, 1647-1674.

Huber, S. 1996. Dimensionen der Religiosität. Skalen, Messmodelle und Ergebnisse einer empirisch orientierten Religionspsychologie. Freiburg: Universitätsverlag.

Idema, H. & Phalet, K. 2007. Transmission of Gender-Role Values in Turkish-German Migrant Families: The Role of Gender, Intergenerational and Intercultural Relations. Zeitschrift für Familienforschung 19, 71-105.

Khorchide, M. 2007. Die Bedeutung des Islam für Muslime der zweiten Generation. In: Weiss, H. (Hrsg). Leben in zwei Welten. Zur sozialen Integration ausländischer Jugendlicher der zweiten Generation, (S. 217-244), Wiesbaden: VS Verlag für Sozialwissenschaften,

Nauck, B. 2004. Familienbeziehungen und Sozialintegration von Migranten. In: Bade, K. J. & Bommes, M. (Hrsg.) Migration – Integration – Bildung. Grundfragen und Problembereiche (23), (S. 83-105), Osnabrück: Universität Osnabrück.

Ornig, N. 2006. Die zweite Generation und der Islam in Österreich. Eine Analyse von Chancen und Grenzen des Pluralismus von Religionen und Ethnien. Graz: Grazer Universitätsverlag.

Phalet, K., Gijsbert,M. & Hagendoorn, L. 2008. Migration and Religion. Testing the Limits of Secularisation among Turkish and Maroccan Muslims in the Netherlands 1998–2005. In: Kalter, F. (Hrsg.). Migration und Integration, KZfSS, Sonderheft 48, 412-436.

Sackmann, R. 2001. Türkische Muslime in Deutschland. Zur Bedeutung der Religion. Zeitschrift für Türkeistudien 1 (2), 187-205.

Sandt, F.-O. 1996. Religiosität von Jugendlichen in der multikulturellen Gesellschaft. Münster: Waxmann.

Treibel, A. 2006. Islam und Integration – ein Gegensatz? Ein soziologisches Plädoyer für eine neue Aufmerksamkeit. In: Böllert,K., Alfert, N. & Humme, M. (Hrsg.). Die Produktivität des Sozialen – den sozialen Staat aktivieren, (S. 99-106), Wiesbaden: VS Verlag für Sozialwissenschaften.

Toprak, A. 2005. Das schwache Geschlecht – die türkischen Männer. Zwangsheirat, häusliche Gewalt, Doppelmoral der Ehre. Freiburg im Breisgau: Lambertus.

Anhang

Tabelle A 1: Religiöse Grundsätze; stufenweise logistische Regression (Wald-Kriterium), soziodemografische Merkmale

Item	Nur Eltern Exp(B)	Eltern und Kinder Exp(B)
Eltern		
Alter	-	-
Geschlecht (Ref. Weiblich)	-	-
Bildung (Ref. höher als Grundschule)[1)]	-	-
HH-Äquivalenzeinkommen (Ref. Hoch)		
bis 450 €	5,524 *	6,540 **
bis 700 €	4,600 *	5,140 *
bis 950 €	2,560	2,229
bis 1.200 €	1,667	1,923
Staatsbürgerschaft (Ref. Österreich)	-	-
Kinder		
Alter		-
Geschlecht (Ref. Weiblich)		2,235 *
Staatsbürgerschaft (Ref. Österreich)	-	
Bildung (Ref. höhere Schule, HS)[1)]		0,396 **
Nagelkerke Pseudo-r²	0,086	0,155

Es werden nur signifikante Werte ausgewiesen; ** p<,01, * p<,05. Basis: türkische Herkunftsgruppe, 265 Eltern-Kind-Dyaden.

[1)] aufgrund der stark unterschiedlichen Verteilungen wurden bei Eltern und Kindern verschiedene Dichotomisierungen vorgenommen. Eltern: Grundschule vs. Lehre, höhere Schule, HS; Kind-Generation abgeschlossene oder laufende Bildung: Pflichtschule, Lehre, Fachschule vs. höhere Schule, Hochschule),

Religiöse Praktiken bei muslimischen Familien: Kontinuität und Wandel in Österreich

Gülay Ateş

1. Einleitung

Die gesellschaftspolitischen Debatten in der europäischen Öffentlichkeit in Bezug auf die muslimische Bevölkerung verschärfen sich zunehmend und führen meist zu einer Verschiebung hin zu einem negativen Bild von muslimischen MigrantInnen. Die medialen und politischen Darstellungen hinterlassen den Eindruck, dass die hier lebenden MuslimInnen den Modernisierungstendenzen, welche in der Österreichischen Gesellschaft ab den 60er und 70er Jahren angestoßen wurden und die den Wertepluralismus und den Individualisierungsprozess vorangetrieben haben (Richter & Zartler 2008)[1], nicht offen gegenüber stünden[2]. Es herrscht die verbreitete Annahme, dass die migrierten muslimischen EinwanderInnen abgeschottet in ihren Mikrosystemen verbleiben und immun gegen Individualisierung und Emanzipation seien. In der medialen Landschaft wurde der Begriff „Integrationsunwille" mit bestimmten sozialen Gruppen in Verbindung gesetzt, insbesondere mit den sich zur Religion bekennenden MuslimInnen[3]. In diesem Zusammenhang werden u. a. auch die Schlagworte „Wunsch nach Ein-

---

[1] Die Website „Mein Österreich.Vorbereitung zur Staatsbürgerschaft" bietet auf den einzelnen Seiten Informations- und Lernmaterial zur Verfügung. Bezüglich der Modernierungsbestrebungen Österreichs werden insbesondere die Reformen während der Regierungszeit von Bruno Kreisky in den 70er Jahren hervorgehoben. http://www.staatsbuergerschaft.gv.at/index.php?id=39

[2] Insbesondere im Zusammenhang mit der Kopftuchdebatte, welche zumeist mit einem Diskurs über „eingeschränkte Wahlfreiheit", „patriachalische Erziehunsstile", „Zwang", „Zeichen von Nicht-Integration" und „Nicht-Zugehörigkeit" geführt werden, verweist Sauer (2012, S. 192-212) darauf, wie der öffentliche und private Raum re-definiert wird, Zugehörigkeiten neu formuliert werden und ausgerenzen. Oft werden koftuchtragende Frauen als Paradebeispiel für nicht vereinbarbare Kulturen – westlich-europäisch und östlich-orientalisch – herangezogen.

[3] Zur Festigung von einem negativen Bild der muslimischen Religion in Österreich u.a. W.T. Bauer (2007): Kopftuch und Minarett – eine Erregung. Österreichische Gesellschaft für Politikberatung und Politikentwicklung – ÖGPP, Wien. http://www.politikberatung.or.at/uploads/media/kopftuch-und-minarett.pdf. In Deutschland spricht der deutsche Politker Uhl vom „nicht integrationswilligen Muslim"; oder auch der deutsche Bundesinnenminister bei einem Interview mit der Bild Zeitung: „Aber wir akzeptieren nicht den Import autoritärer, antidemokratischer

führung der Scharia im europäischen Gesetzeskontext", „Kampf der Kulturen", „Parallelgesellschaft", „Abschottung" oder auch „Segregation" aufgeworfen. Implizit ist in diesen Zuschreibungen die Annahme enthalten, dass nachfolgende Generationen die Werte und Einstellungen der Eltern übernehmen und so zu einer Verfestigung der Gegensätze zwischen „westlich-europäisch" und „östlich-orientalisch" beitragen.

Dieser öffentlichen Debatte entsprechend rückt das Interesse an religiösen Praktiken von MuslimInnen in Verbindung mit Fragen ihrer gesellschaftlichen Integration und Zugehörigkeit vermehrt in den Blickwinkel der Forschung. Auch im Zentrum dieses Beitrages steht die Betrachtung der religiösen Praktiken bei muslimischen Familien in Österreich. Doch geht dieser Beitrag nicht von einem unilinearen Prozess der Weitergabe von Eltern auf Kinder aus, sondern legt den Analysen ein dynamisches und reziprokes Modell zugrunde.

2. Sozialisationstheoretische Vorüberlegung im Kontext von Religion und Migration

In der Weitergabe von Werten, Normen, Wissen und Fähigkeiten nehmen Eltern eine sehr wichtige Vermittlerrolle ein. Nach Höpflinger (1999) wird beim pädagogischen Generationenbegriff zwischen vermittelnder und aneignender Generation unterschieden, wohingegen der genealogische Generationenbegriff auf die direkte Vermittlungsinstanz von Älteren auf Jüngere innerhalb einer Familie abzielt. Bei letzterem sind es die Eltern, die an ihre Kinder Erziehungs- und Bildungskonzepte transferieren. Ein Manko bei den klassischen soziologischen oder auch erziehungswissenschaftlichen Theorien ist das einseitig gerichtete intentionale Erziehungsmodell. Oelkers (2001, S. 255) bezeichnet dieses Modell als Standardmodell; der allgemeine Konsens lautet: Eltern erziehen ihre Kinder. Im Gegensatz dazu verweist Fend (2009, S. 84) darauf, dass „viele – wenn nicht die meisten – Transmissionseffekte nicht das Ergebnis gezielter Anstrengungen der älteren Generation sind, sondern die Folge der elterlichen Lebensform, ihres „Vor"-Bildes, ihrer Art und Weise, das Leben zu gestalten und zu bewältigen".

Beim „Vor"-leben, Gestalten bzw. Bewältigen entsprechen die Lebensmodelle der Älteren nicht zwangsläufig der folgenden Generationen. Margret Mead (1971) unterscheidet in Bezug auf die gesellschaftsabhängigen Erziehungs- und Bildungskonzepte zwischen ‚postfigurativ', ‚kofigurativ' und ‚präfigurativ'. Bei postfigurativen, traditionellen Gesellschaften finden Eltern und Kinder stabile

---

und religiös-fanatischer Ansichten." http://www.spiegel.de/politik/deutschland/integration-streit-ueber-muslimstudie-des-innenministeriums-a-818548.html

Strukturen vor, die beiden gleiche Zukunftsperspektiven garantiert, die Erziehung bleibt zeitlich gesehen zyklisch. Kofigurative Strukturen entstehen in Gesellschaften in denen sich ein langsamer Wandel vollzieht. Hier entspricht die Zukunft der Kinder nicht mehr den Lebensentwürfen und Lebensformen der Eltern. Die nachfolgenden Generationen lernen vermehrt von „Gleichaltrigen bzw. den Angehörigen ihrer eigenen historischen Generation". Auch wenn die Anschauungen der älteren Generation dominieren, entstehe bereits eine gewisse Distanz zwischen den Generationen. In präfigurativen modernen Gesellschaften sei man einer raschen Dynamik und damit einhergehend einem Wandel ausgesetzt. Die Zukunft der Erwachsenen als auch die der Kinder ist nicht klar bestimmt, das Lernen findet in reziproker Wechselwirkung statt. (Höpflinger 1999, S. 9ff). Auf der einen Seite ist Familie ein wichtiger Weichensteller in Bezug auf die Zukunftsperspektiven der Kindergeneration und auf der anderen Seite ist es auch die soziale Umwelt, die einen hohen Stellenwert bei der Heranbildung und Festigung von Werten, Orientierungsrahmen und Handlungsweisen hat. Bronfenbrenner (1981) unterscheidet zwischen fünf unterschiedlichen Instanzen: Microsystem, Mesosystem, Exosystem, Macrosystem und Chronosystem. Auch ihm zufolge entstehen Spannungen zwischen den Generationen, wenn die Lebenserfahrungen der älteren Generation mit jener der Kinder nicht übereinstimmen.

Während die erste Generation von MigrantInnen meist auf religiöse Erfahrungen im Herkunftsland zurückgreifen konnte, ist dies bei der zweiten Generation nur bedingt der Fall. Halm (2007) stellt fest, dass das Religiöse zwar im Privaten verbleibe und im Falle des Islams sehr wohl zu Hause praktiziert werden könne, aber jede Religion für ihre Kontinuität gemeinschaftliche Praxis brauche. Während bei nichtgewanderten Familien ein Großteil der Sozialisationsleistungen vom homogenen kulturellen Umfeld übernommen wird, sind migrierte Muslime primär auf die familiäre Weitergabe angewiesen und dementsprechend Familien sich in einem höheren Grad gefordert sehen, Sozialisationsleistungen zu erbringen (Nauck 1997).

Klassische Integrations- und Assimilationstheorien gehen aufgrund der angenommenen Einkapselung der mitgebrachten Kultur in der Familie von einem starken Einfluss der autochthonen Gesellschaft und dementsprechend einer bedeutenden Dynamik zwischen den Generationen aus. Folglich entspricht bei eingewanderten Familien der Lebensentwurf und -verlauf der ersten Generation nicht zwangsläufig dem der Zweiten. Sowohl das soziale Umfeld in der Aufnahmegesellschaft als auch die sozio-ökonomischen Aufstiegschancen verweisen, trotz der großen Bedeutung der familiären Sozialisation, auf andere Zukunftsperspektiven der Kinder. Allerdings darf diese Dynamik nicht als linearer, gleichsam vorgezeichneter Prozess verstanden werden. So kritisiert Reinprecht (2006, S.40f) beispielsweise, dass in der klassischen Theorie von einer „stufenweisen strukturellen Assimilation" bei Familien mit Migrationshintergrund ausgegangen wird, begründet durch die in der Realität voll zutreffende Annahme, dass es sich um eine einmalige Wanderung handelt, Eingewanderte sich am Lebensstil der Mittelstandsgesellschaft orientieren und spätestens in den Folgegenerationen am kulturellen mainstream der neuen Gesellschaft teilnehmen. Dies betreffe insbesondere die Normen und Werte der Aufnahmekultur.

Die Kritik nicht aus dem Auge verlierend, erzieht die migrierte Elterngeneration ihre Kinder nicht in der ihnen vertrauten Umgebung; die Sozialisationskontexte beider Generationen unterscheiden sich. In Österreich vermitteln muslimische Eltern ihre religiöse Haltung in einer vor allem katholischen, aber zum Teil auch durch andere Wertvorstellungen geprägten Umgebung. Ihre Kinder lernen nicht nur muslimische, sondern auch christliche und andere säkulare Wert- und Normvorstellungen kennen. Das Aufwachsen in einer wertheterogenen Umwelt eröffnet den Kindern die Möglichkeiten aus einer Vielzahl an Lebensstilen auszuwählen. Kinder mit Migrationshintergrund wachsen nicht in einem rein religiösen Kontext auf. Dies schließt jedoch eine religiöse Lebensführung nicht aus. Die Wahl eines religiösen Lebensstils sollte aber vor dem Hintergrund betrachtet werden, dass religiöse Praktiken nicht im Widerspruch zu einer „modernen" Lebensweise stehen müssen. Auch wenn der Islam, neben einem umfassenden Anspruch der Welterkenntnis, das alltägliche Leben mit detaillierten Verhaltensvorschriften reguliert, welche in der Sunna und Schia niedergeschrieben wurden, werden diese Praktiken durchaus mit „modernen" Lebensweisen in Einklang gebracht, wie z.B. Frau und Beruf, Aufbrechen von geschlechtsspezifischen Rollenzuweisungen (siehe auch Beitrag von Apitzsch und Korucu-Rieger in diesem Band).. Im Sinne Bergers (1980, S. 18) kann die These formuliert werden, dass in modernen Gesellschaften sich auf der einen Seite der religiöse Kosmos im Zuge der Moderne relativiere, mit einem Nomoszerfall einhergehe, und auf der anderen Seite die Gesellschaft durch die Moderne pluralisiere. In Anlehnung an Berger (1988) lässt sich zusammenfassen: „Partielle Sozialisierung in einer pluralistisch funktional differenzierten Gesellschaft bedeutet stets reflexive Bewusstseinsbildung mit unsteten Wirklichkeitskonstrukten." (Ateş 2006, S. 45)

Wenn der Sozialisationskontext nicht nur durch die Eltern geprägt wird, stellt sich die Frage, welche Rolle Eltern bei der religiösen Sozialisation spielen. Dieser Artikel sucht eine Antwort darauf, wie sich religiöse Praktiken im Sozialisationskontext der Eltern auf die Folgegeneration auswirken. Dem unterliegt die Annahme, die erste Generation übe einen großen elterlichen Einfluss auf die religiöse

Entwicklung der Folgegenerationen aus. Doch es soll auch umgekehrt untersucht werden, welchen Einfluss Kinder auf ihre Eltern haben können. Als wichtiger außerfamiliärer Faktor[4] wird der Einfluss der aktiven religiösen Vereinsmitgliedschaft und den damit verbundenen Folgen für die religiösen Praktiken untersucht.

3. Forschungsfragen

Die Forschungsfragen greifen den Stellenwert von unterschiedlichen Sozialisationsinstanzen auf. Im Zuge der Sozialisation durchläuft der Einzelne unterschiedliche Lebensphasen. Je nach Phase werden unterschiedliche Akteure als wichtige Referenzgruppe herangezogen. Kommunikation ist ein wichtiges Mittel um mit anderen in Kontakt zu treten, soziale Beziehungsformen aufzubauen und zugleich den Stellenwert bzw. Wichtigkeit des jeweiligen Gegenübers zu entwickeln („significant others"; Mead 1934). Mead arbeitet im Prozess der Sozialisation die frühkindlichen Spielräume und Wahlfreiheiten heraus. In der steten Interaktion und Interkommunikation wird nicht nur die eigene kognitive Entwicklung geprägt, sondern auch die der signifikanten Anderen. Während in der primären Kleinkindphase Erziehung im weitesten Sinne über Nachahmung stattfindet, folgt in der Jugendphase vermehrt die (non-)verbale Interkommunikation zwischen Eltern und Kind. Durch diese reziproke Interaktion werden religiöse Normen, Gebote und Verbote nicht nur vermittelt, sondern auch Grenzen erörtert und ausgehandelt. Im jungen Erwachsenenalter zeichnen sich die erfolgreich vermittelten und von der zweiten Generation übernommenen religiösen Anschauungen und Verhaltensformen ab. Des Weiteren findet im Gegensatz zur Elterngeneration, welche meist innerhalb eines islamischen Landes religiös sozialisiert wurde (Twardella 2002), die religiöse Erziehung der Kinder in der Diaspora statt. Demzufolge soll mittels der ersten Frage erörtert werden: Wie religiös sind die Kinder im Vergleich zu Ihren Eltern? Auf welchem Niveau werden Praktiken, Gebote und Glaubensinhalte in der Familie weitergegeben? Und wie werden sie weitergegeben? Welche Rolle nimmt die Familie als religiöse Sozialisationsinstanz ein?

Dem liegt die These zugrunde, dass auf der einen Seite der Enkulturationsprozess im Elternhaus stattfindet, und auf der anderen Seite der religiöse Entwicklungsprozess durch das Umfeld geprägt und gestärkt werden kann (Schule, reli-

---

4 Näheres zur Ausbildung von IslamlehrerInnen und zum Ausbau des Islamunterrichts in Deutschland siehe Sovik (2010, S. 231ff.). Sporer (2010, S. 109) weist darauf hin, dass bei der christlich-religiöse innerfamiliären Sozialisation von einer defizitären und mangalhaften Weitergabe ausgegangen wird und aufgrunddessen die Kirche und der schulische Religionsunterricht die Wissensvermittlung religiöser Inhalte verpflichtend eingeführt wurde.

giöse Organisationen, muslimische Vereine, Islamunterricht etc.)[5]. In der Fremde sind Muslime auf eine selbstorganisierte religiöse Infrastruktur angewiesen[6]. Die präzise ausformulierte religiöse Tradition und das Vorhandensein eines Berufsstandes zur Wahrung der Tradition sorgen für die Festigung und Reproduktion des Religiösen im Alltag der Muslime. Dies werde insbesondere durch die Einbindung und enge Interaktion in der Gemeinschaft gesichert (Halm 2007). Sowohl einige PioniermigrantInnen als auch die Folgenerationen sind aktive GründerInnen und Mitglieder von religiösen Vereinen. In Österreich wurden 409 islamische Vereine und Moscheen[7] vermerkt. Obwohl keineswegs die Mehrheit der MuslimInnen aktiv eingebunden ist, können diese bei der Ausbildung von Religiösität eine wichtige Rolle einnehmen sowie zu einer identitätsstiftenden Orientierung beitragen. Es stellt sich folglich die Frage, ob und wenn ja welchen Effekt die elterliche aktive Vereinsmitgliedschaft in einem Moscheeverein oder muslimischen Verband auf die religiösen Praktiken der Kinder hat?

Im Zuge dieses Artikels werden die Daten von 363 muslimischen Eltern-Kind-Dyaden der Studie „Muslimische Familien im Wandel" ausgewertet[8]. Um die unterschiedlichen Sozialisationsinstanzen – oben als Mikro- und Exosystem angesprochen – abbilden zu können, werden die Fragen nach der Wichtigkeit der Vermittlung von religiösem Glauben und die aktive religiöse Vereinsmitgliedschaft der Eltern und Kinder herangezogen. Dyadendaten haben den Vorteil, dass die interessierenden Fragen sowohl von Seiten der Eltern als auch Kinder beantwortet wurden und diese einander zugeordnet werden können. Folglich kann im Vergleich zu einem Singledatensatz (Kohortendatensatz) der innerfamiliäre Effekt direkt gemessen werden. Im Folgenden werden die Unterschiede zwischen den Generationen und der familiäre Einfluss bei der Sozialisation von religiösen Praktiken genauer untersucht.

---

5   In Österreich wurde im Vergleich zu Deutschland bereits frühzeitig der verpflichtende Islamunterricht an Schulen (1982/83) eingeführt (http://www.schulamt-islam.at/). Schule wird nicht weiter eingegangen, da eine Anwesenheitspflicht vorhanden ist. Auch Lehrer, die einen Erziehungsauftrag haben, können nicht frei gewählt werden. Hingegen der Moscheebesuch oder die Wahl des Freundeskreises i. d. R. den eigenen Präferenzen und Neigungen entspricht.
6   Sehr früh, bereits 1912 wurde die hanafitische Religion in Österreich anerkannt. Seit 1979 gibt es in Wien eine Moschee und seit 1983 einen verpflichtenen Islamunterricht an österreichischen Schulen.
7   http://www.islam-landkarte.at/ (Zugriff: 06.04.2013)
8   Nähere Informationen zur Stichprobe siehe Kapitel 3 von Hilde Weiss in diesem Band.

4. Kontinuität und Wandel innerhalb der Familie

Wie religiös sind die Kinder im Vergleich zu Ihren Eltern? Auf welchem Niveau und wie werden Praktiken, Gebote und Glaubensinhalte in der Familie weitergegeben? Welche Rolle nimmt die Familie als religiöse Sozialisationsinstanz ein? Dieser Abschnitt beginnt mit der Vorstellung der deskriptiven Daten in Hinblick auf die interessierenden Fragestellungen. Im darauffolgenden Schritt wird im Sinne Glocks (1996) die rituelle Dimension der Religiösität mit Hilfe der Variablen Moscheebesuch, Beten, Fasten im Ramadan und Almosensteuer gebildet und beschrieben. Dies mündet in der Erstellung des Modells, dass den Einfluss der Eltern auf die Kinder und des Kindes auf die Eltern ermittelt.

4.1 Religiöse Selbsteinstufung

Die Tabelle 1 zeigt die Verteilung der religiösen Selbsteinstufung bei Eltern und Kind, welche auf einer 4-stelligen Antwortskala abgefragt wurde. Auf der Aggregatebene stufen sich die Hälfte der Eltern (50%) und Kinder (52%) „eher schon religiös" ein, 35% Prozent der Eltern und 15% der Kinder geben an „sehr religiös" zu sein. „Als eher nicht religiös" bis „gar nicht religiös" bezeichnen sich 16% der Eltern und 33% der Kinder.

Tabelle 1: Religiöse Selbsteinstufung bei Eltern und Kind, Prozentangaben

	Eltern	Kind
als gar nicht religiös	2	6
als eher nicht religiös	14	27
als eher schon religiös	50	52
als sehr religiös	35	15
	100	100

Abbildung 2 veranschaulicht das Antwortverhalten innerhalb einer Familie. Auf der Familienebene geben jeweils 57% der befragten Eltern und Kinder ein übereinstimmendes Antwortverhalten in den Kategorien „gar nicht religiös" bis „eher schon religiös" an. Am anderen Ende der Skala, der „sehr religiösen" Eltern, ordnen sich 30% der Kinder ebenso als „sehr religiös", 59% bereits eine Stufe niedriger als „schon religiös" und 10% als „eher nicht" ein.

Abbildung 1: Religiöse Selbsteinstufung der Eltern und Kinder

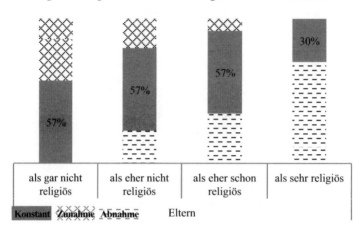

Bei der Hälfte der befragten Familien zeigt sich ein homogenes Antwortverhalten in Bezug auf die religiöse Selbsteinstufung. Innerfamiliäre Eltern-Kind-Differenzen fallen eher moderat aus. D. h. auf der vier-stufigen Antwortskale divergiert das Antwortverhalten zwischen den Generationen eher um eine Antwortkategorie darunter. Insgesamt beobachten wir bei 44 % der befragten Eltern-Kind-Paare eine geringere und lediglich bei 8 % eine höhere subjektive Religiösitätseinstufung in der Kindgeneration. Die geringste Kohärenz oder auch größte Dynamik im Antwortverhalten zwischen Eltern und Kind zeigt sich insbesondere bei hochreligiöse Eltern.

4.2 Religiöse Praktiken: Beten und Moscheebesuche

Während mehr als die Hälfte der befragten Elterngeneration (60 %) angibt mehrmals täglich zu beten, geben dies nur noch 30 % der zweiten Generation an. Ein Großteil der zweiten Generation (60 %) sagt aus, dass sie zumindest einmal in der Woche beten[9]. Ein ähnliches Bild zeichnet sich bei den Moscheebesuchen ab (siehe Abbildung 2). Insgesamt betrachtet gehen 53 % der befragten ersten und 34 % der zweiten Generation regelmäßig in die Moschee (mind. einmal in der Woche). Von jenen Eltern, die nur zu bestimmten Anlässen oder gar nie in die Moschee

---

9 Bemerkenswert sind diese Diskrepanzen insbesondere deshalb, weil ca. die Hälfte der befragten Eltern und Kinder zur Anfragen zur Teilnahme über Moscheevereine rekrutiert wurden.

gehen, gibt dies auch ein sehr hoher Prozentanteil der Kinder (70%) an. Bei wöchentlichen Besuchen der Eltern geben 21% der Kinder an ebenfalls wöchentlich dort zu sein. Wenn Eltern aussagen mehrmals pro Woche die Moschee zu besuchen, dann sagen dies ebenfalls 35% der Kinder. Dagegen geben 65% der Kinder dieser Eltern, die eher häufig die Moschee besuchen, an, seltener hinzugehen. Anhand dieser ersten deskriptiven Analysen lassen sich keine Re-Islamisierungstendenzen erkennen. Innerfamiliäre Unterschiede im Antwortverhalten weisen insbesondere jene Familien auf, bei denen die Eltern regelmäßig eine religiöse Einrichtung aufsuchen, bei diesen Familien besuchen nahezu zwei Drittel der Kinder seltener die Moschee als ihre Eltern. Hohe Kohärenz weisen erneut Familien mit geringer bis keiner Bereitschaft für Moscheebesuche auf (je 70%).

Abbildung 2: Moscheebesuche von Eltern und Kind

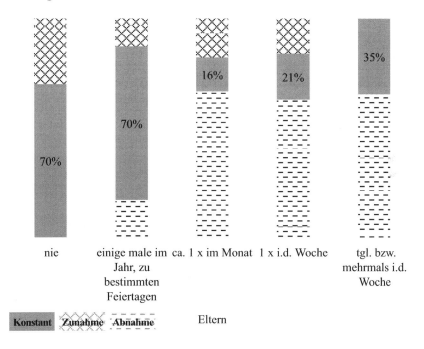

4.3 Rituelle Dimension bei Eltern und Kind

In Anlehnung an Glock wird die rituelle Dimension mittels der Variablen „Moscheebesuche", „Fasten im Ramadan", „Abgabe der Almosensteuer" und das „tägliche fünfmalige Gebet" abgebildet. Das religiöse Verhaltensmuster wird sowohl für die Eltern als auch für die Kinder getrennt durch den Index „religiöse Praktiken" auf Basis einer konfirmatorischen Faktorenanalyse bestimmt[10].

Von jenen Eltern, die weder Fasten, Beten, noch Almosensteuer zahlen und auch nicht in die Moschee gehen, weisen 91 % der Kinder ebenfalls keinerlei religiöse Verhaltensweisen auf. Eltern, die angeben selten religiöse Praktiken auszuführen, sind bereits 50 % der Kinder nichtpraktizierend und 46 % ebenfalls seltener praktizierend. Auch bei Eltern, die manchmal praktizieren, geben nur noch 47 % der Kinder an, genauso häufig wie ihre Eltern diese auszuüben. Hingegen kann bei „immer" bzw. oft praktizierenden Eltern auch wieder ein höherer Anteil der Weitergabe an die Kinder (63 %) beobachtet werden. Laut Annahmen müssten die religiösen Praktiken der Kinder – Fasten, Beten, Abgabe der Almosensteuer und Moscheebesuche – relativ hoch mit dem jeweiligen Pendant der Eltern korrelieren. Abbildung 3 zeigt, dass die Interkorrelationen der einzelnen Items eine moderate Effektgröße aufweist, wobei die Bereitschaft zur Almosensteuer mit einem Koeffizienten von 0,41 die größte Abhängigkeit zwischen den Generationen aufzeigt. Unabhängig davon gibt es einen sehr starken positiven Zusammenhang zwischen Eltern und Kindern im Hinblick auf die religiösen Praktiken (r = 0,84).

---

10 In Anlehnung an Kenny, Kashy und Cook (2006, S. 122) wurden zuerst Summen- und Differenzindexe für die Variablen gebildet und mittels Korrelationsmatrizen eventuelle Varianzunterschiede zwischen Eltern und Kind näher betrachtet. In Bezug auf die Häufigkeit von Fasten (r = -0,346) und Almosensteuer (r = -0,357) weisen Eltern und Kinder Varianzunterschiede auf. Keine Unterschiede zeichnen sich hingegen bei der Häufigkeit des Gebets (r = -0,034) und den Moscheegängen (r = -0,009) ab. Die Konfirmatorische Faktorenanalyse weist für die jeweiligen Generationen folgende Gütekriterien auf: Eltern α= 0,787; KFA: CMIN/DF = 1,454; CFI = 0,994; RMSEA = 0,035 & Kind α = 0,840; KFA: CMIN/DF = 0,282; CFI = 1; RMSEA = 0,000. Infolge, zeigt sich, dass das Modell verbessert werden kann, wenn beim Index „religiöse Praktiken (Eltern)" die Variable Fasten im Ramadan gelöscht wird.

Abbildung 3: Korrelation „religiöse Praktiken der Eltern" mit „religiöse Praktiken der Kinder"

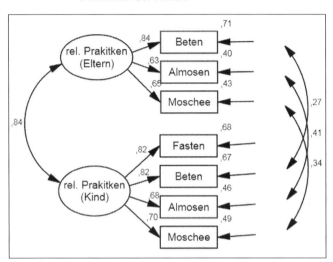

Modellgüte: CMIN/DF = 2,562; CFI = 0,987; RMSEA = 0,066

5. Faktoren der intergenerationellen Weitergabe von religiöse Praktiken

„It seems eminently plausible to visualize the human parent as the vehicle for the transmission of culture and the infant as simply the object of an acculturation process" (Bell 1968, S. 81). Bell kritisiert die gängigen Forschungsdesigns, die Weitergabe einseitig gerichtet und meist unilinear betrachten. Seine Kritik richtet sich auch an die Erhebungsmethoden, mittels derer intergenerationelle Weitergabe gemessen wird. Meistens würden ausgehend von Informationen nur eines Familienmitglieds innerfamiliäre Transformationsprozesse analysiert. Die interaktionsgeleitete Weitergabe kultureller Muster, etwa im Sinne Goffmans, wurde bereits sehr früh im Zuge qualitativer Sozialisationsforschung aufgenommen (u. a. Apitzsch 1990).

Diesen Ansatz aufgreifend wird in der vorliegenden Forschung von folgendem theoretischen Modell ausgegangen (siehe Abb. 4): Die religiösen Praktiken der Kinder und Eltern stehen in einem reziproken Verhältnis zueinander. Die einseitig gerichteten Pfeile erlauben es, unterschiedliche Effektstärken zu messen.

Es wird davon ausgegangen, dass eine religiöse Lebensführung der Eltern einen größeren Einfluss auf die der Kinder hat als auch umgekehrt. Des Weiteren stellt sich die Frage nach dem Zusammenhang zwischen den religiösen Riten und dem Ziel, den Glauben an die Kinder weiterzugeben. Weiters wird überprüft, ob die Vereinsmitgliedschaft, als außerfamiliäre externe Dimension der sozialen Umwelt, einen Einfluss auf den religiösen Kult hat. Praktizieren die Kinder jener Eltern, die sich innerhalb eines religiösen Verbandes aktiv engagieren, öfter? Darüber hinaus wird beantwortet, ob eine Vereinsmitgliedschaft die religiösen Praktken des jeweils anderen Familienmitglieds beeinflusst. Es wird also untersucht, ob die religiösen Praktiken durch die Wichtigkeit des religiösen Glaubens als Erziehungsziel und/oder die religiöse Vereinsmitgliedschaft beeinflusst werden oder das explizite „Vor"-leben in der Familie den wichtigeren Stellenwert einnimmt. Mit diesem komplexen, rekursiven Sozialisationsmodell soll die bisher vorhandene Forschungslücke geschlossen und der Blick auf die innerfamiliären und externen Effekte geschärft werden. Bei der Abbildung 4 stehen im Fokus des Modells die Rekursivität und die gegenseitigen Einflüsse, wobei stets von unterschiedlich stark ausgeprägten positiven Korrelationen ausgegangen wird.

Abbildung 4: Theoretisches Modellannahme religiöser Praktiken von Eltern und Kind

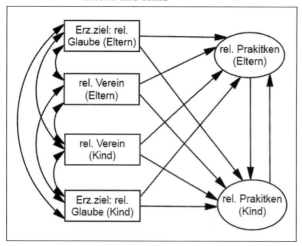

Modellannahmen

1. Mit steigender Zustimmung, den religiösen Glauben an die Folgegenerationen weiterzugeben, steigt auch die eigene Praktizierung religiöser Rituale.
2. Je stärker das Erziehungsziel „religiöser Glauben" erachtet wird, desto eher tendiert das Kind zu religiösen Praktiken.
3. Wenn die Eltern aktiv in einem religiösen Verein Mitglied sind, erhöht dies die Wahrscheinlichkeit, dass Kinder ebenfalls religiöse Verhaltensweisen von den Kindern aufweisen.
4. Die eigene Vereinsmitgliedschaft hat einen Einfluss auf das Ausführen von religiösen Riten.
5. Aktive Vereinsmitgliedschaft der Kinder hat keinen Einfluss auf die religiöse Lebensgestaltung der Eltern.
6. Je stärker ein Kind den religiösen Glauben als Erziehungsziel äußert, desto häufiger praktiziert es seinen eigenen Glauben.
7. Je häufiger die Eltern Rituale durchführen, desto eher neigen auch die Kinder dazu, diese zu praktizieren.
8. Der Effekt von Kindern auf Eltern ist geringer als umgekehrt.
9. Es wird davon ausgegangen, dass die unabhängigen (manifesten) Variablen (aktive Vereinsmitgliedschaft der Eltern und Kinder sowie religiöser Glaube als Erziehungsziel bei Eltern und Kind) miteinander hoch korrelieren.

6. Ergebnisse

Die große Bedeutung von Religiosität für die Befragten spiegelt sich nicht nur im hohen Prozentanteil an Personen, die sich selber als religiös einstufen, sondern auch im Anteil der Personen, die es für wichtig erachten den Glauben weiterzugeben. 77% der Eltern und 66% der befragten Kinder geben dies als sehr wichtig an. Dies wird als Indikator für eine aktive innerfamiliäre religiöse Erziehung herangezogen. Die Bedeutung von außerfamiliären Sozialisationsinstanzen wird durch die Mitgliedschaft in religiösen Vereinen gemessen. Immerhin geben 43% der befragten ersten Elterngeneration und 30% der Kinder an, aktives Mitglied in einem religiösen Verein zu sein. Dies bildet die Grundlage für die Analyse des Zusammenhangs von religiösen Praktiken, der Wichtigkeit des religiösen Glaubens als Erziehungsziel sowie der aktiven Vereinsmitgliedschaften.

Entsprechend den Gütekriterien[11] wird das Modell mit den besten Fitindizes besprochen (siehe Abbildung 5). D. h. das ursprüngliche Modell wurde adaptiert. Dabei wurde davon ausgegangen, dass jene Kinder, die den religiösen Glauben als wichtiges Erziehungziel erachten, auch eher gewillt sind, die religiösen Erziehungsbestrebungen und damit einhergehend innerfamiliären Rituale anzunehmen. Während im adaptierten Modell die Eltern-Variable „religiösen Glauben an die Folgegenerationen weiterzugeben" nicht aufgenommen wurde, wurde die des Kindes beibehalten. Die aktive Mitgliedschaft in einem religiösen Verein ist weiterhin als Kontrollvariable enthalten; auch wenn sie keinen Einfluss auf das andere interviewte Familienmitglied hat. Das schlankere Modell mindert nicht den erklärten Varianzanteil des Index „Religiöse Praktiken" beim Kind (0,75) bzw. des befragten Elternteils (0,54), sondern ist weiterhin eher hoch.

Das endgültige Modell zeigt, dass das Erziehungsziel den eigenen religiösen Glauben zu vermitteln nicht ausreicht, um beim eigenen Kind die religiösen Praktiken zu aktivieren. Die Güte des Modells kann sogar verbessert werden, wenn das elterliche Erziehungziel „religiöser Glaube wichtig" bei der neuen Modellbildung nicht einbezogen wird. Demnach ist es nicht die aktive religiöse Erziehung, die Auswirkungen auf die religiösen Praktiken der Kinder hat. Vielmehr ist es vor allem die eigene „vor"-gelebte religiöse Praxis (0,59), die den intergenerationalen religiösen Ritualtransfer am Leben erhält.

Besonders interessant erscheint in diesem Zusammenhang das Ergebnis, dass eine aktive religiöse Vereinsmitgliedschaft der Eltern keinen Einfluss auf die rituellen Praktiken der Kinder hat. In diesen Familien leben keine Kinder, die streng gläubig werden und die Religion intensiv ausleben. Somit bestätigt sich die Tendenz, die sich im Rahmen der bivariaten Analyse andeutete: anhand dieses Datensatzes kann keine Re-Islamisierung der Kindergeneration beobachtet werden.

Interessanterweise zeigt sich anhand der Daten aber auch ein gegenläufiger Einfluss: Kinder, die den religiösen Glauben als wichtiges Erziehungsziel benennen, beeinflussen deutlich die religiösen Praktiken der Eltern (0,52). Der Einfluss des Kindes auf den befragten Elternteil (0,52) ist sogar um einiges höher als jener, der sich auf sich selbst bezieht (0,26). Eine religiöse Lebensführung sowie Vereinsmitgliedschaft der Kinder haben keinen bedeutenden Einfluss auf die religiösen Rituale der Eltern und auch nur einen schwachen auf das eigene Ritualverhalten.

---

11 Gütekriterien bei Strukturgleichungsmodellen (Vgl. Kenny et al 2006, Arbuckle 2003, Byrne 2001, Hair et al. 1998) : CFI > 0,90 besser > 0,95; RMSEA < 0,5 (guter fit) – 0,10 (akzeptabler fit) besser nahe 0; CMIN/DF <1-2 (guter Fit); 2,5; 3 oder 5 (akzeptabler Fit). Das ursprüngliche theoriegeleiteten Modell wies eine nicht aktzeptable Anpassungsgüte auf und wird daher nicht weiter besprochen.

Abbildung 5: Vereinfachtes Modell „religiöse Praktiken" bei Eltern und Kind

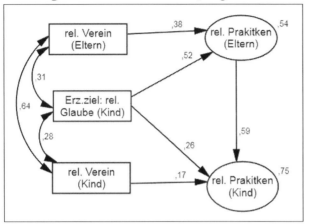

CMIN/DF=3,840; CFI=0,957; RMSEA=0,088

7. Lineare Weitergabe versus gelebte Praxis

Inwieweit gelingt es muslimischen Eltern im Migrationskontext, bzw. den dadurch gegebenen spezifischen Umständen, ihren religiösen Glauben und Riten an die Folgegenerationen weiterzugeben?

In den Analysen lag ein Hauptaugenmerk darauf, die Thesen einer rekursiven modernen Sozialisationstheorie einzubinden. Erziehung, im Sinne von Verhandeln oder gar Ausloten von Grenzen und Spielräumen, wurde hier anhand gerichteter Pfadmodelle abzubilden versucht.

Insgesamt weist der Großteil der befragten Personen eine moderate Form von Religiosität auf. In der Regel sind Eltern im Vergleich zu ihren Kindern religiöser. Jene Kinder, die bereits in der Familie keine religiöse Erziehung erhalten haben, wenden sich der Religion erst gar nicht zu. Jene Eltern, die ein moderates Verhältnis in Bezug auf die rituelle Dimension aufweisen, haben Kinder die sich innerhalb eines moderaten Spektrums von diesen lösen.

Bei sehr religiösen Eltern zeigt sich jedoch bei den Kindern ein differenzierteres Bild. Bei diesen Familien ist die größte Diskrepanz bzw. Dynamik zu beobachten. Bei der Vermittlung von religiösen kulturellen Praktiken nimmt die elterliche vorgelebte Handlung eine wichtige Rolle ein. Die von Seiten der Eltern geäußerte Wichtigkeit des religiösen Glaubens als familiäres Erziehungziel, führt zu keiner Transmission bzw. stärkeren Ausführung religiöser Praktiken des Kindes. Wenn aber das befragte Kind dem religiösen Glauben als Erziehungsstil stärker zustimmt, hat dies auch Auswirkungen auf die religiöse Lebensführung der Eltern, und interessanterweise einen höheren Effekt auf diese als auf sich selbst. Ein weiteres wichtiges Ergebnis ist, dass eine aktive religiöse Vereinsmitgliedschaft der Eltern oder Kinder keinen Einfluss auf das Ausmaß der religiösen Lebensweisen des jeweils anderen Generationsmitglieds hat.

Im Zuge dieser Studie „Muslimische Familien im Wandel" wurden im Vorfeld qualitative Interviews geführt. Diese wiesen zwar an der Oberfläche auf eine Stabilität innerhalb von Familien hin, doch geht aus den vertiefenden qualitativen Analysen hervor, dass moderate Formen von Religiosität bei der zweiten Generation zu Brüchen in den traditionalisierten Formen der Religionsausübung führen. Darauf verweist auch das untere Zitat:

> „(…) Ich versuche täglich zu beten und zu fasten. (…) Wir versuchen alle unsere Gebote einzuhalten. Ja, deine Pflichten gegenüber Gott musst du erfüllen. (…) Ja, ich gehe schon in die Moschee. Da gehe ich auch nur hin, wenn es sein muss. Ich gehe nicht immer. (…)" (Familie C, Mutter, 52; 2011)
>
> „Also nicht besonders ich kann nicht sagen also ich bin nicht jemand der fünf Mal am Tag betet. Meine Mutter zum Beispiel schon. (…)((lacht)) (…) ich mein es gibt bestimmte Tage im Jahr, (…) die heiligen Nächte (…) und bei denen beten wir alle. (--) Und ansonsten faste ich (---) und ja (---) und vor dem Schlafengehen vielleicht noch ein kurzes Gebet aus Gewohnheit, aber ((lacht)) und irgendwann mal hab ich dann gedacht okay ich nehm einfach das Beste von beiden (…)" (Familie C, Tochter, 24; 2011)

Bei der ersten Generation bildet sich Religiosität im Simmelschen Sinne in eine Form „von selbstloser Hingabe und eudämonischen Begehren, von Demuth und Erhebung, von sinnlicher Unmittelbarkeit und unsinnlicher Abstraktion" (Simmel 1989 [1902], S. 52-53), welche eine innere und persönliche Beziehung zu etwas Höherem darstellt, ab. In der zweiten Generation zeichnen sich Tendenzen in Richtung individueller Religionsverständnisses ab, welche sich mit Offenheit und Anpassung an weltliche Wertvorstellungen vereinbaren lassen. Auch wenn innerfamiliäre Transmission auf einem hohen Niveau stattfindet, handelt es sich um eine reflexive Form, die weit von einer reinen Adaption bzw. Kopie entfernt ist. Dementsprechend kann man sowohl insbesondere bei den Kindern von einer „distanzierten Religiosität" im Sinne Tenfeldes (2010, S.17) sprechen. Ecarius (2007, S.150-151) kommt ebenfalls zu dem Schluss, dass unabhängig vom Erziehungsstil Religiosität (wie auch Geschlechtlichkeit) einen hohen Stellenwert einnehmen. Im 20.Jhd. entwickelt sich Religionsvermittlung von einem grundlegenden Element der familialen Interaktion zu einem persönlichen biografischen

Projekt (des Kindes). Dies geht jedoch nicht mit radikalen Formen von Religiosität in Form von Glaubenskonsequenzen einher (siehe Weiss Kapitel 3 in diesem Band). Insgesamt zeigt sich, dass der Transfer von der älteren Generation an die Kinder das Fortbestehen von kulturell religiösen Praktiken sichert, wenn diese in der Familie praktiziert werden. Migrierte Eltern, die bereits eine moderate Form religiöser Riten aufweisen, haben bereits vermehrt „distanziert religiöse" Kinder. Man kann in diesem Sinne auch von einer reflexiven und an die Umwelt der Moderne angepassten Form religiöser Praktiken sprechen. Die Eltern sind, wie Kurtz (2007, S. 232) betont, eine wichtige Quelle „des kulturellen Gedächtnisses" ohne dessen erhöhte Sozialisationsleistung in Form von gelebter Alltagspraxis kulturelle Güter schwer weitergegeben werden können. Die Analysen haben bestätigt, dass primäre Sozialisation in der Familie durch das „Vor"-leben der Eltern wirksam ist, wie auch in den hier thematisierten Fragen der religiösen Lebensweise deutlich wird.

Literatur

Apitzsch, U. (1990). Besser integriert und doch nicht gleich. Bildungsbiographien jugendlicher Migrantinnen als Dokumente widersprüchlicher Modernisierungsprozesse. In: Rabe-Kleberg, U. (Hg.): Besser gebildet und doch nicht gleich! Frauen und Bildung in der Arbeitsgesellschaft (S. 197-217). Bielefeld.

Arbuckle, J.L (2003). Amos 5.0 Update to the AMOS User's Guide (S. 77-85). Chicago: Small Waters Corp.

Ateş, G. (2006). Katholiken und Protestanten in Westdeutschland : NAH und FERN im Spiegel von 20 Jahren, Diplomarbeit, Wien.

Bauer W.T. (2007). Kopftuch und Minarett – eine Erregung. Österreichische Gesellschaft für Politikberatung und Politikentwicklung – ÖGPP, Wien. http://www.politikberatung.or.at/uploads/media/kopftuch-und-minarett.pdf

Berger, P. L. (1980). Der Zwang zur Häresie. Religion in der pluralistischen Gesellschaft. Frankfurt am Main: Fischer.

Berger, P. L. (1988).Zur Dialektik von Religion und Gesellschaft : Elemente einer soziologischen Theorie. Frankfurt am Main: Fischer Taschenbuch Verlag.

Bronfenbrenner, U. (1981). Die Ökologie der menschlichen Entwicklung. Natürliche und geplante Experimente, Stuttgart: Klett-Cotta.

Byrne, B. M. (2001). Structural Equation Modeling with AMOS, Basisc Concepts, Applications, and Programming (S. 79-88). Hillsdale, New Jersey: Lawrence Erlbaum Associates.

Ecarius, J. (2007): Familienerziehung (S. 137- 156). In: Ecarius, J. (Hrsg): Handbuch Familie. Wiesbaden: VS Verlag für Sozialwissenschaften.

Fend, H. (2009): Was die Eltern ihren Kindern mitgeben – Generationen aus der Sicht der Erziehungswissenschaft. In: Künemund, H./Szydlik, M. (Hrsg.): Generationen. Multidisziplinäre Perspektiven (S. 81-103). Wiesbaden: VS Verlag für Sozialwissenschaften.
Glock, Charles Y. 1996. Über die Dimensionen von Religiosität. In: Matthes, J. M. (Hrsg.). Kirche und Gesellschaft. Einführung in die Religionssoziologie, Bd. 2 (S. 150-168). Reinbeck: Rowohlth.
Hair, J. F., Anderson, R. E., Tatham, R. L., Black, W. C. (1998). Multivariate Data Analysis (5. edition) (p. 577-667). Upper Saddle River, New Jersey: Prentice Hall.
Halm, H. (2007). Der Islam: Geschichte und Gegenwart, 7. Aufl., München: C.H.BECK.
Hamburger, F. & Hummrich, M. (2007). Familie und Migration. In: Ecarius, J. & Merten, R. (Hrsg.): Handbuch der erziehungswissenschaftlichen Familienforschung (2007:116). Wiesbaden, S. 112-136.
Höpflinger, F. (1999) Generationenfrage. Konzepte, theoretische Ansätze und Beobachtungen zu Generationenbeziehungen in späteren Lebensphasen, Lausanne: Réalités Sociales. http://www.hoepflinger.com/fhtop/Generationenfrage.pdf
Kenny, D. A., Kashy, D. A., & Cook, W. L. (2006). Dyadic data analysis. New York: The Guilford Press.
Kurtz, Th. (2007). Bildung und Erziehung in der soziologischen Theorie. In: Zeitschrift für Erziehungswissenschaft, 10(2): 231-249
Mead, G.H. (1934). Geist, Identität und Gesellschaft. 1973, Frankfurt am Main: Suhrkamp.
Mead, M. (1971). Der Konflikt der Generationen, Olten [u. a.] : Walter.
Nauck, B. (1997): Intergenerative Konflikte und gesundheitliches Wohlbefinden in türkischen Familien, in: Bernhard Nauck und Ute Schönpflug (Hrsg.), Familien in verschiedenen Kulturen (S 324 – 354). Stuttgart: Enke Verlag.
Oelkers, J. (2001): Einführung in die Theorie der Erziehung. Weinheim/Basel: Beltz.
Reinprecht, Ch. (2006). Nach der Gastarbeit : prekäres Altern in der Einwanderungsgesellschaft. Wien : Braumüller.
Sauer, B. (2012). Politiken der (Nicht-)Zugehörigkeit. Verhandlungen von citizenship und Geschlecht in Diskussionen um das muslimische Kopftuch in Deutschland und Österreich, in: Bereswill, M.; Rieker, P. & Schnitzer, A. (Hrsg.): Migration und Geschlecht. Theoretische Annäherungen und empirische Befunde (S. 192-212), Weinheim/Basel: Beltz Juventa.
Søvik, M. (2010). Religious Change in the Diaspora. Muslim Organizations in Germany and Their Quest for Religious Education in State Schools. In: Tenfelde, K. (Hrsg.). Religiöse Sozialisationen im 20. Jahrhundert. Historische und vergleichende Perspektiven (S.231-248). Essen: Klartext Verlag.
Sporer, T. (2010). Religiöse Sozialisation in Thüringer Familien am Übergang ins 21. Jahrhundert. In: Tenfelde, K. (Hrsg.). Religiöse Sozialisationen im 20. Jahrhundert. Historische und vergleichende Perspektiven (S.109-125). Essen: Klartext Verlag.
Tenfelde, K. (2010). Einleitung: Sozialgeschichte und religiöse Sozialisation. In: Tenfelde, K. (Hrsg.). Religiöse Sozialisationen im 20. Jahrhundert. Historische und vergleichende Perspektiven (S.7-31). Essen: Klartext Verlag.
Twardella, J. (2002). Einige soziologische Überlegungen über den Islam in Deutschland, in: Zeitschrift für Religions- und Geistesgeschichte, 1: 62-74.
Zartler, U. & Richter, R. (2008). Familie. In: Forster R. (Hrsg.): Forschungs- und Anwendungsbereiche der Soziologie (S. 39-55). Wien: Facultas.
Zinnecker, J. (1998): Die Tradierung kultureller Systeme zwischen den Generationen – Die Rolle der Familie bei der Vermittlung von Religion in der Moderne. In: Zeitschrift für Soziologie der Erziehung und Sozialisation, 18: 343-356.

Transmission von Partnerpräferenzen bei muslimischen Familien in Österreich

Philipp Schnell

1. Einleitung

Die stetige Zuwanderung von MigrantInnen aus muslimischen Ländern in stark säkulare Gesellschaften Westeuropas innerhalb der letzten vier Jahrzehnte hat vermehrt die Frage aufgeworfen, welche Rolle Religion im Akkulturationsprozess der Nachfolgegeneration spielt. Die sogenannte zweite Generation, die in der Aufnahmegesellschaft der Eltern geboren und aufgewachsen ist, steht dabei oftmals im Spannungsfeld zwischen der Sozialisierung im Islam innerhalb der Herkunftsfamilien und dem Aufwachsen in säkularen Gesellschaften. Ausgehend von einem graduell verlaufenden Integrationsverlauf über Generationen hinweg wurde im integrationssoziologischen Diskurs vielfach davon ausgegangen, dass die Nachfolgegenerationen muslimischer MigrantInnen in ihren Einstellungen und Handlungsweisen deutlich säkularer werden und damit Religiosität für die zweite Generation an Bedeutung verliert. Bisherige Studien zum Wandel von Religiosität zwischen den Generationen muslimischer MigrantInnen in westeuropäischen Ländern, wie den Niederlanden oder Deutschland, beschreiben allerdings eine hohe Wirksamkeit der Eltern in der intergenerationalen Transmission von religiösen Praxen und Normen an ihre Kinder (Vgl. beispielsweise Diehl und Koenig 2009; Maliepaard et al. 2010).

Auch für interethnische und inter-religiöse Partnerschaften und Ehen, oftmals als finale Stufe des Assimilationsprozesses angesehen (Gordon 1964), wurde davon ausgegangen, dass Präferenzen für Partnerschaften zwischen MuslimInnen im Integrationsverlauf über Generationen hinweg abnehmen. Die bisherige empirische Evidenz deutet allerdings im Gegenteil auf eine besonders hohe Effektivität im Transfer von Präferenzen für inner-muslimische Partnerschaften zwischen den Generationen hin (Maliepaard et al. 2012; Phalet et al. 2008).

Für Österreich liegen bisher kaum fundierte Erkenntnisse zum intergenerationalen Wandel von Religiosität bei MuslimInnen vor. Erste Untersuchungen von Hilde Weiss (2013, in diesem Band) zeigen allerdings, dass Muslime der zweiten Generation in Österreich – anders als in den Niederlanden und Deutschland – einen klaren Trend hin zum religiösen Wandel unterlaufen. Dies betrifft vor allem schwächer werdende Bindungen an strenge, im Islam verankerte Gebote, Normen und religiöse Grundsätze. Genauer betrachtet zeichnet sich eine Tendenz der Säkularisierung von Einstellungen ab, die den Lebensalltag stärker tangieren und sich im Bereich sozialer Beziehungen und individueller Lebensstile vollzieht. Gleichzeitig belegen die Ergebnisse eine Abwendung der zweiten Generation von der wörtlichen Auslegung des Korans und einer Zunahme in der Offenheit gegenüber Menschen mit anderen Religionen. Diesem Trend des religiösen Wandels im individuellen Lebensstil folgend wäre zu erwarten, dass es für Nachkommen muslimischer MigrantInnen in Österreich auch prinzipiell zunehmend unwichtiger ist, welcher Religion ihre potenziellen Ehepartner angehören.

Dieser Beitrag schließt an die Diskussion um den religiösen Wandel innerhalb der muslimischen zweiten Generation in Österreich an, in dem er Präferenzen für inner-muslimische Partnerschaften bei der zweiten Generation in den Mittelpunkt der Betrachtung rückt. Wenn anders als in europäischen Ländern, wie Deutschland oder den Niederlanden, Religiosität der zweiten Generation in Österreich an Bedeutung verliert, nimmt dann auch die Effektivität im Transfer von Präferenzen für inner-muslimische Partnerschaften zwischen den Generationen ab? Für wie wichtig erachten es MuslimInnen der zweiten Generation in Österreich, dass ihre PartnerInnen ebenfalls muslimisch sind? Wie beeinflussen die Eltern Partnerpräferenzen der Kinder? Welche Rolle spielt das außerfamiliäre Umfeld in der Entwicklung von Partnerwahlpräferenz? Variiert der Einfluss von Eltern und Akteuren außerhalb der Familie zwischen MuslimInnen unterschiedlicher Herkunftsgruppen in Österreich?

Diesen Fragen soll im Folgenden anhand von empirischen Daten aus dem Projekt „Muslimische Familien im Wandel" in Österreich nachgegangen werden. Kernelement dieses Projekts ist eine standardisierte Befragung von insgesamt 363 Eltern-Kind-Dyaden in muslimischen Familien aus der Türkei und dem ehemaligen Jugoslawien. Zunächst werden im nächsten Schritt theoretische Erklärungsansätze der vertikalen und horizontalen Transmission für die Entstehung von Präferenzen für religiöse Homogamie in Partnerschaften in der zweiten Generation diskutiert und in empirisch überprüfbare Hypothesen überführt. Anschließend wird kurz der Forschungskontext Österreich beschrieben bevor der Datensatz und die Operationalisierung der zentralen theoretischen Konstrukte erläutert werden. Sodann wird ausführlich auf die Ergebnisse der deskriptiven und multivariaten Analysen eingegangen und die wichtigsten Erkenntnisse abschließend in einem Resümee diskutiert.

2. Eltern und Freunde als entscheidende Instanzen im Transmissionsprozess von Partnerpräferenzen

Soziologische Untersuchungen zu interethnischen Partnerschaften und zur Entwicklung von Partnerwahlpräferenzen berücksichtigen zumeist drei allgemeine Ursachenbündel als relevante Faktoren (Kalmjin 1998): Erstens die Gelegenheitsstrukturen bzw. die demographischen Rahmenbedingungen, welche das Angebot an möglichen PartnerInnen vorgibt. Zweitens individuelle Präferenzen, welche Einstellungen und Nachfrage definieren sowie drittens den Einfluss sozialer Gruppen mit ihren Normen und Werten, wie die Familie und Freundschaftsnetzwerke. Während die meisten Studien die ersten beiden Ursachenbündel berücksichtigen, existieren bisher, auch aufgrund von fehlenden quantitativen Daten, kaum fundierte Kenntnisse bezüglich der Ausgestaltung und Verbreitung familiärer Einflüsse und der Rolle anderer sozialer Gruppen bei der Partnerwahlentscheidung von MigrantInnen und deren Nachkommen (Baykara-Krumme und Fuß 2009: 142-143; für eine Ausnahme siehe De Valk und Liefbroer 2007).

Der Fokus auf die Familie und Freundschaftsnetzwerke als soziale Bezugsgruppen erscheint im Kontext von intergenerationalen Integrationsprozessen allerdings besonders relevant, da sich die zweite Generation oftmals im Spannungsfeld zwischen „zwei Welten" befindet (Weiss 2007): Zum einen stehen sie den aus dem Herkunftsland der zugewanderten Elterngeneration mitgebrachten Werten, Einstellungen und daran gekoppelten Erwartungen gegenüber; zum anderen durchlaufen sie Prozesse der kulturellen Anpassung außerhalb des Elternhauses in den Gesellschaften, in denen sie aufwachsen. Hier kommt insbesondere den sozialen Netzwerken und Freundschaftsbeziehungen als auch der Institution Schule eine wichtige Rolle zu.

Dieser Beitrag greift den Einfluss von sozialen Instanzen – Familie und Freunde – auf individuelle Einstellungen zu religiös-homogamen Partnerschaftspräferenzen bei jungen MuslimInnen der zweiten Generation auf. Dabei wird zwischen *vertikaler* Transmission durch die Eltern und *horizontaler* Transmission durch Freunde unterschieden (Berry et al. 2002; Maliepaard und Lubbers 2013, sowie Geisen in diesem Band). Transmissionsprozesse können dabei sowohl gewolltes, absichtsvolles Handeln als auch nicht intendiertes Verhalten umfassen. In den folgenden zwei Abschnitten wird die Bedeutsamkeit von vertikalen und horizontalen Transmissionsprozessen und die möglichen Formen der Einflussnahme auf Präferenzen für religiöse Homogamie in Partnerschaften bei Nachkommen von muslimischen MigrantInnen beschrieben und relevante Hypothesen abgeleitet.

2.1 Vertikale Transmission: Eltern und die Herkunftsfamilie

Eltern und damit die Herkunftsfamilie sind *die* wichtigste Einflussgröße im Sozialisationsprozess von Kindern. Dabei nehmen Eltern explizit durch die Weitergabe von Einstellungen, Werten und dem konkreten Vorleben von Verhaltensweisen Einfluss auf das Verhalten ihrer Nachkommen. Neben Lebensstilen und politischen Einstellungen werden insbesondere religiöse Einstellungen und Werte am stärksten zwischen Generation weitergegeben (Kohn 1983; Schönpflug 2001). Dabei können Eltern religiöse Identitäten direkt durch die Vermittlung von religiösen Werten und Praxen, oder durch Vorbild bzw. sogenannte „Role-Model" Funktionen beeinflussen. Zuletzt bestimmt der sozioökonomische Status der Eltern und die Auswahl der Wohngegend auch die religiöse Ausgestaltung und die Gelegenheitsstrukturen in denen die Kinder aufwachsen. Eltern gelten deshalb als die entscheidende Quelle für religiöse Sozialisation (Myers 1996).

Insbesondere in muslimischen Familien, so zeigen verschiedene Studien, sehen Eltern die Weitergabe von religiösen Werten und Einstellungen als ein wichtiges Erziehungsziel an (Voas und Fleischmann 2012). Aus dem starken Wunsch der intergenerationalen Aufrechterhaltung des muslimischen Glaubens seitens der Eltern lässt sich auch eine hohe Präferenz für muslimische Partner ihrer Kinder erwarten. Sollte die zweite Generation eine Beziehung mit einem nicht-muslimischen Partner eingehen, erhöht sich (aus Sicht der Eltern) die Wahrscheinlichkeit einer Abnahme der Bedeutung von Religiosität im Generationenverlauf. Daher kann zusammenfassend erwartet werden, dass muslimische Eltern mit hoher religiöser Identität sich häufiger ebenfalls muslimische Partner für ihre Kinder wünschen. Mit anderen Worten, die Religiosität der muslimischen Eltern beeinflusst die Einstellungen zur Partnerpräferenz ihrer Kinder.

Diese Annahme trifft allerdings nicht auf alle muslimischen Gruppen in gleichem Maße zu. Internationale Studien zeigen, dass die erfolgreiche vertikale Transmission zwischen Eltern und Kindern in Familien mit Migrationshintergrund stark von den Charakteristika der ethnisch-religiösen Gruppe abhängt (Maliepaard et al. 2010; Phalet und Schönpflug 2001). In diesem Beitrag werden die zwei größten muslimischen MigrantInnengruppen in Österreich betrachtet: Muslimische Familien aus der Türkei und dem ehemaligen Jugoslawien (vornehmlich Bosnien). Beide Untersuchungsgruppen unterscheiden sich nicht nur aufgrund der verschiedenen Herkunftskontexte und ihrer Migrationsgeschichte (Arbeitsmigration/ Familienzusammenführung versus Flucht), sondern auch maßgeblich in ihrer religiösen Haltung und Selbsteinschätzung. Unter Verwendung des gleichen Datenmaterials zeigt Hilde Weiss in ihrem Beitrag in diesem Band, dass die erste Generation aus der Türkei eine deutlich höhere religiöse Identität aufweist als muslimische Eltern aus dem ehemaligen Jugoslawien. So bezeichnen sich türkische MuslimInnen der ersten Generation fast 6-mal häufiger als „stark religiös" im Vergleich zur ersten Generation aus dem ehemaligen Jugoslawien (Weiss 2013). Eine stärkere religiöse Identität der muslimischen Eltern setzt sich häufiger in religiösen Verhaltensweisen, Glaubensgrundsätzen und sozialen Regeln um und beeinflusst damit Einstellungen und Verhaltensweisen der zweiten Generation (Güngör et al. 2011). Folglich ist für die Situation in Österreich zu erwarten, dass die vertikale Transmission innerhalb muslimischer Familien aus der Türkei deutlich erfolgreicher ist als in Familien aus dem ehemaligen Jugoslawien.

2.2 Horizontale Transmission: Freundschaftsnetzwerke

Während die Herkunftsfamilie der maßgebliche Ort der Sozialisation im frühen Kindesalter ist, haben Freunde und Gleichaltrige (sogenannte „Peers") bei Jugendlichen im Heranwachsen einen dominant Einfluss auf deren Verhaltensweisen (Harris 1995). Die Eingebundenheit in soziale Netzwerke bietet Jugendlichen Opportunitäten zur Neubewertung gültiger Familiennormen, Werte und Handlungsmuster und liefert zugleich einen neuen Zugang zu Informationen, die in der Herkunftsfamilie nicht bzw. nur in geringerem Maße vorhanden sind (Duncan et al. 2001; Granovetter 1983; Huschek et al. 2011). Freundschaftsnetzwerke sind durch Nähe und Enge charakterisiert, bieten soziale und emotionale Unterstützung bei gleichzeitigem normativen Druck (Kohler et al. 2007) und bestimmen damit in hohem Maße Gruppennormen, Werte und Konventionen. Im direkten Vergleich zu den Eltern dienen Freunde oftmals als entscheidende Referenzpunkte während der Adoleszenz. Empirische Evidenz für die Relevanz von Freundschaftsnetzwerken für die zweite Generation kommt primär aus der Bildungsforschung, wo „peer groups" und deren Charakteristika Bildungsaspirationen, Schulleistungen und Verhalten in der Schule von jungen Heranwachsenden beeinflussen (Gándara et al. 2004; Raley 2004; Schneeweis und Winter-Ebmer 2007). Für die Transmission von Werten und Religiosität wurden ebenfalls signifikante Einflüsse von Freundschaftsnetzwerken empirisch bestimmt (Grønhøj und Thøgersen 2009; Hoge et al. 1982; Ozorak 1989). Dabei zeichnen sich zwei Mechanismen ab: Gleichgesinnte junge Heranwachsende im Freundschaftsnetzwerk, mit ähnlichen Normen, Werte oder Einstellungen können den Glauben an diese verstärken, während nicht gleichgesinnte Freunde dazu führen, die eigenen (von der Familie mitgegebenen) Normen, Werte und Einstellungen kritisch zu hinterfragen. In Anlehnung an Ergebnisse niederländischer Studien von Maliepaard und Lubbers (2013) sowie Phalet et al. (2008) zu religiösen Transmissionsprozessen innerhalb muslimischer Familien wird auch für die Situation in

Österreich davon ausgegangen, dass eine stärkere Einbettung der zweiten Generation in nicht-koethnische und anders-religiöse Netzwerke den Transmissionsprozess zwischen Eltern und Kindern lindert bzw. blockiert. Desweiteren sollte eine stärke Einbettung in nicht-muslimische Freundschaftsnetzwerke die religiöse Offenheit gegenüber anderen Religionen erhöhen und die Bedeutsamkeit von religiöser Endogamie in Partnerschaften mindern.

Während die bisher skizzierten Mechanismen für alle ethnisch-religiösen Gruppen gelten, lassen sich auch Annahmen zu Unterschieden zwischen muslimischen MigrantInnengruppen formulieren, die sich aus der unterschiedlich starken Einbettung in interethnische Netzwerke ergeben. Weiss und Strodl (2007) zeigen anhand von Daten aus der Studie „Leben in zwei Welten" für Österreich, dass Jugendliche türkischer Herkunft stärker segregierte Netzwerkstrukturen aufweisen als die zweite Generation ex-jugoslawischer Herkunft. Letztere verfügen über mehr Kontakte mit Jugendlichen österreichischer Herkunft sowie einem größeren Freundeskreis mit ethnisch-gemischten Kontakten (Weiss und Strodl 2007: 100-101). Da junge ÖsterreicherInnen fast nie den muslimischen Glauben besitzen, machen diese Freundschaftsnetzwerke eine Verstärkung der muslimischen Glaubenseinstellungen und Präferenzen für muslimische PartnerInnen bei der zweiten Generation ehemaliger Jugoslawen wenig wahrscheinlich. Umgekehrt kann postuliert werden, dass die türkischstämmige zweite Generation häufiger von muslimischen und koethnischen Freunden umgeben ist, was zu einer stärkeren horizontalen Transmission von Einstellungen führt und zugleich die vertikale Weitergabe zwischen Eltern und Kindern verstärkt.

3. Muslime in Österreich

In Westeuropa wird die Bevölkerung mit muslimischen Glauben gegenwärtig auf rund 44 Million Menschen geschätzt (PEW 2011). Dabei hat ein Großteil der MuslimInnen in den deutschsprachigen Ländern (Österreich, Deutschland und der Schweiz) seinen Ursprung in der Arbeitsmigration aus der Türkei und dem ehemaligen Jugoslawien sowie in der sich anschließende Familienzusammenführung in der zweiten Hälfte des 20. Jahrhunderts (Buijs und Rath 2002). Ab 1990 kamen durch politische Unruhen und Fluchtbewegungen aus muslimisch dominierten Ländern (ehemaliges Jugoslawien, Iran, Irak, Afghanistan etc.) neue Zuwanderungsströme nach Westeuropa. Auch in Österreich stammen heute die meisten MuslimInnen aus der Türkei, dem ehemaligen Jugoslawien sowie aus dem Iran, Syrien und Ägypten.

Aussagen über die Größe der muslimischen Bevölkerung in Österreich zu tätigen ist anhand von amtlichen Statistiken schwierig, da Informationen über das Religionsbekenntnis der österreichischen Bevölkerung zuletzt im Jahr 2001 in der Volkszählung erhoben wurde. Mit Hilfe von Fortschreibungen dieser letzten Österreichischen Volkszählung und der Statistik des Bevölkerungsstands (2001-2009) wurde allerdings die Gruppe der MuslimInnen in Österreich gegenwärtig auf etwas mehr als eine halbe Million Menschen geschätzt (Marik-Lebeck 2010: 4). Der Anteil von MuslimInnen an der österreichischen Bevölkerung ist in den letzten 10 bis 20 Jahren deutlich gestiegen, was insbesondere an höheren Geburtenzahlen und einer stetig wachsenden zweiten Generation liegt, während der Zuzug aus dem Ausland deutlich zurückgegangen ist. Die größte Glaubensgemeinschaft innerhalb der muslimischen Bevölkerung Österreichs sind Sunniten (85 %), gefolgt von Aleviten und Schiiten (Schmied 2005). Dabei lebt der größte Teil der muslimischen Bevölkerung in Wien, gefolgt von Vorarlberg, Salzburg, Nieder- und Oberösterreich und spiegelt damit die regionale Verteilung von MigrantInnen (insbesondere aus der Türkei) in Österreich wider.

4. Datenbasis und Operationalisierung

Datenbasis

Die entsprechenden Analysen basieren auf Daten des Forschungsprojektes „Muslimische Familien im Wandel" (Vgl. Weiss 2013 in diesem Band). Kernelement dieses Projekts ist eine standardisierte Befragung (basierend auf einem Quotensampling) von insgesamt 363 Eltern-Kind-Dyaden[1] (726 Befragte) muslimischer Familien aus der Türkei und dem ehemaligen Jugoslawien, die in Österreich leben. Eltern der ersten Generation sind im Herkunftsland (Türkei/ Ex-Jugoslawien) geboren und später selbst nach Österreich zugewandert. Die zweite Generation definiert sich hingegen als entweder selbst in Österreich geboren oder bis zum Alter von 6 Jahren nach Österreich zugewandert[2]. Zum Zeitpunkt des Interviews (2012) war die zweite Generation zwischen 18 und 35 Jahren alt.

In den Daten spiegeln sich typische Zuwanderungsmuster aus der Türkei und Regionen des ehemaligen Jugoslawiens nach Österreich wider. Eltern aus

---
1   Die Eltern-Kind-Dyaden haben folgende geschlechtsspezifische Konstellationen: 52 Vater-Sohn (14.3 %), 72 Vater-Tochter (19.8 %), 169 Mutter-Tochter (46.5 %) und 70 Mutter-Sohn-Dyaden (19.4 %). Die starke Ausprägung der Mutter-Tochter-Dyaden ist der besseren Erreichbarkeit von Müttern im Interviewprozess geschuldet.
2   Insgesamt sind rund 15 % (N=109) der zweiten Generation nicht in Österreich geboren und vor dem Einschulungsalter zugewandert. Das durchschnittliche Einreisealter dieses Teils der zweiten Generation lag durchschnittlich bei 3 Jahren innerhalb beider Herkunftsgruppen.

der Türkei sind hauptsächlich in den späten 1960er und frühen 1970er Jahren nach Österreich zugewandert; wobei Väter „Arbeit" (81 %) und Mütter „Heirat und Familienzusammenführung" (73 %) als Hauptgrund für die Einwanderung nach Österreich angaben. Die Mehrheit der Elternteile aus Regionen des ehemaligen Jugoslawiens stammt aus Bosnien (85 %) und ist ab 1990 nach Österreich eingewandert.

Gemäß der Quotenstichprobe ist die größte religiöse Glaubensgemeinschaft innerhalb muslimischen Familien türkischer Herkunft die der Sunniten (94 %) und Alewiten (4 %). Innerhalb der Familien ex-jugoslawischer Herkunft zeigt sich eine Polarisierung mit Bezug auf Glaubensgemeinschaften: Zwar bilden Sunniten ebenfalls die größte Religionsgemeinschaft (44,8 %) innerhalb dieser Gruppe, allerdings geben auch rund die Hälfte aller Befragten an, dass sie sich keiner Glaubensrichtung angehörig fühlen.

Abhängige Variable

- Im Mittelpunkt dieses Beitrags steht die Einstellung und *Präferenz der zweiten Generation zur religiösen Endogamie* in Partnerschaften. Diese abhängige Variable wird über die folgende Surveyfrage erfasst: „Für wie wichtig halten Sie es prinzipiell, dass die Ehepartner von Muslimen ebenfalls muslimisch sind?" Antwortkategorien: nicht wichtig, eher wichtig, sehr wichtig.

Unabhängige Variablen – Eltern und Herkunftsfamilie

- Die *subjektive Religiosität* der Eltern wird über eine Selbsteinschätzung gemessen und umfasst die Kategorien sehr religiös, eher schon religiös sowie eher nicht/gar nicht religiös[3].
- Das höchste erreichte *Bildungsniveau der Eltern* wird über eine Dummy-Variable gemessen. Ein hohes Bildungsniveau (1) umfasst dabei Bildungsabschlüsse auf Matura oder höherem Niveau während die Kategorie niedrig (0) alle Bildungsabschlüsse unterhalb dieser Stufe zusammenfasst.
- Der intergenerationale Transfer von Einstellungen zwischen Eltern und Kindern ist nur dann erfolgreich, wenn die Qualität der Eltern-Kind-Beziehung intakt ist. Deshalb wird in der Analyse ebenfalls die Qualität der Eltern-Kind-eziehung empirisch mit berücksichtigt. Dazu wurde ein Index aus drei Survey Items gebildet (Cronbachs $\alpha>0.70$ für beide Herkunftsgruppen): „Ich kann

---

3 Die Antwortkategorien „eher nicht" und „gar nicht" mussten aufgrund geringer Zellbesetzung zusammen gefasst werden.

mit meinen Eltern (Mutter oder Vater) über alles reden", „Ich habe Probleme mit meinen Eltern (Mutter oder Vater), weil sie andere Vorstellungen vom Leben haben" (gedreht) und „Es gibt Spannungen, weil meine Eltern (Vater oder Mutter) mich nicht verstehen" (gedreht). Der abschließende Index *Qualität der Eltern-Kind-Beziehung* reicht von „trifft gar nicht" zu (1) bis „trifft sehr zu"(4). Der Index wird als kontinuierliche Variable in die Analyse aufgenommen.

- Die räumliche Nähe der Eltern zum Kind wird über die dichotome Variable „Lebten zum Zeitpunkt des Interviews zusammen in einem Haushalt" abgebildet (1= Lebt mit Eltern im selben Haushalt).
- Abschließend wird die *Größe der Familie* (Anzahl der Familienmitglieder) als kontinuierliche (Kontroll-) Variable mitberücksichtigt.

Unabhängige Variablen – zweite Generation

- Die *subjektive Religiosität* der zweiten Generation wurde ebenfalls wie bei den Eltern über eine Selbsteinschätzung gemessen. Auf Grund kleinerer Zellbesetzungen in den Randkategorien wurde eine dichotome Variable mit den Ausprägungen (0) gar nicht/eher nicht religiös und (1) eher schon/sehr religiös gebildet.
- Das *Bildungsniveau* der zweiten Generation wurde in fünf Kategorien klassifiziert: Pflichtschule, Lehre/Berufsschule, mittlere Schule/Fachhochschule, Matura führende Schule oder post-sekundäre Schulen und Abschlüsse. Für diejenigen, die sich zum Zeitpunkt des Interviews noch in der Ausbildung befanden, wurde das aktuelle Schulniveau eingesetzt.
- Die religiöse Zusammensetzung des Freundschaftsnetzwerkes der zweiten Generation wird wie folgt bestimmt: Zunächst wurde die absolute Größe des Freundeskreises über zwei Fragen erfragt: „Wenn Sie an Ihren gesamten Freundeskreis denken, ohne Verwandte bzw. Cousins oder Cousinen, wie viele Personen sind das ca.?" und „Wie viele wirklich „sehr gute" Freundinnen bzw. Freunde haben Sie – wieder ohne Verwandte bzw. Cousins oder Cousinen?" Im Anschluss wurde jeweils erfragt, wie viele der genannten Freunde (im engeren und weiteren Umfeld) ebenfalls MuslimInnen sind. Aus beiden Angaben wurde der prozentuale Anteil von Freunden im engeren und gesamten Freundeskreis errechnet, die nicht MuslimInnen sind. Da die beiden Variablen allerdings stark korrelieren, wurde aus den Angaben zum engeren und gesamten Freundeskreis ein gemeinsamer Mittelwertindex gebildet und in vier Ausprägungen zusammengefasst. Die abschließende Variable „*Pro-*

zentualer Anteil nicht-muslimischer Freunde" hat folgende Ausprägungen: 0-25% (1), 26-50% (2), 51-75% (3) und 76-100% (4).

- Abschließend wird in den anschließenden Analysen ebenfalls für das Alter, Geschlecht und die Gemeindegröße des gegenwärtigen Wohnortes (1=Großstadt -über 300.000 Einwohner) der zweiten Generation kontrolliert.

Tabelle 1 gibt einen Überblick über die Verteilungen der verwendeten Prädikatoren, getrennt nach Generationenstatus und Herkunftsgruppe.

Tabelle 1: Deskriptive Verteilungen der unabhängigen Variablen (Prozent und Mittelwerte)

	Skalierung	Türkei	Ex-Jugoslawien
1. Generation			
Religiöse Selbsteinschätzung			
eher nicht/gar nicht religiös	0/1	16%	18%
eher religiös	0/1	44%	64%
sehr religiös	0/1	40%	18%
Bildungsniveau: Hoch	0/1	13%	28%
Eltern-Kind-Beziehung	1-4	2.9	3.2
Eltern & Kind leben in gleichem Haushalt	0/1	66%	84%
Familiengröße	1-7	3.5	2.2
2. Generation			
Männlich	0/1	36%	27%
Alter	18-35	23.3	22.3
Lebt in Partnerschaft	0/1	39%	17%
Gemeindegröße (>= 300.000)	0/1	56%	51%
Bildungsniveau	1-5	3.2	3.4
Religiöse Selbsteinschätzung: eher/sehr religiös	0/1	68%	60%
%-Anteil nicht-muslimischer Freunde	1-4	1.6	2.3
N Dyaden		264	99
N Dyaden Insgesamt		363	

Quelle: Muslimische Familien im Wandel, eigene Berechnungen.

5. Ergebnisse: Zwischen Kontinuität und Wandel

Deskription

Für wie wichtig erachten es MuslimInnen der ersten und zweiten Generation in Österreich, dass ihre PartnerInnen ebenfalls muslimisch sind? Die Ergebnisse in Abbildung 1 geben eine erste Antwort auf diese Frage. Dargestellt ist die Verteilung der abhängige Variable „Präferenz für muslimische EhepartnerInnen" nach Generationenstatus und Herkunftsgruppe. Die deskriptiven Ergebnisse auf der aggregierten Ebene zeigen zunächst ebenfalls einen klaren Wandel in der Bedeutsamkeit von muslimischen Partnerschaften zwischen den Generationen. In der Elterngeneration dominiert die Einstellung, dass die EhepartnerInnen ebenfalls muslimisch sein sollten. Starke Zustimmung findet sich bei 3/4 der befragten Muslime aus der Türkei und bei rund 61 Prozent der Eltern aus dem ehemaligen Jugoslawien. Wird die mittlere Antwortkategorie „eher wichtig" mit berücksichtigt, dann präferieren rund 90 Prozent der ersten Generation beider muslimischer MigrantInnengruppen in Österreich muslimische PartnerInnen. Deutlich niedriger fällt hingegen die Zustimmung bei den Nachkommen der muslimischen MigrantInnen aus, wobei die Antwortmuster innerhalb der zweiten Generation zwischen den Untersuchungsgruppen stark variieren.

In der türkischen zweiten Generation liegt die starke Zustimmung (sehr wichtig) zur religiösen Endogamie in Partnerschaften mit 53 Prozent fast 20 Prozentpunkte unterhalb der ersten Generation, während sich die Gruppe derer, denen die Religion ihrer EhepartnerInnen eher nicht wichtig ist, fast verdreifacht hat. Eine deutlich stärkere Abnahme in der prinzipiellen Bedeutsamkeit muslimischer Ehepartnerschaften findet sich innerhalb der Nachkommen von MuslimInnen aus dem ehemaligen Jugoslawien. Für lediglich rund 17 Prozent der zweiten Generation ist es sehr wichtig, dass ihre Ehepartner ebenfalls Muslime sind.

Deutlich werden außerdem die signifikanten Unterschiede in der Einstellung zur religiösen Endogamie in Partnerschaften zwischen Nachkommen von MigrantInnen aus der Türkei und dem ehemaligen Jugoslawien. Alleine der Anteil der jungen Erwachsenen, welche die gleiche Religion in der Partnerschaft als „sehr wichtig" erachten ist in der türkischen zweiten Generation drei Mal so hoch als bei Nachkommen von Ex-Jugoslawen.

Abbildung 1: Einstellung zur religiösen Endogamie in Partnerschaften im Generationenvergleich (in Prozent)

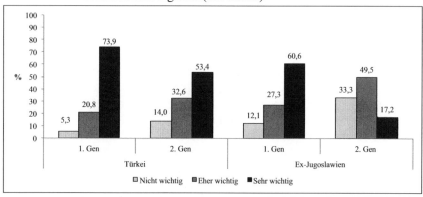

Quelle: Muslimische Familien im Wandel, eigene Berechnungen.
Anmerkungen: Gen.= Generation.

In weiteren Analysen wurde ergänzend untersucht, ob der intergenerationale Wandel in gleichem Maße für Männer und Frauen in der zweiten Generation stattfindet (nicht in Abbildung 1 dargestellt). Die prozentualen Unterschiede zwischen männlichen und weiblichen Befragten sind in beiden Gruppen muslimischer Nachkommen marginal und nicht statistisch signifikant, was auf einen gleichmäßigen Wandel zwischen den Geschlechtern hindeutet.

Inwiefern Einstellungen zur religiösen Endogamie bei Partnerschaften tatsächlich von den Eltern an ihre Kinder weiter gegeben wurden, zeigt Abbildung 2. Die erste Erkenntnis aus Abbildung 2 ist die unterschiedliche Stärke des intergenerationalen Transmissionsprozesses zwischen Familien aus der Türkei und dem ehemaligen Jugoslawien in der Einstellung und den Präferenzen für innermuslimische Partnerschaften. In Familien aus der Türkei präferieren Kinder häufiger dieselbe Einstellung zur Bedeutsamkeit vom muslimischen Glauben für potenzielle Partner wie ihre Eltern. In ungefähr 3 von 5 Familien ist es den Kindern ebenso wie ihren Eltern sehr oder eher wichtig, dass die Ehepartner von MuslimInnen ebenfalls muslimisch sind. Der intergenerationale Transfer bei Eltern mit starker Präferenz für diese Einstellung ist insgesamt am wirkungsvollsten. Neben der deutlichen Stabilität in der Einstellung zur religiösen Endogamie in Partnerschaften zwischen muslimischen Eltern aus der Türkei und ihren Kindern zeigt sich allerdings auch ein leichter Trend der Hinwendung zur höheren Bedeutsamkeit in der zweiten Generation. Beispielsweise spielt der muslimische Glaube für 25 Prozent der türkischen zweiten Generation eine starke Rolle, obwohl ihre Eltern gleich-religiöse Partnerschaften für weniger wichtig erachten. Wenn auch auf Grund geringer Fallzahlen mit Vorsicht zu betrachten, zeigt sich eine noch deutlichere Hinwendung zur Wichtigkeit von muslimischen Partnern in der Gruppe der säkularen türkischen Eltern, wo fast jedes zweite Kind religiöse Endogamie bei Partnerschaften für wichtiger erachtet als ihre Eltern.

Abbildung 2: Intergenerationale Transmission von religiösen Endogamie Präferenzen in Partnerschaften

		1. Generation		
		Türkei		
		Nicht wichtig	Eher wichtig	Sehr wichtig
2. Generation	Nicht wichtig	50.0	14.5	11.2
	Eher wichtig	35.7	60.0	24.6
	Sehr wichtig	14.3	25.5	64.2
		Ex-Jugoslawien		
		Nicht wichtig	Eher wichtig	Sehr wichtig
	Nicht wichtig	91.6	48.1	15.0
	Eher wichtig	8.3	48.1	58.3
	Sehr wichtig	0.1	3.8	26.7

Quelle Muslimische Familien im Wandel, eigene Berechnungen.

Innerhalb muslimischer Familien aus dem ehemaligen Jugoslawien hingegen nimmt die Stärke des intergenerationalen Transmissionsprozesses mit steigender Wichtigkeit muslimischer Partnerschaften ab. Der Transfer ist deutlich am stärksten in säkularen Familien, in denen der muslimische Glaube für Partnerschaften bei den Eltern eine geringe Rolle spielt. Umgekehrt ist die Weitergabe von religiösen Endogamie Präferenzen zwischen Eltern und Kindern am wenigsten erfolgreich in Familien, in denen Eltern es prinzipiell für sehr wichtig halten, dass die Ehepartner von MuslimInnen ebenfalls muslimisch sind.

Die deskriptiven Ergebnisse lassen sich wie folgt zusammen fassen: Es zeichnet sich eine Tendenz der Säkularisierung von Präferenzen zur religiösen Endogamie in Partnerschaften innerhalb der muslimischen zweiten Generation in Österreich ab. Die Ergebnisse stimmen mit den Erkenntnissen von Hilde Weiss (2013) in diesem Band überein, welche ebenfalls einen religiösen Wandel in Bereichen bestimmt, die den Lebensalltag der zweiten Generation stärker tangieren und sich im Bereich sozialer Beziehungen und individueller Lebensstile vollziehen. Gleichzeitig belegen die deskriptiven Ergebnisse dieser Studie allerdings auch die erwarteten Unterschiede zwischen muslimischen Familien türkischer und ex-jugoslawischer Herkunft. Der intergenerationale Transfer der Bedeutsamkeit des muslimischen Glaubens für Ehepartnerschaften von Muslimen ist deutlich stabiler und erfolgreicher in türkischen Familien als in Herkunftsfamilien aus dem ehemaligen Jugoslawien.

Multivariate Analysen

Die zentralen Fragen der weiteren (multivariaten) Auswertungen sind die Folgenden: 1) Wie lassen sich intergenerationale Transmissionsprozesse innerhalb muslimischer Familien erklären?, 2) Welche Bedeutung kommt der vertikalen (Familie) und horizontalen (Freunde) Transmission bei der Entstehung von Präferenzen zur religiösen Endogamie in Partnerschaften innerhalb der zweiten Generation zu?, 3) Wie lassen sich die Unterschiede im Transfer zwischen Familien aus der Türkei und dem ehemaligen Jugoslawien erklären?

Als abhängige Variable dient im Folgenden das Antwortverhalten der zweiten Generationen auf die Frage „Für wie wichtig halten Sie es prinzipiell, dass die Ehepartner von Muslimen ebenfalls muslimisch sind". Auf Grund der ordinalen Skalierung der abhängigen Variable (eher nicht wichtig, eher wichtig, sehr wichtig) wird eine ordinale logistische Regressionen verwendet. In der ersten Modellspezifikation wird der Einfluss von Charakteristika der Eltern auf die Einstellung zur Wichtigkeit der religiösen Endogamie in Partnerschaften bei der zweiten Generation gemessen. Von besonderer Bedeutung ist gemäß der Hypothesen die religiöse Selbsteinschätzung der muslimischen Eltern. Als strukturbezogenes Merkmal wird das Bildungsniveau der Eltern in das Modell mit aufgenommen. Desweiteren sind als Merkmale der Herkunftsfamilie die Qualität der Eltern-Kind-Beziehungen, die Familiengröße und Informationen zum Zusammenleben im gleichen Haushalt mitberücksichtigt. Die dichotome Variable „Türkisch" gibt abschließend an, ob die zweite Generation der türkischen oder ex-jugoslawischen Herkunftsgruppe angehört.

In Modell 2 (a) werden anschließend Eigenschaften und Merkmale der zweiten Generation in die Analyse aufgenommen. Berücksichtigt werden die Kontrollvariablen Alter, Geschlecht, in Partnerschaft lebend, Gemeindegröße sowie das eigene Bildungsniveau und die religiöse Selbsteinschätzung der jungen MuslimInnen. In einem letzten und getrennten Schritt (Modell 2b) wird abschließend der Einfluss der religiösen Zusammensetzung des Freundschaftsnetzwerkes auf die abhängige Variable betrachtet.

Die multivariaten Ergebnisse sind in Tabelle 2 dargestellt. Angegeben sind jeweils die Odds Ratio, das Signifikanzniveau der Koeffizienten sowie die Standardfehler, welche auf Grund des Quotensamplings und fehlenden Informationen über die theoretische Verteilung der muslimischen Bevölkerung in Österreich mittels Bootstrapping Verfahren (1000 Replikate) ermittelt wurden (Mooney et al. 1993).

Die Ergebnisse in Tabelle 2 (Modell 1) zeigen eine starke vertikale Transmission zwischen der Religiosität der Eltern und der Präferenz zur religiösen Endogamie in Partnerschaften ihrer Kinder. Je stärker religiös die Elterngeneration, desto häufiger erachten ihre Kinder es als wichtig, dass die Partner von Muslimen ebenfalls muslimisch sind. Damit bestätigt sich die erste Hypothese, dass die Religiosität der muslimischen Eltern in hohem Maße die Einstellungen zur Partnerpräferenz ihrer Kinder beeinflusst.

Diesem Trend entgegen wirkt hingegen das Bildungsniveau der Eltern. Kinder von höher gebildeten MuslimInnen der ersten Generation weisen deutlich geringere Chancen auf, inner-muslimische Partnerschaften zu präferieren.

Die Ergebnisse in Modell 1 bestätigen darüber hinaus auch die großen, bereits in der deskriptiven Analyse wahrgenommenen Unterschiede in den Einstellungsmustern zur religiösen Endogamie in Partnerschaften zwischen Nachkommen von MuslimInnen aus der Türkei und dem ehemaligen Jugoslawien. Die türkische zweite Generation erachtet es für deutlich wichtiger, dass Muslime Partnerschaften mit MuslimInnen eingehen.

Im nächsten Schritt (Modell 2a) werden die zuvor beschriebenen Einflussvariablen der zweiten Generation in das Modell mit aufgenommen. Innerhalb dieses Sets an Variablen ist die religiöse Selbsteinschätzung von MuslimInnen der zweiten Generation der einzige signifikante Prädiktor für die Wichtigkeit von innermuslimischen Partnerschaften. Gemäß den Erwartungen halten es sehr religiöse MuslimInnen der zweiten Generation für deutlich wichtiger, dass EhepartnerInnen ebenfalls muslimisch sind. Obwohl sich der Einfluss der Religiosität der Eltern nach der Aufnahme der subjektiven Religiosität der zweiten Generation halbiert, bleibt der vertikale Transfer der Religiosität der Eltern signifikant bestehen.

Tabelle 2: Determinanten der Präferenz zu religiöser Endogamie in Partnerschaften – zweite Generation

	1		2a		2b	
Türkisch	2.79	***	2.83	***	1.98	*
	(0.74)		(0.81)		(0.65)	
1. Generation						
Religiöse Selbsteinschätzung						
(Ref. nicht religiös)						
eher religiös	4.57	***	2.63	**	2.22	*
	(1.46)		(0.89)		(0.79)	
sehr religiös	9.74	***	4.43	**	3.54	**
	(3.61)		(2.01)		(1.61)	
Bildungsniveau: hoch	0.33	***	0.36	***	0.32	***
	(0.10)		(0.11)		(0.11)	
Eltern-Kind-Beziehung	1.02		0.85		0.86	
	(0.18)		(0.15)		(0.16)	
Eltern & Kind leben in gleichem Haushalt	1.39		1.57		1.53	
	(0.37)		(0.55)		(0.55)	
Familiengröße	1.34		1.42		1.38	
	(0.13)		(0.16)		(0.16)	
2. Generation						
Männlich			0.64		0.83	
			(0.18)		(0.26)	
Alter			0.97		0.96	
			(0.04)		(0.04)	
Lebt in Partnerschaft			1.19		1.07	
			(0.43)		(0.39)	
Gemeindegröße (>= 300.000)			1.81		1.51	
			(0.48)		(0.44)	
Bildungsniveau			1.07		1.06	
			(0.10)		(0.11)	
Religiöse Selbsteinschätzung: eher/sehr religiös			5.49	***	5.04	***
			(1.63)		(1.58)	
%-Anteil nicht-muslimischer Freunde					0.47	***
					(0.10)	
R2	0.33		0.44		0.48	
N (Dyaden)	363		363		363	

Quelle: Muslimische Familien im Wandel, eigene Berechnungen.

Anmerkungen: Abhängige Variable: „Für wie wichtig halten Sie es prinzipiell, dass die Ehepartner von Muslimen ebenfalls muslimisch sind". Antwort Kategorien: eher nicht wichtig, eher wichtig, sehr wichtig. Ordinale logistische Regression. Angegeben sind jeweils die Odds Ratio mit Signifikanzniveau (* p<.05, ** p<.01, *** p<.001) sowie Standardfehler (Bootstrapped, 1000 Replikate).

Kaum verändert haben sich hingegen die Gruppenunterschiede in den Einstellungsmustern zwischen der türkischen und ex-jugoslawischen zweiten Generation. Demnach sind die Einstellungsunterschiede bezüglich religiöser Endogamie in Partnerschaften nicht auf sozio-demographische (Alter, Geschlecht) oder sozio-strukturelle (Bildung) Merkmale zurück zu führen. Ebenfalls unbedeutend für die Erklärung von Gruppenunterschieden ist die variierende Ausprägung der eigenen muslimischen Religiosität zwischen den Nachkommen der beiden Herkunftsgruppen.

Im letzten Schritt (Modell 2b) wird für den Anteil nicht-muslimischer Freunde im Freundschaftsnetzwerk der zweiten Generation kontrolliert. Besteht der eigene Freundeskreis weniger oft aus muslimischen Freunden, reduziert sich auch signifikant die subjektive Bedeutsamkeit innerhalb der zweiten Generation, dass Ehepartner von MuslimInnen ebenfalls den muslimischen Glauben besitzen sollten. Damit bestätigt sich die These eines starken horizontalen Transmissionsprozesses bei der Entstehung von Präferenzen für religiöse Endogamie in Partnerschaften innerhalb der zweiten Generation junger MuslimInnen in Österreich.

Durch das konstant halten der religiösen Zusammensetzung des Freundeskreises reduzieren sich auch die Gruppenunterschiede zwischen der türkischen und ex-jugoslawischen zweiten Generation in den Einstellungsmustern. Mit anderen Worten: Ein Teil der stärkeren Präferenzen für gleich-religiöse Partnerschaften innerhalb der türkischen zweiten Generation lässt sich darauf zurück führen, dass sie häufiger von muslimischen FreundInnen umgeben sind. Dennoch präferieren MuslimInnen der zweiten Generation türkischer Herkunft trotz der Kontrolle dieses Prädikators immer noch signifikant häufiger ebenfalls muslimische Ehepartner.

In der theoretischen Abhandlung dieses Beitrags wurde darüber hinaus die These formuliert, dass eine stärkere Einbettung in nicht-muslimische Freundschaftsnetzwerke die vertikale Transmission zwischen Eltern und Kindern blockiert. Eine Schwächung der vertikalen Transmission (Eltern-Kind) durch die religiöse Zusammensetzung der Freunde kann für die zweite Generation in Österreich kaum nachgewiesen werden. Der Einfluss der Religiosität der Eltern bleibt weiterhin signifikant und reduziert sich nur leicht. Gleiches gilt auch für den Einfluss der eigenen Religiosität der zweiten Generation, deren Effektgröße sich zwischen Modell 2a und 2b kaum verändert[4].

---

4   Geht man von der Annahme aus, dass die subjektive Religiosität der zweiten Generation auch die Präferenzen für muslimische Freunde bestimmt, so wäre zu erwarten gewesen, dass der Einfluss der subjektiven Religiosität nach der Kontrolle der religiösen Zusammensetzung des Freundschaftsnetzwerkes an Bedeutung verliert (im Sinne von Mediation). Dies war allerdings, wie hier beschrieben, nicht der Fall, was auf eine Unabhängigkeit der beiden Einflüsse hindeutet.

Abschließend wurde in zusätzlichen Analysen mit Hilfe von Interaktionseffekten untersucht, ob sich der Einfluss der religiösen Selbsteinschätzung der Eltern und der Kinder, sowie die Zusammensetzung des Freundeskreises stärker auf die Einstellungen der türkischen oder ex-jugoslawischen zweiten Generation auswirkt (nicht in Tabelle 2 dargestellt). Keine dieser Interaktionseffekte erreichte statistische Signifikanz so dass davon ausgegangen werden kann, dass die in Tabelle 2 dargestellten Effekte der drei Prädikatoren in gleichem Maße für Nachkommen von türkischen und ex-jugoslawischen Familien gilt. Eine stärkere Einbettung in nicht-muslimische Freundeskreise reduziert beispielsweise die Einstellung zur Bedeutsamkeit von Religiosität in Partnerschaften der zweiten Generation beider Herkunftsgruppen gleich stark.

Darüber hinaus sind die Modelle ebenfalls für die Dyadenkonstellation (Vater-Sohn, Mutter-Tochter, etc.) kontrolliert worden um zu bestimmen, ob sich die intergenerationale Transmission zwischen den Generationen nach der Dyadenkonstellation unterscheidet. Die Ergebnisse zeigten keine signifikanten Unterschiede. Stattdessen sind die in Tabelle 2 dargestellten Transmissionsprozesse Familien-spezifische Prozesse und nicht durch die Dyadenkonstellation in der Befragung beeinflusst.

6. Diskussion und Resümee

Dieser Beitrag schließt an die Diskussion um den religiösen Wandel innerhalb der muslimischen zweiten Generation in Österreich an, indem er Präferenzen für inner-muslimische Partnerschaften in den Mittelpunkt der Betrachtung rückt. Ausgangspunkt waren erste Ergebnisse zur Säkularisierung von Einstellungen innerhalb der zweiten Generation in Österreich in sozialen Beziehungen und individuellen Lebensstilen (Vgl. die Beiträge von Weiss und Ateş in diesem Band). Diese Tendenzen haben die Frage aufgeworfen, ob die Effektivität im Transfer von Präferenzen für inner-muslimische Partnerschaften (als „harter" Indikator für soziale Beziehungen) zwischen den Generationen ebenfalls abnimmt. Die bisherige empirische Evidenz aus anderen europäischen Ländern stellt eine solche Abnahme eher in Frage und deutet im Gegenteil auf eine besonders hohe Effektivität im Transfer von Präferenzen für inner-muslimische Partnerschaften zwischen den Generationen hin (Maliepaard et al. 2012; Phalet et al. 2008).

Die Ergebnisse dieser Studie offenbaren erstens, dass Präferenzen für gleichreligiöse Partnerschaften im Generationenvergleich – entgegen den zuvor skizzierten Erwartungen aus bisherigen Studien – in Österreich tendenziell abnehmen. MuslimInnen der zweiten Generation in Österreich erachten es im Vergleich zu ihren Eltern für weniger wichtig, dass ihre PartnerInnen ebenfalls muslimisch sind. Die Ergebnisse ergänzen damit erste Tendenzen des religiösen Wandels, wie er in anderen Bereichen sozialer Beziehungen und individueller Lebensstile in den Beiträgen von Weiss und Ateş erfasst wurde.

Zweitens zeigen die Resultate, dass junge MuslimInnen in der Entstehung von Präferenzen für inner-muslimische Partnerschaften stark von zwei sozialen Instanzen beeinflusst werden: Die Herkunftsfamilie und die eigene „peer-group" außerhalb des Elternhauses. Von beiden Instanzen gehen starke Transfers aus, welche in hohem Maße die Einstellungen der muslimischen zweiten Generation beeinflussen. Auf Seiten der muslimischen Eltern wirkt insbesondere deren Religiosität stark auf die Präferenzen für gleichreligiöse Partnerschaften innerhalb der zweiten Generation. Jugendliche aus stark religiösen Elternhäusern präferieren ebenfalls häufiger muslimische PartnerInnen. Die Ergebnisse verdeutlichen damit das Phänomen der partiellen Überlagerung individueller Präferenzen durch familiäre Interessen und Einstellungen. Der vorliegende Beitrag zeigte darüber hinaus, dass die religiöse Zusammensetzung des Freundschaftsnetzwerkes – zusätzlich zum innerfamiliären Transfer – sich signifikant auf die religiös-endogamen Partnerwahlpräferenzen auswirkt. Insgesamt bestätigte sich die Hypothese, dass je weniger häufig die zweite Generation in gleichreligiöse Freundschaftsnetzwerke einbettet ist, desto weniger wichtiger ist ebenfalls die muslimische Glaubensrichtung für den/die zukünftige/n ParternIn. Wie Eingangs beschrieben sind Freundschaftsnetzwerke durch Nähe und Enge charakterisiert und wirken nicht nur sozial oder emotional unterstützend, sondern können gleichzeitig die eigenen (von der Familie mitgegebenen) Normen, Werte und Einstellungen hinterfragen. Gleichzeitig wurde angenommen, dass eine geringere Einbindung in nicht ko-ethnische und gleiche religiöse Netzwerke den Transmissionsprozess zwischen Eltern und Kindern lindert bzw. blockiert. Letzteres wurde in dieser Studie nicht belegt. Die horizontale Transmission durch Freunde übt einen eigenen Einfluss auf die Partnerpräferenzen aus, welcher zusätzlichen zur vertikalen Transmission durch die Eltern stattfindet. Dieser Beitrag erweitert damit bisherige Perspektiven indem gezeigt werden konnte, wie individuellen Präferenzen auch vom außerfamiliären Umfeld bestimmt werden. Einschränkend muss allerdings festgehalten werden, dass diese Studie keine direkten Aussagen über die konkreten Einflussmechanismen der muslimischen Freundschaftsnetzwerke auf die Partnerschaftspräferenzen treffen konnte. Zukünftige Studien sollten daher die Wirkungsmechanismen in den Mittelpunkt der Betrachtung rücken, um die Bedeutsamkeit von Gruppennormen und Konventionen im vertikalen Transmissionsprozess besser zu identifizieren.

Die Ergebnisse zeigten drittens auch deutliche Unterschiede in der Bedeutsamkeit von inner-muslimischen Partnerschaften zwischen MuslimInnen der zweiten Generation türkischer und ex-jugoslawischer Herkunft, welche primär auf den unterschiedlichen Grad der Einbettung in nicht-muslimische Freundschaftsnetzwerke zurück zu führen sind. MuslimInnen der zweiten Generation türkischer Herkunft präferieren häufiger gleich-religiöse Ehepartner, weil sie häufiger in muslimische Freundeskreise eingebettet sind. Ob die stärkere Hinwendung zu gleichreligiösen Freunden auf individuelle Präferenzen oder auf stärkere gesellschaftliche Exklusionsprozesse und Empfindungen zurück zu führen sind, sollte in zukünftigen Arbeiten nachgegangen werden.

Abschließend kann festgehalten werden, dass junge MuslimInnen in Österreich ihre Partnerpräferenzen in einem Spannungsfeld zwischen den Herkunftsfamilien, mit ihren Werten, Einstellungen und daran gekoppelten Erwartungen, und den Freundeskreisen, mit eigenen Eigenschaften, Zusammensetzungen und Normen, entwickeln. Beide Sozialisationsinstanzen haben einen großen Einfluss auf die Entstehung individueller PartnerInnenpräferenzen. Allerdings verlaufen die Transfers zwischen religiösen Eltern und nicht-muslimischen Freunden in entgegen gesetzte Richtungen, was auf stetige Aushandlungsprozesse im Alltag der MuslimInnen der zweiten Generation bei der Entwicklung von Einstellungen und Präferenzen deuten lässt.

Literatur

Baykara-Krumme, H., & Fuß, D. (2009). Heiratsmigration nach Deutschland: Determinanten der transnationalen Partnerwahl türkeistämmiger Migranten. Zeitschrift für Bevölkerungswissenschaft, 34 (1-2), 135-163.

Berry, J. W., Poortinga, Y. H., Segall, M. H., & Dasen, P. R. (2002). Cross-cultural psychology: Research and applications. Cambridge: Cambridge University Press.

Buijs, F., & Rath, J. (2002). Muslims in Europe: The state of research. New York: Russell Sage Foundation.

De Valk, H. A., & Liefbroer, A. C. (2007). Parental influence on union formation preferences among Turkish, Moroccan, and Dutch adolescents in the Netherlands. Journal of Cross-Cultural Psychology, 38 (4), 487-505.

Diehl, C., & Koenig, M. (2009). Religiosität türkischer Migranten im Generationenverlauf: ein Befund und einige Erklärungsversuche. Zeitschrift für Soziologie, 38 (4), 300-319.

Duncan, G. J., Boisjoly, J., & Harris, K. M. (2001). Sibling, peer, neighbor, and schoolmate correlations as indicators of the importance of context for adolescent development. Demography, 38 (3), 437-447.
Gándara, P., O'Hara, S., & Gutiérrez, D. (2004). The Changing Shape of Aspirations: Peer Influence on Achievement Behaviour. In M. A. Gibson, P. Gándara, & J. P. Koyama (Hrsg.), School connections: U.S. Mexican youth, peers, and school achievement (S. 39-62). New York: Teachers College Press.
Gordon, M. M. (1964). Assimilation in American Life. The Role of Race, Religion, and National Origins. New York: Oxford University Press.
Granovetter, M. (1983). The strength of weak ties: A network theory revisited. Sociological Theory, 1 (1), 201-233.
Grønhøj, A., & Thøgersen, J. (2009). Like father, like son? Intergenerational transmission of values, attitudes, and behaviours in the environmental domain. Journal of Environmental Psychology, 29 (4), 414-421.
Güngör, D., Fleischmann, F., & Phalet, K. (2011). Religious Identification, Beliefs, and Practices Among Turkish Belgian and Moroccan Belgian Muslims Intergenerational Continuity and Acculturative Change. Journal of Cross-Cultural Psychology, 42 (8), 1356-1374.
Harris, J. R. (1995). Where is the Child's Environment? A Group Socialization Theory of Development. Psychological Review, 102 (3), 459-489.
Hoge, D. R., Petrillo, G. H., & Smith, E. I. (1982). Transmission of religious and social values from parents to teenage children. Journal of Marriage and the Family, 44 (3), 569-580.
Huschek, D., De Valk, H., & Liefboer, A. C. (2011). Does Social Embeddedness influence Union Formation Choices among the Turkish and Moroccan Second Generation in the Netherlands. Journal of Comparative Family Studies, 42 (6), 787-808.
Kalmjin, M. (1998). Intermarriage and Homogamy: Causes, Patterns, Trends. Annual Review Sociology, 24, 395-421.
Kohler, H.-P., Behrman, J. R., & Watkins, S. C. (2007). Social networks and HIV/AIDS risk perceptions. Demography, 44 (1), 1-33.
Kohn, M. L. (1983). On the transmission of values in the family: A preliminary formulation. Research in sociology of education and socialization, 4 (1), 1-12.
Maliepaard, M., Gijsberts, M., & Lubbers, M. (2012). Reaching the Limits of Secularization? Turkish and Moroccan Dutch Muslims in the Netherlands 1998–2006. Journal for the Scientific Study of Religion, 51 (2), 359-367.
Maliepaard, M., & Lubbers, M. (2013). Parental Religious Transmission after Migration: The Case of Dutch Muslims. Journal for Ethnic and Migration Studies, 39 (3), 425-442.
Maliepaard, M., Lubbers, M., & Gijsberts, M. (2010). Generational differences in ethnic and religious attachment and their interrelation. A study among Muslim minorities in the Netherlands. Ethnic and Racial Studies, 33 (3), 451-472.
Marik-Lebeck, S. (2010). Die muslimische Bevölkerung Österreichs: Bestand und Veränderung 2001-2009. In A. Janda, & M. Vogl (Hrsg.), Islam in Österreich. al-Islām fī an-namsā (S. 5-9). Wien: Österreichischer Integrationsfonds.
Mooney, C. Z., Duval, R. D., & Duvall, R. (1993). Bootstrapping: A nonparametric approach to statistical inference (Quantitative Applications in the Social Sciences, Vol. 94). Thousand Oaks, CA: Sage Publications.
Myers, S. M. (1996). An interactive model of religiosity inheritance: The importance of family context. American Sociological Review, 61 (5), 858-866.

Ozorak, E. W. (1989). Social and cognitive influences on the development of religious beliefs and commitment in adolescence. Journal for the Scientific Study of Religion, 28 (4), 448-463.

PEW (2011). The Future of the Global Muslim Population. http://www.pewforum.org/2011/01/27/future-of-the-global-muslim-population-regional-europe/#ftn34. Zuletzt zugegriffen am 25.09. 2013.

Phalet, K., Gijsberts, M., & Hagendoorn, L. (2008). Migration and religion: Testing the limits of secularisation among Turkish and Moroccan Muslims in the Netherlands 1998-2005. Kölner Zeitschrift für Soziologie und Sozialpsychologie, 48, 412-436.

Phalet, K., & Schönpflug, U. (2001). Intergenerational transmission in Turkish immigrant families: Parental collectivism, achievement values and gender differences. Journal of Comparative Family Studies, 32 (4), 489-504.

Raley, J. D. (2004). Like Family, You know? In M. A. Gibson, P. Gándara, & J. P. Koyama (Hrsg.), School connections: U.S. Mexican youth, peers, and school achievement (S. 150-173). New York: Teachers College Press.

Schmied, M. (2005). Islam in Österreich. In W. E. Feichtinger (Hrsg.), Islam, Islamismus und islamischer Extremismus. Eine Einführung (S. 189-206). Wien: Landesverteidigungsakademie Wien. Institut für Friedenssicherung & Konfliktmanagement (IFK).

Schneeweis, N., & Winter-Ebmer, R. (2007). Peer effects in Austrian schools. Empirical Economics, 32 (2-3), 387–409.

Schönpflug, U. (2001). Intergenerational Transmission of Values The Role of Transmission Belts. Journal of Cross-Cultural Psychology, 32 (2), 174-185.

Voas, D., & Fleischmann, F. (2012). Islam moves west: Religious change in the first and second generations. Annual review of sociology, 38, 525-545.

Weiss, H. (2007). Wege zur Integration? Theoretischer Rahmen und Konzepte der empirischen Untersuchung. In H. Weiss (Hrsg.), Leben in zwei Welten (S. 13-32). Wiesbaden: VS Verlag für Sozialwissenschaften.

Weiss, H. (2014). Der Wandel religiöser Glaubensgrundsätze in muslimischen Familien – Säkularisierungstendenzen bei der 2. Generation? In H. Weiss, P. Schnell, & G. Ateş (Hrsg.), Zwischen den Generationen. Transmissionsprozesse in Familien mit Migrationshintergrund (S. 71-94). Wiesbaden: Springer VS Verlag.

Weiss, H., & Strodl, R. (2007). Soziale Kontakte und Milieus ethnische Abschottung oder Öffnung? Zur Sozialintegration der zweiten Generation. In H. Weiss (Hrsg.), Leben in zwei Welten (S. 97-129). Wiesbaden: VS Verlag für Sozialwissenschaften.

II
Projekt Migration: Statusgewinn, Überwindung von Armut oder Stagnation?

Die intergenerationale Weitergabe von Armut bei MigrantInnen zweiter Generation

Petra Böhnke/Boris Heizmann

Einleitung

Einkommensarmut ist eine der wesentlichen, besonders folgenreichen sozialstrukturellen Benachteiligungen. Ihre Auswirkungen reichen von einem unterdurchschnittlichen Lebensstandard (Andreß et al. 1999; Andreß 2008) und mangelnden Teilhabechancen (Böhnke 2010a; Kronauer 2010) über geringere Lebenszufriedenheit (Böhnke 2010b; Christoph 2010) bis hin zu einer Kumulation gesundheitsbezogener Risiken (Lampert 2011). In Deutschland ist ein Zuwachs der Armut und eine Spreizung der Einkommensverteilung über die letzten zwei Jahrzehnte belegt (Groh-Samberg 2007; Goebel et al. 2010). Das Statistische Bundesamt weist auf der Grundlage von Mikrozensus-Daten für das Jahr 2011 eine bundesweite Armutsgefährdungsquote (d.h. unter 60% des Medians des Äquivalenzeinkommens) von 15,1% der Bevölkerung aus und zeigt einen mäßig steigenden Trend in den letzten Jahren (Statistisches Bundesamt 2011b). Armut ist und bleibt ein zentrales gesellschaftliches und sozialpolitisches Thema.

Eine Gruppe mit auffällig stark ausgeprägtem Armutsrisiko ist die Population der ZuwanderInnen (Tucci und Wagner 2005; Verwiebe 2010). Die Armutsgefährdungsquote von Personen mit Migrationshintergrund war im Jahr 2011 mehr als doppelt so hoch wie die derjenigen ohne Migrationshintergrund (26,6% bzw. 12,3%, vgl. Statistisches Bundesamt 2011b). Diese eklatanten Unterschiede bestehen seit Jahrzehnten und gehen nicht bzw. nur sehr langsam zurück. Angesichts einer zweiten und bald dritten Generation, die in Deutschland geboren, aufgewachsen und im deutschen Institutionensystem sowohl ihre Schullaufbahn als auch ihre Berufsausbildung absolviert hat, ist diese nach wie vor bestehende hohe Armutsbelastung auf den ersten Blick verwunderlich. Gleiche institutionelle Rahmenbedingungen, so könnte man annehmen, müssten zu einer klaren Annäherung des Armutsrisikos von Personen mit und ohne Migrationshintergrund in der jüngeren Generation führen. Aber auch wenn man die zweite Generation gesondert betrachtet, sind die Armutsquoten zwar niedriger, aber noch längst nicht der Vergleichsgruppe ohne Migrationshintergrund angenähert.[1] Erst kürzlich wurde bestätigt, dass sich verfestigte Kinderarmut gekoppelt an geringe soziale Teilhabe verstärkt in Haushalten der Bevölkerung mit Migrationshintergrund konzentriert (Bundesministerium für Arbeit und Soziales 2011). Deren erhöhtes Armutsrisiko lässt sich auf eine überdurchschnittlich schlechtere Arbeitsmarktanbindung, hohe Arbeitslosigkeit, im Mittel geringere Bildungsqualifikationen und kinderreichere Haushalte zurückführen (Verwiebe 2010). Für MigrantInnen zweiter Generation haben sich Bildungschancen und Arbeitsmarktintegration verbessert (Kalter 2008; Kalter et al. 2011), jedoch mit weiterhin bestehenden Nachteilen.

Deutschland bietet im internationalen Vergleich relativ geringe soziale Aufstiegschancen (Pollak 2012). Aus sozialisationstheoretischer Sicht stellt ein Aufwachsen unter Bedingungen von Armut eine wesentliche Beeinträchtigung der Entwicklungschancen dar, so dass sich Armutsrisiken über Generationen hinweg halten können. Ist das vergleichsweise hohe Armutsrisiko der Nachkommen von MigrantInnen also auf die benachteiligten Lebensverhältnisse der Elterngeneration zurückzuführen und somit keine migrationsspezifische Problematik, sondern eine sozialstrukturelle, die Migranten und Einheimische gleichermaßen betrifft? Neben der institutionellen Beschaffenheit des Bildungs- und Ausbildungssystems, die für alle gelten sollte, gehen wir jedoch davon aus, dass an die Migrationssituation spezifische Bedingungen geknüpft sind, die die Vererbung von Armut verstärken und die vergleichsweise geringeren Aufstiegschancen der zweiten Generation erklären helfen. Diese Weitergabeprozesse stehen im Zentrum unseres Aufsatzes. Wir gehen der Annahme nach, dass soziale Mobilität der Nachkommen von MigrantInnen einer doppelten Benachteiligung unterliegt: den institutionellen Barrieren des deutschen (Aus-)Bildungs- und Beschäftigungssystems und zusätzlichen Faktoren, die an die Migrationssituation gekoppelt sind. Wir fragen in diesem Beitrag, ob und in welchem Umfang Armutserfahrungen im Jugendalter und damit verbundene Bedingungen des Heranwachsens das spätere Armutsrisiko beeinflussen und inwiefern sich diese Prozesse bei MigrantInnen und Nicht-MigrantInnen unterscheiden.

Zunächst interessiert uns das Ausmaß des Zusammenhangs zwischen Armut im Jugendalter und der gegenwärtig erlebten Armut. Wir untersuchen, wie aussagekräftig Faktoren des Aufwachsens und andere elterliche Merkmale in Relation

---

[1] Mikrozensusdaten aus dem Jahr 2010 zeigen für in Deutschland geborene Ausländer im Alter von 30-35 Jahren eine Armutsgefährdungsquote von 20% (10% bei der Vergleichsgruppe ohne Migrationshintergrund) (Statistisches Bundesamt 2012b: 552)

zum gegenwärtigen sozio-ökonomischen Status der Nachkommen sind und zum Verständnis ihrer aktuellen Armutslage beitragen. Diese Fragestellung erfordert eine komplexe Datenbasis, die sowohl Informationen zum Haushaltseinkommen Heranwachsender als auch zu deren späteren Einkommen bereitstellen muss. Nur so ist es möglich, den elterlichen Haushaltskontext und dessen Armutsbelastung als Prädiktor für spätere Armutserfahrungen der nicht mehr im Elternhaus lebenden Nachkommen zu betrachten sowie gegen andere Sozialisationsfaktoren abzugrenzen. Wir ziehen hierfür das Sozio-Oekonomische Panel mit den Wellen von 1984 bis 2011 heran (Wagner et al. 2007).

Im Folgenden diskutieren wir theoretische Ansätze, welche die intergenerationalen Weitergabeprozesse von Armut erklären. Besonderes Augenmerk liegt auf Sozialisationstheorien. In einem zweiten Schritt nehmen wir auf die spezifische Situation der Sozialisation unter Migrationsbedingungen Bezug. Hier geht es um migrationssoziologisch fundierte Argumente, warum sich die intergenerationale Weitergabe von Armut zwischen MigrantInnen und Nicht-MigrantInnen unterscheiden sollte. Ein kurzer Abschnitt zur Datenbasis und Operationalisierung leitet den empirischen Teil ein, in welchem zunächst einige deskriptive Darstellungen zum Stand und der Entwicklung von Armut der von uns betrachteten Teilpopulationen besprochen werden. Sodann decken unsere multivariaten Analysen den Einfluss verschiedener sozialisationsbezogener Merkmale und vermittelnder Faktoren auf das Armutsrisiko auf. Wir schließen mit einer Diskussion der Ergebnisse.

1. Armut und deren intergenerationale Weitergabe

Aussagen zu Armut stehen immer unter einem hohen Begründungszwang, weil sie nicht ohne eine Vorstellung darüber auskommen, wie ein gutes, existenz- und teilhabesicherndes Leben in einer bestimmten Gesellschaft beschaffen sein soll. Lebenslagen können in vielfältiger Weise davon abweichen und in diesem Sinne relative Armut zum Ausdruck bringen. Unser Verständnis von Armut lehnt sich an die weithin gebräuchliche Definition der EU an, nach der verarmte Personen „Einzelpersonen, Familien und Personengruppen [sind], die über so geringe (materielle, kulturelle und soziale) Mittel verfügen, dass sie von der Lebensweise ausgeschlossen sind, die in dem Mitgliedsstaat, in dem sie leben, als Minimum hinnehmbar ist" (Europäische Kommission 1984).

Am häufigsten wird Armut über das verfügbare Haushaltseinkommen gemessen, das die Anzahl der im Haushalt lebenden Personen und den daraus resultierenden Einspareffekt mit berücksichtigt.[2] Aus dem verfügbaren Haushaltseinkommen leiten wir einen bedeutsamen Handlungsspielraum ab, der für die Sicherung eines Lebensstandards und die Ermöglichung gesellschaftlicher Teilhabe ausreichen kann oder nicht. In diesem Sinne armutsgefährdet sind Personen, die weniger als 60 % des Median-Äquivalenzeinkommens zur Verfügung haben.

Besonderes Augenmerk der Armutsforschung galt seit den 1990er Jahren dem gesellschaftspolitischen Missstand, dass immer mehr Kinder in Armut aufwachsen (Hauser 1989; Bertram und Kohl 2010). Im Jahr 2011 sind nach Daten des Mikrozensus 18,9 % der Kinder und Jugendlichen bis 17 Jahren von relativer Einkommensarmut betroffen (Bundesministerium für Arbeit und Soziales 2013 461). Als Hauptursachen für das Armutsrisiko von Kindern weisen etliche Studien die Haushaltskonstellation (alleinerziehend oder kinderreiche Familien), den Arbeitsmarktstatus und die Bildungsferne der Eltern sowie den Migrationshintergrund aus (Fertig und Tamm 2005; Böhmer und Heimer 2008; Butterwegge 2010; Bundesministerium für Arbeit und Soziales 2011).

Das Aufwachsen in Armut bringt benachteiligende Begleiterscheinungen mit sich, die soziale Aufstiegsmobilität erschweren. Je länger und je früher Armut das Heranwachsen der Kinder bestimmt, desto weitreichender sind die Benachteiligungen (Biedinger 2009; Bundesministerium für Arbeit und Soziales 2011; Engels und Thielebein 2011). Die Bildungschancen armutsgefährdeter Kinder sind schlecht und auch ihre soziale Integration sowie ihre Teilnahme an Förder- und Freizeitangeboten sind beeinträchtigt (Walper 1999; Holz 2006; Boos-Nünning 2010; Bundesministerium für Arbeit und Soziales 2011). Darüber hinaus stellt man negative Auswirkungen auf die Persönlichkeitsentwicklung und das subjektive Wohlbefinden fest (Holz 2006; Alt und Lange 2009).

Im internationalen Vergleich sind soziale Mobilitätschancen – in den meisten Fällen anhand der beruflichen Position und Bildung gemessen – in Deutschland eher gering (Breen und Luijkx 2004; Pollak 2009). Jüngere Studien widmen sich der Einkommenssituation im intergenerationalen Vergleich und finden den Herkunftseffekt bestätigt, wenn auch in abgeschwächter Form (Schnitzlein 2008; Blanden 2013). Die soziale Herkunft ist eine Schlüsseldimension, um Armutsbetroffenheit und ihre Ursachen zu verstehen. Ressourcenzugang und soziale Integration (Vertrauen auf Unterstützungsleistungen, feste und verlässliche Bindungen) im Kindes- und Jugendalter stehen für Sozialisationsbedingungen,

---

2   Es ist mittlerweile Konsens in der Armutsforschung, dass diese herkömmliche Art der Operationalisierung eine Lebenslage in Armut nur unzureichend erfasst. Konzeptionelle Überlegungen und empirische Studien berücksichtigen neben dem Einkommen den realisierten Lebensstandard sowie Verwirklichungs- und Teilhabechancen (Sen 2002; Andreß et al. 2010; Böhnke und Silver 2013).

die den späteren Bildungs- und Arbeitsmarkterfolg maßgeblich prägen. Im Folgenden gehen wir detaillierter auf theoretische Überlegungen zur intergenerationalen Weitergabe von Armut ein und konzentrieren uns dabei auf Überlegungen aus der Sozialisationsforschung.

Wir können grob zwischen psychologischen und soziologischen Erklärungsmustern unterscheiden.[3] Mitunter werden Verhaltensmuster der Betroffenen in den Vordergrund gerückt und Armut als etwas betrachtet, das selbstverschuldet ist oder mit bestimmten Persönlichkeitsmerkmalen wie Antriebslosigkeit und fehlender Motivation einhergeht. Oscar Lewis (1971) hebt in seinen Forschungsarbeiten zur „culture of poverty" die Verselbständigung einer Lebensweise der Armen mit subkulturellem Charakter – abgespalten von den Werten und Normen der Mehrheitsgesellschaft und ohne Chancen, an der allgemeinen Wohlstandsentwicklung zu partizipieren. Das Konzept der „Kultur der Armut" wurde im Sinne von Selbstverschuldung der Betroffenen politisch instrumentalisiert.

Die Entwicklungspsychologie (Elder 1974) lenkt die Aufmerksamkeit auf die Tatsache, dass das Aufwachsen in Armut mit Risiken hinsichtlich der kognitiven und intellektuellen Entwicklung verbunden ist. Einkommensverluste beeinträchtigen das Familienleben und die Entwicklungsverläufe von Kindern und Jugendlichen. Finanzielle Restriktionen belasten nicht nur die sozio-emotionale Entwicklung, sondern auch die seelische und körperliche Gesundheit (Klocke 1996; Mielck 2001). Diese Defizite hinterlassen ihre Spuren beim Erlernen von Bewältigungsstrategien für Krisensituationen.

Soziologische Sozialisationstheorien stellen einen sehr guten Bezugspunkt für die Erklärung der intergenerationalen Transmission von Armut dar. Die schichtspezifische Sozialisationstheorie behauptet einen unmittelbaren Zusammenhang zwischen den sozialstrukturellen Bedingungen des Aufwachsens und daraus erwachsenden Folgen für den Vergesellschaftungsprozess (Neidhardt 1968; Bernstein 1973; Kohn 1973; Steinkamp und Stief 1978; Silbereisen und Walper 1989).

Für diese Argumentationslinie kann auf zwei soziologische Klassiker verwiesen werden, deren theoretische Überlegungen für das Verständnis der Reproduktion sozialer Ungleichheit wesentlich sind. Pierre Bourdieu (1983) geht von der Transformierbarkeit unterschiedlicher Kapitalarten (ökonomisches, soziales und kulturelles Kapital) ineinander aus und postuliert mit der zentralen Vermittlungsfigur des Habitus die Entsprechung der Positionierung im sozialen Raum einerseits und des Lebensstils andererseits. Armutslagen würden auf diese Wei-

---

3 Die genetische Transmissionsthese, die davon ausgeht, dass sich Intelligenzquotienten und genetische Anlagen vererben und dadurch auch das Armutsrisiko mit vererbt wird, lassen wir hier außen vor.

se reproduziert. Boudon (1974) verweist auf klassenhomogene Bildungsentscheidungen von Eltern und Lehrern sowie unterschiedliche Aspirationsniveaus und leistet damit einen wesentlichen Beitrag zum Verständnis der Reproduktion von Bildungsungleichheiten, die sich in materiell schlechter ausgestattete Lebenslagen übersetzen. Neben finanziellen Restriktionen, die die Teilhabe an Bildungs-, Kultur- und Freizeitaktivitäten nur eingeschränkt zulassen, wird von schichtspezifischen Erziehungsstilen und Wertevermittlungen ausgegangen. Die unterschiedlichen Lernumwelten und Erfahrungskontexte gelten als besonders prägende und ungleichheitsvermittelnde Instanzen. Anregungsarme Umwelten stellen wenig Entwicklungspotenzial zur Verfügung – eine Annahme, die sich auch in lerntheoretischen und an Rollenübernahme orientierten Sozialisationsmodellen findet. Die Ausbildung bestimmter Grundqualifikationen, so ließe sich bei Mead (1978) eine Anleihe machen, die für ein selbstreflektiertes und kompetentes Agieren in Interaktionsprozessen moderner Gesellschaften Voraussetzung sind, ist erschwert. Der Familie und den Lebensbedingungen, die ihre Handlungsmöglichkeiten beeinflussen, kommt als Sozialisationsinstanzen daher eine enorme Bedeutung zu.

Die ökologische Sozialisationstheorie (Bronfenbrenner 1981) stellt den Einfluss von Umwelten jenseits der Familie in den Mittelpunkt, insbesondere Schule, peer-groups und Nachbarschaften, die an der Persönlichkeitswerdung und Vergesellschaftung des Einzelnen erheblichen Anteil haben. Aus strukturtheoretischer Sicht ließe sich hier anknüpfen und auf institutionell verankerte armutsinduzierende Mechanismen verweisen, die chancengleiche Bildung und Erwerbstätigkeit verhindern. Die Durchlässigkeit des Bildungssystems sowie sozial- und arbeitsmarktpolitische Rahmenbedingungen sind hier zu nennen.

Aber der Zusammenhang zwischen dem Aufwachsen in Armut und einer späteren Armutslage ist nicht unumgänglich. Die Beschäftigung mit Fällen, die von diesem Muster abweichen, lässt Rückschlüsse auf Schutzmechanismen zu, die die Weitergabe einer benachteiligten Lebenssituation von einer Generation zur anderen verhindern. Auch hier ist zwischen personalen und sozialen Ressourcen zu unterscheiden. Die personalen Ressourcen beziehen sich bspw. auf schützende Persönlichkeitsmerkmale wie Optimismus, Selbstwertgefühl und Problemlösungskompetenz. Die sozialen Ressourcen benennen positive familiäre und außer-familiäre Bedingungen, die insbesondere sichere und vertrauensvolle Bindungen, anregungsreiche Umwelten und unterstützende soziale Netzwerke umfassen (Groh-Samberg und Grundmann 2006; Holz 2006; Hurrelmann und Andresen 2010). Auch strukturelle Einflüsse wie eine Umverteilungs-, Bildungs- und Förderpolitik, die Segregation und Polarisierung verhindern, sind hier zu nennen.

Eine Reihe von Studien hat die Bedeutsamkeit des Zeitpunkts und der Dauer der kindlichen Armutserfahrungen für die Art und Schwere ihrer späteren Folgen herausgearbeitet (siehe zusammenfassend Bundesministerium für Arbeit und Soziales 2011: 25f.). Vieles spricht dafür, dass Armut in der Jugendphase in besonderer Weise benachteiligende Wirkung entfaltet. Die materiellen Möglichkeiten und damit zusammenhängende Konsumentscheidungen haben im Jugendalter eine maßgebliche statusbildende Funktion und sind für die Anerkennung durch Gleichaltrige ausschlaggebend. Ein armutsbedingter sozialer Rückzug und schulischer Leistungsabfall kann in der späteren Jugendphase einen gravierenden Einfluss auf den bevorstehenden Übergang in das Ausbildungs- und Beschäftigungssystem haben. Bei Jugendlichen, die in Armut aufwachsen, liegen signifikant häufiger anomische und pessimistische Einstellungsmuster vor (Hefler et al. 2001; Klocke 2001). Das Bewusstsein der eigenen Armutssituation ist stark ausgeprägt und schlägt sich in negativen Selbstwertgefühlen und Zukunftserwartungen nieder.

Aus diesen Ausführungen lassen sich idealtypische Anforderungen für eine empirische Analyse des Zusammenhangs zwischen Armut im Kindesalter und einer gegenwärtigen Armutslage ableiten:[4] Neben dem Einkommen als Indikator für eine Armutslage sowohl im Herkunftshaushalt als auch in der gegenwärtigen Lebenssituation sind Informationen über weitere Ressourcen, sowohl materieller als auch immaterieller Art, wünschenswert, die den Sozialisationskontext und die aktuelle Lebenslage umfassend abbilden. Hierunter fallen Informationen zur Arbeitsmarktanbindung, zum Qualifikationsniveau, zu Familienkonstellationen und zur Einbindung in soziale Netzwerke. Des Weiteren sind die Berücksichtigung von Persönlichkeitsmerkmalen sowie die Hinzunahme von strukturellen Rahmenbedingungen wichtig. Die Anforderungen an die Datenstruktur zur Überprüfung intergenerationaler Weitergabeprozesse von Armut sind also enorm. Unsere Analysen sind ein erster Schritt, einige Umsetzungsmöglichkeiten mit bevölkerungsrepräsentativen Daten zu überprüfen. Zuvor widmen wir uns aber der speziellen Situation von MigrantInnen in Armut und arbeiten heraus, welche Unterschiede wir hinsichtlich der Transmissionsprozesse zu den Einheimischen erwarten.

---

4 Eine modellhafte Übersicht zu Faktoren, die die intergenerationale Transformation von Armut beeinflussen können, findet sich bei Bird (2007).

2. Die intergenerationale Weitergabe von Armut in der Migrationssituation

Die Forschung zur strukturellen Integration der zweiten Generation zeigt, dass sich die Lebensverhältnisse zwar denen der autochtonen Mehrheitsgesellschaft anpassen, aber sozio-ökonomische Benachteiligungen nach wie vor bestehen (Borjas 2006; Kalter 2008; Kalter et al. 2011). Auch die Armutsbetroffenheit ist, wie einleitend dargestellt, bei Migrantenfamilien höher als bei Einheimischen.

Die zuvor beschriebenen generellen Mechanismen der intergenerationalen Weitergabe von Armut betreffen auf selbe Weise Personen mit Migrationshintergrund. Einiges spricht jedoch dafür, dass sich für diese Gruppe die Erfahrung von Armut im Elternhaus in besonders ausgeprägter Weise auf das spätere Armutsrisiko auswirkt. Diesbezügliche Argumente knüpfen an eine Reihe von Befunden aus der Integrationsforschung an, die sich mit der ökonomischen, kulturellen und sozialen Eingliederung der Eltern beschäftigen (vgl. zusammenfassend Butterwegge 2010). Wir betrachten im Folgenden mangelnde Institutionenkenntnis, das Fehlen unterschiedlicher Formen kulturellen Kapitals, die Folgen von ethnischer Segregation und Arbeitsmarkteintrittsbarrieren, die spezifische Ausprägung von Sozialkapital bei MigrantInnen, sowie Rückwanderungsabsichten und Fertilitätsunterschiede.

Die entscheidende Weichenstellung für die Vermeidung eines späteren Armutsrisikos ist der Bildungserfolg. Neben finanziellen Mitteln sind dafür fördernde Umwelten und soziale Beziehungen wichtig. Bei EinwanderInnen ist die elterliche Unterstützung für das schulische Fortkommen häufig durch eine Reihe von zusätzlichen Schwierigkeiten gekennzeichnet. Mangelnde Kenntnis des Schulsystems kann dazu führen, dass an entscheidenden Wegmarken des schulischen Werdegangs Eltern in Migrantenfamilien nicht auf gleiche Weise aktiv werden (können) wie autochthone Eltern (Kristen 2008). Auch die direkten Möglichkeiten zur unterstützenden Einflussnahme auf die Lerntätigkeit der Kinder sind begrenzt: Mit der Einwanderung ist oft eine Abwertung des Humankapitals und der Bildungsabschlüsse verbunden (Friedberg 2000), was sich auf den Arbeitsmarkterfolg der Eltern unmittelbar auswirkt und bspw. zeitliche Ressourcen einschränken kann. Die inhaltliche Auseinandersetzung mit dem Lernstoff kann durch sprachliche Schwierigkeiten und fehlende Vertrautheit mit Kultur und Tradition des Einwanderungslandes erschwert sein.

Die genannten Punkte können als durch Migration entstandene Defizite bei verschiedenen Formen kulturellen Kapitals aufgefasst werden (Bourdieu 1983). Es geht dabei nicht nur um konkrete Kompetenzen und Bildungstitel, sondern auch um die Vertrautheit mit Regeln und der Bedeutsamkeit unterschiedlicher

Bildungszertifikate. Nicht nur das elterliche Einkommen beeinflusst somit die Schulwahl und den Bildungserfolg (Schneider 2004); bei MigrantInnen kommen zusätzliche benachteiligende strukturelle und kulturelle Faktoren zum Tragen. Die Reproduktion von sozialen Ungleichheiten ist ein kennzeichnendes Merkmal deutscher Schulen (Edelstein 2006). Lehrer gehen bei Schulempfehlungen nicht immer rein leistungsbezogen vor, sondern beziehen den sozialen Hintergrund mit ein (Boudon 1974; Diefenbach 2010). Dies sind Hinweise auf Diskriminierungen, die sowohl auf individueller als auch auf institutioneller Ebene zu verorten sind und mit der Organisationslogik von Schulen im Zusammenhang stehen (Kristen 2006; Gomolla und Radtke 2009).

Eine weitere Erklärung für unterschiedlichen Bildungserfolg von Personen mit und ohne Migrationshintergrund liefern Segregationsprozesse. Bildungsunterschiede reflektieren nicht ausschließlich das Leistungsniveau der SchülerInnen, sondern auch die ethnische Klassenzusammensetzung (Kristen 2002). Die ethnische Segregation in Schulen steht wiederum in engem Zusammenhang mit der ethnischen Segregation in Wohngebieten (Radtke 2007; Baur und Häussermann 2009). Die ohnehin seltener ausgeschöpften Wahlmöglichkeiten bei schulischen Übergängen von MigrantInnen werden zusätzlich durch sozialräumliche Segregationsprozesse eingeschränkt. Bildungsmobilität ist dadurch entscheidend negativ beeinflusst und befördert die Reproduktion von Armut bei MigrantInnen (Boos-Nünning 2010).

Schlechtere Bildungschancen übersetzen sich zwar mehrheitlich in eine nachteilige Arbeitsmarktplatzierung, die Armut wahrscheinlicher macht. Aber auch, wenn Bildungs- und Ausbildungsgänge erfolgreich beendet werden, bedeutet das nicht automatisch eine entsprechende Arbeitsmarktplatzierung. Der Bildungserfolg bei MigrantInnen transformiert sich weniger automatisch in eine vorteilhaftere berufliche Situation als bei Personen ohne Migrationshintergrund. So wurden für MigrantInnen zweiter Generation diesbezügliche Probleme beim Eintritt in den Arbeitsmarkt berichtet (Aybek 2008; Diehl et al. 2009), was auf benachteiligende Faktoren hinweist, die neben Humankapitaldefiziten bestehen.

Neben kulturellem Kapital als zentraler Vermittlungsinstanz für Integrationschancen lassen sich weitere maßgebliche Segregationsaspekte benennen. Die Frage, ob sogenanntes ethnisches Sozialkapital, also Kontakte zur eigenen oder anderen Herkunftsgruppe(n), oder eher Kontakte zu Personen ohne Migrationshintergrund einen Einfluss auf verschiedene Aspekte der Eingliederung haben, ist ein zentrales Thema der Integrationsforschung (Elwert 1982; Borjas 1992; Esser 2001). Sie berührt die Frage nach dem unterschiedlichen Nutzen von sozialen und familialen Netzwerk-Ressourcen des Herkunfts- und Aufnahmekontexts

(Nauck 1998; Esser 2001; Haug 2007; Esser 2008). Intraethnische soziale Netzwerke können soziale Integration sowohl fördern als auch intergenerationale Integrations- und Assimilationsprozesse behindern (Elwert 1982; Esser 2008). Für die Arbeitsmarkteinbindung wurde, in Anlehnung an Granovetter (1973), der höhere Nutzen von Kontakten mit Einheimischen hervorgehoben (Esser 2009; Lancee 2011), die aber nicht für alle gleichermaßen bestehen. Auch für die Vererbung von Armut muss deshalb nach der Beschaffenheit und Ressourcenqualität sozialer Netzwerke gefragt werden.

Ein weiterer, dezidiert mit der Migrationssituation zusammenhängender Aspekt ist eine Rück- bzw. Weiterwanderungsabsicht der Eltern. In der Literatur zur strukturellen Integration von MigrantInnen wird eine solche Orientierung als Hemmnis für den Erwerb eigenen aufnahmelandspezifischen Humankapitals gewertet, aber auch für die Investition in das Humankapital der Kinder (Bonacich 1972; Büchel und Wagner 1996; Dustmann 2005). Individuelle Investitionen in Humankapitalerwerb werden unwahrscheinlicher, je unsicherer der längerfristige Verbleib in der jeweiligen Aufnahmegesellschaft ist. Die Rückkehrorientierung berührt generelle Integrationseinstellungen wie Werte, Erziehungsstile, Bildungsaspirationen und ähnliches, die an die Kinder weitergegeben werden (Steinbach und Nauck 2005).

Schließlich wird für MigrantInnen eine im Mittel höhere Fertilität als für einheimische Frauen berichtet, auch wenn inzwischen eine Annäherung stattgefunden hat (Statistisches Bundesamt 2012a). Ein kinderreicher Haushalt bedeutet nicht nur ein erhöhtes Armutsrisiko, sondern auch geringere Unterstützungs- und Investitionsmöglichkeiten für die von uns betrachteten, nicht mehr im Haushalt lebenden Kinder (Becker 1993).

Aufgrund von datentechnischen Einschränkungen gibt es bislang nur wenige Versuche, die soziale Mobilität von MigrantInnen in Deutschland zu messen. Pollak (2010) weist anhand der elterlichen Bildungspositionen schlechtere Mobilitätschancen bei Nachkommen von MigrantInnen im Vergleich zu Einheimischen nach, warnt aber davor, daraus Rückschlüsse auf Klassenpositionen zu ziehen. Ein direkter Einkommens- oder Armutsvergleich zwischen den Nachkommen von MigrantInnen und von Personen ohne Migrationshintergrund ist bislang selten erfolgt. Flake (2011) bspw. stellt weder gender- noch migrationsbezogene Unterschiede in der Stärke der Transmission des Einkommens fest. Andere Studien weisen hingegen Benachteiligungen nach. Vogel (2006) und Yuksel (2009) zeigen einen starken Reproduktionseffekt der elterlichen Einkommen. Dieser fällt für MigrantInnen zweiter Generation stärker aus als für Personen ohne Migrationshintergrund. Wie Vogel (2006) darüber hinaus zeigt, ist die Weitergabe bei MigrantInnen zweiter Generation auch im Vergleich zu MigrantInnen mit eigener Migrationserfahrung stärker ausgeprägt. Ähnliches findet sich auch bei Dustmann (2005) für Vater-Sohn-Dyaden im Hinblick auf deren Verdienste. Hier wird zusätzlich nachgewiesen, dass sich für die Gruppe der MigrantInnen eine bestehende Wanderungsabsicht von Vätern negativ auf die Verdienste und auch die Bildung der Söhne auswirkt, was der oben vorgetragenen Investitionshypothese entspricht.

Insgesamt sprechen unsere Ausführungen für deutliche Unterschiede in der intergenerationalen Transmission von Armut zwischen MigrantInnen und Einheimischen. Vermittlungsprozessen über Bildung und Arbeitsmarktplatzierung kommt dabei eine große Bedeutung zu. Um die generationenübergreifende Weitergabe von Armut bei MigrantInnen zu verstehen, halten wir spezifische im Sozialisationskontext der Migrationssituation zu verortende Aspekte und Unterschiede für zusätzlich relevant. Einige davon werden wir in der folgenden empirischen Analyse berücksichtigen können.

3. Datensatz und Operationalisierung

Wir betrachten in unseren Analysen den Einfluss haushaltsbezogener Armut im Jugendalter auf eine aktuelle Armutslage und überprüfen verschiedene vermittelnde Mechanismen. Die empirische Umsetzung dieses Anliegens ist datentechnisch voraussetzungsvoll: Die aktuelle Armutslage einer betrachteten Person bezieht sich auf den eigenen Haushaltskontext, während sich die vergangene Armutserfahrung in der Jugend auf den damaligen elterlichen Haushalt bezieht. Um dies abbilden zu können, benötigt man haushaltsbezogene Längsschnittdaten. Dementsprechend verwenden wir das Sozio-Oekonomische Panel (SOEP) (Wagner et al. 2007) mit den Wellen 1984-2011. Personen, die aus einem Haushalt ausziehen und einen eigenen gründen, werden weiterhin befragt. Auf diese Weise ist es möglich, eine aktuelle Armutslage einer sich im mittleren Erwachsenenalter befindlichen Person mit Informationen aus vergangenen Jahren, als die Person als Jugendlicher noch bei den Eltern wohnte, zu verknüpfen. Um Verzerrungen zu vermeiden, schließen wir die Stichprobe mit den Hocheinkommensbeziehern aus. Da der MigrantInnenanteil in den östlichen Bundesländern sehr niedrig ist, und dort eine vergleichsweise hohe Armutsquote vorliegt (vgl. Statistisches Bundesamt 2011a), beschränken wir unsere Analysen auf Westdeutschland, um weiteren Verzerrungen vorzubeugen.

Gemäß dieser Ausgangslage betrachten wir nicht mehr im elterlichen Haushalt lebende erwachsene Personen mit indirektem Migrationshintergrund, d. h.

Personen ohne oder nur mit früher Wanderungserfahrung (Alter zum Zeitpunkt der Einreise höchstens sechs Jahre), so dass sie wie die Vergleichsgruppe der Personen ohne Migrationshintergrund das deutsche Schulsystem durchlaufen haben. Die abhängige Variable basiert auf dem bedarfsgewichteten Netto-Haushaltseinkommen des aktuellen Monats inklusive Transferleistungen. Liegt dies unter 60 % des Medians, gehen wir von Armut aus. Die abhängige Variable ist also dichotom (aktuelle Armut ja/nein).

Als Analysemethode werden gepoolte logistische Regressionsmodelle mit robusten Standardfehlern verwendet, was die Ergebnisse um die statistische Abhängigkeit der Meßzeitpunkte bereinigt. Damit hat die verwendete Methodik zwar Querschnittscharakter; die Analysen beziehen aber zeitlich zurückliegende Sozialisationsbedingungen mit ein.

Die zentrale erklärende Variable der Armutserfahrung im Herkunftshaushalt wurde anhand der Elterndaten gebildet. Die 28 zur Verfügung stehenden Befragungsjahre bieten die Möglichkeit, die jugendlichen Armutserfahrungen heutiger Befragungspersonen darzustellen. Wir betrachten den Alterszeitraum von/bis zu 12-17 Jahren und ermitteln, ob das elterliche Haushaltseinkommen unterhalb der Armutsschwelle lag. Das Resultat dieser Generierung ist eine Dummy-Variable „Armutserfahrung im Herkunftshaushalt ja/nein". Aufgrund dieser Vorgehensweise sowie des 28-jährigen Erhebungszeitraumes des SOEP ergibt sich ein Altersbereich von 18 bis 44 Jahren für die Zielpersonen in unseren Modellen[5].

Für die weiteren sozialisationsbezogenen Variablen (Anzahl Personen unter 15 Jahren im Haushalt, elterliche Bildung, Wanderungsabsicht) wurde analog verfahren, sodass sich Variablen für die Umschreibung des Sozialisationskontextes auf denselben Zeitraum beziehen. Die elterliche Bildung wurde über die CASMIN-Klassifikation gemessen und in hoch, mittel und niedrig eingeteilt. Für die Wanderungsabsicht der Eltern wurden die Kategorien „In den nächsten 12 Monaten" sowie „in einigen Jahren" aufgrund der sehr geringen Besetzung der ersten Kategorie zusammengefasst und der Ausprägung „für immer in Deutschland bleiben" gegenüber gestellt, es handelt sich also um eine Dummy-Variable.

Die gegenwartsbezogenen unabhängigen Variablen zur Erklärung der aktuellen Armut der Zielpersonen umfassen die Merkmale Geschlecht, Alter, Bildung und deren Interaktion mit dem Alter, eine detaillierte Erfassung der Stellung im Beruf, den Haushaltstyp sowie bei MigrantInnen die Nationalität als zusätzliche

---

5   Es handelt sich hierbei um Personen, für die zumindest für eine dieser Wellen Informationen vorlagen. Es handelt sich in diesem Sinne also nicht um ein balanciertes Panel, in dem für jede Person der Zeitraum von 12-17 Jahren betrachtet wird. Eine Beschränkung auf Personen, für die im Alter zwischen 12-17 Jahren durchgängig Informationen vorliegen, würde die Fallzahl stark verringern. Eine Berechnung der Armuts*dauer* ist somit ausgeschlossen.

Kontrollvariable, um etwaige Unterschiede nach Herkunftsgruppe, aber auch den Faktor der Einbürgerung zu berücksichtigen. Die Interaktion zwischen Bildung und Alter ist mit der von uns betrachteten vergleichsweise jungen Altersgruppe zu begründen: Höhere Bildungsabschlüsse bedeuten eine längere Ausbildungsphase, sodass die Einkommensrendite aus der Bildung für Hochgebildete durchschnittlich erst später bezogen wird.

Wir erwarten einen eigenständigen Effekt der Armutsbelastung im Jugendalter auf die gegenwärtige Armutserfahrung einer Person. Dieser Effekt sollte aus den genannten Gründen bei MigrantInnen größer sein als bei Nicht-MigrantInnen. Ferner prüfen wir, ob sich der Einfluss der Armutserfahrung mit zunehmendem Alter verändert. Bei Hinzunahme aktueller sozio-ökonomischer Charakteristika wie Bildung und Arbeitsmarktstatus wird sich dieser Herkunftseffekt vermutlich verringern. Sollte sich auch nach Berücksichtigung dieser erklärenden Variablen ein Einfluss der Armutserfahrung finden, so ist dies ein Hinweis auf weitere, von uns jedoch aus datentechnischen Gründen nicht berücksichtigte Faktoren, die wir in den vorangegangenen Kapiteln besprochen haben (zum Beispiel Einstellungsmuster, die Verfügbarkeit verschiedener Formen sozialen Kapitals sowie sozialräumliche Komponenten).

4. Deskriptive Analysen

Die deskriptiven Analysen zeigen zunächst die Entwicklung der Armutsquoten für Einheimische sowie für verschiedene Kategorien der MigrantInnen (Schaubild 1). Es wird deutlich, dass der Bevölkerungsteil ohne Migrationshintergrund (schwarze, durchgezogene Linie) durchgängig die geringsten Armutsraten aufweist. Das höchste Armutsniveau zeigt sich bei MigrantInnen, die sich weniger als 18 Jahre in Deutschland aufhalten (grau, Strichpunkt)[6]. Die starken Schwankungen weisen auf die Heterogenität dieser Gruppe hin: Rückkehrorientierungen nehmen mit zunehmender Aufenthaltsdauer ab, sodass die Zusammensetzung dieser Gruppe starken Veränderungen durch Remigrationen unterliegen dürfte. Der Trend der letzten fünf Jahre zeigt überdies, dass diese Gruppe am deutlichsten

---

6 Die Aufenthaltsdauer von 18 Jahren wurde gewählt, weil sie für den Datensatz die mediane Aufenthaltsdauer darstellt. Damit sind die Fallzahlen für beide Untertypen der ZuwanderInnen erster Generation ähnlich groß. Doch auch ein inhaltlicher Grund spielt eine Rolle: Eine Aufenthaltsdauer von mindestens 18 Jahren ist – abgesehen beispielsweise von eher selten auftretenden Pendelmigrationen – eine Voraussetzung dafür, ein erwachsenes, in Deutschland geborenes Kind zu haben. Damit präsentiert die durchgezogene graue Linie die Eltern in den nachfolgenden multivariaten Analysen, auch wenn die zugrundeliegenden Fälle nicht identisch sind.

von einer Zunahme der Armut betroffen ist, gefolgt von denjenigen MigrantInnen mit länger zurückliegender eigener Migrationserfahrung (grau, gestrichelt). Ob die Unterschiede nach Aufenthaltsdauer auf Veränderungen in der Zusammensetzung der ZuwanderInnen (Kohortenqualität; vgl. Borjas 1985) oder aber auf deren einkommensbezogene Assimilation (Alterseffekt) zurückgehen, lässt sich anhand dieser Analysen nicht abschließend sagen. Es ist durchaus möglich, dass die jüngeren wirtschaftlichen Entwicklungen zu einer verstärkten Zuwanderung eher Niedrigqualifizierter geführt haben.

Schaubild 1: Armutsquoten in Prozent für Personen ohne Migrationshintergrund und verschiedene Migrantengruppen 1984-2011, gewichtet

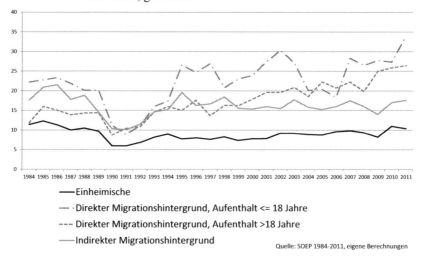

Quelle: SOEP 1984-2011, eigene Berechnungen

Hinsichtlich der MigrantInnen zweiter Generation (grau, durchgezogen) – der zentralen Untersuchungspopulation unserer Studie – wird schließlich zweierlei deutlich. Das Armutsrisiko dieser Gruppe ist einerseits geringer als das von Personen mit direktem Migrationshintergrund. Andererseits liegen die Armutsquoten der MigrantInnen zweiter Generation noch deutlich über denen der einheimischen Bevölkerung.

Schaubild 2: Armutsquoten in Prozent für Personen ohne Migrationshintergrund und verschiedene Migrantengruppen, 1984-2011, gepoolt, gewichtet

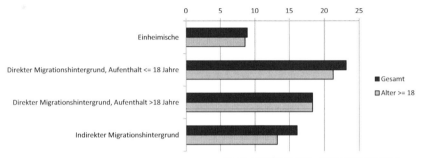

Quelle: SOEP 1984-2011, eigene Berechnungen

Schaubild 2 zeigt diesen Befund für die gepoolte Gesamtstichprobe. Hier werden die mittleren Armutsraten für den gesamten Erhebungszeitraum und nicht nach Jahren differenziert ausgewiesen. Lässt man auf diese Weise die zeitliche Entwicklung unberücksichtigt und betrachtet lediglich die generellen Risikoniveauunterschiede zwischen den vier Gruppen über den 28-jährigen Beobachtungszeitraum hinweg, so ist die Rangfolge hinsichtlich der jeweils bestehenden Armutsrisiken deutlicher zu erkennen (schwarze Balken). ZuwanderInnen mit eigener Migrationserfahrung sind deutlich stärker von Armut betroffen als die anderen Gruppen, wobei es – wie oben bereits festgestellt – auf die Aufenthaltsdauer ankommt. MigrantInnen zweiter Generation weisen eine etwas geringere Armutsquote auf, aber sie ist immer noch um das 1,5-fache höher als die der Einheimischen.

Ferner betrachten wir die Unterschiede zwischen diesen Gruppen nochmals unter Ausschluss der Population unter 18 Jahren (graue Balken, unsere Modellpopulation). Deren Armutsrate ist geringer, was darauf schließen lässt, dass ein Teil der erhöhten Armutsquote bei MigrantInnen zweiter Generation auf Kinder- und Jugendarmut zurückzuführen ist. Die Armutsraten für Personen unter 18 Jahren betragen gepoolt berechnet 10,6 % für Einheimische bzw. 18,6 % für MigrantInnen zweiter Generation (nicht grafisch dargestellt), für diejenigen ab 18 Jahren 8,6 % bzw. 13,3 %.

Schaubild 3 wendet sich der Frage zu, inwiefern die Erfahrung von Armut im Jugendalter mit der zum aktuellen Befragungszeitpunkt einhergehenden Armutslage zusammenhängt. Hier betrachten wir also die spätere Modellpopulation, deren Daten wir mit denen ihrer Eltern verknüpft haben. Dieser Darstellung liegt deshalb eine deutlich stärker selektierte Population zugrunde als den vorherigen.

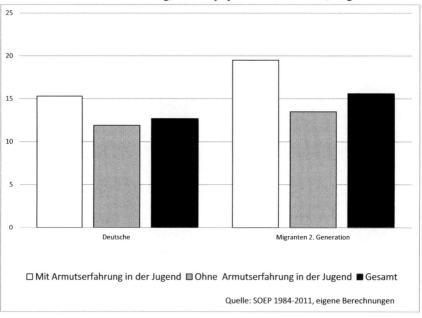

Schaubild 3: Armutsquoten in Prozent für Personen ohne Migrationshintergrund und Migranten zweiter Generation, nach Armutserfahrung, Modellpopulation 1984-2011, ungewichtet

Quelle: SOEP 1984-2011, eigene Berechnungen

Sowohl bei Einheimischen als auch bei MigrantInnen zweiter Generation zeigen sich höhere Armutsquoten, wenn sie als Jugendliche arm waren. Dieser Zusammenhang ist bei MigrantInnen zweiter Generation stärker ausgeprägt. Der Migrationshintergrund als solcher geht bereits mit einer Erhöhung der Armutsrisikoquote einher und wird durch Armutserfahrungen in der Jugend in die Zukunft hinein verstärkt – auch dann noch, wenn die Person nicht mehr im elterlichen Haushalt lebt.

Zusammenfassend ist festzustellen, dass MigrantInnen insgesamt höhere Armutsrisiken aufweisen, und dass ein Aufwachsen in Armut für MigrantInnen zweiter Generation im Vergleich zu Einheimischen mit einem erhöhten Armutsrisiko im Erwachsenalter einhergeht. Allerdings zeigt sich auch die in anderen Studien berichtete partielle ökonomische Eingliederung dieser Bevölkerungsgruppe, denn die Armutsquoten der MigrantInnen erster Generation sind nochmals deutlich höher.

5. Multivariate Analysen

Die deskriptiven Ergebnisse deuten bereits auf eine verstärkte intergenerationale Weitergabe von Armut bei MigrantInnen hin. Lässt sich dieser Befund auch mit einem multivariaten Modell nachweisen? Und worauf ist dieser Prozess zurückzuführen, welche Mechanismen lassen sich aufdecken? Die folgenden Analysen wenden sich diesen Fragen zu.

Wir gehen schrittweise vor, indem wir zunächst den Einfluss der Armutserfahrung im Herkunftshaushalt und anderer Sozialisationsbedingungen darstellen, um dann sukzessive weitere potenziell vermittelnde Faktoren in die Modelle einzufügen, die die aktuelle Armutslage erklären können.

Unsere Analysen beziehen sich zunächst auf Personen ohne Migrationshintergrund. Im ersten Schritt prüfen wir, ob ein Einfluss der jugendlichen Armutserfahrung auf die aktuelle Armutslage vorliegt, und ob dieser mit dem Alter interagiert. Mit zunehmendem Alter sinkt das Armutsrisiko, und zwar unabhängig davon, ob Armutserfahrung in der Jugend vorliegt oder nicht. Da die hier betrachtete Population maximal 44 Jahre alt ist, kann es keine Altersarmut geben. Die Armutserfahrung im elterlichen Haushalt ist nur schwach signifikant. Das Vorhandensein junger Personen im damaligen Haushalt der Eltern hat keine signifikante Auswirkung auf das Armutsrisiko. Für die Bildung der Eltern zeigt sich ein zunächst kontraintuitiver positiver Einfluss hoher Bildung. Dieser Befund ist vermutlich auf die mit hoher elterlicher Bildung häufig einhergehende längere Ausbildungsphase der Nachkommen zurückzuführen, in welcher (noch) keine hohen Einkommen erzielt werden. Sobald weitere Merkmale der Nachkommen aufgenommen werden, ist dieser Einfluss statistisch nicht mehr bedeutsam.

Im zweiten Modell nehmen wir die Bildung der Zielpersonen sowie deren Interaktion mit dem Lebensalter auf und eliminieren die nicht signifikante Interaktion der Armutserfahrung mit dem Lebensalter. Die Armutserfahrung ist nun auf dem 5%-Niveau signifikant. Die Bildung der Eltern ist statistisch nicht mehr bedeutsam, und wir sehen, dass Hauptschüler ein deutlich erhöhtes Armutsrisiko aufweisen, ebenso diejenigen mit anderem oder keinem Abschluss. Die Interaktionsterme legen außerdem nahe, dass sich die relativen Nachteile der Personen mit Hauptschulabschluss im Lebenszeitverlauf noch verstärken (positiver Interaktionsterm), während die Vorteile für Abiturienten ebenfalls zunehmen (negativer Interaktionsterm).

Im dritten Modell wird die berufliche Stellung als zentraler sozioökonomischer Prädiktor aufgenommen. Diese vermittelt einige der genannten Befunde, und so ist in diesem Modell die Armutserfahrung im Herkunftshaushalt nur noch marginal bedeutsam. Die Aufnahme der Arbeitsmarkteinbindung führt erwartungsgemäß zu einem starken Anstieg des Pseudo-R^2.

Im vierten Modell schließlich wird der aktuelle Haushaltstyp aufgenommen, wodurch der Einfluss der Armutserfahrung vollends verschwindet. Dies deutet darauf hin, dass die Armutserfahrung in der Jugend auch einen Einfluss darauf hat, wie sich die spätere Haushaltszusammensetzung ausgestaltet, etwa hinsichtlich der Haushalts- und Familienformen und der Kinderzahl. Einpersonenhaushalte sowie Alleinerziehendenhaushalte haben demnach ein erhöhtes Armutsrisiko. Weitere Modellierungen zeigen, dass die Stellung im Beruf im Vergleich mit den anderen betrachteten Faktoren den stärksten Vermittlungseffekt hat: Entfernt man dieses Konstrukt aus Modell 4, so ist die jugendliche Armutserfahrung auf dem 5%-Niveau signifikant, auch wenn der aktuelle Haushaltstyp berücksichtigt wird (Modell nicht dargestellt). Der Einfluss der Armutserfahrung auf das spätere Armutsrisiko ist vor allem auf die Arbeitsmarktanbindung und – in geringerem Maße – auf die Haushaltszusammensetzung zurückzuführen.

Insgesamt zeigt sich also für die Population ohne Migrationshintergrund, dass Aufwachsen in Armut das Armutsrisiko im Erwachsenenalter erhöht. Dieser Einfluss löst sich aber vor allem im strukturellen Faktor der Arbeitsmarktintegration auf. Frühere Armutserfahrungen führen zunächst zu einer schlechten Platzierung am Arbeitsmarkt, die eine Armutslage wahrscheinlicher macht.

Die intergenerationale Weitergabe von Armut in zweiter Generation

Tabelle 1: Gepoolte logistische Regression der aktuellen Armut, Personen ohne Migrationshintergrund (β-Koeffizienten)

	Modell 1	Modell 2	Modell 3	Modell 4
Frau (Ref.: Mann)	0.185	0.257**	0.206	0.245+
Alter, zentriert	-0.189***	-0.114***	-0.078***	-0.074***
Sozialisationskontext (Eltern)				
Armutserfahrung	0.378+	0.334**	0.260+	0.209
Armutserfahrung * Alter	0.019	-	-	-
Anzahl Personen unter 15 (Ref.: keine)				
Ein bis zwei	0.045	0.063	0.053	0.032
Drei und mehr	-0.101	0.157	0.147	0.030
Bildung der Eltern (Ref.: Niedrig)				
Bildung Eltern mittel	-0.223	-0.243	-0.234	-0.309**
Bildung Eltern hoch	0.324**	0.276	0.134	0.091
Aktueller Lebenskontext				
Schulabschluss (Ref.: Mittlere Reife)				
Hauptschule	-	0.588***	0.519***	0.460**
Abitur	-	0.087	0.029	0.035
Andere/Kein	-	1.342***	1.103***	1.137***
*Interaktion Schulabschluss * Alter*				
Hauptschule * Alter	-	0.061+	0.054**	0.051+
Abitur * Alter	-	-0.102***	-0.042	-0.018
Andere/Kein* Alter	-	0.053	0.064	0.089**
Arbeitsmarkteinbindung (Ref.:Arbeiter)				
Nicht erwerbstätig	-	-	0.887***	0.963***
In Ausbildung – Hochschule	-	-	2.083***	1.932***
In Ausbildung – Sonstige	-	-	1.923***	1.828***
Arbeitslos	-	-	2.148***	1.947***
Ruhestand	-	-	-	-
Wehr/Zivildienst	-	-	1.688***	1.468***
In Lehre	-	-	1.622***	1.547***
Selbständige	-	-	1.097***	1.007***
Angestellte	-	-	-0.506***	-0.554***
Beamte	-	-	-2.360***	-2.515***
Haushaltstyp (Ref.: Zweipersonenhaushalt mit Kindern)				
Einpersonenhaushalt	-	-	-	1.089***
(Ehe)paar ohne Kinder	-	-	-	-0.261
Alleinerziehende	-	-	-	1.873***
Mehrgenerationenhaushalt/Anderer	-	-	-	0.398
McFadden's Pseudo-R²	0.127	0.147	0.272	0.318

*** p<0.01, ** p<0.05, + p<0.10. Modelle enthalten die Konstante sowie Dummies für die Wellen.
N: 1262 Personen, 9585 Personenjahre.

Betrachten wir die Modelle für die MigrantInnen zweiter Generation (Tabelle 2), so sehen wir zunächst ebenfalls einen Einfluss der Armutserfahrung als Jugendlicher auf die gegenwärtige Armutslage. Dieser ist im Vergleich zum vorherigen Modell für das Sample ohne Migrationshintergrund hochsignifikant. Es zeigt sich auch ein Zusammenhang mit dem Lebensalter: Der auch bei Einheimischen vorgefundene negative Alterseffekt ist für MigrantInnen zweiter Generation mit Armutserfahrung verringert. Dies ist dem signifikanten Interaktionsterm zu entnehmen. Armutserfahrung scheint also für diese einen nachhaltigeren Effekt im weiteren Lebensverlauf zu haben: Die Verringerung des Armutsrisikos hin zur Lebensmitte ist weniger stark ausgeprägt, wenn man als Jugendlicher bereits mit Armut in Berührung gekommen ist.

Von den anderen betrachteten Sozialisationsfaktoren zeigt lediglich das Vorhandensein weiterer Kinder im elterlichen Haushalt einen marginal signifikanten Effekt: Befinden sich zum Zeitpunkt der Messung der jugendlichen Armutserfahrung noch weitere Kinder im elterlichen Haushalt, so führt dies zu einem erhöhten späteren Armutsrisiko. Daraus ließe sich schließen, dass sich bei MigrantInnen weitere Geschwister unabhängig von der materiellen Situation auf die elterliche Unterstützung nachteilig auswirken, was – wie oben gesehen – bei Personen ohne Migrationshintergrund nicht der Fall ist. Die Bildung der Eltern sowie die Rückkehrorientierung haben keinen Einfluss[7]. Hier ist anzunehmen, dass eine höhere Bildung aufgrund der oben diskutierten Probleme (Anwendbarkeit von Bildungstiteln, mangelnde Institutionenkenntnis in der Migrationssituation) keine Wirkung über die von uns betrachteten Faktoren hinaus entfalten kann. Der Befund zur Rückkehrorientierung ist vermutlich darauf zurückzuführen, dass sie von Eltern erfragt wurde, die zum Befragungszeitpunkt schon relativ lange in Deutschland waren. Für sie haben etwaige Rückkehrgedanken wahrscheinlich keinen Einfluss mehr auf ihre Integrationsabsichten.

Der aktuelle Bildungsstand der Zielpersonen wirkt bei MigrantInnen ähnlich wie bei Nicht-MigrantInnen, sowohl im Hinblick auf die direkten Effekte als auch auf die Interaktionen mit dem Alter. Die vergangene Armutserfahrung im Herkunftshaushalt bleibt weiterhin statistisch bedeutsam. Modell 3 führt die Stellung im Beruf ein, welche den Effekt der Armutserfahrung abschwächt. Er bleibt aber weiterhin hochsignifikant, ebenso der Interaktionsterm mit dem Alter. Auch der in Modell 4 eingeführte Haushaltstyp verringert den Einfluss der jugendlichen Armutserfahrung nicht.

---

7   Zwar haben die meisten in diesen Modellen betrachteten Eltern niedrige Abschlüsse; mittlere und höhere Abschlüsse kommen aber durchaus vor. Fehlende Varianz bei den Bildungsabschlüssen kann also nicht die Erklärung sein.

Für MigrantInnen zweiter Generation erweist sich damit die Erfahrung von Armut im Jugendalter als nachhaltiger Armutsrisikofaktor, und zwar weitaus stärker, als dies für Personen ohne Migrationshintergrund der Fall ist[8]. Für Personen ohne Migrationshintergrund lässt sich der Einfluss der jugendlichen Armutserfahrung hauptsächlich durch die Übersetzung in eine schlechtere Arbeitsmarkteinbindung erklären. Für MigrantInnen zweiter Generation ist ein solcher Vermittlungsprozess nicht nachzuzeichnen: Die Arbeitsmarkteinbindung spielt zwar zweifelsohne auch eine große Rolle, doch sie kann nicht allein erklären, weshalb die Armutserfahrung in der Jugend ein nachhaltig erhöhtes Armutsrisiko mit sich bringt.

Der Migrationshintergrund hat also eine zweifache Bedeutung für die Folgen jugendlicher Armutserfahrungen. Einerseits ist der Einfluss der Armutserfahrung auf das aktuelle Armutsrisiko stärker. Dies deutet auf weitere Vermittlungsmechanismen jenseits der von uns betrachteten strukturellen Aspekte hin. Andererseits erweist sich die Benachteiligung im Lebensverlauf als hartnäckiger, wie die signifikante Interaktion mit dem Lebensalter zeigt. Das bedeutet, dass sich die Lebensbedingungen der MigrantInnen zweiter Generation mit und ohne Armutserfahrung im Lebensverlauf auseinander entwickeln, und dass somit eine nachhaltige Verstärkung des für MigrantInnen ohnehin vorhandenen höheren Armutsrisikos vorliegt.

---

8   Streng genommen müssten hier marginale Effekte berechnet werden, um eine bessere Vergleichbarkeit der Befunde für beide Populationen herzustellen (Mood 2010). Da jedoch der Einfluss der Armutserfahrung für Personen ohne Migrationshintergrund nach Aufnahme aller Kovariaten nicht signifikant ist, erscheint uns dies an dieser Stelle nicht notwendig.

Tabelle 2: Gepoolte logistische Regression der aktuellen Armut, Migranten zweiter Generation (β-Koeffizienten)

	Modell 1	Modell 2	Modell 3	Modell 4
Frau (Ref.: Mann)	0.251	0.273	0.123	0.160
Alter, zentriert	-0.133***	-0.120***	-0.080**	-0.086***
Sozialisationskontext (Eltern)				
Armutserfahrung	0.530***	0.617***	0.484**	0.465**
Armutserfahrung * Alter	0.062**	0.061**	0.064**	0.060**
Anzahl Personen unter 15 (Ref.: Keine)				
Ein bis zwei	0.326+	0.271	0.288	0.314
Drei und mehr	0.552+	0.549+	0.417	0.422
Bildung der Eltern (Ref.: Niedrig)				
Bildung Eltern mittel	0.107	0.280	0.381	0.421
Bildung Eltern hoch	0.064	-0.196	-0.260	-0.423
Wanderungsabsichten (Ref.: Ja)				
Nein	0.086	0.155	0.214	0.223
Keine Angabe	-0.229	-0.143	-0.063	-0.129
Aktueller Lebenskontext				
Schulabschluss (Ref.: Mittlere Reife)				
Hauptschule	-	0.669***	0.471**	0.418+
Abitur	-	0.339	0.272	0.309
Andere/Kein	-	0.620**	0.298	0.247
*Interaktion Schulabschluss * Alter*				
Hauptschule * Alter	-	0.066+	0.062+	0.069**
Abitur * Alter	-	-0.208***	-0.154***	-0.132***
Andere/Kein* Alter	-	-0.023	-0.022	-0.017
Arbeitsmarkteinbindung (Ref.:Arbeiter)				
Nicht erwerbstätig	-	-	0.956***	1.036***
In Ausbildung – Hochschule	-	-	1.912***	1.775***
In Ausbildung – Sonstige	-	-	2.258***	2.092***
Arbeitslos	-	-	1.959***	1.937***
Ruhestand	-	-	-	-
Wehr/Zivildienst	-	-	1.383+	1.034
In Lehre	-	-	2.032***	1.907***
Selbständige	-	-	-0.699	-0.649
Angestellte	-	-	-0.702***	-0.750***
Beamte	-	-	-0.707	-0.739
Haushaltstyp (Ref.: Zweipersonenhaushalt mit Kindern)				
Einpersonenhaushalt	-	-	-	0.714***
(Ehe)paar ohne Kinder	-	-	-	-0.509**
Alleinerziehende	-	-	-	0.498
Mehrgenerationenhaushalt/Anderer	-	-	-	0.175
McFadden's Pseudo-R²	0.064	0.109	0.236	0.257

*** p<0.01, ** p<0.05, + p<0.10. Modelle enthalten die Konstante sowie Dummies für die Nationalität und SOEP-Wellen. N: 523 Personen, 3951 Personenjahre.

Zusammenfassung und Fazit

Armut ist eine wesentliche Ungleichheitsdimension moderner Gesellschaften, die Lebensqualität und Zukunftschancen in vielfältiger Weise beeinflusst. Gegenwärtig erfahren die im internationalen Vergleich in Deutschland geringen sozialen Mobilitätschancen für Kinder aus benachteiligten Familien erhöhte Aufmerksamkeit im gesellschaftspolitischen Diskurs. In unserem Beitrag haben wir nach den Unterschieden und möglichen erklärende Mechanismen für die intergenerationale Weitergabe von Armut bei Personen mit und ohne Migrationshintergrund gefragt. Wir haben vorrangig aus sozialisationstheoretischen Überlegungen heraus die These abgeleitet, dass das Aufwachsen in Armut generell Bedingungen unterliegt, die eine von sozialer Benachteiligung geprägte spätere Lebenssituation und die Reproduktion von Armutslagen für die nächste Generation wahrscheinlich machen. An die Migrationssituation, so haben wir weiterhin angenommen, sind außerdem spezielle benachteiligende Faktoren geknüpft, die soziale Herkunftseffekte für Nachkommen von MigrantInnen nochmals verstärken und deren Aufstiegsmobilität erschweren.

Das Sozio-Oekonomische Panel eröffnet durch seinen langen Beobachtungszeitraum die Möglichkeit, die aktuelle Armutserfahrung von MigrantInnen zweiter Generation mit Informationen aus deren Kinder- und Jugendzeit zu verknüpfen, die uns Aufschluss über die Rahmenbedingungen ihres Aufwachsens geben können. Erklärt das Aufwachsen in Armut und daran geknüpfte Sozialisationsbedingungen ihren gegenwärtigen finanziellen Ressourcenmangel? Lassen sich diesbezüglich Unterschiede zwischen Personen mit und ohne Migrationshintergrund erkennen, die für weitere Forschung aufschlussreiche Anregungen geben können?

Unsere Auswertungen belegen die intergenerationale Weitergabe von Armutsrisiken sowohl für Personen mit als auch für Personen ohne Migrationshintergrund. Sie bestätigen somit Forschungsergebnisse zur Reproduktion von Einkommenspositionen über Generationen hinweg. Unsere Analysen erlauben darüber hinaus einige Schlussfolgerungen auf potenzielle Vermittlungsmechanismen, die die intergenerationale Transmission von Armut erklären könnten. Diese unterscheiden sich zwischen Personen ohne und Personen mit Migrationshintergrund erheblich.

Für Personen ohne Migrationshintergrund übersetzt sich die jugendliche Armutserfahrung im elterlichen Haushalt ganz wesentlich in eine eigene unvorteilhafte Arbeitsmarktanbindung, die ein Einkommen unterhalb der Armutsschwelle nach sich zieht. Für MigrantInnen zweiter Generation kann ein stärkerer und vor allem ein eigenständiger Einfluss des Aufwachsens in Armut auf ihre gegenwärtige Armutslage nachgewiesen werden. Dieser bleibt auch dann bestehen, wenn ihr aktueller Bildungsstatus, die Arbeitsmarktanbindung, Haushaltszusammensetzung und Nationalität berücksichtigt werden. Der Prozess der Weitergabe von ökonomischer Benachteiligung verläuft daher bei Migrantennachkommen nicht nur über ein geringes Bildungsniveau als Folge des Aufwachsens in Armut, was sich dann in finanziell unvorteilhafte Arbeitsmarktpositionen übersetzt, sondern es muss weitere, davon losgelöste Faktoren geben. Die eigenständige Erklärungskraft von jugendlicher Armut für eine aktuelle Armutslage erweist sich für Nachkommen von MigrantInnen auch dann als bedeutsam, wenn weitere Sozialisationsaspekte wie die Kinderzahl im Elternhaushalt, die elterliche Bildung sowie eine etwaige Wanderungsabsicht der Eltern berücksichtigt werden. Alles in allem: Der Zusammenhang zwischen Aufwachsen in Armut und einer aktuellen Armutslage ist bei Nachkommen von MigrantInnen stärker als bei Personen ohne Migrationshintergrund. Ungeachtet der elterlichen Bildung und ungeachtet des erreichten eigene Bildungs- und Arbeitsmarktstatus bleibt der Herkunftseffekt bedeutsam.

Daran muss sich die Frage nach weiteren, die Spezifik der Migrationssituation besser abbildenden Faktoren anschließen, die die intergenerationale Transmission von Armut bei MigrantInnen erklären helfen. Einige haben wir in der theoretischen Diskussion benannt, aber in der quantitativen empirischen Analyse aus datentechnischen Gründen nicht berücksichtigen können. So kann ein Aufwachsen in Armut besonders für MigrantInnen mit einer stärkeren räumlichen, sozialen und ethnischen Segregation verbunden sein, welche ihrerseits einen starken Einfluss auf die Entwicklung dieser Kinder und Jugendlichen hat (Radtke 2007; Boos-Nünning 2010). In diesem Zusammenhang kann sich auch eine Betrachtung des ethnischen kulturellen und sozialen Kapitals (Elwert 1982; Haug 2007; Schmidtke 2010) als weiterführend erweisen, das sowohl mobilitätshemmend als auch ressourcengenerierend wirken kann. Diese Aspekte sind aufgrund der Datenlage nicht einfach zu berücksichtigen und konnten hier lediglich durch die Nationalität approximiert werden. Erste Hinweise auf die Relevanz von sozialen Netzwerken für Armut bei MigrantInnen liefern unsere weiterführenden Analysen zu dieser Thematik (Heizmann und Böhnke 2013).

Die oben referierten Erkenntnisse über die emotionalen Belastungen einer Armutslage für aufwachsende Jugendliche sind auch für Erwachsene belegt, sodass möglicherweise Eltern, die zugewandert sind, die Wahrnehmung der eigenen Fremdheit in Kombination mit den ökonomischen Schwierigkeiten den in unseren Analysen berichteten, nachhaltigen Effekt mit erklären könnte. Sowohl die Migrations- als auch die Armutssituation zeitigen je eigene negative Effekte und werden von den Betroffenen als Sackgassen wahrgenommen. Es scheint daher nicht nur ein erweiterter quantitativer Zugang zur migrationsbezogenen Spezifik der intergenerationalen Weitergabe nötig, sondern auch ein qualitativer Zugriff auf die Eigenwahrnehmungen, die Aspirationen und die Exklusionserfahrungen von MigrantInnen zweiter Generation. Daraus herzuleitende Erkenntnisse über die individuelle Erfahrung und Verarbeitung mangelnder struktureller Integration können wiederum auch der quantitativen Integrationsforschung neue Impulse geben. Aus gesellschaftlicher Perspektive ordnet sich die ausgeprägte intergenerationale Weitergabe von Armut bei ZuwanderInnen in eine Reihe von Integrationsproblemen ein. Solange die institutionell bedingten Beschränkungen der sozialen Mobilität weiter bestehen, dürfte sich auch der in dieser Studie vorgefundene Weitergabemechanismus nicht abschwächen. Gerade für ZuwanderInnen wäre es wichtig, soziale Mobilität ihrer Nachkommen früh zu fördern. Dies gilt umso mehr für die aktuell diskutierte, auf Supply-Push-Faktoren basierende Zuwanderung aus Süd- und Osteuropa, welche ihre Eingliederung in die deutsche Gesellschaft unter schwierigeren Bedingungen beginnen als dies bei den angeworbenen GastarbeiterInnen der Fall war.

Literatur

Alt, C., & Lange, A. (2009). Dauer von Armut und kindliche Entwicklung. Explorative Analysen mit dem DJIKinderpanel. Diskurs Kindheits-und Jugendforschung, 4(4).

Andreß, H.-J. (2008). Lebensstandard und Armut – ein Messmodell. In A. Groenemeyer, & S. Wieseler (Eds.), Soziologie sozialer Probleme und sozialer Kontrolle (1 ed., pp. 473–487). Wiesbaden: VS Verlag für Sozialwissenschaften.

Andreß, H.-J., Burkatzki, E., Lipsmeier, G., Schulte, K., Strengmann-Kuhn, W., & Salentin, K. (1999). Leben in Armut: Analysen der Verhaltensweisen armer Haushalte mit Umfragedaten. Opladen, Wiesbaden: Westdeutscher Verlag.

Andreß, H.-J., Christoph, B., & Lietzmann, T. (2010). Lebensstandard und Deprivation in Ost- und Westdeutschland. In P. Krause, & I. Ostner (Eds.), Leben in Ost- und Westdeutschland (pp. 513–540). Frankfurt am Main: Campus Verlag.

Aybek, C. (2008). Jugendliche aus Zuwandererfamilien im Übergang von der Schule in den Beruf — Perspektiven der Lebenslauf- und Integrationsforschung. In U. Hunger, C. Aybek, A. Ette, & I. Michalowski (Eds.), Migrations- und Integrationsprozesse in Europa (pp. 167-189): VS Verlag für Sozialwissenschaften.

Baur, C., & Häussermann, H. (2009). Ethnische Segregation in deutschen Schulen. Leviathan, 37(3), 353-366.

Becker, G. S. (1993). Human Capital. A Theoretical and Empirical Analysis with Special Reference to Education. Chicago: University of Chicago Press.

Bernstein, B. B. (1973). Soziale Schicht, Sprache und Sozialisation. In G. Hartfiel, & K. Holm (Eds.), Bildung und Erziehung in der Industriegesellschaft (pp. 233-252). Opladen: Westdeutscher Verlag.
Bertram, H., & Kohl, S. (2010). Zur Lage der Kinder in Deutschland 2010: Kinder stärken für eine ungewisse Zukunft. Köln: Deutsches Komitee für UNICEF.
Biedinger, N. (2009). Kinderarmut in Deutschland: Der Einfluss von relativer Einkommensarmut auf die kognitive, sprachliche und behavioristische Entwicklung von drei- bis vier-jährigen Kindern. Zeitschrift für Soziologie der Entwicklung und Sozialisation(2), 197–214.
Bird, K. (2007). The intergenerational transmission of poverty: An overview. ODI Working Paper. London.
Blanden, J. (2013). Cross-Country Rankings in Intergenerational Mobility: A Comparison of Approaches from Economics and Sociology. Journal of Economic Surveys, 27(1), 38-73.
Böhmer, M., & Heimer, A. (2008). Armutsrisiken von Kindern und Jugendlichen in Deutschland. Berlin: Bundesministerium für Familie, Senioren, Frauen und Jugend.
Böhnke, P. (2010a). Folgen sozialer Abstiege. In H.-G. Soeffner (Ed.), Unsichere Zeiten (Vol. 2). Wiesbaden: VS Verlag für Sozialwissenschaften.
Böhnke, P. (2010b). Hoher Flug, tiefer Fall?: Abstiege aus der gesellschaftlichen Mitte und ihre Folgen für das subjektive Wohlbefinden. In P. A. Berger, & N. Burzan (Eds.), Dynamiken (in) der gesellschaftlichen Mitte. Sozialstrukturanalyse. (pp. 231–248). Wiesbaden: VS Verlag für Sozialwissenschaften.
Böhnke, P., & Silver, H. (2013). Social Exclusion. In Encyclopedia of Quality of Life Research.
Bonacich, E. (1972). A Theory of Ethnic Antagonism: The Split Labor Market. American Sociological Review, 37(5), 547-559.
Boos-Nünning, U. (2010). Kinder und Jugendliche mit Migrationshintergrund: Armut und soziale Deprivation. In M. Zander (Ed.), Kinderarmut (2 ed., pp. 161–180). Wiesbaden: VS-Verlag für Sozialwissenschaften.
Borjas, G. J. (1985). Assimilation, Changes in Cohort Quality, and the Earnings of Immigrants. Journal of Labor Economics, 3(4), 463-489.
Borjas, G. J. (1992). Ethnic Capital and Intergenerational Mobility. The Quarterly Journal of Economics, 107(1), 123–150.
Borjas, G. J. (2006). Making it in America: Social mobility in the immigrant population. The future of children, 16(2), 55–71.
Boudon, R. (1974). Education, opportunity, and social inequality: Changing prospects in Western society. New York: Wiley.
Bourdieu, P. (1983). Ökonomisches Kapital, kulturelles Kapital, soziales Kapital. Soziale Welt, Sonderband 2 „Soziale Ungleichheiten", 183-198.
Breen, R., & Luijkx, R. (2004). Social mobility in Europe between 1970 and 2000. In R. Breen (Ed.), Social mobility in Europe (pp. 37–75). Oxford: Oxford University Press.
Bronfenbrenner, U. (1981). Die Ökologie der menschlichen Entwicklung: Natürliche und geplante Experimente. Stuttgart: Klett-Cotta.
Büchel, F., & Wagner, G. (1996). Soziale Differenzen der Bildungschancen in Westdeutschland-Unter besonderer Berücksichtigung von Zuwandererkindern. In W. Zapf, J. Schupp, & R. Habich (Eds.), Lebenslagen im Wandel: Sozialberichterstattung im Längsschnitt. (pp. 80-96). Frankfurt/New York: Campus.
Bundesministerium für Arbeit und Soziales (2011). Soziale Mobilität, Ursachen für Auf- und Abstiege: Studie für den 4. Armuts- und Reichtumsbericht der Bundesregierung im Auftrag des Bundesministeriums für Arbeit und Soziales. Berlin: Bundesministerium für Arbeit und Soziales.

Bundesministerium für Arbeit und Soziales (2013). Lebenslagen in Deutschland: Der Vierte Armuts- und Reichtumsbericht der Bundesregierung. Berlin: Bundesministerium für Arbeit und Soziales.

Butterwegge, C. (2010). Armut von Kindern mit Migrationshintergrund: Ausmaß, Erscheinungsformen und Ursachen. Wiesbaden: VS Verlag für Sozialwissenschaften.

Christoph, B. (2010). The relation between life satisfaction and the material situation * a re-evaluation using alternative measures. Social Indicators Research, 98(3), 475–499.

Diefenbach, H. (2010). Kinder und Jugendliche aus Migrantenfamilien im deutschen Bildungssystem: Erklärungen und empirische Befunde (3ed.). Wiesbaden: VS Verlag für Sozialwissenschaften.

Diehl, C., Friedrich, M., & Hall, A. (2009). Jugendliche ausländischer Herkunft beim Übergang in die Berufsausbildung: Vom Wollen, Können und Dürfen. Zeitschrift für Soziologie, 38(1), 48-67.

Dustmann, C. (2005). Intergenerational Mobility and Return Migration: Comparing sons of foreign and native born fathers. Discussion Paper. London: Centre for Research and Analysis of Migration CReAM.

Edelstein, W. (2006). Bildung und Armut. Der Beitrag des Bildungssystems zur Vererbung und zur Bekämpfung von Armut. Zeitschrift für Soziologie der Erziehung und Sozialisation, 26(2), 120-134.

Elder, G. H. (1974). Children of the Great Depression: Social change in life experience. Boulder: Westview Press.

Elwert, G. (1982). Probleme der Ausländerintegration: Gesellschaftliche Integration durch Binnenintegration? Kölner Zeitschrift für Soziologie und Sozialpsychologie, 34(4), 717–731.

Engels, D., & Thielebein, C. (2011). Zusammenhang von sozialer Schicht und Teilnahme an Kultur-, Bildungs- und Freizeitangeboten für Kinder und Jugendliche. Köln: Bundesministerium für Arbeit und Soziales.

Esser, H. (2001). Integration und ethnische Schichtung. MZES.Arbeitspapiere, 40.

Esser, H. (2008). Assimilation, ethnische Schichtung oder selektive Akkulturation? Neuere Theorien der Eingliederung von Migranten und das Modell der intergenerationalen Integration. In F. Kalter (Ed.), Migration und Integration (Vol. 48, pp. 81-107, Sonderheft der Kölner Zeitschrift für Soziologie und Sozialpsychologie). Wiesbaden: VS Verlag für Sozialwissenschaften.

Esser, H. (2009). Pluralisierung oder Assimilation? Effekte der multiplen Inklusion auf die Integration von Migranten. Zeitschrift für Soziologie, 38(5), 358-378.

Fertig, M., & Tamm, M. (2005). Kinderarmut in Deutschland – Einige empirische Befunde. WSI-Mitteilungen(5), 239–243.

Flake, R. (2011). Gender Differences in the Intergenerational Earnings Mobility of Second-Generation Migrants (Ruhr Economic Papers, Vol. 283). Essen: Rheinisch-Westfälisches Institut für Wirtschaftsforschung.

Friedberg, R. M. (2000). You Can't Take It with You? Immigrant Assimilation and the Portability of Human Capital. Journal of Labor Economics, 18(2), 221-251.

Goebel, J., Gornig, M., & Häußermann, H. (2010). Polarisierung der Einkommen: Die Mittelschicht verliert. Wochenbericht des Deutschen Instituts für Wirtschaftsforschung (DIW Berlin), 24, 1-8.

Gomolla, M., & Radtke, F.-O. (2009). Institutionelle Diskriminierung: Die Herstellung ethnischer Differenz in der Schule (3. ed.). Wiesbaden: VS Verlag für Sozialwissenschaften.

Granovetter, M. S. (1973). The Strength of Weak Ties. The American Journal of Sociology, 78(6), 1360–1380.

Groh-Samberg, O. (2007). Armut in Deutschland verfestigt sich. DIW Wochenbericht, 74(12), 177-182.

Groh-Samberg, O., & Grundmann, M. (2006). Soziale Ungleichheit im Kindes- und Jugendalter. Aus Politik und Zeitgeschichte, 11–18.

Haug, S. (2007). Soziales Kapital als Ressource im Kontext von Migration und Integration. In J. Lüdicke, & M. Diewald (Eds.), Soziale Netzwerke und soziale Ungleichheit (1 ed., pp. 85–111). Wiesbaden: VS Verl. für Sozialwiss.

Hauser, R. (1989). Entwicklungstendenzen der Armut in der Bundesrepublik Deutschland. In D. Döring, & R. Hauser (Eds.), Politische Kultur und Sozialpolitik (pp. 117-147). Frankfurt/Main: Campus.

Hefler, G., Rippl, S., & Boehnke, K. (2001). Armut als Nährboden jugendlicher Fremdenfeindlichkeit? Ein Ost-West-Vergleich. In A. Klocke, & K. Hurrelmann (Eds.), Kinder und Jugendliche in Armut : Umfang, Auswirkungen und Konsequenzen (pp. 188-208). Opladen: Westdeutscher Verlag.

Heizmann, B., & Böhnke, P. (2013). Migrant Networks and Poverty. Vortragsmanuskript, Sunbelt – International Network for Social Network Analysis, May 21-26. Hamburg.

Holz, G. (2006). Lebenslagen und Chancen von Kindern in Deutschland. Aus Politik und Zeitgeschichte(26).

Hurrelmann, K., & Andresen, S. (2010). Kinder in Deutschland 2010: 2. World Vision Kinderstudie. Frankfurt am Main: Fischer.

Kalter, F. (2008). Ethnische Ungleichheit auf dem Arbeitsmarkt. In M. Abraham, & T. Hinz (Eds.), Arbeitsmarktsoziologie (pp. 303-332). Wiesbaden: VS Verlag für Sozialwissenschaften.

Kalter, F., Granato, N., & Kristen, C. (2011). Die strukturelle Assimilation der zweiten Migrantengeneration in Deutschland:: Eine Zerlegung gegenwärtiger Trends. In R. Becker (Ed.), Integration durch Bildung (pp. 257–288). Wiesbaden: VS Verlag für Sozialwissenschaften / Springer Fachmedien Wiesbaden GmbH, Wiesbaden.

Klocke, A. (1996). Aufwachsen in Armut. Auswirkungen und Bewältigungsformen der Armut im Kindes-und Jugendalter. Zeitschrift für Sozialisationsforschung und Erziehungssoziologie, 16, 390-409.

Klocke, A. (2001). Die Bedeutung von Armut im Kindes- und Jugendalter – Ein europäischer Vergleich. In A. Klocke, & K. Hurrelmann (Eds.), Kinder und Jugendliche in Armut. Umfang, Auswirkungen uns Konsequenzen (pp. 272-290). Wiesbaden: Westdeutscher Verlag.

Kohn, M. L. (1973). Soziale Klasse und Erziehungswerte der Eltern. In G. Hartfiel, & K. Holm (Eds.), Bildung und Erziehung in der Industriegesellschaft (pp. 210-232). Opladen: Westdeutscher Verlag.

Kristen, C. (2002). Hauptschule, Realschule oder Gymnasium? Kölner Zeitschrift für Soziologie und Sozialpsychologie, 54(3), 534-552.

Kristen, C. (2006). Ethnische Diskriminierung im deutschen Schulsystem? Theoretische Überlegungen und empirische Ergebnisse. Discussion Paper Nr. SP IV 2006-601. Wissenschaftszentrum Berlin für Sozialforschung, Arbeitsstelle Interkulturelle Konflikte und Gesellschaftliche Integration.

Kristen, C. (2008). Primary School Choice and Ethnic School Segregation in German Elementary Schools. European Sociological Review, 24(4), 495-510.

Kronauer, M. (2010). Exklusion: Die Gefährdung des Sozialen im hoch entwickelten Kapitalismus (2ed.). Frankfurt am Main: Campus Verlag.

Lampert, T. (2011). Armut und Gesundheit. In T. Schott, & C. Hornberg (Eds.), Die Gesellschaft und ihre Gesundheit (pp. 575-597): VS Verlag für Sozialwissenschaften.

Lancee, B. (2011). The economic returns of bonding and bridging social capital for immigrant men in Germany. Ethnic and Racial Studies, 35(4), 664-683.

Lazarus, R. S., & Folkman, S. (1984). Stress, Appraisal, and Coping. New York: Springer.

Lewis, O. (1971). La vida: Eine puertoricanische Familie in der Kultur der Armut, San Juan u. New York. Düsseldorf, Wien: Econ Verlag.

Mead, G. H. (1978). Geist, Identität und Gesellschaft aus der Sicht des Sozialbehaviorismus (3ed.). Frankfurt am Main: Suhrkamp.

Mielck, A. (2001). Armut und Gesundheit bei Kindern und Jugendlichen: Ergebnisse der sozialepidemiologischen Forschung in Deutschland. In Kinder und Jugendliche in Armut. Umfang, Auswirkungen und Konsequenzen (pp. 230-254). Opladen: Westdeutscher Verlag.

Mood, C. (2010). Logistic Regression: Why We Cannot Do What We Think We Can Do, and What We Can Do About It. European Sociological Review, 26(1), 67-82.

Nauck, B. (1998). Familienbeziehungen und Sozialintegration von Migranten. In M. Bommes, & K. J. Bade (Eds.), Migration – Integration – Bildung: (pp. 83–104, IMIS-Beiträge). Osnabrück.

Neidhardt, F. (1968). Schichtspezifische Elterneinflüsse im Sozialisationsprozeß. In G. Wurzbacher (Ed.), Die Familie als Sozialisationsfaktor (pp. 174-200). Stuttgart: Ferdinand Enke Verlag.

Pollak, R. (2009). Chancengleichheit durch Bildung? Eine ländervergleichende Studie zum Einfluss der Bildung auf soziale Mobilität im Europa des 20. Jahrhunderts: Dissertation. Mannheim: Universität Mannheim.

Pollak, R. (2012). Soziale Mobilität in Deutschland: Eine Expertise im Auftrag der Vodafone Stiftung Deutschland.

Radtke, F.-O. (2007). Segregation im deutschen Schulsystem. In W.-D. Bukow, C. Nikodem, E. Schulze, & E. Yildiz (Eds.), Was heißt hier Parallelgesellschaft? (pp. 201-212): VS Verlag für Sozialwissenschaften.

Schmidtke, O. (2010). Ethnisches kulturelles Kapital in der Arbeitsmarktintegration: Zwischen ethnischer Nischenökonomie und Übergang in den allgemeinen Arbeitsmarkt. In A.-M. Nohl (Ed.), Kulturelles Kapital in der Migration (1 ed., pp. 247–259). Wiesbaden: VS, Verl. für Sozialwiss.

Schneider, T. (2004). Der Einfluss des Einkommens der Eltern auf die Schulwahl. Zeitschrift für Soziologie, 33(6), 471-492.

Schnitzlein, D. D. (2008). Verbunden über Generationen: Struktur und Ausmaß der intergenerationalen Einkommensmobilität in Deutschland. IAB-Discussion Paper. Nürnberg.

Sen, A. K. (2002). Ökonomie für den Menschen: Wege zu Gerechtigkeit und Solidarität in der Marktwirtschaft. München: Deutscher Taschenbuch Verlag.

Silbereisen, R. K., & Walper, S. (1989). Arbeitslosigkeit und Familie: Auswirkungen ökonomischer Deprivation durch Arbeitslosigkeit auf die Familie und die Entwicklungsperspektiven ihrer Mitglieder. In R. Nave-Herz, & M. Markefka (Eds.), Handbuch der Familien- und Jugendforschung (Vol. 1, pp. 535–557, Familienforschung). Neuwied: Luchterhand.

Statistisches Bundesamt (2011a). Datenreport 2011–Ein Sozialbericht für die Bundesrepublik Deutschland. Bonn: Bundeszentrale für politische Bildung.

Statistisches Bundesamt (2011b). Mikrozensus. Wiesbaden: Statistisches Bundesamt.

Statistisches Bundesamt (2012a). Geburten in Deutschland. Ausgabe 2012.

Statistisches Bundesamt (2012b). Wirtschaft und Statistik.

Steinbach, A., & Nauck, B. (2005). Intergenerationale Transmission in Migrantenfamilien. In U. Fuhrer, & H.-H. Uslucan (Eds.), Familie, Akkulturation und Erziehung. Migration zwischen Eigen- und Fremdkultur (pp. 111-126). Stuttgart: Verlag W. Kohlhammer.

Steinkamp, G., & Stief, W. H. (1978). Lebensbedingungen und Sozialisation: Die Abhängigkeit von Sozialisationsprozessen in der Familie von ihrer Stellung im Verteilungssystem ökonomischer, sozialer und kultureller Ressourcen und Partizipationschancen. Opladen: Westdeutscher Verlag.

Tucci, I., & Wagner, G. G. (2005). Einkommensarmut bei Zuwanderern überdurchschnittlich gestiegen. DIW Wochenbericht, 5, 79-86.
Verwiebe, R. (2010). Wachsende Armut in Deutschland und die These der Auflösung der Mittelschicht. In N. Burzan, & P. A. Berger (Eds.), Dynamiken (in) der gesellschaftlichen Mitte (pp. 159-179): VS Verlag für Sozialwissenschaften.
Vogel, T. (2006). Reassessing intergenerational mobility in Germany: some new estimation methods and a comparison of natives and immigrants. Berlin: Department of Economics – Humboldt-Universität zu Berlin.
Wagner, G. G., Frick, J. R., & Schupp, J. (2007). The German Socio-Economic Panel Study (SOEP) – Scope, Evolution and Enhancements. Schmollers Jahrbuch, 127(1), 139-169.
Walper, S. (1999). Auswirkungen von Armut auf die Entwicklung von Kindern. In A. Lepenies, G. Nunner-Winkler, G. E. Schäfer, & S. Walper (Eds.), Kindliche Entwicklungspotentiale (Vol. 1, pp. 291–360). Opladen: Leske + Budrich.
Yuksel, M. (2009). Intergenerational Mobility of Immigrants in Germany: Moving with Natives or Stuck in their Neighborhoods? Discussion Paper 4677. Bonn.

„Sie wollten nur das Beste für uns!"
Intergenerationale Transmissionsprozesse in Migrationsfamilien mit Trennungserfahrungen von Eltern und Kindern

Thomas Geisen

1. Einleitung

In der Familien- und Migrationsforschung werden seit einigen Jahren verstärkt intergenerationale Transmissionsprozesse von Familien im Kontext von Migration in den Blick genommen (Apitzsch 1999b; Nauck 2001; Phalet & Schönpflug 2001). Im Mittelpunkt stehen dabei meist Fragen der Transmission der mit dem Migrationsprojekt der Pioniergeneration verbundenen Werte und Orientierungen auf die zweite Generation. Auch empirische Studien, bei denen vor allem die Nachkommen von Familien im Kontext von Migration als sogenannte zweite Generation in den Blick genommen werden, verweisen auf intergenerationale Transmissionsprozesse, beispielsweise wenn darauf verwiesen wird, dass das von der Elterngeneration begonnene Migrationsprojekt von den Angehörigen der zweiten Generation aufgenommen und fortgesetzt wird (Geisen & Riegel 2007; Juhasz & Mey 2003; Riegel 2004; Riegel & Geisen 2007).

Im Kontext der Familien- und Migrationsforschung werden Begriff und Konzept intergenerationaler Transmissionsprozesse also vor allem dazu verwendet, um die Übernahme von Orientierungen und Handlungsmustern der Elterngeneration durch die zweite Generation zu beschreiben. Die Bedeutung familialer Migrationsprozesse selbst, die eine äußerst vielfältige Form und Gestalt annehmen und sich auf sehr unterschiedliche Zeiträume hin erstrecken können, wurden in den bislang vorliegenden Untersuchungen kaum in ihrer Bedeutung für intergenerationale Transmissionsprozesse untersucht. Thematisch standen darüber hinaus in den bisherigen Studien vor allem Schwierigkeiten und Hindernisse im Einwanderungsland im Mittelpunkt des Interesses. Die Schwierigkeiten und Hindernisse, die sich einer Familie im Kontext von Migration von der Entscheidungsphase, über die Trennungsphase, bis hin zur Rekonfigurationsphase stellen, wenn die Familie nicht als gesamte Familie auswandern kann und Elternteile oder Kinder zunächst im Herkunftsland zurück bleiben, haben erst in den letzten Jahren zunehmend Beachtung gefunden (Geisen et al. 2013a, 2013b; Goulbourne et al. 2010). Im vorliegenden Beitrag wird daher die Bedeutung des Ablaufs und der Gestaltung von Migrationsprozessen für intergenerationale Transmission untersucht. Familiale Migrationsprozesse, bei denen Eltern und Kinder mindestens ein Jahr voneinander getrennt gelebt haben, werden daraufhin befragt, wie es im Verlauf des Migrationsprozesses selbst zu intergenerationalen Transmissionsprozessen kommt. Im Zusammenhang mit familialen Trennungssituationen von Eltern und Kindern können zwei verschiedene Formen unterschieden werden: Einmal entstehen sie, wenn Eltern ihre Kinder im Herkunftsland bei einer Betreuungsperson zurück lassen; oder wenn Eltern ihr Kind resp. ihre Kinder für eine längere Zeit zu einer Betreuungsperson ins Herkunftsland schicken.

In längeren Trennungsphasen ist das familiale Migrationsprojekt vielfach auch mit schwierigen Trennungserfahrungen verbunden, insbesondere für Eltern und Kinder. Spezifische Werthaltungen und Orientierungen, die sich in intergenerationalen Transmissionsprozessen zeigen, werden von den Familienangehörigen dabei als ambivalent wahrgenommen. Für den Zusammenhalt der Familie und die familiale Solidarität ist dies von zentraler Bedeutung. Diese konkretisieren sich in jeweils unterschiedlichen Handlungsstrategien von Eltern und Kindern: Während viele Eltern versuchen, den familialen Zusammenhalt auch bei temporärer Trennung von den Kindern durch verschiedene Aktivitäten aufrecht zu erhalten und dauerhaft zu sichern, beispielsweise durch Telefonieren und Besuche, ist es für Kinder schwieriger, den Kontakt mit den Eltern aktiv zu gestalten und aufrecht zu erhalten. Für die Kinder ist der familiale Zusammenhalt vor allem mit der Präsenz der Eltern im Familienalltag verbunden. Eine Trennung von den Eltern wird daher von ihnen vielfach als schmerzhaft empfunden.

Der vorliegende Beitrag beschäftigt sich mit der Frage intergenerationaler Transmissionsprozesse im Kontext von Migrationsfamilien mit Trennungserfahrung von Eltern und Kindern. Zu Beginn wird das Konzept der intergenerationalen Transmission vorgestellt. Daran anschließend werden empirische Befunde über Trennungssituationen von Eltern und Kindern in Migrationsfamilien aufgezeigt. Anhand von empirischem Material werden dann an zwei unterschiedlichen Formen der familialen Trennung Prozesse intergenerationaler Transmission aufgezeigt und diskutiert. Dabei zeigt sich, dass intergenerationale Transmissionen in Migrationsfamilien entscheidend durch den familialen Migrationsprozess beeinflusst und bestimmt werden.

2. Intergenerationale Transmission in Migrationsfamilien

Mit Hilfe des Konzepts der intergenerationalen Transmission wird die Weitergabe von Werthaltungen und Überzeugungen innerhalb des familialen Kontextes verstanden. Im Mittelpunkt steht dabei die Frage nach den Grundlagen familialer Solidarität. Steinbach und Nauck (2005, S. 111) verstehen unter intergenerationaler Transmission „die Weitergabe von Wahrnehmungen, Einstellungen und Verhaltensweisen der Eltern an ihre Kinder". Über die Mechanismen der Weitergabe können Steinbach und Nauck zu Folge „jedoch bisher weder theoretisch noch empirisch genaue Angaben gemacht werden. Der aktuelle Forschungsstand ist diesbezüglich als eher unbefriedigend zu bezeichnen. Fest steht aber, dass intergenerationale Solidarität und soziale Platzierung aufs engste miteinander verbunden sind" (ebd.). Eltern und Kinder in Migrationsfamilien unterscheiden sich von anderen Familien darin, dass sie in Gesellschaften mit unterschiedlichen Ansprüchen an ihre Mitglieder aufwachsen. Daher stellt sich die Frage, „ob auch bei ihnen intergenerative Stabilität und Solidarität beobachtet werden kann oder ob diese Ausnahmesituation verstärkt zu intergenerativen Konflikten führt" (ebd.). Dies ist jedoch nicht der Fall, wie vorliegende Studien übereinstimmend zeigen, vielmehr sind auch in Migrantenfamilien Situationswahrnehmung, Einstellungen und Verhaltensweisen der nachfolgenden Generation stabil: „Das heißt, es existiert eine intergenerative Kontinuität zwischen der ersten Einwanderergeneration und der zweiten – mehrheitlich in der Aufnahmegesellschaft geborenen – Generation" (ebd., S. 112). Intergenerative Transmissionsprozesse wurden bislang im Hinblick auf Erziehungsstile untersucht, indem die Wahrnehmung und Kontinuität von Erziehungsklima und Erziehungspraktiken in den Blick genommen wurden; auf individuelle Einstellungen, in Bezug auf die Utilität von Kindern, normative Geschlechtsrollenorientierungen, internale Kontrollüberzeugungen und Bildungsaspiration; auf Werte, insbesondere im Zusammenhang mit kulturellen Transmissionen und im Hinblick auf kollektivistische versus individualistische Wertorientierungen; sowie im Zusammenhang mit Akkulturationsfragen, etwa bezogen auf Fragen des familialen Zusammenhalts als Ressource (ebd.). Die von Steinbach und Nauck vorgestellten Studien verweisen auf die große Bedeutung intergenerativer Transmissionsprozesse in Migrationsfamilien, eine weitere theoretische Auseinandersetzungen und empirische Untersuchungen dringend erforderlich. Besonderes Augenmerk sollte in künftigen Studien allerdings auf die Analyse der Faktoren gelegt werden, „welche die intergenerationale Transmission beeinflussen" (Steinbach & Nauck 2005, S. 123). Steinbach und Nauck verweisen dabei insbesondere auf die „soziale Distanz der Einheimischen gegenüber den Migranten als Kontextbedingung im Eingliederungsprozess" (ebd.). Die Bedeutung, die der Migrationsprozess selbst auf die Ausgestaltung und Entwicklung der familialen Binnenstrukturen hat, wird von Steinbach und Nauck allerdings nicht als Forschungsdesiderat angesprochen.

Das Aufwachsen in unterschiedlichen gesellschaftlichen Kontexten wird allgemein als Problemhintergrund der intergenerationalen Transmissionsprozesse in Migrationsfamilien angegeben. Phalet und Schönpflug (2001, S. 187) verweisen darauf, dass innerhalb des familialen Zusammenhangs kulturelle Orientierungen in Form von kollektivistischen und individualistischen Werten, sowie von Leistungswerten weitergegeben werden. Allerdings werden generativ akkumulierte kulturelle Werte und Orientierungen nicht insgesamt weitergegeben, vielmehr vollzieht sich der Transmissionsprozess selektiv, „it seems unlikely that individualism, collectivism and achievment values are transmitted with the same intensity" (ebd.). Als Gründe hierfür geben sie an, dass „culture is shaped in ongoing interactions between persons and their social environment" (ebd., S. 186). So werden etwa elterliche Anpassungsprozesse, das Streben nach Autonomie und familiale Leistungsziele an die nachfolgende Generation weitergegeben. „Parents in predominantly collectivistic countries (e.g. Turkey or Singapore) tend to stress conformity goals such as obedience or respect, whereas parents in individualistic countries (e.g. Germany and the United States) stress autonomy goals such as agency or independent thinking. Also in collectivistic cultures, the socialization of the child for achievement becomes more important with socioeconomic modernisation" (ebd., S. 188). Dies gilt auch im Hinblick auf den Gender- und Erziehungs-Status innerhalb der Familie. Von besonderer Bedeutung für die kulturelle Transmission ist der Akkulturationskontext (vgl. auch Steinbach & Nauck 2005, S. 123).

Intergenerationale Transmissionsprozesse wurden von den bislang vorgestellten AutorInnen vor allem in Bezug auf nationale, gruppenbezogene Unterscheidungen in den Einstellungen und Orientierungen in den Blick genommen. Ein solches Vorgehen wird seit einiger Zeit unter dem Stichwort des „methodologischen Nationalismus" kritisiert (Wimmer & Glick Schiller 2002). Unter methodologischem Nationalismus verstehen Wimmer und Glick Schiller die explizite oder implizite Annahme, dass „nation/state/society is the natural social and political form of the modern world" (ebd., S. 302). Die nationalstaatliche Situierung des Migrationsgeschehens wird so zur entscheidenden Reflexionsebene gemacht. Eine andere Form der intergenerativen Transmission wird von Ursula Apitzsch im Rahmen ihres Konzeptes der „Traditionsneubildung" eingeführt (Apitzsch 1999a). Bezugspunkt für die Frage der Traditionsneubildung sind die intergenerativen Beziehungen von Migrationsfamilien. Tradition in modernen Gesellschaften stellt dabei keinen Rückzug oder eine Rückkehr zu nicht eigenständig gewählten ethnischen Beziehungen dar. Vielmehr handelt es sich um Prozesse der Traditionsbildung, die auf Aushandlungsprozessen im Rahmen der Konstruktion und der Rekonstruktion von Alltagspraxen beruhen. Diese können auch als Traditionsfortbildung oder Traditionsneubildung beschrieben werden, die mit kultureller Reflexivität einhergehen (Apitzsch 1999a, S. 10). Es handelt sich bei der Traditionsneubildung daher nicht allein um einen Prozess der Weitergabe von Einstellungen und Orientierungen, sondern die subjektiven, biographischen Aneignungsprozesse werden ebenfalls mit in den Blick genommen. Tradition hat offenbar „sehr viel mehr mit ‚invention' zu tun (...), als mit ‚Altem' und ‚Hergebrachtem'" (ebd., S. 11) Die Aneignung der Vergangenheit erfolgt nämlich nicht durch Übernahme, sondern durch eigene, unverwechselbare biographische Arbeit. Apitzsch betrachtet die Biographie daher als ein Resultat historischer Selbstsituierung. Intergenerative Transmission im Kontext von Traditionsneubildung ist im Kontext von Migration für Apitzsch nun insofern von Bedeutung, als „die Suche nach sozialer und kultureller Zugehörigkeit in der neuen Aufnahmegesellschaft in einem großen Maße verbunden ist mit biographischer Anstrengung, die sich auf die Wiederherstellung eines symbolischen Raumes von Traditionalität bezieht, auf deren Hintergrund erst die Möglichkeit entsteht, als MigrantIn den eigenen Platz in der neuen Gesellschaft zu bestimmen" (ebd.) Traditionsbildung erhält damit eine doppelte Bedeutung, sie ist sowohl repressiv als auch reflexiv und stützend. Für Apitzsch ist Traditionsbildung im Kontext von Migration daher nicht einfach die Kontinuität von Erfahrungen und Orientierungen, sondern die lebensgeschichtliche Bearbeitung eines Bruchs mit den Alltagsroutinen. Bei Familien im Kontext von Migration sind diese Formen der Bearbeitung immer auch in intergenerative Zusammenhänge eingebettet und führen zu Prozessen intergenerativer Transmission. Denn die in Migrationsprozessen stattfindende Verwandlung von biographisch erworbenem Vertrauen und habituellem Wissen angesichts neuer lebensweltlicher Herausforderungen, wird nicht nur „in eine neue traditionale Alltagsroutine" (ebd., S. 9) verwandelt, sondern sie wird auch an die nachfolgenden Generationen weitergegeben. Intergenerative Transmission ist bei Apitzsch daher als ein ambivalenter Lern- und Anpassungsprozess zu verstehen.

Die Überlegungen von Helma Lutz (1999) zu intergenerationalen Transformationsprozessen lassen sich hier anschließen. Den Ausgangspunkt ihrer Überlegungen bildet die Tatsache, dass Forschungsfragen in der Migrationsforschung weitgehend aus der Sicht des Aufnahmelandes gestellt wurden. Ein Perspektivenwechsel von dieser „Aussenperspektive" auf die „Innenperspektive, auf die soziale Welt der Migrantinnen und Migranten" vollzieht sich erst allmählich (ebd., S. 165). Außen- und Innenperspektive sind dabei insofern aufeinander bezogen und miteinander verschränkt, als die Außenperspektive „als gesellschaftliches Strukturmerkmal einen wichtigen Faktor bei der Konstruktion der Innenperspektive darstellt. Mit anderen Worten: die subjektive Sinnkonstitution von MigrantInnen bewegt sich nicht im ‚luftleeren Raum', sondern Kulturbildung ist auch eine reflexive Reaktion auf institutionelle und strukturelle Handlungsbedingungen und -möglichkeiten" (ebd., S. 165f.). Kulturbildung wird dabei als ein intergenerativer Prozess verstanden, der auf spezifische familiale Kontexte bezogen ist. Dieser entfaltet insbesondere dann eine Dynamik, wenn soziale Kontinuität durch Migrationsprozesse verloren geht und kompensiert werden muss. Die Bearbeitung des lebensgeschichtlichen Kontinuitätsbruchs bezeichnet Lutz in Anlehnung an Inowlocki als „Generationsarbeit" (Inowlocki, 1999): „[W]enn also Alltagshandeln inkompatibel wird, entstehen Bedingungen, unter denen Eltern *und* Kinder generationenübergreifend eine neue, gemeinschaftliche Handlungspraxis mit den dazugehörenden normativen Begründungsmustern entwickeln können" (ebd., S. 173). Im intergenerativen Zusammenhang vollzieht sich dabei ein Balanceakt: Der Erhalt der Kontinuität von Familienregeln, Normen und Werten muss ebenso gewährleistet werden, als die Anpassung an die Anforderungen an das Leben in der Emigration (ebd., S. 177).

Die bisherige Auseinandersetzung mit dem Konzept der intergenerationalen Transmission hat aufgezeigt, dass sie sich in einem komplexen sozialen Beziehungsgeflecht vollzieht, das individuelle, gemeinschaftliche und gesellschaftliche Beziehungen einschließt. Während Steinbach & Nauck und Phalet & Schönpflug die Prozesse der Kulturvermittlung im Blick haben und damit vor allem auf die Kontinuität gemeinschaftlicher und gesellschaftlich ausgebildeter Norm- und Wertvorstellungen fokussieren, so geht es Apitzsch und Lutz um die Bearbeitung des Neuen im Migrationsprozess, das bestehende Alltagsroutinen durchbricht. Sie fokussieren daher auf Kulturbildung und Traditionsneubildung im intergenerativen Zusammenhang und damit auf die Frage, wie das Neue Eingang in das Übernommene, in das bis dato biographisch angeeignete kulturelle und traditionelle Wissen findet. Werden beide Perspektiven miteinander verbunden, so ergibt sich hieraus ein ambivalentes Verständnis von intergenerationaler Transmission, also der Gleichzeitigkeit von Bewahrung und Veränderung, von Übernahme und Neuaneignung, von Kontinuität und Bruch in den Prozessen intergenerationaler Transmission. Dieser Zusammenhang soll nachfolgend am Beispiel von Trennungssituationen von Eltern und Kindern in Migrationsfamilien aufgezeigt und konkretisiert werden.

3. Transmissionsprozesse in Trennungssituationen von Eltern und Kindern

Die Trennung von Eltern und Kindern im Kontext von Migration ist ein häufig auftretendes Phänomen, da sich die Migration von Familien vielfach in verschiedenen Teilschritten vollzieht. Ausgehend von den verschiedenen Migrationsformen, beispielsweise der temporären oder permanenten Migration, der Saison- oder Pendelmigration von einzelnen Familienmitgliedern oder von Teilen der Familie, ergeben sich hieraus vielfältige neue, multilokale Familienkonstellationen. Eine Dimension dieser neuen Familienkonstellation ist die Trennung von Eltern und Kindern. Kinder bleiben vielfach zunächst im Herkunftsland und werden von einem Elternteil, den Großeltern oder anderen Personen, meist von Verwandten, betreut. Der Umfang des Phänomens ist statistisch nicht ermittelbar, da die Tatsache einer familialen Trennungssituation in den nationalen Statistiken nicht erhoben wird. Zur Eingrenzung des Phänomens für den vorliegenden Forschungskontext kann lediglich andeutungsweise die Zahl der Kinder, die im Familiennachzug in die Schweiz eingewandert sind, herangezogen werden. Im Jahre 2012 waren dies 17.506 Kinder von Ausländerinnen und Ausländern und 535 Kinder von ausländischen EhepartnerInnen von SchweizerInnen (BFM/ZAR 2013). Ob der Einwanderung allerdings eine Trennungssituation von Eltern und Kindern vorausgegangen ist, und um welche Trennungssituation es sich dabei gehandelt hat, kann nicht angegeben werden. Denn der Familiennachzug bezeichnet den Einwanderungsgrund und bezieht auch Familien ein, die bei der Einwanderung ihre Kinder mitnehmen. Aus verschiedenen Bereichen der Sozialen Arbeit im Kontext von Migration, etwa von Sozialen Diensten oder Integrationsangeboten, ist allerdings bekannt, dass Trennungssituationen von Eltern und Kindern in Migrationsfamilien ein häufig auftretendes Phänomen darstellt (Geisen & Jurt 2013, S. 37f, Interview). Dort wo Eltern und Kinder im Migrationsprozess voneinander getrennt werden, kommt dem (familialen) Betreuungsarrangement eine große Bedeutung zu. Nur wenn die Sorge für die Kinder sichergestellt ist, können Eltern ihr Migrationsvorhaben auch tatsächlich umsetzen. Die Auswirkungen, die sich aus der Trennungssituation ergeben, sind bislang kaum erforscht. Studien, die diesen Aspekt mit untersucht haben verweisen darauf, dass durch die Migration Belastungen für Eltern, insbesondere für Mütter, Kinder und Betreuungspersonen entstehen (Dreby 2010; Parreñas 2005; Zoll 2007; Zontini 2010). Allerdings ist dieser Aspekt von familialen Migrationsprozessen bislang noch wenig als eigenständiges Migrationsphänomen untersucht worden. Dies gilt auch für die Frage nach den Auswirkungen von Trennungssituationen und multilokalen Familienkonstellationen auf intergenerationale Transmissionsprozesse. In der Schweiz sind Trennungssituationen von Eltern und Kindern erstmals in einem dreijährigen Forschungsprojekt untersucht worden (Geisen & Jurt 2013, S. 36f).

Dabei wurden 19 Familien befragt, bei denen die Eltern mindestens ein Jahr von ihren Kindern getrennt im Einwanderungsland gelebt haben und die Kinder zu einem späteren Zeitpunkt dann im Rahmen von Familiennachzug zu sich geholt haben (weitere Angaben über das Untersuchungssample s. Anhang, Tabelle A1 und A2). Die Forschung fokussierte vor allem auf Familienkonstellationen, bei denen die Ausgangslage im Herkunftsland vergleichbar mit derjenigen im Einwanderungsland nach dem Familiennachzug war[1]. Der familiale Migrationsprozess wurde also in seiner Gesamtheit untersucht, das heißt, dass Entscheidungs-, Trennungs- und Rekonfigurationsphase in den Blick genommen wurden.

In der Studie zeigte sich u. a. auch die Bedeutung von Trennungssituationen für intergenerationale Transmissionsprozesse auf vielfältige Weise. Wenn Transmission in Anlehnung an Lutz (1999) und Apitzsch (1999a) als das Resultat familialer Aushandlungsprozesse verstanden wird, so ist der Transmissionsprozess selbst eng mit den innerfamilialen Beziehungen und Praxen verbunden und durch diese beeinflusst. Dies gilt etwa in Bezug auf Fragen von Disziplinierung, Kontrolle, Vertrauen und Solidarität innerhalb des familialen Kontextes. Familiale Praxen, Erwartungen und Orientierungen bilden den Ausgangspunkt für Fragen nach dem Gegenstand (Was?), der Akteure oder Beteiligten (Wer?) und der Prozesse (Wie?) in denen sich eine intergenerationale Transmission im Kontext von Trennungssituationen vollzieht. Gegenstand von intergenerationalen Transmissionsprozessen sind ökonomische, zeitliche, soziale und kulturelle Ressourcen, die von der vorangehenden an nachfolgende Generationen weitergegeben werden. Wenn es um die Frage des Gegenstandes von Transmissionsprozessen geht, wird auch der Begriff der „intergenerativen Transferbeziehungen" verwendet: „Der Begriff ist breit gefasst. Er reicht vom Austausch materieller Güter und (Dienst-)Leistungen bis zu immateriellen Dingen wie dem Austausch von persönlichen Befindlichkeiten, Wissen und Informationen" (Stecher & Zinnecker 2007, S. 389). Die binnenfamilialen Beziehungen werden dabei im weiteren Kontext „gesellschaftlich organisierter Generationenbeziehungen" gesehen. Analytisch lassen sich Stecher und Zinnecker folgend verschiedene Ebenen von Transferbeziehungen unterscheiden: „Materieller, monetärer Transfer (Besitz, Waren, Geld); Transfer handwerklicher persönlicher Dienstleistungen (unbezahlte Privatarbeit); Transfer psychosozialer persönlicher Dienstleistungen (emotionale, psychologi-

---

1   Die Interviews wurden von Dezember 2010 bis April 2013 geführt, sie dauerten von ca. einer halben Stunde bis eineinhalb Stunden. Die Familienmitglieder wurden jeweils einzeln interviewt.

sche Hilfeleistungen); Kulturelle Transferbeziehungen (Bildung, kulturelles Orientierungswissen, allgemein: Transfer von kulturellem Kapital)" (ebd., S. 391). Bei der Frage nach den Akteuren und Beteiligten in Transmissionsprozessen kann zwischen inter- und intragenerativen Prozessen unterschieden werden (ebd., S. 390). Es kann dabei zwischen vertikalen, horizontalen und diagonalen Transmissionen unterschieden werden: „*Vertikale Transmission* meint die Enkulturation durch die Eltern, *diagonale Transmission* erfolgt durch Erwachsene außerhalb der eigenen Familie (z. B. Lehrer) und unter *horizontaler Transmission* wird die Enkulturation durch die eigene Generation (peers) verstanden" (ebd.,). Transmission kann dabei sowohl als intendiertes, absichtsvolles Handeln erfolgen, als auch nicht-intendiert. Im vorliegenden Beitrag wird vor allem auf das absichtsvolle Handeln fokussiert. Dabei werden individuelle und kollektive Verhaltens- und Einstellungsmuster, zum Beispiel Bildungsaspiration und Familienbeziehungen, Werte und Tabus in den Blick genommen.

Intergenerationale Transmissionsprozesse werden nachfolgend anhand empirischer Fallbeispiele aufgezeigt.[2] Es soll aufgezeigt werden, welche intergenerationalen Transmissionsprozesse in Migrationsfamilien, in denen Eltern und Kinder länger als ein Jahr voneinander getrennt waren, identifiziert werden können. Es werden zwei unterschiedliche Formen der Trennung unterschieden: Erstens (A) Kinder werden von ihren Eltern in ihrem Herkunftsland unter Betreuung zurück gelassen, und zweitens (B) Kinder werden von ihren Eltern wieder in das Herkunftsland zurückgeschickt. Das hier einbezogene Datenmaterial bezieht sich nur auf Familien, bei denen es nach der Trennungsphase durch einen Familiennachzug wieder zu einer Rekonfiguration der Familie gekommen ist.

4. Trennungssituation A: Kinder bleiben im Herkunftsland

Migrations- und Familiengeschichte der Familie Carlos[3]

Der Vater ist in Ecuador in einem kleinen Dorf geboren. Seine Eltern leben von der Landwirtschaft, sie sind Analphabeten, und sie lassen ihren Sohn die Schule nicht bis zum Ende der Schulzeit besuchen, er sollte stattdessen auf dem kleinen

---

2 Dem vorliegenden Beitrag liegen empirische Daten aus dem vom Schweizer Nationalfonds geförderten Projekt „Trennungssituationen von Eltern und Kindern in transnationalen Familien" zu Grunde, das von 2010 bis 2013 von Thomas Geisen, Luzia Jurt und Christophe Roulin durchgeführt wurde. Weitere Informationen: http://www.fhnw.ch/sozialearbeit/iip/forschung-und-entwicklung/forschungsprojekte

3 Bei der Familie Carlos wurden leitfadengestützte Interviews mit dem Vater und den beiden ältesten Töchtern geführt.

Hof der Familie mitarbeiten und Tiere hüten. Zuerst hatten die Eltern ihm gesagt er solle ihnen noch ein Jahr helfen, dann könne er wieder zur Schule gehen. Als das Jahr vorüber war, teilten sie ihm mit, dass sie ihn weiterhin zum Hüten benötigen und er nicht in die Schule gehen könne. Daraufhin verließ er im Alter von 12 Jahren sein zu Hause. Er geht zunächst nach Quito und findet Arbeit in einer Schreinerei, wechselt dann die Firma und arbeitet im ganzen Land. Als er seine Frau kennen lernt, bleibt er bei ihr und macht sich selbständig. Nach vier Jahren Ehe wird das erste Kind geboren, die Mutter studiert, auch noch als das zweite Kind zur Welt kommt. Mit der Geburt des dritten Kindes hört sie auf zu studieren und kümmert sich um die Kinder. Die eigene Schreinerei läuft erfolgreich, als sie allerdings zweimal hintereinander ausgeraubt werden, kann der Vater seine Aufträge nicht mehr erledigen und muss seine Fima aufgeben und eine Stelle in einer kleinen Firma annehmen. Jedoch reicht das Einkommen jetzt nicht mehr aus, um den Kindergarten für alle Kinder zu finanzieren. Sie müssen zwei Kinder aus dem Kindergarten nehmen. Nach der Geburt des vierten Kindes bekommt die Mutter über ihren Bruder das Angebot, eine Arbeiten in der Schweiz aufzunehmen. Die Eltern entschieden, dass die Mutter in die Schweiz gehen soll. Die Familie zog in ein Haus in der Nähe der Großmutter und der Vater kümmerte sich um die Kinder. Der jüngste Sohn, der vier Monate alt war als die Mutter in die Schweiz ging, wurde hingegen von einer Tante betreut. Später, als der Vater zu seiner Frau in die Schweiz auswanderte, kam der jüngste Sohn ebenfalls zur Großmutter und den anderen Geschwistern. Die Kinder bleiben bei der Großmutter mütterlicherseits. Da diese auch arbeitet, wird die Betreuung der Kinder von einer Hausangestellten übernommen. Als der Vater in der Schweiz war, ging die Mutter zwei bis drei Mal zurück nach Ecuador zu Besuch. Schließlich holten die Eltern auch die Kinder in die Schweiz. Sie besorgten eine Bescheinigung auf der Ecuadorianischen Botschaft in Bern, und die Großmutter kümmerte sich um die Ausstellung der Pässe in Ecuador. Vorab informiert sich der Vater, ob die Kinder auch als „Sans-Papiers" in die Schule gehen können – was in der Schweiz möglich ist. Die Eltern ziehen in eine größere Wohnung um. Die Großmutter bringt die Kinder, bleibt eine Zeit bei der Familie und geht dann wieder zurück nach Ecuador. Nach anfänglichen Schwierigkeiten mit der Sprache finden die Kinder schnell Freunde und leben sich gut ein. In der Schule sind sie erfolgreich. Die beiden ältesten Kinder gehen sogar aufs Gymnasium. Als die Kinder schon eine Zeit in der Schweiz waren, wird die zweitälteste Tochter in der Straßenbahn kontrolliert und ohne Fahrkarte erwischt. Als der Vater seine Tochter bei der Polizeistation abholen muss, wird festgestellt, dass die Familie keine Aufenthaltsbewilligung für die Schweiz hat. Die Familie stellt einen Härtefallantrag, der zweimal

„Sie wollten nur das Beste für uns!"   177

abgelehnt und erst beim dritten Versuch positiv entschieden wird. Die Familie engagiert sich nicht nur bei der Gründung eines Sans-Papier Komitees, sondern ist bis heute dort aktiv. Derzeit ist der Vater in einer Festanstellung und die Mutter ist Raumpflegerin von privaten Haushalten. Zwei Kinder studieren, die jüngeren sind noch in der Schule bzw. gerade dabei die Schule abzuschließen.

Intergenerationale Transmissionsprozesse der Familie Carlos

Wohlstand und Bildung als familiale Orientierungen

In der Familiengeschichte von Familie Carlos lassen sich Prozesse der intergenerativen Transmission in Trennungssituationen identifizieren. Das Handeln von Familie Carlos ist bereits im Herkunftsland stark an familialem Wohlstand orientiert. Der Vater ist selbständig als Schreiner tätig und hat eine gut gehende Schreinerei mit Angestellten. Die Einkünfte aus der selbständigen Tätigkeit sichern die Existenz der Familie. Darüber hinaus erlauben sie es der Mutter zunächst ihr Studium zu finanzieren und dieses trotz der Geburt von zwei Kindern weiter fortzuführen. Das Einkommen wird aber auch dazu verwendet, für eine gute Bildung ihrer Kinder zu sorgen und sie in einen privaten Kindergarten zu schicken, der besser ist als ein staatlicher Kindergarten. Bezogen auf die Bildungsaktivitäten von Mutter und Kindern zeigt sich bereits im Herkunftsland eine sehr hohe familiale Bildungsaspiration. Die familiale Bildungsaspiration ist sowohl in der Biographie des Vaters als auch in derjenigen der Mutter grundgelegt: Der Vater, der seine eigene Familie im Alter von 12 Jahren verlässt, weil ihm der Wunsch nach Schulbildung von den Eltern verwehrt wird und die Mutter, die erst mit dem dritten Kind ihr Studium nicht weiter fortgesetzt, um sich um die Kinder zu kümmern. Eine gute Bildung wird also von beiden Eltern als wichtig angesehen, um den Wohlstand der Familie zu erhalten.

Das Entstehen familialer Krisen

Bei den zweimal kurz hintereinander folgenden Einbrüchen in die eigene Firma, werden teure Maschinen und Geräte gestohlen. Da der Vater diese nicht ersetzen kann, muss er sein Unternehmen aufgeben. Er nimmt eine schlecht bezahlte Stelle als Schreiner in einer kleinen Firma an, weswegen die Familie in eine ökonomische Krise gerät. Aufgrund finanzieller Engpässe müssen die beiden ältesten Kinder aus dem Kindergarten genommen werden. Die Krise verschärft sich, mit der Geburt des vierten Kind. Folglich nutzt die Mutter die Gelegenheit auszuwandern und beginnt in der Schweiz zu arbeiten. Sie hat einen nicht-dokumentierten Aufenthaltsstatus in der Schweiz. Die Bewältigung der familiären ökonomischen

Krise steht primär im Fokus der elterlichen Entscheidungsfindung. Die dadurch entstehende Trennungssituation führt zu familialen Belastungen, insbesondere in Bezug auf die Betreuung der Kinder, die nun vom Vater und von Verwandten wahrgenommen wird. Das vier Monate alte jüngste Kind wurde zur Schwester des Vaters gegeben, für die anderen drei sorgte der Vater: „ich habe gekocht und habe alles gemacht für die Kinder" (F2: V: 142f.). Die emotionale Belastung verschärft sich, als auch der Vater in die Schweiz migriert, um dort zu arbeiten. Für die älteste Tochter war die Situation ohne die Eltern schwierig: „[A]lso wir fühlten uns irgendwie verlassen, nicht geborgen" (F2_T1: 50f.). Auch die zweite Tochter fühlt sich von den Eltern verlassen: „Es war halt schon so, dass wir vier Kinder auf uns alleine – also, dass wir allein... nur uns vier hatten und die Cousins und ja... so... also... Man hat sich schon nicht stabil und nicht irgendwie beschützt... man kam sich einfach nicht so vor, als ob jemand richtig auf uns aufpassen und schauen würde" (F2: T2: 176-182). Alle Familienangehörigen empfinden die Trennung als eine schwere Belastung: Sowohl die Eltern vermissen ihre Kinder als auch die Kinder ihre Eltern.

Migration als Handlungsstrategie im Umgang mit familialen Krisen

Familie Carlos ist mit zwei unterschiedlichen familialen Krisen konfrontiert: einer ökonomischen Krise und einer *emotionalen Krise*. Die ökonomische Krise der Familie wird dadurch bearbeitet, dass die Mutter, und später auch der Vater, in die Schweiz migrieren. Sie dient auch dem familialen Wohlstand, geschieht aber vor allem vor dem Hintergrund der familialen Bildungsaspiration. Denn erst die ökonomische Besserstellung ermöglicht es den Eltern, auch für die Bildung der Kinder ausreichend Sorge zu tragen. Damit dies gelingt werden für die Trennungsphase darüber hinaus auch familiale Ressourcen mobilisiert, um die Betreuung der Kinder im Herkunftsland zu gewährleisten. Aufgrund der geographischen Trennung von Eltern und Kindern entsteht aber auch eine neue, emotionale Krise. Diese wird während der Trennungsphase durch regelmäßige Kontakte und Besuche, insbesondere von der Mutter, abgemildert. Allerdings lässt sich die emotionale Krise auf diese Weise für die Familie nicht bearbeiten. Daher entscheiden sich die Eltern, ihre Kinder ebenfalls in die Schweiz zu holen: „[D]ie Liebe der Kinder, das war so gross... viel grösser als die Gedanken... deswegen dachten wir, okay, das machen wir und bringen die Kinder" (F2: V:236-238). Der Familiennachzug gelingt mit Unterstützung der Großmutter, die die vier Kinder zu ihren Eltern bringt.

Auf unterschiedliche Weise interveniert bei Familie Carlos Migration als Handlungsstrategie: Während die Migration der Eltern zur Bearbeitung der ökonomischen Krise zu einer geographischen Trennung von Eltern und Kindern führt, so führt die Migration der Kinder zur Bearbeitung und Überwindung der durch die Trennung entstandenen emotionalen Krise. Mit der Migration verfolgt Familie Carlos folgende Ziele zur Umsetzung intergenerationaler Transmissionsprozesse:

- *Aufrechterhaltung der familialen Bildungsaspiration*: Die durch die Migration erfolgte ökonomische Besserstellung wird als notwendig angesehen, um die Bildung der Kinder im Herkunftsland zu finanzieren. Auch in der Schweiz wird auf die Sicherung der intergenerationalen Transmission der familialen Bildungsaspiration wert gelegt. Dies zeigt sich beispielsweise darin, dass der Vater sich vor dem Familiennachzug erkundigt, ob die Kinder ihre Schullaufbahn in der Schweiz fortführen können.
- *Wiederherstellung des familialen Zusammenseins als zentraler Wertorientierung*: Das Zusammensein in der Familie hat für die Familienmitglieder einen sehr hohen Stellenwert. Durch die Erfahrung einer längeren Trennungssituation hat sich diese Wertorientierung in der Familie noch verstärkt. Dies zeigt sich insbesondere in der gemeinsamen Gestaltung des Familienalltags. Über die Trennungssituation selbst ist in der Familie noch nicht gesprochen worden. Die Trennung und die damit für die einzelnen Familienmitglieder verbundenen Schmerzen sind bislang vielmehr tabuisiert worden. Mit dem Familiennachzug konnte die Transmission des Zusammenseins als zentraler, familialer Wertorientierung wieder hergestellt werden.

Beitrag der Betreuungsperson zur intergenerationalen Transmission

Für die Aufrechterhaltung intergenerationaler Transmissionsprozesse in Trennungsphasen von Eltern und Kindern ist auch die Betreuungsperson von Bedeutung. Zwischen Eltern und Betreuungsperson kommen dabei familiale Solidaritätsbeziehungen zum Tragen; die Großmutter übernimmt die Verantwortung für die Betreuung der Kinder. Die Gewährleistung der Betreuung der Kinder ist Voraussetzung dafür, dass die Eltern überhaupt migrieren können. Die Grundlage hierfür bildet ein von Eltern und Großmutter geteiltes Praxisverständnis bzw. die Annahme über ein gemeinsam geteiltes Praxisverständnis im Hinblick auf die familiale Sorge. Ökonomische Ressourcen werden von den Eltern ebenfalls zur Verfügung gestellt, um die Betreuung ihrer Kinder auch finanziell abzusichern. Die Wertevermittlung im Kontext intergenerationaler Transmissionsprozesse wird also in Trennungsprozessen einerseits schwieriger, da die Familie nicht mehr über einen gemeinsamen Lebensmittelpunkt verfügt, andererseits wird die Verantwortung aber auch auf mehrere Personen verteilt. Dabei tritt neben den Eltern die Betreuungsperson verstärkt in die Verantwortung zur Vermittlung familialer Wertvorstellungen ein. Die Beurteilung der Großmutter als Betreuungsperson der Kinder von Familie Carlos fällt allerdings widersprüchlich aus: Für den Vater war die Entscheidung, die Grossmutter mit der Betreuung zu beauftragen eine gute Entscheidung, „100 Prozent" (F2: V:435), für die Kinder war sie eine „zweite Mutter" (F2_V:627). Das Urteil der Töchter fällt jedoch unterschiedlich aus, während die Beziehung der ältesten Tochter zu ihrer Großmutter nicht so gut ist, war sie für die jüngere Tochter wie eine Mutter. Auch die Beurteilung der Eltern fällt letztlich ambivalent aus, denn sie wollten ihre Kinder nicht so lange bei der Großmutter lassen, da sie nicht genau wussten, wie es den Kindern geht und ob sie alles hatten. Sie hatten Angst, dass die Betreuung durch die Großmutter nicht gleich ist wie die Betreuung durch Eltern. Auch hatte die Großmutter noch gearbeitet und konnte sich nicht nur um die Kinder kümmern.

Abwendung einer Gefährdung der intergenerationale Transmission

Die Lösung der ökonomischen Krise hat bei Familie Carlos zu einer Trennung von Eltern und Kindern geführt. Diese wird von Eltern und Kindern als Belastung empfunden und es entsteht eine neue, *emotionale Krise* in der Familie. Diese wird gelöst indem die Eltern ihre Kinder zu sich holen. Mit der familialen Rekonfiguration wird eine durch die Belastungen der Trennungssituation drohende Gefährdung der intergenerationalen Transmission abgewendet. Familie Carlos ist es erfolgreich gelungen sowohl die Bildungsaspiration als auch das familiale Zusammensein als zentrale Wertorientierung über die familialen Krisensituationen hinweg aufrecht zu erhalten. Die Bearbeitung der familialen Krisen wird von den Familienangehörigen jedoch als ambivalent beurteilt. Die ältere Tochter beschreibt diese Ambivalenz exemplarisch wie folgt: „[S]ie mussten [...] uns, gut, eben sozusagen vernachlässigen und sich sozusagen opfern [...] damit wir eben jetzt so leben können, von dem her [...] werfe ich das meinen Eltern nicht vor [...] für sie war es auch sicher [...] nicht einfach" (F2: T1:826ff.), sie wollten „nur das Beste für uns" (F2: T1:837f.).

Abbildung 1: Trennungssituation A: Kind(er) bleiben im Herkunftsland zurück

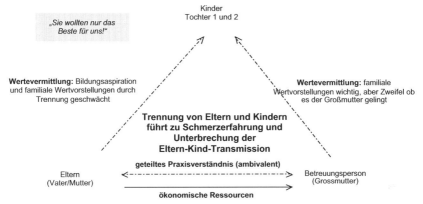

5. Trennungssituation B: Kinder werden ins Herkunftsland geschickt

Migrations- und Familiengeschichte der Familie Levani[4]

Bei der Familie Levani handelt es sich um ein binationales Paar. Der Vater stammt aus der Schweiz, er lebt und arbeitet von 1998 bis 2000 in Georgien. Dort lernt er seine Frau, eine gebürtige Levani, kennen. Als sich die Geschäfte des Ehemanns in Georgien schlecht entwickeln, heiratet und migritiert das Paar im Jahr 2000 in die Schweiz. Nach der Rückkehr setzt der Vater seine geschäftliche Tätigkeit in der Schweiz fort, der Sohn der Familie wird nach der Migration in die Schweiz geboren. Die Mutter arbeitet derzeit an ihrer Promotion. Die Eltern berichten, dass der Sohn in der Schule Schwierigkeiten habe, worin diese bestehen wird allerdings nicht weiter konkretisiert, auch habe er wenig Freunde. Die Eltern entscheiden daher, dass sie ihren Sohn zunächst einmal für ein Jahr nach Georgien zur Familie der Mutter schicken. Neben der Verbesserung der Schulsituation habe der Sohn dann auch die Möglichkeit, das Heimatland der Mutter besser kennen zu lernen. Im Gegensatz zu den Eltern fällt es dem Sohn schwer, den Grund für seine Migration anzugeben. Er geht davon aus, dass die Schwestern der Mutter ihn gerne bei sich haben wollten, damit er die Kultur und die Herkunftsfamilie der Mutter besser kennenlernen kann. Dort soll er sein Verhalten ändern und sei-

---

4   Bei der Familie Georgi konnten Interviews mit Vater und Mutter während der Trennungsphase geführt werden. Mit den Eltern wurde nach der Rückkehr des Sohnes ein zweites Interview geführt. Das Interview mit dem Sohn wurde nach der Trennungsphase durchgeführt.

ne schulischen Leistungen steigern. Darüber hinaus soll er auch das georgische Familienbild kennen lernen. Die Herkunftsfamilie der Mutter übernimmt die Betreuung des Sohnes. Die Eltern haben vor allem telefonischen Kontakt mit ihrem Kind und ihrer Familie. Der Sohn ist 11 Jahre alt, als er nach Georgien geht, nach einem Jahr kehrt er wieder zurück.

Intergenerationale Transmissionsprozesse der Familie Levani

Kollektive Wertorientierungen und Bildung als familiale Orientierungen

In der Familiengeschichte von Familie Levani lassen sich vielfältige Prozesse der intergenerativen Transmission in Trennungssituationen identifizieren. Die Eltern haben eine hohe Bildungsaspiration mit einer starken Fokussierung auf den Arbeitsmarkt. Sie haben daher eine hohe Leistungserwartung an ihren Sohn. Dabei zeigt sich auch eine ausgesprochen starke institutionelle Orientierung. Denn sie sehen die Schule als entscheidende Instanz zur Vermittlung der Leistungsorientierung. Dies zeigt sich darin, dass sie letztlich nicht ihren Sohn für seine schulischen Schwierigkeiten als verantwortlich ansehen, sondern die Schweizer Schule, die ihrer Aufgabe der Leistungsvermittlung nicht gerecht wird. Die Migration des Sohnes nach Georgien wird von den Eltern daher als mögliche Alternative realisiert. Die Mutter ist mit dem Schulsystem und der dort vermittelten, auf Disziplin gründenden, hohen Leistungsorientierung vertraut. Darüber hinaus wird für den Sohn außerhalb des Schulbesuchs auch noch ein Privatunterricht organisiert, einerseits, um die erfolgreiche Integration in die Schule nahtlos zu gewährleisten als auch, um zusätzlichen Unterricht auf der Grundlage des Curriculums des Schweizer Schulsystems zu erteilen. Der Grund hierfür ist ebenfalls der Bildungsaspiration der Eltern geschuldet. Denn der Sohn soll, wenn er nach einem Jahr wieder zurück kommt und nicht länger in Georgien bleibt, sich wieder nahtlos ins Schweizer Bildungssystem integrieren, damit sein Bildungserfolg nicht gefährdet wird. Neben der Bildung soll der Sohn in Georgien aber durch das Leben in der Familie der Mutter auch eine kollektive Wertorientierung vermittelt bekommen. Denn die Mutter möchte ihren Sohn im ‚Georgischen Geist' erziehen, daher ist für sie ein längerer Aufenthalt des Sohnes in ihrem Herkunftsland sinnvoll. Grundlage für die Realisation dieses Vorhabens ist, dass für die Mutter selbst eine intensive Beziehung zu ihrer Familie von grosser Bedeutung ist. Denn der Zusammenhalt in der Familie ist ihr sehr wichtig. Die Familie ist für sie nicht aus einzelnen Mitgliedern zusammengesetzt, sondern sie stellt ein besonderes Kollektiv dar: „Irgendwie sind wir ein Körper, ein Geist in etwa fünf, sechs Körpern" (F:11 M:1/171). Zu diesem Familienbild gehört auch ein spezifisches Rollenverhalten, etwa dass die Männer wissen „wofür ein Mann in der

Gesellschaft geschätzt wird" und dass sie sich gegenüber den Frauen „ritterlich" verhalten (F11: M:1/079).

Das Entstehen familialer Krisen
Die erste (vor-)familiale Krise ist eine ökonomische Krise. Aufgrund schlechten Geschäftsgangs des Vaters in Georgien entscheidet das binationale Paar in die Schweiz zu migrieren, da der Vater für sich dort eine bessere Geschäftslage sieht. In der Schweiz kommt es dann zu einer zweiten familialen Krise, es handelt sich dabei um eine *Bildungskrise*, denn der Sohn hat Schwierigkeiten in der Schule und es geht ihm nicht gut. Der Vater beschreibt die Lage seines Sohnes wie folgt: „[E]r hat sich hier einfach irgendwie auch nicht mehr wohl gefühlt […] Ja, mit der Klasse, primär, oder. Und Freunde hatte er da nicht mehr […] ja, es hat sich wirklich einfach irgendwie negativ entwickelt. Und ich wollte dieser negativen Entwicklung einfach entgegenwirken. (F11: V:1/208). Für die Eltern ist die Situation ihres Sohnes gravierend und sie sehen auch seinen schulischen Erfolg gefährdet. Für den Vater genügt das schulische Angebot nicht den internationalen Anforderungen, die Mutter findet es „katastrophal" (F11: M: 1/52). Daher suchen die Eltern nach Bildungsalternativen. Privatschulen oder Internate in der Schweiz kommen auf Grund der hohen Kosten für die Familie nicht in Frage. Die Mutter schlägt daraufhin einen Aufenthalt in ihrem Herkunftsland vor, da das Bildungssystem dort effizienter organisiert und qualifiziertes Fachpersonal für den anvisierten Privatunterricht preiswerter sei. Der Vater hat zwar auch Bedenken, da er nicht nur positive Erfahrungen in Georgien gemacht hat, aber die Eltern beschliessen es einmal auf diesem Weg zu versuchen. Die Bildungskrise verweist auf eine *Wertekrise* als dritte familiale Krise. Denn Familie als unbedingtes Unterstützungssystem in Krisensituation, wie sie nach Auffassung der Mutter in Georgien noch gelebt werde, ist in der Schweiz, die eine solche Form der Familie nicht mehr kenne, insbesondere für den Sohn nicht mehr erfahrbar. Die Familie Levani kann ihrem Sohn diese Form von Familienwerten nicht bieten, da dies auf Grund der geographischen Distanz zum georgischen Herkunftsland der Mutter nicht mehr möglich ist. Für die Mutter ist der ‚wahre Geist von Familie' in der Schweiz nicht spürbar Ihre eigene Familie charakterisiert sie hingegen wie folgt: „Eine ganz besondere Familie, eine spezielle Familie, mit der Liebe zueinander und dem Zusammenhalt untereinander" (F:11 M:1/171).

Migration als Handlungsstrategie im Umgang mit familialen Krisen
Familie Levani ist mit unterschiedlichen familialen Krisen konfrontiert: einer *ökonomischen Krise*, einer *Bildungskrise* und einer *Wertekrise*. Die ökonomische

Krise, die noch in der Gründungsphase der Familie eintritt, wird durch die Migration der Eltern in die Schweiz gelöst. Da es sich um ein binationales Paar handelt, sind die rechtlichen Voraussetzungen hierfür gegeben. Dies ist auch bei der Bearbeitung der familialen Bildungskrise der Fall: Die Georgische Staatsbürgerschaft erlaubt es der Mutter, ihren Sohn für eine bestimmte Zeit zu ihrer Familie nach Georgien zu schicken. Das georgische Schulsystem wird insbesondere von der Mutter als leistungsorientierter eingeschätzt, als das Schweizer Bildungssystem. Das Kind besucht neben der Schule 18 Stunden Zusatzunterricht in der Woche. Dieser findet teilweise in der Schule oder außerhalb der Schule statt. Zu den Zusatzstunden zählen unter anderem Französisch, Deutsch, Englisch, Geige, Klavier und Sport: „Das heißt, 18 Besuche. Das heißt, 18 Lehrerinnen oder 18 Kreise oder was auch immer. Und einige davon waren noch länger als eine Stunde" (F11:S 291). Der zusätzliche Unterricht soll sowohl zu einer gelingenden Integration in das georgische Schulsystem beitragen, als auch sicherstellen, dass er auf die Rückkehr in die Schweiz vorbereitet ist. In der Bildungskrise zeigt sich aber auch eine dritte familiale Krise, nämlich eine Wertekrise. Denn die Bildungserwartungen der Eltern können auch deshalb nicht erfüllt werden, weil ihnen das familiale Umfeld und die familiale Unterstützung fehlt. Dies wird für die Mutter sichtbar, als ihr Sohn Schwierigkeiten in der Schule bekommt. Denn hier zeigt sich für sie, dass sie als alleinige Vermittlerin der für sie wichtigen familialen Werte an ihren Sohn nicht ausreicht.

Für Familie Levani ist Migration daher eine wichtige Handlungsstrategie zur Bearbeitung von familialen Krisen. Bezogen auf die Familie interveniert Migration als Handlungsstrategie allerdings auf unterschiedliche Weise. Die Migration der Eltern in der (vor-)familialen Phase dient der Bearbeitung der ökonomischen Krise, dadurch wird die Mutter aus dem für sie sehr bedeutsamen familialen Herkunftskontext herausgelöst. Es kommt also zunächst zu einer geographischen Trennung von der Mutter und ihrem familialen Herkunftskontext aufgrund ihrer binationalen Partnerschaft. Diese Trennung wird dann bedeutsam, als der Sohn Schwierigkeiten in der Schule hat. Die Migration des Sohnes zu der Familie der Mutter dient dabei sowohl der Bearbeitung der Bildungskrise als auch der Wertekrise. Mit der Migration verfolgt Familie Levani folgende Ziele zur Umsetzung intergenerationaler Transmissionsprozesse:

- *Aufrechterhaltung der familialen Bildungsaspiration*: Den hohen Bildungserwartungen der Eltern, die sich beim Vater vor allem auf künftige Chancen am Arbeitsmarkt richten, während die Mutter selbst gerade an ihrer Promotion arbeitet, ist der Sohn bislang nicht gerecht geworden Die Migration des Sohnes nach Georgien soll daher einen Beitrag zur hohen familialen

Bildungsaspiration leisten und den sozialen Status im intergenerationalen Transmissionsprozess sichern.
- *Wiederherstellung des familialen Zusammenseins als zentraler Wertorientierung:* Das Zusammensein als Familie in einem intergenerationalem Verband hat insbesondere für die Mutter einen Unbedingtheitscharakter. Aufgrund der Migration hält sie den Kontakt zu ihrer Familie vor allem telefonisch aufrecht. Mit der Entscheidung über die Migration des Sohnes ins Herkunftsland und der damit verbundenen familialen Trennung ist die Hoffnung auf die Vermittlung familialer Traditionen und eine Verbesserung der Leistungsorientierung des Sohnes verbunden.

Beitrag der Betreuungsperson zur intergenerationalen Transmission

Auch hier nehmen aufgrund der Trennung von Eltern und Kindern die Betreuungspersonen eine hohe Verantwortung in Bezug auf die intergenerationalen Transmissionsprozesse auf sich. Grundlage dieses Einverständnisses sind die familiale Solidarität und ein gemeinsam geteiltes Praxisverständnis bezogen auf die elterliche Sorge. Darüber hinaus erhalten die Betreuungspersonen eine ökonomische Unterstützung zur Ausübung der Betreuung. Im Falle der Familie Levani beinhaltet dies auch die Organisation und Kontrolle der schulischen und privaten Bildungsbemühungen. Die Großeltern sollen neben der Sorge für ihren Enkel auch dazu beitragen, familiale und sozio-kulturelle Wertvorstellungen zu vermitteln. Denn diese werden von den Eltern als tieferliegende Ursache der familialen Bildungskrise angesehen. Hierzu gehören vor allem der Unbedingtheitscharakter von Familie, die mit einer hohen familialen Solidarität und Verpflichtung einhergeht, und eine darauf basierende familiale Tugendhaftigkeit, die sich in der Erfüllung spezifischer familialer Rollen zeigt.

Abwendung einer Gefährdung der intergenerationale Transmission

Die Lösung der ökonomischen Krise hat bei Familie Levani zu einer Migration der Eltern in die Schweiz geführt. Der erste Sohn der Familie kommt in der Schweiz zur Welt und wächst dort auf. Es kommt zu einer *Bildungs- und Wertekrise* in der Familie auf Grund von Schwierigkeiten des Sohnes in der Schule. Durch die einjährige Trennung soll eine Gefährdung der intergenerationalen Transmission abgewendet werden. Dies gelingt jedoch nicht. Nach einem Jahr kommt der Sohn wieder zurück und nach kurzer Zeit zeigen sich bei ihm wieder die alten Verhaltensmuster. Der Vater beschreibt dies folgendermaßen: „Ja, also, er... wir haben un- wir haben dann gemerkt, dass er sich sehr stark Mühe gibt. Also jetzt vom Verhalten her einfach. Dass er sehr... Weil er ist halt schon einer, der... ja... wie soll ich das sagen? [...] Er ist schon ein Kind, der immer so ein bisschen laut ist und spricht und macht. [...] Und er hat dann wirklich auch versucht, auch so gute Manieren zu zeigen" (F11: V:2/093). Das veränderte Verhalten des Sohnes hält jedoch nicht lange an. Die Gründe hierfür sieht der Vater darin, dass in der Schweiz die familiale Unterstützung nicht ausreichend vorhanden ist: „[E]er wurde dort natürlich auch intensiver betreut, weil er das einzige Kind war. [...] Und dort kann man dann natürlich gewisse Dinge, wenn man da zusammen arbeitet, kann man natürlich solche Dinge viel besser durchsetzen. [...] Ich meine, eine Gruppe von Erwachsenen, sage ich jetzt mal, die einfach auf das Kind einwirken" (F11: V:2/105). Der Sohn hat nach seiner Rückkehr weiterhin Kontakt zu SchülerInnen aus Georgien und zu seinen Verwandten. Er scheint sich in seiner alten Schule wieder einigermaßen eingelebt zu haben. Innerhalb seiner Klasse scheint er jedoch weiterhin keine richtigen Freunde zu haben und der Tatbestand seiner Schulunterbrechung hat bislang daran nichts ändern können. Für den Sohn bedeutet es viel, dass er nach einem Jahr wieder zu seinen Eltern zurückkehren kann: „Aha. Ja, das ist natürlich kein Vergleich, dort und hier. Aber ja, ich fand es einfach nett, dass sie... ja, mich einfach wieder aufgenommen haben. Ich bin zufrieden. Ich bin zufrieden" (F11: S: 495)

Abbildung 2: Trennungssituation B: Kind(er) werden ins Herkunftsland zurück geschickt

6. Ambivalenz von Trennungssituationen

Trennungssituationen von Eltern und Kindern in Migrationsfamilien sind das Resultat von familialen Krisen. In den vorliegenden Fallbeispielen haben ökonomische Krisen, emotionale Krisen, Bildungskrisen und Wertekrisen in der Familie dazu geführt, dass eine familiale Trennungssituation von Eltern und Kindern entstanden ist. Dabei hat sich gezeigt, dass die Bearbeitung einer familialen Krise auch das Auftreten weiterer Krisen zur Folge haben kann. So führt die ökonomische Krise bei Familie Carlos dazu, dass eine emotionale Krise in der Familie entsteht. Eine familiale Krise kann aber auch dazu führen, dass eine weitere, grundlegendere familiale Krise manifest wird. Dies ist bei Familie Levani der Fall, die familiale Bildungskrise wird hier umfassender als familiale Wertekrise angesehen. Die Bearbeitung der familialen Krisen ist eng verknüpft mit der Aufrechterhaltung der intergenerationalen Transmissionsprozesse. Für beide Familien konnte für die Umsetzung der intergenerationalen Transmission in der Trennungssituation jeweils die Aufrechterhaltung der Bildungsaspiration und die Wiederherstellung des familialen Zusammenseins als zentraler Wertorientierung herausgearbeitet werden. Während Familie Carlos und Familie Levani sich in der Aufrechterhaltung ihrer Bildungsaspiration ähnlich sind, zeigt sich ein Unterschied in Bezug auf die Widerherstellung des familialen Zusammenseins als zentraler Wertorientierung. Für Familie Carlos bedeutet die Widerherstellung des familialen Zusammenseins die Aufhebung der Trennung von Eltern und Kindern, für Familie Levani bedeutet es die Aufhebung der geographischen Trennung von den Großeltern und anderen Familienangehörigen. Die unterschiedliche Bedeutung, die familiales Zusammensein für die Familien hat, führt zu einer unterschiedlichen Beurteilung der Trennung von Eltern und Kindern in Migrationsfamilien. Zusammensein bedeutet für Familie Carlos das Zusammensein von Eltern und Kindern, daher wird die Trennung für sie zur Belastung. Bei Familie Levani hingegen bedeutet familiales Zusammensein auch, mit den Familienmitgliedern in Georgien zusammen zu sein, die Trennung der Eltern von ihrem Sohn wird daher hier nicht zur Belastung.

Die Beurteilung ist aber nicht nur von der Bedeutung des familialen Zusammenseins, also von kulturellen Werten und Orientierungen abhängig, sie ist auch davon abhängig, inwieweit durch die Trennungssituation intergenerationale Transmissionsprozesse beeinträchtigt und belastet werden. Bei Familie Carlos wird die Trennungssituation selbst zur Belastung, da dadurch die Transmission des familiale Zusammenhalts als zentraler Wertorientierung gefährdet wird. Die hierdurch entstehende familiale Krise wird durch die Wiederherstellung des familialen Zusammenseins gelöst. Für Familie Levani führt die Trennungssituation von Eltern und Kindern jedoch nicht zu einer schwerwiegenden emotionalen Belastung der Familie. Auch der Sohn ist damit einverstanden: „Ja, nein, ich habe eigentlich... also ein halbes Jahr wollte ich ganz sicher schon mal ausprobieren, wie es dort so läuft. Und weil es mir gefallen hat, bin ich dann nochmals ein halbes Jahr geblieben. Also es war zwar nicht so einfach. Aber ja, einfach so in dem Stil, ja" (F11:S 46-49). Die emotionale Belastung geht der Trennung vielmehr voraus, sie entsteht durch die Gefährdung der intergenerationalen Transmission der Bildungsaspiration. Die Wiederherstellung des familialen Zusammenseins als zentraler Wertorientierung erfolgt bei Familie Levani durch die Migration des Sohnes zur Familie der Mutter. Die Aufhebung der Trennungssituation bezieht sich hier also nicht auf die Aufhebung der Trennung von Eltern und Kindern – gerade diese wird ja erst neu hergestellt – vielmehr wird die Trennung des Enkels von der restlichen Familie der Mutter im Herkunftsland aufgehoben, die durch die Migration der Mutter in die Schweiz entstanden ist. Die Eltern hoffen, dass auch mit dieser partiellen Aufhebung der familialen Trennungssituation die Gefährdung der intergenerativen Transmission verhindert werden kann. Trennungssituationen von Eltern und Kindern haben also eine ambivalente Bedeutung für intergenerationale Transmissionsprozesse: Sie können einerseits zu einer Gefährdung der Transmission führen, andererseits können sie zur Bearbeitung einer Gefährdung der Transmission vollzogen werden.

7. Fazit und Schlussfolgerungen

Der vorliegende Beitrag hat sich mit der Bedeutung der Trennung von Eltern und Kindern in Migrationsfamilien für intergenerationale Transmissionsprozesse beschäftigt. Es konnte aufgezeigt werden, dass Trennungssituationen von Eltern und Kindern einen Einfluss auf intergenerationale Transmissionsprozesse haben. Dem familialen Migrationsprozess, in dem geographische Trennungen von Eltern und Kindern entstehen, kommt dabei eine entscheidende Bedeutung zu, der bislang jedoch kaum untersucht worden sind. Eine familiale, geographische Trennung entsteht dann, wenn Teile einer Familie migrieren, dies geschieht vielfach vor dem Hintergrund familialer Krisen. Migration kann daher als eine Handlungsstrategie von Familien im Umgang mit familialen Krisen betrachtet werden. Familiale Trennungssituationen werden von den Familienmitgliedern auf unterschiedliche Weise beurteilt. In diesem Zusammenhang wurde deutlich, dass durch die Bearbeitung einer familialen Krise neue familiale Krisen entstehen können. Bei den beiden hier exemplarisch vorgestellten Fällen entstehen neue familiale Belastungen aufgrund der Trennung. Die vorliegenden Ergebnisse zeigen jedoch, dass die Beurteilung von Trennungssituationen immer auch davon abhängig ist, welche intergenerativen Transmissionsprozesse in einer Familie umgesetzt werden sollen. Hier entscheidet es sich dann, ob eine Trennungssituation von Eltern und Kindern als Belastung empfunden wird oder ob sie einen Beitrag zur Lösung einer familialen Krise leistet. So ist die Trennungssituation für die Kinder von Familie Carlos beispielsweise nur so lange eine Belastung, bis sie sich sicher sein können, dass ihre Eltern sie zu sich in die Schweiz holen. In Bezug auf intergenerationale Transmissionsprozesse sind Trennungssituationen von Eltern und Kindern daher als ambivalent zu beurteilen.

Insgesamt hat sich gezeigt, dass die Untersuchung intergenerationaler Transmissionsprozesse einen wichtigen Beitrag zur Identifizierung von Orientierungen und Handlungsstrategien von Migrationsfamilien leistet. Denn mit dem Konzept der intergenerationaler Transmissionsprozesse werden nicht nur die zur Verfügung stehenden Ressourcen von Migrationsfamilien in den Blick genommen, sondern auch die Verwendung dieser Ressourcen im Hinblick auf die Umsetzung familialer Zielsetzungen innerhalb eines intergenerationalen Zusammenhangs. Der vorliegende Beitrag macht zugleich deutlich, dass mit Hilfe des Zugangs über die Bearbeitung familialer Krisen wichtige Erkenntnisse über intergenerationale Transmissionsprozesse gewonnen werden können.

Literatur

Apitzsch, U. (1999a). Traditionsbildung im Zusammenhang gesellschaftlicher Migrations- und Umbruchprozesse. In U. Apitzsch (Ed.), Migration und Traditionsbildung (pp. 7-20). Wiesbaden: Westdeutscher Verlag.
Apitzsch, U. (Ed.). (1999b). Migration und Traditionsbildung. Wiesbaden: Westdeutscher Verlag.
BFM/ZAR. (2013). Familienbedingte Immigration, 2000-2012. Retrieved 30.04.2013, from BFS: http://www.bfs.admin.ch/bfs/portal/de/index/themen/01/04/blank/01/02/03.html
Dreby, J. (2010). Divided by borders. Mexican migrants and their children. Berkeley/Los Angeles/London: University of California Press.
Geisen, T., & Jurt, L. (2013). Wie Eltern sich entscheiden, auch ihre Kinder in die neue Heimat zu holen. Windisch: Fachhochschule Nordwestschweiz.
Geisen, T., & Riegel, C. (Eds.). (2007). Jugend, Partizipation und Migration. Wiesbaden: VS Verlag.
Geisen, T., Studer, T., & Yildiz, E. (Eds.). (2014). Migration, Familie und Gesellschaft. Beiträge zu Theorie, Kultur und Politik. Wiesbaden: Springer VS.

Geisen, T., Studer, T., & Yildiz, E. (Eds.). (2013). Migration, Familie und soziale Lage. Beiträge zu Bildung, Gende und Care. Wiesbaden: Springer VS.

Goulbourne, H., Reynolds, T., Solomos, J., & Zontini, E. (2010). Transnational Families. Ethnicities, identities and social capital. London/New York: Routledge.

Inowlocki, L. (1999). Wenn Tradition auf einmal mehr bedeutet: Einige Beobachtungen zu biographischen Prozessen der Auseinandersetzung mit Religion. In U. Apitzsch (Ed.), Migration und Traditionsbildung (pp. 76-90). Wiesbaden: Westdeutscher Verlag.

Juhasz, A., & Mey, E. (2003). Die zweite Generation: Etablierte oder Außenseiter? Opladen: Leske + Budrich.

Lutz, H. (1999). „Meine Töchter werden es schon schaffen" – ImmigrantInnen und ihre Töchter in den Niederlande. In U. Apitzsch (Ed.), Migration und Traditionsbildung (pp. 165-185). Wiesbaden: Westdeutscher Verlag.

Nauck, B. (2001). Social Capital, Intergenerational Transmission and Intercultural Contac in Immigrant Families. Journal of Comparative Family Studies, Volume XXXII, Special Issue (Number 4, Autumn), 465-488.

Parreñas, R. (2005). Children of Global Migration: Transnational Families and Gendered Woes. Standford: University Press.

Phalet, K., & Schönpflug, U. (2001). Intergenerational Transmission in Turkish Immigrant Families: Parental Collectivism, Achievement Values and Gender Differences. Journal of Comparative Family Studies, Volume XXXII, Special Issue(Number 4, Autumn), 489-504.

Riegel, C. (2004). Im Kampf um Zugehörigkeit und Anerkennung. Frankfurt am Main: IKO Verlag.

Riegel, C., & Geisen, T. (Eds.). (2007). Jugend, Zugehörigkeit und Migration. Subjektpositionierung im Kontext von Jugendkultur, Ethnizitäts- und Geschlechterkonstruktionen. Wiesbaden: VS Verlag.

Stecher, L., & Zinnecker, J. (2007). Kulturelle Transferbeziehungen. In J. Ecarius (Ed.), Handbuch Familie (pp. 389-405). Wiesbaden: VS Verlag.

Steinbach, A., & Nauck, B. (2005). Intergenerationale Transmission in Migrantenfamilien. In U. Fuhrer & H.-H. Uslucan (Eds.), Familie, Akkulturation und Erziehung (pp. 111-125). Stuttgart: W. Kohlhammer.

Wimmer, A., & Glick Schiller, N. (2002). Methodological nationalism and beyond: nation-state building, migration and the social sciences. Global Networks, 2(4), 201-334.

Zoll, K. (2007). Stabile Gemeinschaften. Transnationale Familien in der Weltgesellschaft. Bielefeld: transcript Verlag.

Zontini, E. (2010). Transnational Families, Migration and Gender. Moroccan and Filipino Women in Bologna and Barcelona. New York/Oxford: Berghahn Books.

"Sie wollten nur das Beste für uns!"

Anhang

Tabelle 1: Übersicht Herkunft der Familien und Anzahl geführte Interviews

Herkunftsland	Familien (N=19)	Vater (N=11)	Mutter (N=16)	Kind (N=22)
Brasilien	2	2	2	4
Ecuador	3	1	2	4
Elfenbeinküste	1	0	0	1
Georgien	1	1	1	1
Portugal	6	3	6	6
Sri Lanka	1	0	1	1
Thailand	1	1	1	1
Togo	1	1	1	1
Türkei	3	2	2	3

Tabelle 2: Übersicht Untersuchungssample

Familie	Nationalität	Alter der Kinder bei Trennung	Dauer der Trennung	Betreuungsarrangement	Rechtlicher Status Eltern
1	Portugal	4 Monate	5	Grossmutter m.	Saisonnier
2	Ecuador	7 (M) / 9 (V)*1) 6 (M) / 8 (V)	2 (M) / 4 (V)	Grossmutter m.	Sans-papier
3	Sri Lanka	8 Jahre	6	Grossmutter m.	Flüchtling
4	Venezuela	15 Jahre	2	Vater /Tochter	Sans-papier
5	Portugal	4 Jahre	6	Grossmutter m. Tante m. Tante v.	Saisonnier
6	Elfenbeinküste	8	5	Tante	
7	Türkei	17	6 Mt.	Onkel	
8	Brasilien	4	7	Grossmutter m.	
9	Türkei	8 (V) / 9 (M)	1 / 2	Grossmutter v.	
10	Thailand	10	5	Grossmutter m.	Schweizer
11	Georgien	11	1	Grossvater m. Tante m.	Schweizer
12	Togo	17	2	Nichtverwandte P.	

Familie	Nationalität	Alter der Kinder bei Trennung	Dauer der Trennung	Betreuungsarrangement	Rechtlicher Status Eltern
13	Türkei	(unregel. Gefängnisaufenthalte) 7	(Trennung im Land) 2	Pflegeeltern (bis 6) Grossmutter m	Flüchtlinge
14	Portugal	7	4	Grossmutter m.	C
15	Ecuador	4	1	Grossmutter m.	Sans-papier
16	Brasilien	6 / 13	1	Grossmutter m.	
17	Portugal	6	1 (V) /6 Mt. (M)	Grossmutter m.	C
18	Portugal	2	4.5	Grossmutter m.	C
19	Brasilien	2	3	Stiefgrossmutter m	Sans-papier / Heirat

*(M) = Mutter, (V) = Vater, m = mütterlicherseits, v = väterlicherseits, C = Niederlassungsbewilligung
1) Leseart: 7 (M) / 9 (V)= Kind war bei der migrationsbedingten Trennung von der Mutter 7-jährig, bei der Trennung vom Vater 9-jährig.

III
Familienbeziehungen und Kommunikation: Brüche und Kontinuitäten zwischen den Generationen

Transmission und Wandel in mehrgenerationalen Migrationsfamilien

Ursula Apitzsch

1. Einleitung

1.1 Die Problemstellung

Der Migrationsdiskurs unseres politischen Alltags ist dadurch gekennzeichnet, dass es sich dabei meist um die Reproduktion und unzulässige Verallgemeinerung irgendwo gehörter wissenschaftlicher Ergebnisse handelt. Ganz besonders wirkungsmächtig waren für die Migrationsthematik die von der OECD durchgeführten sogenannten „PISA"-Studien des vergangenen Jahrzehnts und die in ihnen enthaltenen Schulerfolgsvergleiche von Jugendlichen mit und ohne „Migrationshintergrund". Die Ergebnisse waren sozialkritisch gemeint, besonders was die Situation in der Bundesrepublik betrifft, in der Schulerfolg wie nirgends sonst von der Herkunftsfamilie abhängt. Zugleich aber führten die Ergebnisse dazu, dass man sich fragte: Wieso gibt es immer noch diese großen Unterschiede, wenn es sich doch um Immigrantengruppen handelt, die zum Teil seit mehreren Generationen in Deutschland sind? Sollten sie nicht längst alle zu Deutschen geworden sein? Bei dieser Frage, von Angehörigen der Mehrheitsgesellschaft immer wieder verhohlen oder unverhohlen geäußert, wird eine sehr voraussetzungsvolle Annahme gemacht, nämlich dass der Prozess der Integration in eine Gesellschaft sich als ein Prozess der Angleichung, der Assimilation der Minderheit an die Mehrheit ereignet und dass dieser Prozess über Generationen hinweg gleichsinnig verläuft. Interessanterweise ist diese Alltagsannahme ihrerseits –ohne dass das bewusst wäre- auch wieder durch eine lange tradierte wissenschaftliche Meinung gestützt. Es handelt sich dabei um das schon in den 20er Jahren in den USA entwickelte Theorem vom „Three Generations Assimilation Cyclus",[1] das von führenden Migrationsforschern auch in Deutschland bei jeder neuen Einwanderungsdebatte wieder aufgegriffen und variiert wurde. Das Theorem besagt, dass die erste Generation große Anpassungsschwierigkeiten im Ankunftsland hat

---

1 Zur Definition vgl. z.B. Glatzer et al. (2004, S.17), Gerner (2007, S.228).

und sich daher an den Werten und Normen der eigenen ethnischen Gruppe orientiert; dass die zweite Generation zwischen den Kulturen steht und nach und nach Werte der Ankunftsgesellschaft übernimmt, während die dritte Generation bereits vollständig in der Ankunftsgesellschaft aufgegangen und sich der nationalen Herkunft der Eltern- und Großelterngenerationen kaum noch bewusst ist. Was nun, wenn italienische, marokkanische oder türkische Jugendliche diesem Modell nicht entsprechen und noch immer Schulschwierigkeiten haben nach 40 oder mehr Jahren Migrationsgeschichte ihrer Familie? Ist da nicht doch der eine oder andere Lehrer oder Vorgesetzte dazu verführt, Erklärungsmodelle bei Populisten wie Thilo Sarrazin zu suchen und den verschiedenen „Kulturkreisen" verschiedene Fähigkeiten zuzuschreiben?

Die Alternative zu einem ethnisierenden oder manchmal sogar rassistischen Denken ist die Anstrengung, neue Verlaufsmodelle für gesellschaftliche Prozesse zu finden, die offen sind für Überraschungen, für unerwartete Ergebnisse der empirischen Forschung, Ergebnisse, die angebliche Gewissheiten völlig in Frage stellen. In meinem Beitrag geht es mir nun gerade darum, *unerwartete* Ergebnisse der Migrationsforschung vorzustellen. Dies gelingt zum Beispiel mit der Methode der Biographieforschung, in der es möglich ist, nicht nur die Vorannahmen der ForscherInnen zu bestätigen oder zu falsifizieren, sondern neue und reichere Hypothesen zu entwickeln, die sich auch aus den komplexen Selbstdeutungen der handelnden Subjekte zu verschiedenen Zeitpunkten ihres Lebens speisen.

Im Mittelpunkt der Forschung, über die ich berichten und diskutieren will, stand die Frage der komplizierten Familientransmission der Werte, Rollen und Normen zwischen den Generationen und zwischen den Geschlechtern in einer Einwanderungsgesellschaft. Im Rahmen dieser Studie wurden anhand biographisch-narrativer Interviews mit den Mitgliedern dreier Generationen nach Deutschland eingewanderter Familien aus Südeuropa, der Türkei und Nordafrika insbesondere der Wandel der Geschlechterbeziehungen und Geschlechternormen sowie die Besonderheiten transnationaler Familienkooperationsnetzwerke untersucht. Es stellt sich die Frage, wie die Migrationsfamilie sich im Verlaufe des Migrationsprozesses selbst verändert im Übergang zwischen verschiedenen sozialen und kulturellen Systemen und welche transnationalen Kooperationsformen über die Generationen hinweg tradiert oder neu gebildet werden. Insbesondere ging es uns darum, ob patriarchale Autoritätsstrukturen erhalten oder durch neue, eher egalitäre Kooperationsformen ersetzt werden.[2] Der Wandel der Familienkoope-

---

2 „Familien-Orientierungen und Gender-Differenzen in mehrgenerationalen transnationalen Migrationsprozessen", gefördert durch das Hessische Ministerium für Wissenschaft und Kunst im Forschungsschwerpunkt „Dimensionen der Kategorie Geschlecht – Frauen- und

ration und der Geschlechterordnung in familiären Netzwerken in transnationalen Räumen wurde bislang vor allem für Asien und Lateinamerika, aber für Europa kaum untersucht. Transnationale Familienkooperationsnetzwerke stellen deshalb ein wichtiges Forschungsfeld für die Untersuchung des Wandels der Geschlechterverhältnisse und intimer Beziehungen dar (Apitzsch 2009a, S. 133). Offen ist dabei die Frage, ob das Fehlen europäischer Studien mit unterschiedlichen, individualisierten Familien- und Gendernormen in Europa zu erklären ist, die der Entstehung transnationaler Aushandlungsprozesse von Familienentscheidungen (zum Beispiel über Strategien sozialer Aufwärtsmobilität) entgegenstehen, oder ob im Gegenteil in Europa neue, bislang übersehene Formen der transnationalen Familienkooperation entstanden sind.

Es sind zwei Phänomene, denen ich mich in diesem Beitrag besonders zuwenden möchte:

- Erstens dem Phänomen der geschlechtsspezifischen Differenzen bei den Nachkommen von Gastarbeiterfamilien in Deutschland und
- zweitens dem Phänomen scheinbarer Re-Traditionalisierung junger Frauen in der dritten Generation durch Transnationalisierung der Lebensweise und mögliche Heirat mit Partnern aus dem Herkunftsland der Großeltern.

1.2 Die Methode – warum Biographieforschung?

Die Originalität und Produktivität des sozialen Konstrukts Biographie liegt darin, dass es sich weder um eine bloße authentische Darstellung subjektiver Binnenperspektiven, noch um eine bloße Reproduktion gesellschaftlicher Strukturen handelt. Der in den Sozialwissenschaften um qualitative Methoden –insbesondere um die Biographieforschung– entfachte Streit besteht nun genau darin, zu bestimmen, wo jene generativen Strukturen zu verorten sind, die weder vollständig dem Subjekt, noch vollständig der das Subjekt prozessierenden institutionellen Wirklichkeit angehören.

Kritik an den Analysemethoden der in der biographischen Migrationsforschung erhobenen Daten wurde vielfach geübt. Ein Einwand, der immer wieder vorgetragen wurde, ist der der „biographischen Illusion", d. h. der Vorwurf, als BiographieforscherIn narrativen Artefakten aufzusitzen. Bevor Bourdieu 1990 seinen bekannten Aufsatz über die „biographische Illusion" in deutscher Sprache veröffentlichte, hatte längst Heinz Bude (1985) den/die SozialforscherIn als „NarrationsanimateurIn" zu entlarven versucht. In allen Fällen war der Kern der

Geschlechterforschung in Hessen". Projektleitung: Ursula Apitzsch, Projektmitarbeiterin: Anil Al-Rebholz (vgl. www.migrantgenerations.org).

Argumentation, dass Individuen sich in Strukturen bewegen, deren sie sich selbst keineswegs immer bewusst sind und daß insofern das Zustandekommen biographischer Erzählungen in der Sozialforschung lediglich dem komplizenhaften Interesse von ErzählerInnen und ZuhörerInnen an einer „"guten Geschichte" geschuldet sei, der keineswegs eine biographische Realität zugeordnet werden könne. „Den Versuch zu unternehmen, ein Leben als eine einzigartige und für sich selbst ausreichende Abfolge aufeinander folgender Ereignisse zu begreifen ..., ist beinahe so absurd", schrieb Bourdieu (1990, S. 80), „wie zu versuchen, eine Metro-Strecke zu erklären, ohne das Streckennetz in Rechnung zu stellen". Bourdieu freilich korrigierte sich forschungspraktisch und forschungslogisch später selbst, als er und seine MitautorInnen in dem Werk „La Misère du Monde" weitestgehend biographisches Material zum Ausgangspunkt der soziologischen Analysen machten. Man könnte Bourdieus Wende – in Anknüpfung an die Metro-Metapher – etwa so umschreiben, dass der Versuch, subjektive Bewältigungsstrategien prekärer Lebenslagen ohne die Rekonstruktion biographischer Verstrickungen in soziale Problemfelder begreifen zu wollen, etwa so absurd ist wie der Versuch, aus dem Streckenplan der U-Bahn allein erklären zu wollen, dass eine Person oder eine Gruppe an einer bestimmten Haltestelle den Zug verlässt.

Ziel der Kritik an der Biographieforschung ist dabei häufig Fritz Schützes Theorie der Narration (so z. B. bei Welzer 2000), wie Schütze sie in Texten der 70er und 80er Jahre (Schütze 1977; 1980) vorgetragen hatte. Zu dieser Frage ist inzwischen in der Biographieforschung so viel Bedenkenswertes gesagt worden, dass man damit ganze Bände füllen könnte. Insbesondere Schützes These von der „Homologie" zwischen dem Erzählstrom gegenwärtigen Stegreiferzählens und dem „lebensgeschichtlichen Erfahrungsstrom" (Schütze 1984, S. 78) hat immer wieder Kritik auf sich gezogen. Sie wird aber zumeist mißverstanden, nämlich fälschlicherweise im Sinne einer einfachen Wiederspiegelung von „life course" im „life record" gedeutet. Zentral erscheint mir dabei der Gesichtspunkt zu sein, dass die Frage chronologischen Erinnerns sicherlich von kriminologischem und forensischem, nicht jedoch von soziologischem Interesse sein kann. Dies hat schon Habermas 1967 in seiner Schrift über „Die Logik der Sozialwissenschaften" sehr deutlich gemacht. „Narrative Aussagen sind allgemein dadurch charakterisiert, daß sie sich auf mindestens zwei Ereignisse mit verschiedenem Zeitindex beziehen, wobei das frühere dieser Ereignisse Thema der Beschreibung ist. Narrative Aussagen beschreiben ein Ereignis mithilfe von Kategorien, unter denen es nicht hätte beobachtet werden können. ... Der ideale Chronist ist außerstande, intentionale Handlungen zu beschreiben, denn das würde die Antizipation von Ereignissen jenseits des Zeitpunktes der Beobachtung voraussetzen. ... Der Chronist kann keine einzige Geschichte erzählen, weil sich Relationen zwischen Ereignissen mit verschiedenem Zeitindex seiner Beobachtung entziehen: er kann Anfang, Krise und Ende seines Handlungszusammenhangs nicht sehen, weil ein Gesichtspunkt möglicher Interpretation fehlt." (Habermas 1967, S.161ff.)

Wenn also Habermas den soziologischen Gehalt narrativer Erzählungen als den „Gesichtspunkt möglicher Interpretation" definiert, ist er damit von einem „opportunistischen" Konstruktivismus weit entfernt. Die für die Konstitution sozialen Sinns unabdingbare Perspektivität gegenüber historischem Geschehen definiert sich nämlich nicht nur aus dem – möglicherweise opportunistischen – Interesse der interagierenden Personen in der Gegenwart, sondern auch aus dem, was sich in der Gegenwart aus den objektiv möglichen neuen Lesarten der Vergangenheit erschließt. Die Analyse biographischer Prozesse kann sich nicht auf die Analyse der Gegenwartsperspektive biographischer Kommunikation beschränken. „Zwar gilt, dass vergangene Ereignisverkettungen der Biographieforschung immer nur als gegenwärtig produzierte biographische ‚Texte' vorliegen, dennoch haben aber die in diesen Texten geschilderten Prozesse und die Art und Weise, wie die Person in sie involviert ist, dazu beigetragen, dass dieser biographische Text heute so und nicht anders ausfällt." (Wohlrab-Sahr 2002, S.12). Ich vertrete daher die These, daß in gelungenen Fallrekonstruktionen generative Strukturen menschlicher Handlungen auch in unterschiedlichen Kommunikationssituationen erkennbar werden. Sie sind weder vollständig durch die jeweiligen Kontextbedingungen der Interviewsituation determiniert, noch gehen Transformationspotentiale von Individuen und Gruppen vollständig in strukturfunktionalen Systemzusammenhängen auf. Damit ergibt sich zugleich die Frage einer autonomen Dimension subjektiver Strukturen, die das Subjekt ihrerseits nicht determinieren, sondern die ihm in jeder Handlungssequenz eine je konkrete Handlungsoption aufgrund objektiv gegebener und intersubjektiv kommunizierter Möglichkeiten erlauben. Gabriele Rosenthal hat den sehr plausiblen Versuch unternommen, die phänomenologische und die strukturalistische Tradition (insbesondere Oevermanns) im Anschluss an die gestalttheoretische Wissenssoziologie Aaron Gurwitschs miteinander zu verbinden (Rosenthal 1995). Es geht darum, den „latent wirkenden Steuerungsmechanismus" einer biographischen Gestaltbildung zunächst durch die Rekonstruktion der Wissens- und Relevanzsysteme der Subjekte aufgrund der Einordnung von Erlebnissen in thematische Felder zu entdecken und diesen hypothetisch definierten „Steuerungsmechanismus" dann in der sequentiellen Feinanalyse nach den Regeln der strukturalen Hermeneutik zu verifizieren oder zu falsifizieren. Diese Analyse geschieht „nicht in der Absicht, den subjektiv gemeinten Sinn zu rekonstruieren. Rekonstruiert werden soll vielmehr die sich im Akt der Zuwendung darbietende Gesamtgestalt der Biographie, die interaktiv konstituierte Bedeutung der Erfahrungen und Handlungen der Subjekte, die sich zum Teil ihren Intentionen entzieht. Wir wollen also nicht nur analysieren, wie die Biographen die soziale Welt erleben, sondern ebenso, wie die soziale Welt ihr Erleben konstituiert." (Rosenthal 1995, S. 218)

In diesem Sinne geht es mir darum, den alltäglichen Migrationsdiskurs, der häufig aus banalisierter pseudowissenschaftlicher Sichtweise besteht, damit zu konfrontieren, was im biographisch gestalteten Migrationsgeschehen wie erzählt werden kann.

2. Geschlechtsspezifische Differenzen bei den Nachkommen von GastarbeiterInnenfamilien in Deutschland

Die Migrationsfamilie steht seit vielen Jahren in der Kritik einer an den Belangen der Ankunftsgesellschaft interessierten Forschung und Politik in Europa. Häufig wird dabei die Migrationsfamilie als Hort der Tradition im Sinne eines Hindernisses für die Integration, insbesondere der zweiten Generation, im neuen sozialen Kontext markiert; Sprache, Werte und Erziehungsstile der Einwandererfamilie werden als Integrationshindernisse ausgemacht. Der Hinweise auf den „Migrationshintergrund" gilt als zureichende Erklärung für Defizite von Jugendlichen.

Dieser weit verbreiteten Annahme muss jedoch eine weitaus komplexere Deutung des Einwanderungsgeschehens entgegen gesetzt werden.

An diesem Punkt erscheint es zunächst sinnvoll, einen Blick auf die von der aufnehmenden Bevölkerung unterschiedene besondere biographische Anstrengung der Einwanderer zu werfen.[3] Die Suche nach „Zugehörigkeit" in der neuen Gesellschaft ist verbunden mit biographischer Arbeit, die sich auf die Rekonstruktion eines symbolischen Raumes selbstverständlicher Zugehörigkeit bezieht, auf deren Hintergrund erst die Möglichkeit entsteht, als MigrantIn den eigenen Platz in der neuen Gesellschaft zu bestimmen. Es erscheint hier als außerordentlich hilfreich, an den berühmten Aufsatz von Alfred Schütz (1972) „Der Fremde" zu erinnern. Der als Fremder in der Einwanderungsgesellschaft Ankommende erleidet, selbst wenn er viel über das Einwanderungsland weiß, eine Krisis, weil er das Alltagswissen, das „Denken-wie-üblich" der neuen Sozietät nicht teilt und daher das eigene bislang selbstverständliche Alltagswissen nicht mehr selbstverständlich und ungefragt nutzen kann. Die Ankunftsgesellschaft jedoch, die den Fremden über

---

[3] Vgl. Dazu auch den schönen einleitenden Übersichtsartikel „Der Blick der Forschung auf Jugendliche mit Migrationshintergrund" von Thomas Geisen (in: Riegel & Geisen 2007, S.7-59).

die Zuordnung zu einem bestimmten Typus als Fremden ausgrenzt und zugleich etikettiert, gibt ihm oft gar nicht die Chance, die Krise produktiv zu bewältigen, indem das bisherige Alltagswissen mit Hilfe neuer Elemente und Perspektiven transformiert und in eine neue Routine überführt wird. Gerade die soziale Interaktion zwischen den „Etablierten" und den „Neuankommenden" kann eine neue Fremdheit produzieren, die als zugeschriebene Nähe (im Sinne eines ethnisierenden Wissens) möglicherweise vom „Fremden" selbst akzeptiert wird. Eine Lektüre des Schütz'schen Textes macht deutlich, dass die faktische Enteignung des „Fremden" in Bezug auf seine eigenen kulturellen Ressourcen des Alltagswissens nicht durch die räumliche Entfernung vom Herkunftskontext sich vollzieht, sondern paradoxerweise gerade im Versuch der Rekonstruktion und Aneignung einer geteilten sinnhaften sozialen Welt in der Interaktion zwischen Minderheiten und der Mehrheitsgesellschaft. Das Verhältnis zwischen den „Fremden" und der Mehrheitsgesellschaft stellt sich „mit einer Art ‚Spiegel'- Effekt" (Schütz 1972, S. 61) für beide Gruppen in der Form von „fix-fertigen Typologien" (ebd.) dar, die für die soziale Interaktionssituation nicht taugen, weil sie nicht im Rahmen des „Denkens-wie-üblich" als Bedingung der sozialen Interaktion funktionieren. Während die alten Auslegungsschemata entwertet werden, können sich neue nicht bilden, weil sie „durch die Antworten der Mitglieder der fremden Gruppe weder verifiziert noch falsifiziert werden" (ebd.)

Diese Problematik wird mit der nächsten Generation nicht aufgelöst, sondern kann sich sogar noch steigern. Die großen Migrationsbewegungen des 20. und 21. Jahrhunderts aufgrund politischer und ökonomischer Notsituationen haben die „Notwendigkeit des steten Tradierens der akkumulierten Kulturgüter" (Mannheim 1964, S.530ff.) aller scheinbaren Selbstverständlichkeit entkleidet. Nicht nur die verschiedenen Ausgrenzungsprozesse und die damit für Individuen und Gruppen verbundenen Zwänge, soziale und geografische Orte zu wechseln, sondern auch der darin sich vollziehende kontinuierliche Generationswechsel lässt es fraglich erscheinen, wie Kultur in ihrer Doppelbedeutung als selbstverständlicher „Fonds des Lebens" einerseits und als „neuartiger Zugang" der neuen Generationen zum akkumulierten Traditionsbestand andererseits (ebd.) fortgebildet werden kann. Tradition ist in modernen Migrationsgesellschaften nur in der Gestalt von Traditionsfortbildung, Traditionsneubildung und kultureller Reflexivität denkbar, wenn sich auch eine Interaktion zwischen den unbefragten Selbstverständlichkeiten des „Fremden" und des „Einheimischen" ereignen kann, die sich empirisch überprüfen lässt (vgl. Apitzsch 1999, S.8ff.; Gerner 2007, S.228).

Dabei muss berücksichtigt werden, dass Familien in ihren Interaktionen in solche Strukturen einbezogen sind und dass sich ihre einzelnen Mitglieder in ihrem jeweiligen Generationsverständnis sowohl untereinander, als auch intergenerationell sowie geschlechtsspezifisch positionieren müssen (Inowlocki 1993). Gerade die geschlechtsspezifischen Transmissions- und Wandlungsprozesse waren dabei für unsere Forschung von besonderer Bedeutung.

Frauen haben sich in den Migrationsprozessen aus peripheren Regionen in die industriellen Zentren neben dem Bereich der Familie auch den der Berufswelt erobert. Dagegen erfuhren die beruflichen Fähigkeiten der männlichen Migranten fast immer eine Abwertung. Kinder erlebten häufig, dass ihre Väter durch Krankheit oder Änderungen in der industriellen Struktur arbeitslos wurden und damit die Grundlage ihrer Anerkennung verloren. Die männlichen Jugendlichen der zweiten Generation, die traditionellerweise von Pflichten und Verantwortung für die Familienarbeit freigesetzt sind und denen von vornherein ein großer Freiraum außerhalb von Schule und Beruf eingeräumt wird, können diesen Freiraum unter den Bedingungen einer marginalen gesellschaftlichen Position in der Immigration meist nur in der Weise nutzen, dass sie sich in der Peer Group als Außenseiter profilieren, wohingegen bei weiblichen Jugendlichen typischerweise eine familienorientierte Prägung der Jugendphase vorliegt. Familienorientierung bedeutet jedoch keineswegs eine letztlich traditionsverhaftete Jugendphase bei weiblichen Angehörigen der zweiten Generation. Es kommt vielmehr zu einer „Dialektik der Familienorientierung", in der der reflexive Umgang mit der eigenen Familie erhebliche biografische Transformationspotenziale freisetzt. Dabei zeigt sich, dass die Familienorientierung „ausländischer" Mädchen im Verlaufe des Migrationsprozesses sich häufig in eine verstärkte individuelle Bildungsorientierung verwandelt, wenn zwar am Wunsch einer erfolgreichen Migration festgehalten wird, aber das Kriterium des Erfolges sich allmählich von der (ursprünglich von den Eltern verfolgten) erfolgreichen Rückkehr in die Heimatregion auf die erfolgreiche Bildungs- und Berufsperspektive im Aufnahmeland verlagert. Dieser Transformationsprozess wird dadurch unterstützt, dass der Erfolg zu einem Machtgewinn auch innerhalb der Herkunftsfamilie führt. Die Mütter stemmen sich zumeist nicht gegen den alternativen Lebensentwurf ihrer Töchter, sondern sehen hier vielmehr Optionen verwirklicht, die sie selbst nicht realisieren konnten, aber gern realisiert hätten. Der Bildungserfolg der Töchter wird somit zu einem Mittel, die eigene Lebensplanung autonom verfolgen zu können. Türkische Frauen weisen darauf hin, dass ihre Bildungskarriere ihnen nicht nur die väterliche Anerkennung sichert, sondern auch einen größeren Entscheidungsspielraum hinsichtlich der weiteren Lebensplanung (Nökel 2002, S.134).

Wir können aus vielen biographischen Forschungsergebnissen erschließen, dass typischerweise die Stellung der weiblichen Familienangehörigen in Migrationsprozessen der klassischen GastarbeiterInnenminoritäten strukturell gestärkt, die der männlichen Mitglieder jedoch geschwächt werden.

Die 17jährige Lucia fühlt sich ihrer aus Süditalien nach Deutschland eingewanderten und hier berufstätigen Mutter sehr verbunden und betont deren zentrale Rolle in der Familie, während die Fähigkeiten des Vaters, sich im Auswanderungsland zurecht zu finden, eher kritisch betrachtet werden. Hier ein Beispiel:

> „Sie hat sehr viele deutsche Freunde meine Mutter. Sie kann auch Deutsch.
> Das find ich geil.
> Wenn isch mit der rede -- isch kann
> nich so gut Italienisch und wenn
> ich mit der rede kann ich auch in Deutsch reden.
> Das Gegenteil von meinem Vater.
> Wir sind fünfzehn Jahre in Deutschland.
> Der kann kein Piep. ((rhythmisch))/
> Das haß isch. Der kann nix.
> Wenn Telefon klingelt – wir immer:
> »Du gehst nich ran. Wir gehn.«
> Weil – der kann nich redn.
> Der kann nich am Telefon redn.
> der versteht ja nix. Wie soll er mit jemand redn. ((echauffiert))"
> (Apitzsch 2009, S. 86).

Auf die Frage, ob die Eltern bei der Stellensuche geholfen haben, antwortet Lucia:

> „Klar. Meine Mutter. Sehr viel. Die
> hat – Zeitungannoce und so.
> Und wenn sie was gehört hat von eine Freundin gleich:
> »Schreib äh – Lebenslauf. Wir schicken das gleich weg.«
> Bilder gleich (...).
> Also die hat mir sehr viel geholfen..
> Meine Mutter is – wirklich prima"
> (Apitzsch 2009, S. 87).

Gerade die scheinbar traditionelle Care-Orientierung, die Fürsorglichkeit der Mutter, wird zu einem Vehikel des Aufstiegs der Tochter.

Im Folgenden möchte ich nun im Rahmen meines besonderen Arbeitsfeldes
– der Untersuchung von Autonomisierungs- und Aufstiegsprozessen von Migrantinnen in Aufnahmegesellschaften – die in der Gender-Forschung bereits vor zwanzig Jahren angestoßene Frage weiter verfolgen, wie es Frauen in familiären Generationsverhältnissen möglich ist, „gesellschaftliche Definitionsmacht anzustreben, um eigenständige Verhaltensmuster für Frauen als ‚normal' durchzusetzen, ... z. B. im Rahmen eines Diskurses über neue Formen des Verhältnisses von ‚Frauen und Macht'" (Rabe-Kleberg 1993, S. 43). So soll es nun darum gehen, „weibliche Handlungspotentiale, die, wie z. B. die pflichtgenerierte Fähigkeit, fürsorglich zu sein, Verantwortung für einen Hilfebedürftigen zu übernehmen, unter den Bedingungen von Ausgrenzung und Ausbeutung entstanden sind, trotz dieser Herkunft und jenseits ihrer Privatheit sichtbar zu machen, Verantwortlichkeit als soziale Fähigkeit sozusagen zu ‚veröffentlichen' und sie mit dem Ziel der Verallgemeinerung als geschlechtsunspezifische menschliche Fähigkeiten normativ positiv zu setzen" (ebd., S. 46).

Es geht mir darum, Verläufe zu rekonstruieren, die die Aufstiegsprozesse ermöglichen und zugleich vielleicht den Keim zu autonomen Definitionen von Macht in sich tragen. Offensichtlich ist es dabei unumgänglich, über die Auswirkungen der Differenz der Geschlechter im Hinblick auf ihre langfristige Positionierung im Bildungsprozess und im familiären Alltag weiter nachzudenken.

3. Das Phänomen scheinbarer Re-Traditionalisierung junger Frauen in der dritten Generation und die Wahl potentieller Heiratspartner aus dem Herkunftsland der Großeltern

Wie vereinbart sich der Aufstieg und familieninterne Machtgewinn der weiblichen Familienmitglieder durch Bildungsorientierung und Berufskarriere mit der Perspektive der zukünftigen Gründung einer eigenen Familie? Während junge Männer der zweiten und dritten Generation in der Regel die Rolle des traditionellen Vaters und Familienernährers de-thematisieren, ohne diese jemals konflikthaft antizipiert oder verarbeitet zu haben, spielt die Vereinbarkeitsproblematik für junge Frauen, die sich für eine ambitionierte Berufstätigkeit entscheiden, immer eine zentrale Rolle *(vgl. auch King 2002, S. 131)*. In diesem Sinne würde ich auch statistische Ergebnisse der 2000er Jahre in Deutschland interpretieren, in denen sich zeigt, dass junge Frauen aus Migrationsfamilien öfter einen Hochschulzugang erwerben als junge Männer, aber seltener auch tatsächlich studieren. Das Zurückstecken der jungen Frauen ist wahrscheinlich nicht einem Zurückweichen vor traditionellen Familienentscheidungen und Rückkehrwünschen geschuldet, sondern dem sehr realistischen Abwägen von Berufschancen in der Ankunftsgesellschaft angesichts der Verantwortlichkeit, die sie gegenüber ihrer künftigen Familie übernehmen wollen. Es wird deutlich, dass junge Frauen aus Migrationsfamilien offenbar das Schicksal der Frauen der Mehrheitsgesellschaft teilen, dass sie zunächst aus der Übernahme von Verantwortung in der Familie und der Aufnahme eines Berufs heraus eine spürbare positive Veränderung ihrer Machtposition in der Gesellschaft erfahren. Relativ besser ist ihre Position jedenfalls für die Zeit eines verlängerten Bildungsmoratoriums der Adoleszenz geworden, die aber dann mit der Gründung einer eigenen Familie wieder verloren zu gehen droht, da die Vereinbarkeitsproblematik heute weniger denn je gelöst ist, die Krise aller gesellschaftlichen Reproduktionsarbeiten vielmehr eher zu- als abnimmt.

In biographischen Erzählungen betonten die jungen Frauen der dritten Generation übereinstimmend – ganz gleich, ob sie ein Kopftuch tragen oder nicht – dass sie niemals eine traditionelle Hausfrauenrolle akzeptieren würden. Es zeigt sich, dass junge Frauen aus Migrationsfamilien gegenüber ihren männlichen Altersgenossen auch nach dem Verlassen der Schule aufholen und relativ zahlreich die Universitäten und vor allem Fachhochschulen frequentieren, seit der Arbeitsmarkt realistische Chancen auf eine Anstellung, z. B. in der Schule oder in einem sozialen Beruf, bietet. Auffällig ist dabei jedoch weiterhin die Ambivalenz der Stellungnahmen, in denen der starke Autonomiewunsch auf der einen Seite, die herausgeschobene, aber doch antizipierte Frage einer möglichen Mutterschaft auf der anderen Seite zum Ausdruck kommt, die sich früher oder später auf die Herabstufung von Berufswünschen auswirken kann.

Wie können wir nun in diesem Kontext die erstaunliche und durchaus unerwartete Beobachtung deuten, dass heute beruflich gut gebildete und in der Aufnahmegesellschaft gut positionierte junge Frauen Heiratspartner aus dem Herkunftsland ihrer Großeltern suchen? Es handelt sich hier um ein durchaus auch quantitativ relevantes Phänomen der Migration. „Ehegatten aus Drittstaaten stellen unter den Neuzuwanderern in Deutschland eine bedeutende Gruppe dar. Seit Einführung des neuen Zuwanderungsgesetzes 2005 bis Ende des Jahres 2010 sind über 200.000 Frauen und Männer im Rahmen des Ehegattennachzuges nach Deutschland eingereist. Diese Gruppe ist aus gesellschaftspolitischer Perspektive von hoher Bedeutung, da davon auszugehen ist, dass die Mehrheit dauerhaft in Deutschland bleiben wird und dass der Ehegattennachzug auch künftig eine wesentliche Form der Zuwanderung darstellen wird."[4]

---

4   Bekanntmachung des Bundesamtes für Migration und Flüchtlinge BAMF vom 06.02.2012. Das BAMF wird 2013 hierzu eine quantitative Studie durchführen. Dazu gibt es eine bundes-

Ich komme damit zum zweiten Teil meiner Überlegungen, die sich auf aktuelle Forschungen aus dem laufenden Jahr beziehen.[5] Die laufende Studie untersucht das Phänomen, daß immer mehr junge Frauen (in Relation zu ihren männlichen Kohorten-Mitgliedern) aus muslimischen Migrantenfamilien „transnationale" Ehepartner selbst aktiv suchen. Auf diesem Wege kommen männliche Migranten aus der Türkei und Marokko nach Deutschland, um mit gut ausgebildeten Frauen der zweiten oder dritten Generation eine Familie zu gründen. 2011 sind aus der Türkei 1.279 Ehefrauen zu deutschen Männern im Familiennachzug zugereist, hingegen 2.179 Ehemänner zu deutschen Frauen.[6] Da es sich bei den deutschen Ehemännern und Ehefrauen im wesentlichen um naturalisierte ehemals türkische MigrantInnen handeln dürfte, wird aus der Statistik deutlich, dass der Zuzug von türkischen Männern zu Frauen mit gutem Aufenthaltsstatus inzwischen sogar überwiegt, nachdem der Anteil der männlichen Migranten in früheren Jahren niedriger gelegen hatte als der der Frauen. Das Forschungsprojekt will mit Hilfe narrativer Interviews den mehrdimensionalen und vielfältigen Charakter dieser männlichen Heiratsmigration erforschen. Das Sample besteht aus verheirateten Paaren, bei denen jeweils die Frau über einen gefestigten Aufenthalts- und Berufsstatus in Deutschland verfügt und einem durch Heirat zugewanderten männlichen Ehepartner, der sich mit den Anforderungen der beruflichen Integration und des zu verbessernden deutschen Spracherwerbs sowie einer neuen Familienrolle konfrontiert sieht. Ergänzend enthält das Sample auch Interviews mit jungen Frauen aus türkischen und marokkanischen Familien (Studentinnen und erfolgreiche Absolventinnen beruflicher Ausbildungen) zwischen 25 und 35 Jahren, die noch alleinstehend sind und sich über ihre Zukunft, insbesondere die mögliche Partnerwahl, Gedanken machen. Dies ergibt die Möglichkeit, zu erforschen, ob transnationale Heiraten mehr oder weniger zufällig „geschehen", oder ob sie von den jungen Frauen tatsächlich geplant werden. Es geht dabei um die Verhandlung der Machtdynamiken innerhalb der Familie, der

---

weite Untersuchung mit rund 2.000 standardisierten Interviews zur Gewinnung belastbarer Ergebnisse. Die Erkenntnisse der BAMF-Heiratsmigrationsstudie 2013 sollen vertiefende Informationen über eine Gruppe von MigrantInnen liefern, die in den kommenden Jahren das Integrationsgeschehen in Deutschland mitbestimmen wird. Durchgeführt wird die Studie von Dr. Anja Stichs, Dr Christian Babka von Gostomski und Tobias Büttner.

5 "Reversal of the Gender Order? Male Marriage Migration to Germany by North African and Turkish Men: Consequences for Family Life, Work and the Socialization of the Next Generation." Projekt am Cornelia Goethe Centrum der Universität Frankfurt, Förderung durch das HMWK, Projektleitung: Ursula Apitzsch; Projektmitarbeiterin: Anil Al-Rebholz; Doktorandinnen: Nergis Demirtas und Ariane Schleicher. Die biographischen Interviews werden sowohl im Ballungsraum des Rhein-Main-Gebietes als auch im ländlichen Raum um Fulda durchgeführt.

6 Siehe Bundesamt für Migration und Flüchtlinge (2013, S. 88).

Gender-Rollen sowie der veränderten Bilder von Männlichkeit und Weiblichkeit. Bislang waren Studien über Heiratsmigration fast ausschließlich auf die zuwandernden Frauen fokussiert, die oft als die „verkauften Bräute" in arrangierten Ehen betrachtet wurden. Männliche Heiratsmigration stand nicht im Fokus der Forschung. Diese Forschungslücke soll mit der laufenden Studie gefüllt werden. Die zu testende Forschungshypothese besagt, dass die Interviewpartnerinnen der zweiten und dritten Migrationsgeneration eine realistische Chance sehen, ihre Vorstellung von Ehe und Familie mit Kindern zu realisieren, während sie zugleich ihre Rolle als „breadwinner" der Familie festigen und von ihren Männern erwarten, auch Kinderbetreuung und Haushaltspflichten zu übernehmen, während diese Sprachkurse machen und auf die Arbeitserlaubnis und die adäquate Einmündung in den deutschen Arbeitsmarkt warten. Anhand der biografischen Interviews soll gezeigt werden, dass männliche Heiratsmigration als Ursache und Effekt sich ändernder Gender-Regimes in mehrgenerationalen Migrationsfamilien angesehen werden kann.

Dass gut ausgebildete junge Frauen der dritten Migrantengeneration in der Bundesrepublik sich aus eigenem Antrieb (zunehmend auch über das Internet) Lebenspartner aus dem Land ihrer Großeltern suchen, ist –wie erwähnt- ein in der wissenschaftlichen Literatur bislang kaum erforschtes Phänomen. Es gibt jedoch einige Studien, in denen das Thema zumindest erwähnt wird. Ayla Cankaya-Aydin (2007, S. 21) geht in ihrer Studie von der Schätzung aus, dass 50% der Frauen ihren Ehepartner aus der Türkei nach Deutschland holen. Jungen türkischen Frauen im heiratsfähigen Alter werden dabei durchaus andere Optionen für Heirat oder Partnerwahl zugeschrieben als ihren Eltern (vgl. Straßburger 2003, S. 27). Das Motiv „Liebe" wird dabei als dominant angesehen. Jedoch gehen die bislang zu türkischer Heiratsmigration vorliegenden Studien davon aus, dass das Einverständnis der Eltern mit einem Partner ein ebenso wichtiges Kriterium bleibt. Es ist die in der Literatur vorherrschende Auffassung, dass der Einfluss der intergenerativen Beziehungen – sprich: der elterlichen Erwartungshaltung und der äußeren gesellschaftlichen Beziehungen – hierbei erheblich ist. Es gebe einen enormen Druck auch auf die Angehörigen der dritten Generation, emotionale oder kulturelle Verbindungen zum Heimatland aufrechtzuerhalten.

Aufgrund des in unserem Projekt aufgezeichneten biographischen Materials hat sich jedoch eine alternative bzw. zusätzliche Deutungsmöglichkeit des Phänomens transnationaler Heiraten von gut integrierten Frauen der dritten Generation herausgebildet. Diese Frauen zwischen etwa 25 und 35 Jahren teilen ein gravierendes Problem mit den jungen Frauen der Mehrheitsgesellschaft: das Problem nämlich, männliche Partner der gleichen Alterskohorte zu finden, die verlässlich eine Familiengründung akzeptieren. Befragungen über die Gründe für die sinkende Zahl von Geburten in Deutschland, insbesondere bei gut ausgebildeten Frauen, haben ergeben, dass das Fehlen eines geeigneten Partners an erster Stelle rangiert, weit vor der Frage vorhandener Kita-Plätze. In der Bundesrepublik der Gegenwart ist Familiengründung nicht mehr notwendig mit der rechtlichen Rahmung durch die Ehe verbunden; des weiteren ist nicht jede Beziehung, auch nicht Beziehungen unter MigrantInnen, zugleich auch mit der Perspektive der Familiengründung verbunden. Weibliche Mitglieder von MigrantInnen-Familien in der dritten Generation nutzen daher transnationale Möglichkeiten bei der Partnerwahl, wenn sie am Ziel der Familiengründung festhalten, weil dieses Ziel von jungen Männern der Herkunftsgesellschaften in der Regel noch geteilt wird. Übereinstimmend beschreiben dabei die jungen Frauen, dass sie durchaus Freundschaften und auch intime Beziehungen mit deutschen jungen Männern oder in Deutschland geborenen Mitgliedern türkischer Migrationsfamilien hatten. Alles das habe jedoch „zu nichts geführt". Aus diesen Interviews geht hervor, dass auch bei emanzipierten, in Deutschland erfolgreichen MigrantInnen das Generationenverhältnis nicht notwendig durch eine allmähliche, unumkehrbare Abtrennung von der Herkunftsgesellschaft gekennzeichnet sein muss, sondern im Gegenteil, bei Festhalten des eigenen Autonomieanspruchs, auch eine deutlich transnationale Ausrichtung aufweisen kann.

Ich möchte hier die 24jährige Dilara, Studentin kurz vor dem Abschluß ihres Fachhochschulstudiums im Bereich Sozialwesen, wörtlich zitieren:

> *„und ich denke mal, ich würde lieber was haben, was so Ernsteres ist, was nicht so Kinderfaxen ist, oder nur so purer Zeitvertreib ist, sondern einfach so was Richtiges, wo ich dann auch zufrieden bin, jemanden den ich für mein ganzes Leben haben kann, anstatt jetzt halt nicht nur für meinen Spaß oder für meinen Zeitvertreib oder so zur Freude, des nicht, aber, ähm, ich hätte mir schon gewünscht, dass ich jetzt, so die letzten zwei Jahre kann ich mir schon vorstellen, jemanden kennen lernen, äh, kennen zu lernen. Aber, es waren halt ein paar Jungen da gewesen, aber die waren halt nicht die richtigen..."*[7]

Zu dieser Haltung wird sie keineswegs von ihrer unterstützenden und liberalen Familie getrieben, sondern sie entwickelt sie ganz aus eigenem Antrieb.

> *„Ich hab Freunde, die sind Atheisten, mit denen ich mich supergut verstehen kann,* **aber,** *wenn ich mir denke, wenn ich die Beziehungsebene dann für mich betrachte, dann denk ich mir, ähm, und wenn ich dann, ich bin*

---
7 Das Interview wurde geführt und transkribiert von Anil Al-Rebholz.

*eine, ich möchte dann gerne mal **Kinder aufziehen**, ne? Und dann will ich nicht diese Uneinigkeit haben, dass er dann sagt, eh, ich bin diese Glaubensrichtung, ja? Oder, ich will nach diesen Kulturen und Sitten leben, und ich sage dann, nein, ich möchte dann aber auch dass mein Kind nach dieser Kultur und nach diesen Sitten und Gebräuchen und ...*

... Mmmm ...

Und ich denke dann mal, wenn man dann ein gemeinsames Kind dann aufzieht, kommen diese Konflikte auf jeden Fall mal zustande. Ich denke mal, vielleicht, solange man kein Kind hat, oder so, kann man sich vielleicht verstehen, aber sobald ein Kind da ist, was jemanden, was ein Teil von beiden ist, wo beide gemeinsam genauso viel Rechte darauf beziehen"....

„Ok, es gibt zwar viele, die so denken wie ich, aber es kann ja wiederum sein, dass derjenige ganz anders denkt, der andere Pläne hat. ...

A: Ja.

*Nee, ich denk vielleicht lern ich, ich denk ja auch so, vielleicht lern ich ja auch so, lern ich jemanden **in der Türkei** kennen.*

A: Ja.

der da auf mich wartet (lacht), kann ja auch sein."

Wir haben es hier also mit dem Fall einer in der Bundesrepublik geborenen erfolgreichen Studentin zu tun, die hier eine gute Berufsperspektive hat und dennoch in der Türkei einen türkischen Mann heiraten möchte. Wie ist dies zu erklären? Der Wunsch nach transnationaler Heirat mit einem Mann aus der Türkei ist strukturell verbunden ist mit dem Wunsch der Familiengründung. Zentral ist dabei auch die Problematik der Vereinbarkeit von Beruf und Familie. Der Beruf ist ihr sehr wichtig, aber sie möchte auch Kinder großziehen und dazu eine Beziehung gründen, die etwas „Ernsteres" ist, keine „Kinderfaxen", wie sie sagt, = und kein bloßer Zeitvertreib. Diese Perspektive sieht sie in der Bundesrepublik nicht, zumal die Gefahr besteht, dass sie sich in einen Mann verlieben könnte, der nicht ihre religiösen Auffassungen teilt.

Haben wir es bei dem Phänomen, für das wir das Interview mit Dilara als Ausgangspunkt genommen haben, mit einer Re-Traditionalisierung zu tun oder mit dem strukturellen Phänomen der Transnationalisierung der Migrationssituation? Dilara hat außer im Urlaub nie in der Türkei gelebt, was sie selbst betont. Es kann sich bei ihr also nicht um einen traditionellen Rückkehrwunsch handeln, wie er in der ersten Generation bestand. Es könnte sich jedoch um ein traditionelles Argumentationsmuster handeln bzw. um eine Projektion der Zukunft in einer traditionellen biographischen Gestalt. Dilaras Verbindung der Idee der Partnerwahl – wobei der konkrete Partner noch gar nicht bekannt ist – mit der Frage der Religion hat die Gestalt der klassischen „Gretchenfrage". Wenn Gretchen in Goethes Faust den geliebten Mann fragt, „Nun sag, wie hast Du's es mit der Religion?", so bezieht sich Gretchens Interesse sicher nicht auf theologische Fragen oder auf Fragen der weltanschaulichen Toleranz, sondern auf die Zuverlässigkeit und Verantwortlichkeit des Partners in Bezug auf die eigene Zukunft und die ihrer Familie. Wie wir wissen, transponierte Faust die Frage auf eben die theologische und weltanschauliche Ebene und entzog sich genau dadurch jeglicher Verantwortung, während er die Zukunft Gretchens sowie deren Mutter und Bruder dem Teufel Mephisto überließ. Gretchens Frage wird noch heute zumeist als traditionell gedeutet gegenüber dem aufgeklärten Faust, aber Goethe selbst deutet sie als Frage der männlichen Verantwortung bzw. deren Verleugnung (Liessmann et al. 2008). Seine Tragödie hat zum Kern nicht den Religionskonflikt, sondern das Drama der verführten, betrogenen und verlassenen Frau.

Dilaras Fall zeigt allerdings nur *eine* unter mehreren typischen biographischen Optionen junger erfolgreicher Frauen der dritten Generation. Eine andere typische Perspektive besteht zum Beispiel in Plänen zur Transmigration, d. h. der Wahl eines dritten Landes (z. B. Großbritannien) für die künftige Lebensplanung, jenseits sowohl Deutschlands als auch der Türkei. Dilara ist aber auch nicht eine große Ausnahme, was viele Interviews zeigen, die wir im Verlauf unseres Projekts aufgezeichnet haben. Es stellt sich heraus, dass auch ihre Mutter, selbst Angehörige der zweiten Generation, sich aus Liebe mit einem Mann verheiratet hat, den sie im Erwachsenenalter in der Türkei kennenlernte und der dort bereits das Abitur absolviert und eine Karriere als Selbständiger ins Auge gefasst hatte.

Diese Möglichkeit ist für viele türkische Frauen, die in Deutschland mit Männern aus dem Herkunftsland der Großeltern verheiratet sind, eine realistische Perspektive. Sie werden nicht zur Heirat gezwungen, sie suchen sich ihre Partner selbst. Sie heiraten aus Liebe, aber zugleich gelingt ihnen gleichsam ein Ressourcen-Tausch: sie tauschen die Ressource eines gefestigten Aufenthaltsstatus und möglichen beruflichen Aufstiegs für den Ehemann gegen das Unterpfand, die eigene berufliche Karriere fortsetzen und trotzdem eine Familien gründen zu können, in der Herkunft und geteilte religiöse Überzeugung als Unterpfand für die Liebe gelten sollen.

Konfrontiert man das Interview der noch unverheirateten Dilara mit den Interviews der Männer und Frauen, die sich zu transnationalen Ehen entschlossen haben und das Kennenlernen beschreiben, so fällt auf, daß fast immer von einem zufälligen Aufeinandertreffen die Rede ist und dass die Liebe wie ein Blitz völlig unvorhergesehen eingeschlagen haben muss – genau so, wie Dilara es für sich als „Schicksal" erwartet, auf das sie innerlich vorbereitet ist. So heißt es in der Erzählung von Erol, der seiner zukünftigen Frau während deren Sommerurlaub in der Türkei begegnet:

> *„Es war während meines Militärdienst.*
> *Ich kam wegen meines Urlaubs nach Hause*
> *ja und sie wollten in Akcabat zum Post Brief einwerfen.*
> *Ich hatte auch sämtliche Unterlagen gehabt*
> *vom Büro die ich abschicken musste.*
> *Und es war ein Augenblick und ich ja sah sie dort. Ja dann passierts. ((...))*
> *Ja dort begegneten wir uns das erste Mal.*
> *Also **Ich** sah sie dort, sie nicht.*
> *Man kann es nicht als Begegnung bezeichnen,*
> *denn ich entdeckte sie.*
> *Sie war mit jemand zusammen dort gewesen den ich kannte.*
> *Aber sie war neu. Ja dann habe ich versucht mehr über sie zu wissen und fragte nach*[8]

Nun aber geschieht etwas Erstaunliches, Kontra-Intuitives. Die Ehe, die so als die zufällige klassische Liebesgeschichte einer modernen Welt begonnen hat, wird nun in langwierigen, traditionell anmutenden Verhandlungen zwischen den Familien der Partner konkret besiegelt.

> *„Ich erzählte es meiner Mutter, wo und wann ich sie gesehen habe*
> *ja und dann kamen die Eltern ins Spiel und dann eh, ...erzähl ich lieber nicht weiter*
> *oh je sie haben mit uns ((so ziemlich rum gespielt)) ja ja."*

Es fällt schwer, in Fällen wie diesem die von Bernhard Nauck (2001, S. 42) herangezogene Unterscheidung zwischen dem durch moderne „romantische Liebe" legitimierten „affinalverwandtschaftlichen" Heiratsmuster und dem traditionellen, durch die Solidarität der Gattenfamilie begründeten „deszendenzverwandtschaftlichen" Heiratsregime aufrechtzuerhalten. Anscheinend handelt es sich hier um völlig neue Mischformen, in denen romantische Liebe sich mit den alten Mit-

---

8 Das Interview wurde von Nergis Demirtas geführt und transkribiert. Personen- und Ortsnamen sind maskiert.

teln der Heiratsvermittlung der gegenseitigen Ressourcen der Partner versichert und in denen die Frau die stärkere Machtposition in der Familie erobert. Nicht sie verlässt ihre Familie und wird als Schwiegertochter ein inferiores Mitglied der Gattenfamilie, sondern umgekehrt folgt der Ehemann seiner Frau in die neue Familie und die neue Kultur. Die Frau kann, entgegen der Tradition, die Bindung zu ihrer Herkunftsfamilie, insbesondere zu ihrer Mutter und den Schwestern, aufrechterhalten und dadurch für sich auch ein Stück weit die Schwierigkeiten der Vereinbarkeit von Beruf und Familie mildern. Beiden Partnern ist dies in der Regel ganz klar. Erols Frau Aylin erzählt:

Und dann kam natürlich die Frage irgendwann ähm,
wo leben wir dann, wenn wir heiraten,
hier oder in der Türkei.
Das war von Anfang an klar,
dass wenn er hier her kommt, muss er ganz von vorne anfangen,
grad so wegen der Bildung
und äh wenn ich in die Türkei geh, muss ich genauso gut ganz von vorn anfangen,
wobei ich als Friseurin dort sofort einsteigen konnte, aber ähm
wir sind hier, wie soll ichs sagen,
wir sind hier nich typisch türkisch aufgewachsen.
Das is jedes Jahr, wenn wir dann in der Türkei sin,
is das „die Ausländer sind da",
also wir hättn uns dann wieder in das also ich zumindest
ähm also ich hätte mich in dieses andre Leben
irgendwie gewöhnen müssen
und dann hat er dann gesagt, so
„es is für beide schwer, irgendeiner muss jetzt Opfer bringen",
also war ers.
Also da wards schon also sehr, sehr schwer
wars für ihn muss ich sagen.

Dass hier Konflikte vorprogrammiert sind, ist selbstverständlich. Insbesondere fällt es vielen männlichen Heiratsmigranten sehr schwer, während der Phase erzwungener Arbeitslosigkeit und desillusionierender Erfahrungen in Deutschkursen auch noch Familienarbeit zu übernehmen und Kinder zu betreuen, während die Frau arbeitet. Wichtig für die Migrationsforschung ist jedoch, die Möglichkeit zu diskutieren, dass es sich hier nicht um Probleme der über Generationen mehr oder weniger gelungenen Assimilation und auch nicht um Re-Traditionalisierung handelt, sondern um neue, hybride Konflikte in einem sich transnationalisierenden Europa, in denen Frauen und Männer in Migrationsprozessen alternative Möglichkeiten der Emanzipation erproben und in denen auch die Generationsbeziehungen sich völlig neu formieren.

4. Schlussbemerkungen: Re-Traditionalisierung oder Trans-Nationalisierung in der dritten Generation?

Damit kehren wir nun zu unserer Ausgangsfrage zurück, nämlich der Alltagserwartung einer über höchstens drei Generationen zu erbringenden Assimilation von EinwanderInnen in der Mehrheitsgesellschaft. Wir stellen fest, dass in der Tat bei den von uns interviewten jungen Frauen in drei Generationen Übereinkunft mit wichtigen Normen der Ankunftsgesellschaft besteht, vor allem hinsichtlich der Erwartung der Vereinbarkeit von beruflichem Aufstieg und Familiengründung. Umgesetzt wird diese Erwartung freilich oft transnational und nicht ausschließlich in der Ankunftsgesellschaft. Diese Frauen stärken ihre Autonomie in der Ankunftsgesellschaft durch den beruflichen Aufstieg, aber sie versuchen zugleich, die Vereinbarkeit von Beruf und Familie durch ein Stück Traditionsneubildung in der eigenen Familie dank ihrer transnationalen Ehe zu verwirklichen.

Wir müssen uns also klar darüber sein, dass wahrscheinlich in jeder Familie von Kindern aus Migrationsfamilien Erwachsene leben, oft ist es ein Elternteil, sind es Onkel und Tanten, die nicht die deutsche Sprache von Kind an sprechen und nicht die schulische Sozialisation in Deutschland erfahren haben. Hoch gebildete Väter – wir haben Physiker interviewt ebenso wie ehemalige Steuerberater, Lehrer oder Opernsänger – fühlen sich gedemütigt, wenn sie lange arbeitslos bleiben oder einen Hilfsarbeiterjob annehmen müssen, vor allem aber, wenn sie immer wieder erfahren müssen, dass sie ihren Kindern in der Schule nicht helfen können, weil sie die Sprache nicht ausreichend beherrschen, obgleich sie doch vor allem deshalb nach Deutschland gekommen sind, weil sie hier bessere Bildungschancen für ihre zukünftigen Kinder sahen. Das größte Problem für diese Männer ist oft die Einsamkeit, in die sie geraten, wenn ihre Frauen berufstätig sind und sie sich selbst am neuen Aufenthaltsort keinen befriedigenden Freundeskreis schaffen können. Nicht selten mündet eine solche Desillusionierung in eine Depression; als Ausweg erscheint auch säkularen Männern die Bindung an die Moschee, in der sie sich in der vertrauten Herkunftssprache mit anderen Männern austauschen können. Das, was den Gastarbeitern selbstverständlich angeboten wurde, nämlich die Möglichkeit der gleichberechtigten Organisation in einer Gewerkschaft, fehlt den männlichen Heiratsmigranten, die durch Familienzusammenführung nach Deutschland gekommen sind, gerade in der schwierigen Anfangsphase.

Das Problem der Aufnahmegesellschaft besteht darin, dass Heiratsmigration nach Deutschland bislang nicht als eine Quelle der Modernisierung verstanden wurde, sondern ausschließlich als Ursache von Defiziten bei Kindern mit „Migrationshintergrund" und als Anlass zur Bildung von „Parallelgesellschaften". Es gilt jedoch Formen und Institutionen zu finden, die die große biographische Anstrengung jener Menschen, insbesondere der betroffenen Kinder anerkennen, die in national organisierte Gesellschaften transnationale Lebensweisen einbringen, und zwar nicht um die Gesellschaft zu re-traditionalisieren, sondern um nichttraditionelle Ziele wie die Neubestimmung des Verhältnisses von Familienarbeit und Berufstätigkeit zu befördern.

Eingangs hatte ich in Anknüpfung an Alfred Schütz behauptet, Tradition sei in modernen Migrationsgesellschaften nur in der Gestalt von Traditionsfortbildung, Traditionsneubildung und kultureller Reflexivität denkbar, wenn sich auch eine Interaktion zwischen den unbefragten Selbstverständlichkeiten des „Fremden" und des „Einheimischen" ereignen könne. Bei der Heiratsmigration muslimischer Männer nach Deutschland vollzieht sich in vielen Fällen eine geradezu revolutionäre Umkehrung der traditionellen Geschlechterordnung, aber sie bedient sich in ihren biographischen Gestalten traditionaler Elemente, die in ihrer Transformation solche radikalen Veränderungen überhaupt erst möglich und lebbar machen.

Literatur

Apitzsch, U. (1999). Traditionsbildung im Zusammenhang gesellschaftlicher Migrations- und Umbruchsprozesse. In: Apitzsch, U. (Hrsg.), Migration und Traditionsbildung (S. 7-20).Wiesbaden: Opladen .

Apitzsch, U. (2000). Migration als Verlaufskurve und Transformationsprozess. In: Dausien, B., Calloni M. & Friese M (Hrsg.), Migrationsgeschichten von Frauen (S. 63-78). Bremen: Universität Bremen.

Apitzsch, U. (2003a). Migrationsbiographien als Orte transnationaler Räume. In: Apitzsch, U., Jansen, M. (Hrsg.), Migration, Biographie und Geschlechterverhältnisse (S. 65-80). Münster: Westfälisches Dampfboot.

Apitzsch, U. (2003b), Religious Traditionality in Multicultural Europe. In: Sackmann, R, Peters B., Faist T. (Hrsg.), Identity and Integration: Migrants in Western Europe (S. 91-104). Aldershot: Ashgate.
Apitzsch, U. (2008). Zur Dialektik der Familienbeziehungen und zu Gender- Differenzen innerhalb der zweiten Generation. In: Scheifele, S. (Hrsg.), Migration und Psyche: Aufbrüche und Erschütterungen (S 113-135). Gießen: Psychosozial-Verlag.
Apitzsch, U. (2009a), Transnationales biographisches Wissen, in: Lutz, H. (Hrsg.), Gender-Mobil? Vervielfältigung und Enträumlichung von Lebensformen – Transnationale Räume, Migration und Geschlecht (S 122-142). Münster: Verlag Westfälisches Dampfboot.
Apitzsch, U. (2009b). Die Macht der Verantwortung. Aufstiegsprozesse und Geschlechterdifferenzen in Migrationsfamilien. In: Löw, M. (Hrsg.), Geschlecht und Macht (S 81-94). Wiesbaden: VS.
Apitzsch, U. (2012). Interkulturelle Arbeit: Migranten, Einwanderungsgesellschaft, Interkulturelle Pädagogik. In: Krüger, H. H. & Rauschenbach, T.(Hrsg.), Einführung in die Arbeitsfelder des Bildungs- und Sozialwesens (S. 363-379). Opladen: Barbara Budrich.
Apitzsch, U. & Gündüz, E. (2012). Ethnicity and Belongings as Experienced Dimensions in Mixed Marriages. In: PAPERS Revista de Sociologia 97/1, Universtity of Barcelona, 79-92.
Apitzsch, U. & Siouti, I. (2007). Biographical Analysis as an Interdisciplinary Research Perspective in the Field of Migration Studies, http://www.york.ac.uk/res/researchintegration/Integrative_Research_Methods/Apitzsch%20Biographical%20Analysis%20April%202007.pdf.
Apitzsch, U. & Siouti, I. (2008). Transnationale Biographien. In:Homfeldt, H. G., W. Schröer, Schweppe C. (Hrsg.), Transnationalität und Soziale Arbeit (S. 97-112). Weinheim, München: Juventa.
Bourdieu, P. (1990). Die biographische Illusion. In: Bios – Zeitschrift für Biographieforschung, Oral History und Lebensverlaufsanalysen, H.1, 75-81.
Bude, H. (1985). Der Sozialforscher als Narrationsanimateur. Kritische Anmerkungen zu einer erzähltheoretischen Fundierung der interpretativen Sozialforschung. In: Kölner Zeitschrift für Soziologie und Sozialpsychologie, 37, 327-336.
Bundesamt für Migration und Flüchtlinge (2012): Das Bundesamt in Zahlen 2011: Asyl, Migration, ausländische Bevölkerung und Integration. www.bamf.de.
Cankaya-Aydin, A. (2007). Ein Mausklick zum Traumpartner. Das Internet als Medium der Partnervermittlung zwischen türkischen Männern und Frauen. Saarbrücken: VDM Verlag Dr. Müller.
Glatzer, W et.al. (2004). Integration und Partizipation junger Ausländer vor dem Hintergrund ethnischer und kultureller Identifikation. Ergebnisse des Intergrationssurveys des BIB. In: Materialien zur Bevölkerungswissenschaft H.105c (Sonderheft).
Gerner, S. (2007). „Das ist halt einfach so 'ne Bindung". Familiäre Ablösungsprozesse junger Frauen im generationenübergreifenden Einwanderungskontext. In: Riegel, Ch. & Geisen, T. (Hrsg.), Jugend, Zugehörigkeit und Migration. Subjektpositionierung im Kontext von Jugendkultur, Ethnizitäts- und Geschlechterkonstruktionen (S. 227-246). Wiesbaden: VS-Verlag.
Habermas, J. (1967). Zur Logik der Sozialwissenschaften (Philosophische Rundschau, suppl.5). Tübingen: Mohr.
Inowlocki, L. (1993). Grandmothers, Mothers and Daughters: Intergenerational Transmission in Displaced Families in Three Jewish Communities. In: Bertaux, D. & Thompson, P. (Hrsg.): Between Generations. Family Models, Myths and Memories. International Yearbook of Oral History and Life Stories No.2. Oxford: Oxford University Press, 139-153.
King, V. (2008). Jenseits von Herkunft und Geschlechterungleichheiten? Biografische Vermittlungen von class, gender, ethnicity in Bildungs- und Identitätsbildungsprozesse. In: Klinger, C. & Knapp, G.-A. (Hrsg.), Über Kreuzungen (S. 87-111). Münster: Westfälisches Dampfboot.

Liessmann, K.P. et. al (2008). Die Gretchenfrage: „Nun sag', wie hast du's mit der Religion?" Wien: Zsolany.
Mannheim, K. (1964). Das Problem der Generationen. In: Ders.: Wissenssoziologie. Auswahl aus dem Werk, hrsg.v. Kurt H. Wolff, (bes. S 530-538), Berlin/Neuwied: Luchterhand.
Nauck, B. (2001). Generationenbeziehungen und Heiratsregimes – theoretische Überlegungen zur Struktur von Heiratsmärkten und Partnerwahlprozessen am Beispiel der Türkei und Deutschland. In: Klein, T. (Hrsg.), Partnerwahl und Heiratsmuster. Sozialstrukturelle Voraussetzungen der Liebe (S. 35-56). Opladen: Leske + Budrich.
Nökel, S. (2002). Die Töchter der Gastarbeiter und der Islam. Zur Soziologie alltagsweltlicher Anerkennungspolitiken. Eine Fallstudie. Bielefeld: transcript.
Rabe-Kleberg, U. (1993). Verantwortlichkeit und Macht. Bielefeld: Kleine.
Riegel, Ch.& Geisen, T. (Hrsg.) (2007). Jugend, Zugehörigkeit und Migration. Subjektpositionierung im Kontext von Jugendkultur, Ethnizitäts- und Geschlechterkonstruktionen. Wiesbaden: VS-Verlag.
Riemann, G. & Schütze, F. (1991). 'Trajectory' as a basic theoretical concept for analyzing suffering and disorderly social processes. In: Maines, D. R. (Hrsg.), Social organization and social process: essays in honour of Anselm Strauss (S. 333-357). New York: de Gruyter.
Rosenthal, G. (1995). Erlebte und erzählte Lebensgeschichte. Gestalt und Struktur biographischer Selbstbeschreibungen. Frankfurt, New York: Campus.
Schütz, A. (1972). Gesammelte Aufsätze, Band 2. Den Haag: Martinus Nijhoff.
Schütze, F. (1977). Die Technik des narrativen Interviews in Interaktionsfeldstudien. Arbeitsberichte und Forschungsmaterialien Nr.1 der Universität Bielefeld: Fakultät für Soziologie.
Schütze, F. (1980). Narrative Repräsentation kollektiver Schicksalsbetroffenheit. In: Lämmert, E. (Hrsg.), Erzählforschung. Ein Symposium (S. 568-590)- Stuttgart: Metzler.
Schütze, F. (1984). Kognitive Figuren des Autobiografischen Stegreiferzählens. In: Kohli, M. & Robert, G. (Hrsg.), Biographie und Soziale Wirklichkeit: neue Beiträge und Forschungsperspektiven (S. 78-117). Stuttgart: Metzler.
Strassburger, G. (2003). Heiratsverhalten und Partnerwahl im Einwanderungskontext. Eheschließungen der zweiten Migrantengeneration türkischer Herkunft. Würzburg: Ergon Verlag.
Welzer, H. (2000). Das Interview als Artefakt. Zur Kritik der Zeitzeugenforschung. In: Bios – Zeitschrift für Biographieforschung, Oral History und Lebensverlaufsanalysen, 13(1), 51-63.
Wohlrab-Sahr, M. (2002). Prozessstrukturen, Lebenskonstruktionen, biographische Diskurse. Positionen im Feld soziologischer Biographieforschung und mögliche Anschlüsse nach außen. In: Bios – Zeitschrift für Biographieforschung, Oral History und Lebensverlaufsanalysen, 15(1), 3-23.

Die Bedeutung islamisch-religiöser Alltagspraktiken für weibliche Bildungsverläufe – ein Dreigenerationenvergleich

Canan Korucu-Rieger

> „Tochter, lern ein[en] Beruf, wo du dein Geld
> mit der Spitze von einem Stift verdienen kannst."
>
> *(1. Generation, Berivan Bayram)*
>
> „Die Religion steht an erster Stelle bei mir, sei es jetzt mit dem Gebet
> oder mein Kopftuch, also keiner kann etwas sagen."
>
> *(3. Generation, Betül Bayram)*

1. Einleitung

In diesem Beitrag wird anhand der biografischen Rekonstruktion der Familie Bayram die intergenerationale Transmission[1] von religiösen Alltagspraktiken im Dreigenerationenvergleich dargestellt.[2] Dabei bildet die Frage nach der Bedeutung der weiblichen Dreigenerationenbeziehung und der islamischen Religion für weibliche Bildungsverläufe im (transnationalen) Migrationskontext den Schwerpunkt. Hierfür wurden Interviews mit den Großmüttern, ihren Töchtern und Enkelinnen aus drei kontrastierenden[3] Dreigenerationenfamilien (insgesamt neun Einzelinterviews[4]) mit türkisch-muslimischem Hintergrund[5] geführt. Der Generationenbegriff wird hier beginnend mit der Migration nach Deutschland anhand der Familienfolge verwendet. Die im ersten Schritt, angelehnt an Rosenthal (2005), erstellten biografischen Rekonstruktionen werden im zweiten

---

1 Weitergabe, Aneignung sowie Transformation kulturellen Kapitals von der (Groß-)Eltern- auf die Kindergeneration als auch von der Kinder- auf die (Groß-)Elterngeneration (vgl. Büchner und Brake 2006)
2 Die hier präsentierten biografischen Rekonstruktionen gehen auf die ersten und nicht abschließenden Ergebnisse meines laufenden Dissertationsprojekts zurück.
3 Die Familien wurden im Hinblick auf ihre familiäre religiöse Praxis und die in der Generationenfolge erreichten Bildungsabschlüsse kontrastierend ausgewählt.
4 Die leitfadengestützten Interviews wurden 2008 im Rahmen der Dissertation von mir geführt. Alle Interviews wurden mit einem gesamtbiografischen Stimulus (vgl. Rosenthal 2005) eingeleitet. Zur späteren Vergleichbarkeit der Familien beginnen alle Vor- und Nachnamen mit dem gleichen Buchstaben. Alle Namen und wieder erkennbare Daten wurden anonymisiert.
5 Die Untersuchung beschränkt sich auf sunnitische Familien, da (1) die SunnitInnen unter den MuslimInnen mit türkischem Migrationshintergrund in Deutschland wie auch in der Türkei die größte konfessionelle Gruppe bilden (BAMF 2009, S. 303), (2) die SunnitInnen ihre Religiosität subjektiv häufiger „sehr stark gläubig" als AlevitInnen einschätzen (ebd., S. 142) und (3) die religiösen Alltagspraktiken der AlevitInnen sich von den der SunnitInnen stark unterscheiden (ebd., S. 314f.).

Schritt nach der Dokumentarischen Methode ausgewertet (Bohnsack 2010, Nohl 2012). Die Untersuchung versteht sich als Beitrag zur ungleichheitsbezogenen Bildungsforschung und orientiert sich dabei an Bourdieus kapitaltheoretischem Ansatz (Bourdieu 1983).

Im Folgenden werden der theoretische Rahmen der Untersuchung sowie die Forschungsergebnisse zur Rolle der Familie für bildungserfolgreiche MigrantInnen dargestellt. Anschließend werden die Biografien der weiblichen Mitglieder der Familie Bayram[6], nämlich von Berivan[1te], Berrin[2te] und Betül[3te] skizziert, um nachfolgend die Biografien unter Beachtung der Fragestellung zu analysieren.

2. Theoretischer Rahmen und Forschungsstand

Qualitative Studien zur Rolle der familialen Generationenbeziehungen für Bildungsprozesse haben innerhalb der Bildungs- sowie Migrationsforschung in jüngster Zeit zugenommen (Tepecik 2011; Riegel und Geisen 2010; Hummrich 2009; King und Koller 2009; Raiser 2007; Juhasz und Mey 2003; Ofner 2003). Hintergrund ist die empirisch belegte Erkenntnis, dass insbesondere Jugendliche mit türkischem Migrationshintergrund häufiger die Hauptschule besuchen, keine abgeschlossene Schulbildung haben, ihre Berufsausbildung abbrechen und seltener an Gymnasien anzutreffen sind. Trotz der empirisch nachgewiesenen hohen Bildungsaspirationen bei Eltern mit türkischem Migrationshintergrund und eines positiven Effekts der hohen Bildungsaspirationen auf den Übergang in weiterführende Schulen sind Jugendliche mit türkischem Migrationshintergrund die Verlierer im deutschen Bildungssystem (vgl. Dollmann 2010, Autorengruppe Bildungsberichterstattung 2010; BMFSFJ 2009, Nauck 2000). Gleichwohl weisen Mädchen im Vergleich zu Jungen erfolgreiche Bildungskarrieren auf. Diese Tatsache aufgreifend, untersucht Hummrich (2009) den Hintergrund von „erwartungswidrigen Karriereverläufe(n)"[7] (ebd., S. 9) und schließt daraus, dass der Familie eine bedeutende Rolle beim Bildungserfolg zukommt.

---

6 Das Interview mit Berivan Bayram ([1te]= erste Generation) wurde in türkischer Sprache in ihrer Wohnung geführt. Die Einzelinterviews mit ihrer Tochter Berrin ([2te] = zweite Generation) und ihrer Enkelin Betül ([3te]= dritte Generation) wurden in Berrins[2te] Wohnung in deutscher Sprache geführt.
7 Im Sinne der empirischen Bildungsforschung ist Bildungserfolg von dem sozioökonomischen Status, der sozialen Herkunft, den elterlichen Bildungsaspirationen und dem vorhandenen bildungsrelevanten Kapital in der Elterngeneration abhängig.

Die Bedeutung islamisch-religiöser Alltagspraktiken für weibliche Bildungsverläufe 219

Hieran anknüpfend sollen nun die bildungsbedeutsamen Prozesse innerhalb von Familien anhand Bourdieus kapitaltheoretischem Ansatz[8] herausgearbeitet werden. Demzufolge ist (1) der Bildungserfolg von dem in der Familie verfügbaren Kapitalien abhängig und (2) die Familie der Ort, an dem Kapitalien akkumuliert und weitergegeben werden. Somit wohnt (3) der Familie eine Reproduktionsfunktion von gesellschaftlichen Ungleichheitsverhältnissen inne (Bourdieu 1983). Je mehr Kapital innerhalb der Familie zur Verfügung steht, desto wahrscheinlicher ist der Erwerb hoher formaler Bildungsabschlüsse und damit eine entsprechende Positionierung im spezifischen Feld des sozialen Raums[9]. Bourdieu unterscheidet die Kapitalarten in ökonomisches, soziales und kulturelles Kapital, wobei er insbesondere die Transmission des kulturellen Kapitals[10] als entscheidend für den Bildungserfolg hervorhebt (Bourdieu 1983).

„[Es] ist aber auch bekannt, daß die Akkumulation kulturellen Kapitals von frühester Kindheit an — die Voraussetzung zur schnellen und mühelosen Aneignung jeglicher Art von nützlichen Fähigkeiten — ohne Verzögerung und Zeitverlust nur in Familien stattfindet, die über ein so starkes Kulturkapital verfügen, daß die gesamte Zeit der Sozialisation zugleich eine Zeit der Akkumulation ist" (ebd., S. 188).

Allerdings ist das kulturelle Kapital gesellschaftlichen Gegebenheiten unterworfen und kann unter den Bedingungen der Migration eine Entwertung u. a. durch Nichtanerkennung von Bildungstiteln erfahren. Auch das inkorporierte kulturelle Kapital, wie z. B. Sprache, Wertorientierungen, Denk- und Handlungsschemata, kann aufgrund der Migration eine Entwertung erfahren, vor allem wenn ihm die Anschlussfähigkeit an die Kultur der Mehrheitsgesellschaft abgesprochen und ihm eine Fremdheit zugeschrieben wird.

---

8   Der kapitaltheoretische Ansatz entfaltet seine volle Bedeutung in Verbindung mit der Konstruktion des sozialen Raums (siehe Fußnote 9) und des Habitus. Bourdieu versteht Habitus als ein System dauerhafter und übertragbarer Dispositionen, als ein System von Mustern, die der Mensch internalisiert hat und die es ihm ermöglichen, Wahrnehmungen, Gedanken und auch Handlungen in einem kulturellen Raum zu erzeugen (vgl. Bourdieu 1987). Die Strukturen, die das Handeln klassen- bzw. milieuspezifisch bestimmen und aus ihm hervorgehen, nennt Bourdieu Habitusformationen (Bourdieu 1993, S. 98).
9   Je mehr Kapital einE AkteurIn oder eine Gruppe zur Verfügung hat, desto weiter oben ist er/sie positioniert. Dabei spielt auch die Zusammensetzung des verfügbaren ökonomischen und kulturellen Kapitals (Kapitalstruktur) eine Rolle (Bourdieu 1995). Ein Positionswechsel innerhalb des sozialen Raums ist „nur um den Preis von Arbeit, Anstrengung und vor allem Zeit" möglich (ebd., S. 13).
10 Nach Bourdieu unterteilt sich das kulturelle Kapital in inkorporiertes kulturelles Kapital (dauerhafte Dispositionen des Körpers durch Verinnerlichung, z. B. Geschmack), in objektiviertes kulturelles Kapital (kulturelle Güter wie Gemälde, Bücher, Musikinstrumente) und institutionalisiertes kulturelles Kapital (z. B. Bildungstitel) (Bourdieu 1983).

Wie also gelingt den befragten Frauen mit türkisch-muslimischem Hintergrund trotz geringen und entwerteten kulturellen Kapitals in der ersten Generation der Bildungsaufstieg in den folgenden zwei Generationen? Die bereits erwähnten qualitativen Studien verweisen auf die Bedeutsamkeit der familialen Generationenbeziehungen für Bildungsprozesse im Kontext der Migration. So wird der Bildungserfolg auf die freiwillige Migration der sogenannten „GastarbeiterInnengeneration" bzw. auf ihren unbedingten Wunsch, ihre Lebensbedingungen zu verbessern und sozial aufzusteigen, zurückgeführt. Juhasz und Mey (2003) beschreiben dieses Bestreben in ihrer Studie über die kapital- und figurationsbedingten Ungleichheitsdimensionen in den Biografien von Schweizer Jugendlichen mit Migrationshintergrund als „mobilitätsspezifischen Habitus" (ebd., S. 330). Die Weitergabe des Aufstiegswunsches führe einhergehend mit der Reflexion der elterlichen Migrationserfahrung zur Ausbildung einer starken Bildungs- und Aufstiegsmotivation (ebd., S. 313).

Tepecik (2011) kommt in ihrer Studie über die „konstituierenden Momente" des Bildungserfolgs von 15 Studierenden und HochschulabsolventInnen türkischer Herkunft zu dem Schluss, dass die Kombination hoher Leistungserwartungen und Bildungsaspirationen mit einem Emanzipations- sowie Bildungsauftrag der Mütter in eine hohe Leistungsorientierung sowie Motivation der befragten Töchter münde (ebd., S. 262f.). Die Weitergabe und Aneignung der unerfüllten mütterlichen Bildungs- und Autonomiebestrebungen bilden einen Teil des kulturellen Kapitals, welches zum Bildungserfolg führe, so Tepecik (ebd., S. 304f.).

Steinbach und Nauck (2005) haben ebenfalls in ihrer Untersuchung zur intergenerationalen Transmission von Wahrnehmungen, Einstellungen sowie Verhaltensweisen in Migrationsfamilien festgestellt, dass die intergenerationale Transmission in der weiblichen Dyade stärker und umfassender als in der männlichen erfolge (ebd., S. 113). Aber auch sie merken an, dass über die genauen Mechanismen der Transmission bisher wenig bekannt sei (ebd., S. 123). Weitere Studienergebnisse zu bildungserfolgreichen jungen Migrantinnen sehen gerade in der Familienorientierung der jungen Frauen den Erfolgsfaktor für Bildungskarrieren (vgl. Apitzsch 1990; Apitzsch 2008, Gültekin 2003). Die Familienorientierung der jungen Migrantinnen wandle sich im Verlauf des Migrationsprozesses in eine verstärkte Bildungsorientierung, wenn am Wunsch eines erfolgreichen familiären Migrationsprojektes festgehalten werde (vgl. Apitzsch 1990, S. 211; Apitzsch 2008, S. 123). Allerdings wandle sich das Ziel von einer erfolgreichen Rückkehr in das Herkunftsland zu einer erfolgreichen Berufsperspektive in Deutschland (Apitzsch 2008, S. 123). Diesen Prozess nennt Apitzsch „Dialektik der Familienorientierung" (Apitzsch 1990, S. 210). Gültekin (2003) kommt in ihrer qualitativen Untersuchung zu ähnlichen Ergebnissen und bezeichnet die Handlungsorientierungen der interviewten Frauen „Mehrfachorientierung".

„Allen Interviewpartnerinnen ist eine *Mehrfachorientierung* gemeinsam. Nicht nur entfalten sie das familiale Gebundensein, das Streben nach Autonomie, die Orientierung an Erwerbsarbeit und ein erstarkendes Bildungsbewußtsein nebeneinander. Die Frauen sind aktiv dabei, sie miteinander kompatibel zu machen." (Gültekin 2003, S. 214; Hervorhebung im Original; CKR)

Die zitierten Ergebnisse gehen auf narrative Interviews mit der zweiten Generation größtenteils türkischer MigrantInnen zurück. Dabei spielt die Religionszugehörigkeit als Analysekategorie bei der Betrachtung des Zusammenhangs zwischen Bildungserfolg und familiärer Transmission im Migrationskontext keine Rolle, obgleich qualitative Studien die Bedeutung der Religiosität der Mütter ohne Migrationshintergrund für schulische Erfolge ihrer Kinder belegen (vgl. Zinnecker und Hasenberg 1999; Zinnecker und Georg 1998, Krah und Büchner 2006). Inwiefern die muslimische Religiosität in gleicher Weise bildungsbedeutsam ist, ist nicht hinreichend eruiert. Um zur Erforschung dieses Desiderats beitragen zu können, ist für die vorliegende Untersuchung die muslimische Religiosität als Analysekategorie der befragten Frauen von Bedeutung. Daher werden an dieser Stelle auch relevante Forschungsergebnisse zu jungen bildungserfolgreichen Musliminnen skizziert.

Untersuchungen über Identitätsbildungen von Musliminnen (türkischer Herkunft) der zweiten Generation belegen den Prozess der Entwicklung einer „neuen islamischen Weiblichkeit", welche auf die die intellektuelle Auseinandersetzung mit dem Islam hinweisen (vgl. Karakaşoğlu-Aydın 2000; Klinkhammer 2000; Nökel 1999a, 1999b, 2002). Eingehend stellen die Autorinnen dar, wie junge Musliminnen ihre Religion in ihren Alltag integrieren und sie für ihre Emanzipations- und Individuationsprozesse nutzen. Dabei diene der „Islam als Inklusionsstrategie in der Auseinandersetzung um Bedürfnisse, Differenzen und Identitäten" (Nökel 2002, S. 285).

So scheint die Auseinandersetzung mit der islamischen Religion eher den Ablösungsprozess bei den untersuchten Musliminnen zu beschleunigen als die Auseinandersetzung mit der elterlichen Migrationsgeschichte. Boos-Nünning und Karakaşoğlu (2005) bezeichnen diesen Prozess als „sanfte Emanzipation" (ebd., S. 376). Demnach können junge Musliminnen mit dem angeeigneten religionsspezifischen Wissen ihren Eltern gegenüber als Expertinnen auftreten und sich ohne eine offene Konfrontation von ihnen lösen und ihre eigenen Vorstellungen von einer „authentischen Lebensführung» durchsetzen (ebd., S. 376; vgl. auch Karakaşoğlu-Aydın 2000, S. 417). Damit stellt sich die Frage, inwieweit die kognitive Auseinandersetzung mit der islamischen Religion und die Reflexion der familiären religiösen Alltagspraktiken als Motor zur Ablösung von den Eltern betrachtet werden kann und damit eine wichtige Handlungsorientierung für die soziale Selbstplatzierung darstellt.

Die qualitative Studie von Kaya (2009) untersucht die Bedeutung der Mutter-Tochter-Bindung für die Adoleszenzphase der Tochter im sozialräumlichen Kontext der jeweiligen sunnitischen sowie alevitischen Glaubensgemeinde[11]. Kaya stellt nicht nur eine enge Mutter-Tochter-Beziehung fest, sondern auch das starke Bemühen der Mütter, ihre adoleszenten Töchter an sich zu binden. Dabei komme den Moscheegemeinden und den familialen Delegationen eine hohe Relevanz zu (ebd., S. 229). Den Müttern des Typus „Bindung in der Gegenwart mit Hilfe des religiösen Raumes" seien Moscheegemeinden ein Ort, an dem sie Unterstützung sowie emotionalen Halt für ihre neue Lebenssituation als Heiratsmigrantin fänden. In den Frauenräumen der Moscheegemeinden würden sie sich engagieren, sich in Erziehungsfragen weiterbilden und könnten dadurch ihren Familien und Ehemännern gegenüber einen Autonomiegewinn verzeichnen (ebd., S. 234). Die Mütter würden die Moscheegemeinden aufgrund ihrer sozialen Kontrollfunktion, insbesondere für ihre Töchter „als eine Verlängerung ihres familialen Raumes" (ebd., S. 234), erleben. Mütter dieses Typus erlauben ihren Töchtern beispielsweise lediglich die Teilnahme an Freizeitangeboten der Moschee. So wären die Töchter zwar außerhalb des häuslich-familiären Bereichs aktiv, aber auch unter der sozialen Kontrolle der Frauenabteilung der Moscheegemeinden, in der sich die jungen Frauen auch gerne engagieren. So fände der Ablösungsprozess von den Müttern (bzw. den Eltern) durch die gemeinsame Bindung an die familienorientierte Moscheegemeinde verlangsamt statt (ebd., S. 238). In der so geprägten Mutter-Tochter-Beziehung würden die Mütter ihre unerfüllten und nicht realisierten Wünsche an ihre Töchter delegieren, wobei diese Vorgaben „im Feld der Religion [...] eine Art Zwischenlager" darstellen (ebd., S. 234). Für die Töchter bedeute insbesondere die Übernahme der mütterlichen bzw. elterlichen Delega-

---

11 Hierfür befragte Kaya (2009) drei alevitische Mutter-Tochter-Dyaden, zwei alevitische Töchter ohne ihre Mütter und vier sunnitische Mutter-Tochter-Dyaden sowie eine sunnitische Tochter ohne ihre Mutter (ebd., S. 82). Alle befragten Mütter sind als Heiratsmigrantinnen nach Deutschland eingewandert und haben ihre Töchter in Deutschland geboren. Aus den biografischnarrativen Interviews hat Kaya drei Typen von Bindungsmustern herausgearbeitet, von denen zwei in der veröffentlichten Dissertation vorgestellt werden. Für die vorliegende Untersuchung ist vor allem der erste Typus „Bindung in der Gegenwart mit Hilfe des religiösen Raumes" von Relevanz, da diesem Typus mehrheitlich Sunnitinnen zugeordnet sind. Der zweite Typus „Bindung über Leid und Schuldgefühle" fasst mehrheitlich Mutter-Tochter-Bindungen zusammen, die durch nicht thematisierte Verfolgungserfahrungen geprägt sind. Diesem Typus sind in Kayas Untersuchung mehrheitlich Alevitinnen zugeordnet, die Verfolgung erlitten haben.

tionen eine Loyalitätsbeziehung, welche die weitere Autonomieentwicklung der heranwachsenden Töchter maßgeblich präge (ebd., S. 229). Zusätzlich würde die erfahrene Ausgrenzung durch die Mehrheitsgesellschaft und ihrer (Bildungs-)Institutionen aufgrund der muslimischen Kopfbedeckung zu geringeren Bildungs- und Partizipationschancen führen. Andererseits würde aber die „Abkehr von der deutschen Mehrheitsgesellschaft und ihren Kulturmustern" (ebd., S. 236) eine erhöhte Anerkennung innerhalb der Moscheegemeinde und damit auch die der Mütter zur Folge haben. Diese vielschichtigen Komponenten bewirke bei allen befragten Töchtern dieses Typus geringe Bildungsmotivation. Sie alle würden mit dem Gedanken spielen, ihre Bildungslaufbahn vorzeitig zu beenden (ebd., S. 236). Kaya führt diesen Zusammenhang auf die widersprüchlichen Delegationen der Mütter zurück (ebd., S. 236). Einerseits wünschen sie sich eine hohe schulische Ausbildung für ihre Töchter, möglichst eine Hochschulausbildung, andererseits soll die enge Bindung in ihrer intensiven und auf den familiären Kontext bezogenen Form erhalten bleiben. Dies wäre eher durch eine Heirat und die Geburt eines Enkelkindes möglich, durch die der eigenen Mutter die Rolle der Großmutter zukomme, als durch eine schulische Karriere (ebd., S. 236f.). Somit würden die Töchter zwischen Zugewinn an Autonomiemöglichkeiten durch Partizipation an der Mehrheitsgesellschaft und der weiteren Bindung an Familie und Moscheegemeinde abwägen (ebd., S. 237). Dabei seien biografische Themen der Mütter wie Bildung und Frauenrolle[12], die durch die enge Bindung internalisiert worden seien, ausschlaggebend. Zwar werde der Bildungsauftrag von den Töchtern übernommen, allerdings nicht aus Überzeugung, sondern vielmehr aus Dankbarkeit und Loyalitätsgefühlen den Müttern gegenüber (ebd., S. 241).

Obgleich die zitierten Untersuchungen wichtige Erkenntnisse liefern, fehlen dennoch Drei- oder Mehrgenerationenstudien, die die Frage nach Prozessen der Transmission von kulturellem Kapital in Migrantenfamilien aufgreifen. Es bleibt weiterhin die Frage offen, was genau in der Familie, zwischen den Generationen, vonstattengeht.

---

12 Die befragten Mütter, die in der Türkei geboren, aufgewachsen und durch Heiratsmigration nach Deutschland gelangt sind, können durch ihre frühe Mutterschaft und die Verhinderung einer Erwerbstätigkeit lediglich Erfüllung in der Hausfrauen-, Ehefrauen- und Mutterrolle finden, obwohl sie ein ausgeprägtes Bildungsbestreben haben. Mit der Einschulung ihrer Töchter gelänge ihnen der Zugang zur Schule und Bildung (Kaya 2009, S. 236f.; 239f.).

3. Kurzporträts zum Migrationskontext der Familie Bayram

Im Folgenden sollen die Ergebnisse der biografischen Fallrekonstruktion der Familie Bayram skizziert werden, um dann einen ersten Ausblick zum Stellenwert der Religion für Bildungsverläufe zu geben.

Bei der hier ausgewählten Familie sind die Unterschiede bei den erreichten formalen Bildungsabschlüssen in der weiblichen Generationenfolge sowie die Unterschiede in der familiären religiösen Praxis im Vergleich zu den anderen beiden interviewten Familien Aslan und Cengiz am größten.[13]

Großmutter Berivan Bayram[lte], Jahrgang 1945, ist zum Interviewzeitpunkt 63 Jahre alt. Sie ist in einem Landkreis nordwestlich von Ankara geboren. Bis zu ihrem elften Lebensjahr bleibt die Familie in dem Landkreis und zieht dann wegen der schlechten finanziellen Situation in eine Großstadt in der Zentraltürkei um. Mit zwölf/dreizehn Jahren verliebt sie sich in ihren ein paar Jahre älteren Nachbarn Burhan, welchen sie trotz Widerstands der Eltern als 14-jährige heiratet. Mit 18 Jahren kommt ihre erste Tochter auf die Welt. Weitere Schwangerschaften mit Lebend-, Fehl- und Totgeburten folgen. Großmutter Berivan[lte] ist Mutter von zwei Töchtern und einem Sohn.

Die Migration der heutigen Dreigenerationenfamilie Bayram nach Deutschland geht auf das Jahr 1964 zurück. Damals wandert Großvater Burhan im Zuge des deutsch-türkischen Anwerbeabkommens nach Süddeutschland aus. Aufgrund eines Unfalls seines Vaters beendet er vorzeitig nach einem Jahr seine Erwerbstätigkeit in Deutschland und kehrt in die Türkei zurück. Trotz des Erwerbs eines Hauses dominieren die finanziellen Sorgen den Alltag, sodass Großvater Burhan seine Erwerbstätigkeit in Deutschland wieder aufnehmen will. 1970 wird er von einem metallverarbeitenden Unternehmen in einer norddeutschen Großstadt angeworben. Ein Jahr nach seiner Ankunft in Deutschland holt er seine Frau und seine drei Kinder nach. Er arbeitet bis zu seinem Tod Vollzeit bei dem Metallunternehmen. 1992 verstirbt er an Lungenkrebs.

Großmutter Berivan[lte] ist 26 Jahre alt, als sie im Rahmen des Familiennachzugs mit den drei gemeinsamen Kindern nach Deutschland gelangt. Ein Jahr nach ihrer Ankunft beginnt sie ihre Berufstätigkeit und arbeitet zuerst ein Jahr lang in der Markthalle im Akkord am Fließband und portioniert Obst in Netze. Nachdem

---

13 Bei der Familie Aslan spielen die religiösen Alltagspraktiken zwar eine wichtige, aber im Vergleich zur Familie Bayram, keine den Alltag dominierende und strukturierende Rolle. Kontrastierend zur Familie Bayram sind die Unterschiede in den erreichten Bildungsabschlüssen der befragten Frauen ebenfalls geringer (mehr dazu bei Korucu-Rieger 2013). Familie Cengiz zeichnet sich wiederum durch die weitaus weniger gelebten religiösen Alltagspraktiken als Familie Aslan und Bayram aus. Auch die intergenerationalen Unterschiede in den erreichten Bildungsabschlüssen sind bei der Familie Cengiz am geringsten.

sie an einer Mandelentzündung erkrankt und operiert wird, kündigt sie ihre Stelle. Anschließend bewirbt sie sich bei dem Metallunternehmen, bei dem auch ihr Mann angestellt ist, und wird als Schleiferin angenommen. Nach Konflikten mit ihrer Arbeitskollegin kündigt sie auch diese Stelle und bewirbt sich erfolgreich bei einem Leuchtmittelunternehmen. Bis zu ihrer Frühverrentung mit 50 Jahren arbeitet sie dort 21 Jahre lang Vollzeit.

Zum Interviewzeitpunkt ist Großmutter Berivan[1te] seit 16 Jahren, seit ihrem 47. Lebensjahr, verwitwet. Sie lebt in einem 1-Personen-Haushalt in der Nähe ihrer ältesten Tochter Berrin[2te].

Ihre Tochter Berrin Bayram[2te], Jahrgang 1963, zum Interviewzeitpunkt 45, ist acht Jahre alt, als sie mit ihrer Mutter und ihren beiden Geschwistern in der großen norddeutschen Stadt ankommt. Die Familie wohnt zu fünft in einer 1,5-Zimmer-Wohnung mit Ofenheizung und Außentoilette. Berrin[2te] erlangt über Umwege ihr Fachabitur und studiert erfolgreich Betriebswirtschaftslehre. Mit 23 Jahren heiratet sie und bekommt mit 26 Jahren ihre erste Tochter. Im darauffolgenden Jahr beginnt sie ihre Vollzeittätigkeit als Buchhalterin in einem Telekommunikationsunternehmen. Ihr Ehemann, der zu diesem Zeitpunkt auf der Suche nach einer Stelle ist, übernimmt die Betreuung der gemeinsamen Tochter. Mit 32 Jahren bekommt sie ihr zweites Kind und unterbricht für ein Jahr ihre Erwerbstätigkeit. Berrin[2te] ist zum Interviewzeitpunkt weiterhin bei dem Telekommunikationsunternehmen Vollzeit tätig.

Betül[3te], die Befragte der dritten Generation der Familie Bayram, ist zum Interviewzeitpunkt 18 Jahre alt (Jahrgang 1990) und lebt mit ihren Eltern und ihrem sechs Jahre jüngeren Bruder in einer 4-Zimmer-Wohnung. Sie ist in Deutschland geboren und hat keine eigene Migrationserfahrung. Zum Interviewzeitpunkt befindet sie sich im Rahmen ihrer Ausbildung zur Kauffrau für Bürokommunikation in einem dreimonatigen Praktikum in einer interkulturellen Pflegeeinrichtung, wovon die Hälfte bereits absolviert ist.

Im nächsten Abschnitt wird untersucht, welche Wechselbeziehungen sich zwischen der Transmission religiöser Alltagspraktiken und den Bildungsverläufen der befragten Frauen abzeichnen. Welche Rolle spielt die im Alltag gelebte islamische Religion bei Mobilitätsbestrebungen und der Selbstplatzierung in der Familie?

4. Biografische und intergenerationale Rekonstruktionen

4.1 Berivan Bayram^{lte}: Die Nachholende – Religion als Möglichkeitsraum für Bildungsprozesse

4.1.1 Der formale Bildungsweg

Im Interview betont Großmutter Berivan^{lte} mehrmals, dass sie nicht lesen und schreiben konnte, denn sie hätte keine Schule von innen gesehen. In ihrem Wohnort wäre keine Schule in der Nähe gewesen und die Eltern hätten sie aus finanziellen Gründen nicht zur Schule in der nächstgrößeren Stadt schicken können. Hingegen habe sie kurzzeitig den Koranunterricht in der nahegelegenen Moschee ihres Geburtsortes besucht.

Als sie mit elf Jahren mit ihrer Familie in die Großstadt umzieht, wäre ihr der Schulbesuch aufgrund ihres Alters verweigert worden.[14] Zudem betont Großmutter Berivan^{lte}, dass früher die Schulbildung der Mädchen allgemein nicht so wichtig erachtet wurde.

Somit hat Großmutter Berivan^{lte} in der Türkei keine formale schulische Bildung erhalten. Sie beschreibt im Interview ausführlich die damit einhergehenden Schwierigkeiten, mit denen sie vor allem in Deutschland im Zuge ihrer Berufstätigkeit konfrontiert war. Die fehlende formale Bildung als auch die fehlenden Deutschkenntnisse erlebt sie als großes Hindernis. Wiederholt thematisiert sie die migrationsbedingten Erschwernisse.

„In der Türkei haben wir unter der Armut gelitten. Und hier haben wir gearbeitet und haben unter den Schwierigkeiten gelitten."[15]

4.1.2 Die religiöse Entwicklung

Seit ihrem 45. Lebensjahr und verstärkt seit ihrer Pilgerfahrt mit 50 Jahren wird ihr Alltag durch die täglichen religiösen Praktiken strukturiert. Sie betet fünfmal am Tag, besucht täglich die Moschee, liest täglich aus dem Koran und fastet im Fastenmonat Ramadan. Vor ihrer Verrentung hatte die Orthopraxie, d. h. die Erfüllung der religiösen Gebote im Alltäglichen, keine besonders wichtige Rolle gespielt, lediglich gefastet habe sie. Das Pflichtgebet habe sie seit 1990 hin und wieder verrichtet, aber nicht regelmäßig und beständig. Die Unregelmäßigkeit erklärt sie mit ihrer Berufstätigkeit und der dadurch bedingten Müdigkeit.

---

14 „,So ein großes Mädchen', haben sie gesagt, ‚geht doch nicht in die 1. Klasse'". (‚Koca kız', dediler, ‚1. sınıfa gider mi?').
15 „Türkiye'de yoksulluk çektik. Burda da çalıştık, zorluk çektik."

Die Zunahme der religiösen Alltagspraktiken hängt (1) mit ihrem Alter und in diesem Zusammenhang mit der Hoffnung auf das Paradies[16] zusammen. Nach dem kulturell geprägten Verständnis könne man auch im Alter mit der Ausübung der religiösen Praktiken beginnen, um ins Paradies zu gelangen, falls man diese zuvor nicht kontinuierlich verrichtet hat bzw. verrichten konnte. Auch die erst im Alter durchgeführte Pilgerfahrt ist teilweise dieser Sichtweise geschuldet.[17] Zudem wird (2) durch das Verscheiden des Ehemannes die Auseinandersetzung mit einem Leben nach dem Tod virulent. (3) hebt Großmutter Berivan[lte] die Wichtigkeit der sozialen Anbindung an die Moscheegemeinde hervor.

„Als ich dann zu Hause geblieben bin, ist eine Leere entstanden. Ich war doch an Arbeit gewöhnt. Ich kann nirgendwo hingehen. Die Kinder sind verheiratet. Mich hat dann so eine Art innere Unruhe befallen."[18]

Eine weitere Lesart für ihre Hinwendung zur Religion im Alter könnte (4) auch eine Beeinflussung durch das religiöse Leben ihrer Tochter Berrin[2te] sein. Großmutter Berivan[lte] – selbst religiös sozialisiert – kam durch ihre Tochter aktiv und fortlaufend mit einer religiösen Lebensführung in Berührung, sodass die verstärkte Hinwendung zur Religion auch der engen Mutter-Tochter-Beziehung geschuldet sein könnte. Ob und inwiefern eine Einflussnahme von der Tochter auf die Mutter stattgefunden hat, werden weitere Analysen aufzeigen.

Die Wiederbelebung der religiösen Alltagspraktiken führt bei Großmutter Berivan[lte] zu dem Wunsch, den Koran in der Offenbarungssprache, nämlich auf Arabisch, lesen zu können.[19] Damit knüpft sie an ihre erste Lernerfahrung an, die sie in der Moschee während des Koranunterrichts gemacht hat. Nach ihrem

---

16 Nach islamischem Verständnis erhält der/diejenige Eintritt ins Paradies, der/die mit Beginn der religiösen Mündigkeit ein gottgefälliges Leben geführt hat, wozu auch das Erfüllen der fünf Säulen gehört (das Ablegen des Glaubensbekenntnisses vor Zeugen, das täglich fünfmalige Verrichten des Pflichtgebets, die jährliche Abgabe der Almosensteuer an Bedürftige, das Fasten im Monat Ramadan sowie einmalig – wenn möglich – die Pilgerfahrt nach Mekka). Dies ist eine sehr verkürzte und unvollständige Darstellung zu den Handlungen, die ins Paradies führen können (mehr dazu z. B. in Mourad et al. 2008).
17 Nach islamischem Verständnis ist die Pilgerin/der Pilger nach der Pilgerfahrt sündenfrei (Mourad et al. 2008, S. 317). Eine späte Pilgerfahrt mit anschließend konsequent ausgeführten religiösen Alltagspraktiken kann nach dem kulturellen Verständnis eine gute Möglichkeit sein, um ins Paradies zu gelangen.
18 „Evde de kalınca da boşluk oldu. İşe alıştıydım ya. Hiçbi yere gidemiyom, gelemiyom. Çocuklar evlendiler. Ben sanki böyle bi sıkıntıya düştüm."
19 Nach islamischem Verständnis wird die Rezitation des Korans in der Offenbarungssprache belohnt – unabhängig davon, ob das Gelesene verstanden wird (Mourad et al. 2008, S. 320). Nach einem Ausspruch des Propheten Muhammad wird eine Person, die sich besonders bemüht den Koran auf Arabisch zu lesen, sogar doppelt belohnt (Kandhelwi 2009, S. 205). Somit sind das Koranlesen, wie auch die Pilgerfahrt und die täglich ausgeführten Pflichtgebete im Zusammenhang mit dem erhofften Seelenheil zu sehen.

Lernerfolg im Koranunterricht möchte sie auch in ihrer Herkunftssprache lesen und schreiben lernen und fragt im Moscheeverein nach. Eine Seniorin verspricht ihr, einen türkischen Alphabetisierungskurs anzubieten, wenn mindestens zehn Frauen an diesem teilnehmen. Großmutter Berivan[lte] mobilisiert 25 Frauen und nimmt zwei Jahre lang erfolgreich an dem Kurs teil.

Zusammenfassend ist festzustellen, dass der unerfüllte Bildungswunsch durch den Erwerb religiöser Bildung sowie die Alphabetisierung teilweise nachgeholt wird – und zwar an dem Ort, den sie in ihrer Kindheit, wenn auch nur temporär, als einzigen Möglichkeitsraum für Bildungserwerb durch den angebotenen Koranunterricht kennengelernt hat, nämlich in der Moschee.

4.2 Berrin Bayram[2te]: Die Bildungsaufsteigerin – Religion als Distinktionsmerkmal

4.2.1 Der formale Bildungsweg

Berrin[2te] besucht in der Türkei die erste und zweite Klasse und wird in Deutschland in die dritte Klasse, in eine sogenannte „Ausländerklasse"[20], eingeschult. Nach der Grundschule wechselt sie auf eine Hauptschule und erlangt ihren erweiterten Hauptschulabschluss. Die erfolglose Suche nach einer Ausbildungsstelle als Krankenschwester führt bei ihr zu dem Entschluss, die schulische Karriere fortzusetzen. 1979 erreicht sie ihren Realschulabschluss. Auf Wunsch ihres Vaters bewirbt sie sich um einen Ausbildungsplatz zur Bankkauffrau; die erneute erfolglose Bewerbungsrunde mündet in der Fortführung der Schullaufbahn an einer Fachschule. Nach Erlangung des Fachabiturs mit dem Schwerpunkt Wirtschaft und Verwaltung schließt sie erfolgreich das Studium der Betriebswirtschaftslehre ein halbes Jahr vor der regulären Studienzeit ab.

Als älteste Tochter von ArbeitsmigrantInnen, die Mutter Analphabetin, der Vater ungelernter Arbeiter, ist Berrin[2te] sukzessive der Bildungsaufstieg vom Hauptschulabschluss zum Fachhochschulabschluss gelungen. Ihre Bildungskarriere ist kein direkter, ungebrochener Bildungsweg, sondern ein hürdenreicher Weg.

Im Werdegang der Tochter Berrin[2te] hat die Aneignung von Bildung einen zentralen Stellenwert. Für Berrin[2te] steht fest: Sie will weder eine Stelle als ungelernte Arbeiterin annehmen, was Ende der 70er Jahre durchaus möglich gewesen wäre, wie sie betont. Noch will sie einen der damals wie heute für Hauptschülerinnen mit Migrationshintergrund klassischen Frauenausbildungsberufe, wie der Friseurin oder Verkäuferin, erlernen (vgl. Datenreport zum Berufsbildungsbericht 2013). Berrin[2te] will etwas „Höheres". Sie will sich explizit von ih-

---

20 Mehr dazu in Czock 1993.

ren Klassenkameradinnen unterscheiden und strebt daher zunächst den Beruf der Krankenschwester an, welchen sie mit einem höheren sozialen Status verbindet. Damit beabsichtigt sie, in Abgrenzung zu ihren Klassenkameradinnen, in einem sozial anerkannteren Frauenausbildungsberuf tätig zu sein. Die entsprechende Berufswahl soll ihr die soziale Mobilität und gleichzeitig die Distanzierung vom Arbeitermilieu ermöglichen. Beide Orientierungsmuster (Wunsch nach sozialer Mobilität und sozialer Abgrenzung) sind in Relation zueinander zu verstehen.

„Viele[21] meiner Freundinnen haben nach der zehnten Klasse zum Beispiel (3 Sek.) einfachere Berufe, haben sie gelernt – wie soll ich sagen – das, das Übliche immer, einfach nicht, aber das Übliche, dass die Mädchen Frisörin gelernt haben und die Jungs Kfz-Mechaniker. Das war Ende siebziger Jahre nach der zehnten Klasse üblich, sag ich mal so, dass man sofort (3 Sek.) in ein Ausbildung reingeht, wenn man genommen wird oder damals war das dann auch nicht so schwer wie heute, dass man in eine Firma als einfacher (2 Sek.) Arbeitnehmer anfangen durfte. (3 Sek.) Ohne ein Beruf äh Berufsausbildung gemacht zu haben. Am Fließband oder an eine automatischen Maschine oder so in eine Firma. (3 Sek.) haben auch viele das so gemacht. Oder als Verkäuferin, ne? Entweder mit Ausbildung oder ohne Ausbildung, damals konnte man noch anfangen, Ende siebziger Jahre. Das haben denn auch viele Mitschüler gemacht, also (3 Sek.) es sind dann sehr wenige, die dann (3 Sek.) so ähm was Höheres gelernt haben (4 Sek.) wie ich oder wie, wie eine Sozialar-, -arbeiterin oder so, Erzieherin."

Bei ihrem Entschluss spielen ihre Eltern eine bedeutende Rolle. Sie sind nicht auf das zusätzliche Einkommen durch das Lehrgehalt der Tochter bedacht, entscheidend ist die höhere formale Bildung, welche bei einer Rückkehr in die Türkei positiv für die gesamte Familie zum Tragen kommen würde. Die Tochter soll „was werden".

„Meine Familie hat mich dann unterstützt, meine Familie hat nicht gesagt: ‚Jetzt hast du deine zehnte Klasse beendet, geh' und verdiene Geld, bring Geld nach Hause, wir wollen eh so schnell wie möglich wieder in die Türkei gehen.' Das hat meine Familie nicht gesagt. Die haben gesagt: ‚Also, du kannst so lange zur Schule gehen, bis du sagst, (2 Sek.) jetzt bin ich was geworden'."

In diesem Zusammenhang ist die klare Berufsvorstellung von Vater Burhan für seine Tochter Berrin[2te] zu sehen, welcher ihr zu einer kaufmännischen Ausbildung

---

21   Viele = betont

rät. Es ist anzunehmen, dass bei der väterlichen Wahl des Ausbildungsberufes für seine Tochter zum einen die soziale Anerkennung des ausgeübten Berufs in der Türkei eine wichtige Rolle spielt und zum anderen die Übertragbarkeit des Berufsabschlusses auf dem türkischen Arbeitsmarkt. So wären der soziale Aufstieg und der erfolgreiche Abschluss des intergenerationalen Migrationsprojektes bei der Rückkehr in die Türkei gewährleistet. Berrin[2te] begründet rückblickend ihre Motivation, stets den nächst höheren formalen Abschluss erreichen zu wollen, mit der Auseinandersetzung mit der elterlichen Migrationssituation, insbesondere mit den körperlich harten Arbeitsbedingungen als ungelernte ArbeiterInnen. Vor allem der Ratschlag ihrer Mutter, einen körperlich weniger anstrengenden Beruf zu ergreifen, was lediglich über eine höhere Schulbildung möglich ist, bleibt für sie prägend.

„Sogar meine Mutter hat gesagt, also sie hat am Fließband gearbeitet und hat gesagt: ‚Also, das ist da nicht einfach.' Weil dieses Tempo vom Fließband unmöglich war, das war dann alles zu schnell und hat sie gesagt: ‚Tochter, lern ein Beruf, wo du dein Geld äh *mit der Spitze von einem Stift verdienen kannst', so jetzt übersetzt, ja, also (4 Sek.). Vielleicht war das der Knackpunkt, dass ich dann doch jetzt diese Tätigkeit ausübe (1 Sek.) in ein Büro, ja. (3 Sek.). Es muss schon was da dran sein, dass die Eltern schwer gearbeitet haben, das Geld schwer verdient haben, dass mich denn da mich selbst dazu bewegt hat, zu studieren. (2 Sek.). So denke ich jetzt im Nachhinein."*

Berrin[2te] nimmt den elterlichen Bildungsauftrag an und setzt ihn erfolgreich um. Ihr gelingt die soziale Mobilität und damit die Unterscheidung vom Arbeitermilieu. Sie ist stolz darauf, in einer „weltberühmten, bekannten Firma" ihr Praktikum während ihrer Weiterbildung zur Managementassistentin absolviert zu haben und seit 17 Jahren ohne Unterbrechung in einer anderen „weltbekannten Firma" in der Buchhaltung tätig zu sein. Ihr Distinktionsbewusstsein unterstreicht sie auch mit der Aussage, dass ihre Erwerbstätigkeit ihrem Studienabschluss entspräche. Sie muss nicht wie ihr Mann, ebenfalls Akademiker, in Schichtarbeit und über eine längere Zeit in befristeten Anstellungsverhältnissen tätig sein.

Zusammenfassend ist festzuhalten, dass die Mobilitätsbestrebungen der ersten Generation an die Nachkommen – im Sinne eines ‚Projekts' – weitergegeben werden. Berrin[2te] erweitert ihn zusätzlich um die religiösen Alltagspraktiken, die einerseits ihren Alltag stark strukturieren und andererseits als Distinktionsmerkmal fungieren.

4.2.2 Die religiöse Entwicklung

Wie und auf welche Weise Berrins[2te] religiöse Entwicklung mit ihrer erfolgreichen Bildungskarriere verknüpft ist, wird nun im Folgenden dargelegt.

Berrin[2te] hebt im Interview wiederholt ihre eigenständige und autonome Entscheidung, ihren Alltag anhand der religiösen Praktiken zu gestalten, hervor. Sie habe ihre Entscheidung für eine religiöse Lebensführung ohne elterliches Vorbild getroffen bzw. treffen müssen. In ihrer Familie wäre weder über den Islam gesprochen noch wäre er praktiziert worden, sodass sie auch nicht religiös erzogen worden sei. Ihre Eltern hätten nach Berrins[2te] Ansicht zumindest die Grundkenntnisse befolgen sollen, was sie aber „nicht immer unbedingt" befolgt hätten. Während ihrer Erzählung betont sie, dass sie selbst mit der Religion in der vierten oder fünften Klasse durch eine Mitschülerin in Berührung gekommen sei. Diese Mitschülerin, die auch gleichzeitig ihre Freundin war, besuchte den Koranunterricht in einem Moscheeverein und Berrin[2te] habe sich „plötzlich entschieden", dass sie ebenfalls an dem Koranunterricht teilnehmen und den Koran auf Arabisch lesen lernen wolle. Der Vater habe den Wunsch der Tochter nicht nachvollziehen können.

Seine skeptische Haltung ist dem Wunsch nach sozialem Aufstieg geschuldet, welcher eher durch in der Gegenwart (bzw. im Berufsleben) verwertbares Wissen erreicht werden könne, als (religiöses) Wissen, womit man „nichts anfangen" könne. Die skeptische Haltung könnte auch mit der – von der Tochter attestierten – nicht religiös geprägten Lebensführung in Zusammenhang stehen.

Letztendlich darf Berrin[2te] den Koranunterricht besuchen und nimmt mit zehn Jahren zwei Jahre lang täglich sehr gerne nach der Schule daran teil. Während des Koranunterrichts entkommt sie den beengten Wohnverhältnissen und der Verantwortung für den jüngeren Bruder. Zudem nimmt sich der Lehrer Zeit für die Kinder und achtet ihre Bedürfnisse. Die vollzeitbeschäftigten Eltern und die Lehrenden in der Schule können diesen nicht immer nachkommen.

„[...] er [der Lehrer, CKR] war super, sehr nett zu den Kindern und wir wollten gar nicht von der Moschee wieder nach Hause kommen, ja, wir haben uns da so wohl gefühlt [...]."

Angesichts des Fehlens eines bekannten sozialen Umfelds, der sprachlichen Hürden, der langsam einsetzenden schulischen Erfolge und der vollzeitbeschäftigten Eltern, bietet der Koranunterricht eine Kompensationsmöglichkeit für die herausfordernde schulische und familiäre Situation.

Auch als Jugendliche ist ihre Freizeitgestaltung stark durch religiöse Praktiken, wie beispielsweise durch die Teilnahme an religiösen Vorträgen in der Moschee, strukturiert. Intrinsisch motiviert und ohne elterliche Vorbilder oder deren

Ansporn, wie sie mehrfach betont, habe sie als Einzige in der Familie mit 16 Jahren täglich das fünfmalige Pflichtgebet zu verrichten begonnen. Mit 17 Jahren habe sie sich entschlossen das muslimische Kopftuch zu tragen. Damit verleiht ihr die muslimische Kopfbedeckung einen weiteren Status, nämlich den der „Seltenheit".

„Also damals war so religiöse Mädchen mit Kopftuch nicht überall zu finden und @zu haben oder so, wenn ich das so sagen darf@[22] es war eine Seltenheit."

Die muslimische Kopfbedeckung fungiert als Distinktionsmerkmal und wird als solches identitätsstiftend wirksam.

Auch ihre Partnerschaftsvorstellungen sind durch ihre Religiosität und den Wunsch nach einem Partner, der „eine Seltenheit" darstellt, bestimmt.

„Ich hab dann mein Mann äh nur deshalb ‚ja' gesagt, weil ich gehört hab, dass er denn auch betet. Damals war auch in der Anfang achtziger Jahre auch einen jungen Mann zu finden, die auch betet, auch nicht gang und gäbe, das war eine Seltenheit."

Trotz der immensen Bedeutung der religiösen Lebensführung fällt auf, dass sie zwölf Jahre lang während der Arbeitszeit auf das Tragen der muslimischen Kopfbedeckung verzichtet hat. Eine einschneidende Erfahrung verleitet sie zu dieser Entscheidung: Nach ihrem Studium bewarb sie sich, im Rahmen einer Weiterbildungsmaßnahme zur Managementassistentin, um eine Praktikumsstelle und wurde, gleich nachdem sie den Raum zum Vorstellungsgespräch betrat, aufgrund der muslimischen Kopfbedeckung aus dem Raum verwiesen. Diese Erfahrung demütigt sie dermaßen, dass sie für alle weiteren Vorstellungsgespräche die muslimische Kopfbedeckung ablegt und nach ihrer Anstellung in dem Telekommunikationsunternehmen über zwölf Jahre ohne Kopfbedeckung arbeitet. Erst als ihre ArbeitskollegInnen erfahren, dass sie außerhalb der Arbeitszeiten eine muslimische Kopfbedeckung trägt, sprechen sie sie an und bestärken sie darin, auch während der Arbeitszeit nicht auf das Tragen der muslimischen Kopfbedeckung zu verzichten.

Im Gegensatz zu ihrem privaten Umfeld fungiert die muslimische Kopfbedeckung im Berufsleben nicht als positives Distinktionsmerkmal; sie führte vielmehr zur Diskriminierung und erschwerte die Arbeitsmarktintegration, sodass sie sich über ein Jahrzehnt gegen das Tragen der muslimischen Kopfbedeckung im Beruf entschied.

---

22   @zu haben oder so, wenn ich das so sagen darf@ = lachend gesprochen

4.3 Betül Bayram[3te]: Die religiös Vorbildliche – Religion als Abgrenzungsmittel

4.3.1 Der formale Bildungsweg

Der schulische Werdegang von Betül[3te], 18, beginnt mit einem kurzen Besuch der Kindertagesstätte, gefolgt von einem Grundschulbesuch mit Realschulempfehlung. Die zuerst besuchte Realschule verlässt sie aufgrund des dortigen Lehrstoffs auf gymnasialem Oberstufenniveau und wechselt auf eine ‚leichtere' Realschule. Sie erwähnt ausdrücklich, dass sie auch ihr Abitur geschafft hätte, wenn sie mehr „Lust" gehabt hätte. Nach erfolgreichem Abschluss der Realschule beginnt sie eine Ausbildung als Kauffrau für Bürokommunikation. Mittlerweile sei sie zu dem Entschluss gelangt, ihre schulische Karriere nach Beendigung ihrer Ausbildung fortzusetzen.

„[...] ich [möchte] auf jeden Fall studieren und dann-, also ich möchte so weit wie möglich kommen, damit ich eine gute Arbeitsstelle habe."

Dabei habe sie die Erkenntnis, dass die Arbeitswelt „kein Kinderspiel ist" und dass sie mit ihrem Berufsabschluss ihren Arbeitsplatz mit weiteren KollegInnen teilen muss, zu dieser Entscheidung bewogen. Sie strebt eine „gute Arbeitsstelle" an, was sie zum Interviewzeitpunkt mit einer gehobenen Bürotätigkeit verbindet. Sie wünscht sich einen eigenen Schreibtisch, Computer und ein eigenes Telefon, zu welchem nur sie Zugang hat – genau wie ihre Mutter auch.

Ein weiterer Beweggrund, weswegen sie nunmehr ein Studium absolvieren will, liegt in ihrem Wunsch, eine „Person [zu] werden, die viel Wissen" hat. Ihr Anliegen ist es, durch hohe formale schulische Bildung im sozialen Milieu Anerkennung zu finden. Ihre soziale Selbstplatzierung soll durch den Fachschul- und anschließend den Fachhochschulabschluss gelingen.

„Und äh (2 Sek.) auch wenn ich mit den, mit meinen Freunden rede, mit meinen Freundinnen, dann sag ich das auch immer. ‚Wenn du eine Frage haben würdest, würdest du zu einem Arbeitslosen oder einem-' äh (3 Sek.) – ja, wie soll ich's sagen – also ‚wenn du eine Frage hast zum Beispiel, würdest dann lieber zu einem, zu einer Person hingehen, die studiert hat, die viel Wissen hat oder zu einer Person hingehen, die gar nichts weiß, die gar nicht zur Schule gegangen ist, einfach nur nach der zehnten Klasse zu Hause, einfach zu Hause war?' Na dann sagen die natürlich: ‚Natürlich, ich würde zu der Person hingehen, der viel in der Schule war, viel Wissen hat, Allgemeinwissen hat, weil der kann mir weiterhelfen – egal in

welchem Bereich'. Na ja, wieso soll ich nicht so eine Person werden, die viel Wissen haben."

Sie kann sich durchaus vorstellen, genau wie ihre Mutter Betriebswirtschaftslehre zu studieren, zumal sie jetzt durch ihre Ausbildung mit den Themen Rechnungswesen und Wirtschaftslehre vertraut sei. Zudem bestätigt Betül³ᵗᵉ, dass ihre Mutter ihr ein großes Vorbild ist.

Zusammenfassend kann gesagt werden, dass Betül³ᵗᵉ bis zum Interviewzeitpunkt ihren Schwerpunkt auf die Aneignung non-formaler Bildung gelegt hat. Das Erlangen von religiös konnotiertem Wissen hatte eine größere Priorität als die „ungern" besuchte Schule. Dies soll nun im nächsten Abschnitt näher ausgeführt werden.

4.3.2 Die religiöse Entwicklung

Betül Bayram³ᵗᵉ, 18, wird mit dem religiös geprägten familiären Habitus sozialisiert. Zum Interviewzeitpunkt nehmen die familiären als auch die eigenen religiösen Praktiken in ihrem Alltag einen außerordentlich wichtigen Platz ein. Auf die Frage, „Wie beeinflusst die Religion dein Leben?" antwortet sie, dass die Religion an erster Stelle bei ihr stünde,

„sei es jetzt mit dem Gebet oder mein Kopftuch, (2 Sek.) also keiner kann etwas sagen".

Die resolute Hervorhebung, dass sich niemand weder beim Verrichten des Gebets, noch beim Tragen der muslimischen Kopfbedeckung, also beim Ausleben der religiösen Praktiken im öffentlichen Raum, einmischen könne, kann als Antwort auf die Diskriminierungs- und Ausgrenzungserfahrungen ihrer Mutter gedeutet werden, obgleich sie diese Erfahrungen im Interview nicht erwähnt. Weiterhin kann ihre (trotzige?) Haltung ihren Anspruch ausdrücken, von der Mehrheitsgesellschaft für ihre öffentlich gelebte religiöse Lebensführung akzeptiert zu werden.[23]

Im weiteren Verlauf des Interviews erzählt sie sehr ausführlich und eindrücklich über den Stellenwert der islamischen Religion und religiösen Lebensführung in ihrem Alltag. Sie bete und faste seit ihrem elften und trage die muslimische Kopfbedeckung seit ihrem zwölften Lebensjahr. Sie betont mehrfach, dass ihre Eltern sie weder zum Beten noch zum Tragen der muslimischen Kopfbedeckung

---

[23] Im Interview thematisiert Betül³ᵗᵉ keine expliziten Diskriminierungs- sowie Ausgrenzungserfahrungen. Ihre Mutter hat allerdings die geringer werdenden schulischen Ambitionen von Betül³ᵗᵉ mit ihrer Resignation begründet. Betül³ᵗᵉ habe mit ihrer muslimischen Kopfbedeckung keine Chancen auf dem Arbeitsmarkt gesehen und sich daher nicht für eine höhere formale Bildung motivieren können. Dieses Gespräch mit Betüls³ᵗᵉ Mutter fand statt, nach dem das Interview beendet und das Aufnahmegerät abgestellt worden war.

noch zum Fasten gezwungen hätten, diese wären ihre eigenen Entscheidungen gewesen. Dabei liegt die Betonung nicht auf dem vermeintlichen elterlichen Zwang, sondern auf ihrer eigenen Entschlossenheit. Ihre Eltern selbst bezeichnet sie als „nicht so streng gläubig". So kann sie ihre eigene Religiosität in Abgrenzung zu ihren Eltern als „strenger" darlegen. Mit dem Beten hätte sie „einfach so spontan" angefangen. Anfangs habe sie nicht immer akkurat zur Gebetszeit[24] das Gebet verrichtet. Beispielsweise hätte sie beim Fernsehen auch mal die Gebetszeit verstreichen lassen und das Gebet zu einem späteren Zeitpunkt nachgeholt. Die Beeinflussung durch die betenden Eltern oder die Großmutter, den Koranunterricht sowie durch (betende) Freundinnen wird von ihr nicht thematisiert. Sie stellt es als ihre eigenständige, bewusst getroffene Entscheidung dar.

Und mit den Jahren wäre sie „immer strenger, immer strenger" geworden. Inzwischen befolge sie die religiösen Gebote sehr gewissenhaft und bete auch in der Schule während der Pausen, an ihrem Ausbildungsort oder im weiteren öffentlichen Raum, z. B. in Umkleidekabinen von Warenhäusern, wenn die Gebetszeit auf den Einkauf falle. Sie lasse für sich keine Ausnahmen, Entschuldigungen oder Erleichterungen zu, um ein religiöses Gebot nicht zu erfüllen bzw. verspätet zu erfüllen.

Dabei hat ihre außerfamiliäre religiöse Bildung durch den mütterlichen Zwang begonnen. Mit acht Jahren musste sie auf Druck ihrer Mutter für drei Jahre in den Moscheeverein zum Koranunterricht gehen. Nach einer einjährigen Pause beginnt sie mit zwölf Jahren, motiviert durch ihre Freundin, erneut an einem Koranunterricht teilzunehmen; dieses Mal in einem anderen Moscheeverein. Der Unterricht gefällt ihr so gut, dass sie ihn die nächsten zwei Jahre regelmäßig besucht. Anschließend nimmt Betül[3te] bis zu ihrem 16. Lebensjahr, wieder angeregt durch ihre Freundin, an einem samstags stattfindenden islamischen Gesprächskreis[25] teil. Zum Interviewzeitpunkt besucht Betül[3te] sehr interessiert einen neuen samstags stattfindenden Gesprächskreis. Das Besondere an diesem neuen Gesprächskreis ist die Teilnahmebedingung: es dürfen nur unverheiratete junge Frauen teilnehmen. Die jungen ledigen Frauen sollen bedenkenlos ihre jugend- und geschlechtsspezifischen Fragen stellen können, die die Leiterin aus-

---

24 Die täglichen fünf Pflichtgebete (Morgen-, Mittag-, Nachmittag, Abend- und Nachtgebet) sollen je nach Sonnenstand innerhalb einer bestimmten Zeitspanne verrichtet werden. Nach der Sunna des Propheten Muhammad ist das Verrichten der Pflichtgebete zu Beginn der Gebetszeit verdienstvoller als zum Ende hin (Zaidan 2009, S. 86f.; Kandhelwi 2009, S. 305). Wer das Pflichtgebet nicht in der vorgegeben Zeitspanne verrichten kann, hat die Möglichkeit das Gebet nachzuholen (Zaidan 2009, S. 159).
25 Moscheevereine als auch weitere islamische Bildungseinrichtungen bieten Gesprächskreise (türk. „sohbet") an. Hierbei werden religiöse Inhalte und Themen meist von jungen (Theologie-) Studierenden vorgetragen und anschließend gemeinsam erörtert.

führlich und nach islamischem Verständnis beantwortet.[26] Die Lehrerin ermutige die jungen Frauen, ihre Fragen uneingeschränkt zu stellen: „Seid offen, im Islam muss man sich nicht schämen, man muss alles wissen, kennen lernen [...]". Für die jungen Frauen ist es ein geschützter Ort, an dem sie, ohne sich „zu schämen", ihre Fragen stellen und sich austauschen können.

Zusammenfassend ist festzuhalten, dass die Ähnlichkeiten zur Jugendphase ihrer Mutter augenfällig sind. Betül[3te] beginnt sich „spontan" (Berrin[2te] „plötzlich") mit religiösen Inhalten auseinanderzusetzen und auch sie attestiert ihren Eltern eine geringere Religiosität. Ebenfalls definiert sie ihre Religiosität in Abgrenzung zu ihren Eltern. Dabei hebt sie vor allem ihre autonome Entscheidung für die religiöse Lebensweise hervor und beschreibt diese als kennzeichnend für ihr Selbstverständnis. Die schulische Karriere ist bis zum Beginn der Ausbildung zweitrangig.

5. Schlussfolgerungen

In dem Beitrag ging es darum, die intergenerationale Transmission religiöser Alltagspraktiken in Relation zu Bildungsbestrebungen und Bildungsverläufen aufzuzeigen.

Anhand der bisherigen Ergebnisse ist festzustellen, dass zum Interviewzeitpunkt das alltägliche Leben der Frauen der Familie Bayram von der ersten bis zur dritten Generation durch ihre gelebten religiösen Praktiken gekennzeichnet ist. Bei der Familie Bayram ist eine von Generation zu Generation stärker werdende religiös geprägte Alltagspraxis zu beobachten. Dabei ist einerseits die Intensität der ausgeführten religiösen Praktiken bei der jeweiligen Generation als auch der biografische Zeitpunkt für die Zunahme der Intensität bedeutsam.

Für Berivan[1te] bekommen die religiösen Praktiken erst im Alter eine strukturierende Funktion im Alltagshandeln. Vor dem Hintergrund ihrer Bildungsbiografie wird durch die religiöse Bildung die Aneignung formaler Bildung erst möglich. Verhinderte Bildungswünsche kann sie mit Hilfe der Religion (Alphabetisierungskurs im Moscheeverein) nachholen. Somit kann die islamische Religion in der Biografie von Berivan[1te] als zentrale Selbstwirksamkeitserfahrung rekonstruiert und als Initiierung von Bildungserwerb gesehen werden. Dabei fungiert der Moscheeverein als Möglichkeitsraum für Bildungsprozesse (Koranunterricht, Alphabetisierungskurs, Gesprächskreise) und ist gleichzeitig ein Treff-

---

26 Dabei sind Themen wie Körperpflege, Verliebtsein, Beziehungen vor der Ehe, Wahl des Ehemannes, Rechte und Pflichten der Ehefrau/des Ehemannes, ausgefüllte Sexualität in der Ehe und dergleichen dominierend.

punkt mit Gleichaltrigen, der als Ort für soziale Beziehungen sowie emotionalen Halt bedeutsam ist. Darüber hinaus stellt die verstärkte Hinwendung zur Religion eine Bewältigungsstrategie dar, um mit ihrer Situation als Rentnerin und Witwe gut zurechtzukommen.

Berrins[2te] Bildungsbiografie zeichnet sich durch ihren unbedingten Wunsch des sozialen Aufstiegs aus. Ihr Bildungsaufstieg ist außerordentlich: Trotz des Mangels an institutionalisiertem kulturellen Kapital in der Elterngeneration sowie der eigenen Migrationserfahrung mit acht Jahren und der damit einhergehenden schulischen Hürden, erlangt Berrin[2te] schrittweise und sehr mühsam ihren Fachhochschulabschluss in Betriebswirtschaftslehre und ist seit 21 Jahren Vollzeit erwerbstätig.

Das abschreckende Beispiel der beruflichen Situation der Eltern sowie deren hohe Aspiration, sie möge einen sozial anerkannten Beruf erlernen, wirken hierbei unterstützend. Berrin[2te] nimmt den elterlichen Auftrag nach sozialer Mobilität an und führt das Migrationsprojekt zum Erfolg.

Die verstärkte Auseinandersetzung mit religiösen Inhalten und das Praktizieren der religiösen Gebote ist dagegen als ihr eigenes Projekt zu verstehen. Für Berrin[2te] bietet die Religion zu Beginn ihrer schulischen Laufbahn in Deutschland ein neues soziales Umfeld, welches ihr Geborgenheit und Halt vermittelt sowie die herausfordernde familiäre und schulische Situation teilweise kompensiert. Damit ist die islamische Religion seit ihrer Kindheit positiv besetzt. Zusätzlich fungiert die Religion bzw. die mit ihr verbundenen Praxisformen als Distinktionsmerkmal gegenüber ihren Eltern, der türkischen Community als auch der Mehrheitsgesellschaft. Sie verleihen ihr den Status einer „Seltenheit". Berrin[2te] möchte in ihrem selbstgewählten sozialen Umfeld ihr Ansehen erhöhen. Zusätzlich ermöglicht ihr dieser Status, sich von ihren Eltern zu lösen, ohne sich von dem gemeinsamen kulturell-religiösen Erlebnisbereich zu distanzieren. Dabei entwickelt und verwirklicht sie eine eigenständige Interpretation der kulturell-religiösen Lebensweise. Durch religiöse Distinktion wird die adoleszente Ablösung verstärkt.

Betül[3te], die befragte dritte Frauengeneration, kann auf das institutionalisierte kulturelle Kapital beider Elternteile zurückgreifen. Zusätzlich erlebt sie die Bestrebungen ihrer Großmutter, ihr religiöses als auch ‚weltliches' Wissen im Alter zu erweitern. Doch führt das vorhandene institutionalisierte als auch das inkorporierte kulturelle Kapital nicht direkt zum Abitur. Zum Interviewzeitpunkt ist es Betül[3te] nicht möglich, den Akademikerstatus der Eltern zu halten. Nach ihrem Realschulabschluss beginnt sie eine Ausbildung zur Bürokauffrau. Erst die Erfahrungen während der Ausbildung führen bei Betül[3te] zum Wunsch, ihre schulische Karriere fortzusetzen und wie ihre Mutter Betriebswirtschaftslehre zu studieren. Insofern sie ihre Bestrebungen nach einem Hochschulabschluss realisiert, geht sie wie ihre Mutter einen Bildungsweg, der mit Umwegen verbunden ist. So wäre bei dem angestrebten Bildungsabschluss als auch dem beschrittenen Weg dorthin eine gewisse Parallelität zwischen Berrin[2te] und ihrer Tochter Betül[3te] zu verzeichnen.

Für Betül[3te] bietet die Religion eine Möglichkeit, ihre geringere Schulbildung (als die ihrer Eltern) durch religiöses Wissen auszugleichen und sich scheinbar vom elterlichen Bildungsauftrag zu distanzieren. Die Priorisierung der religiösen Bildung als auch die konsequente Ausübung der religiösen Praktiken gestatten ihr, sich dennoch als erfolgreich bzw. erfolgreicher als ihre Eltern und auch ihre Großmutter zu empfinden. Denn sie hat viel früher als ihre Mutter und Großmutter angefangen, regelmäßig zu beten und auch die muslimische Kopfbedeckung zu tragen. Zudem ist die religiöse Lebensführung sowie das Aneignen religiösen Wissens eine von den Eltern, insbesondere von der Mutter, sehr akzeptierte Handlungsorientierung. Folglich kann die Abgrenzung mit Hilfe der Religion und letztlich die Ablösung von den Eltern erleichtert vonstattengehen.

Zusammenfassend ist hervorzuheben, dass in der Familie Bayram der Bildungserwerb einen hohen Stellenwert hat und in Verbindung mit der Aneignung religiöser Bildung auftritt, jedoch je nach Generation mit unterschiedlicher biografischer Bedeutsamkeit. So konnte Religion bzw. Religiosität – im metaphorischen Sinne – als Leiter für Bildungsprozesse sichtbar gemacht werden. Bei der ersten befragten Generation führte sie zur Alphabetisierung und bei der zweiten Generation zu einem positiven und selbstbewussten Selbstbild, was wiederum gepaart mit dem elterlichen Mobilitätsauftrag die schulische Karriere positiv beeinflusste. Für die dritte Generation bieten die islamischen Gesprächskreise einen alternativen Raum für Bildungsprozesse und kompensieren die „Unlust" an der Schule und der nicht erreichten Hochschulreife. Dabei dienen die verstärkte Hinwendung zur Religion und die konsequente Ausübung der religiösen Alltagspraktiken als Distanzierung vom elterlichen Bildungsauftrag. Somit führt das Hilfsmittel, die „Religionsleiter", nicht immer zu einem höheren formalen Bildungsabschluss.

Die biografischen Rekonstruktionen zeigen auf, dass die alltäglich gelebten religiösen Praktiken die jeweiligen Bildungsverläufe innerhalb einer Dreigenerationenfamilie sowohl fördern als auch beeinträchtigen können.

Abschließend ist hervorzuheben, dass Moscheevereine für alle drei befragten Generationen einen zusätzlichen Möglichkeitsraum für Bildungsprozesse dargeboten haben. Der Effekt dieses Möglichkeitsraums ist aber stark von den pädagogischen Kompetenzen der unterrichtenden Personen und dem biografischen

Erfordernis dieses Bildungsortes für die jeweilige Generation im migrationsgesellschaftlichen Zusammenhang abhängig.

Literatur

Apitzsch, U. (1990). Besser integriert und doch nicht gleich. Bildungsbiographien jugendlicher Migrantinnen als Dokumente widersprüchlicher Modernisierungsprozesse. In: Rabe-Kleberg, U.: Besser gebildet und doch nicht gleich! Frauen und Bildung in der Arbeitsgesellschaft (S. 197-217). Bielefeld: Kleine Verlag.

Apitzsch, U. (2008): Zur Dialektik der Familienbeziehungen und zu Gender-Differenzen innerhalb der Zweiten Generation. In: Scheifele, Sigrid (Hrsg.): Migration und Psyche. Aufbrüche und Erschütterungen (S. 113-135). Gießen: Psychosozial-Verlag.

Autorengruppe Bildungsberichterstattung (Hrsg.) (2010): Bildung in Deutschland 2010. Ein indikatorengestützter Bericht mit einer Analyse zu Perspektiven des Bildungswesens im demografischen Wandel. Im Auftrag der Ständigen Konferenz der Kultusminister der Länder in der Bundesrepublik Deutschland und des Bundesministeriums für Bildung und Forschung, Bielefeld: W. Bertelsmann Verlag.

Bohnsack, R. (2010): Rekonstruktive Sozialforschung. Einführung in qualitative Methoden. 1. Auflage der 8., durchgesehenen Auflage, Stuttgart: UTB GmbH.

Boos-Nünning, U. & Karakaşoğlu, Y. (2005): Viele Welten leben. Zur Lebenssituation von Mädchen und jungen Frauen mit Migrationshintergrund. Münster: Waxmann.

Bourdieu, P. (1983): Ökonomisches Kapital, kulturelles Kapital, soziales Kapital. In: Kreckel, Reinhard (Hrsg.): Soziale Ungleichheiten. Soziale Welt, Sonderband 2 (S. 183-198). Göttingen.

Bourdieu, P. (1987): Die feinen Unterschiede. Kritik der gesellschaftlichen Urteilskraft. Frankfurt am Main: Suhrkamp.

Bourdieu, P. (1993): Sozialer Sinn. Kritik der theoretischen Vernunft. Frankfurt am Main: Suhrkamp.

Bourdieu, P. (1995): Sozialer Raum und „Klassen". Leçon sur la leçon. Zwei Vorlesungen. 3. Auflage. Frankfurt am Main: Suhrkamp

Büchner, P. & Brake, A. (2006): Bildungsort Familie. Transmission von Bildung und Kultur im Alltag von Mehrgenerationenfamilien. Wiesbaden: Verlag für Sozialwissenschaften.

Bundesamt für Migration und Flüchtlinge (Hrsg.) (2009): Muslimisches Leben in Deutschland, Nürnberg.

Bundesinstitut für Berufsbildung (Hrsg.) (2013): Datenreport zum Berufsbildungsbericht 2013. Tabelle: Die 25 am stärksten besetzten Ausbildungsberufe und ausgewählte Indikatoren zur beruflichen Bildung, Deutschland 2011. Bonn. URL:http://www.bibb.de/dokumente/xls/a21_da-zubi_zusatztabellen_top_25_indikatoren_berichtsjahr_2011.xls [letzter Zugriff: 25.04.2013]

Bundesministerium für Familie, Senioren, Frauen und Jugend (Hrsg.) (2009): Der Mikrozensus im Schnittpunkt von Geschlecht und Migration. Möglichkeiten und Grenzen einer sekundär-analytischen Auswertung des Mikrozensus, Forschungsreihe Band 4, Baden-Baden: Nomos Verlag.

Czock, H. (1993): Der Fall Ausländerpädagogik. Erziehungswissenschaftliche und bildungspolitische Codierungen der Arbeitsmigration. Frankfurt am Main: Cooperative-Verlag.

Dollmann, J. (2010): Türkischstämmige Kinder am ersten Bildungsübergang. Primäre und sekundäre Herkunftseffekte. Wiesbaden: Verlag für Sozialwissenschaften.

Gültekin, N. (2003): Bildung, Autonomie, Tradition und Migration. Doppelperspektivität biographischer Prozesse junger Frauen aus der Türkei. Opladen: Leske + Budrich.

Hummrich, M. (2009): Bildungserfolg und Migration. Biografien junger Frauen in der Einwanderungsgesellschaft. 2., überarbeitete Auflage, Wiesbaden: Verlag für Sozialwissenschaften.

Juhasz, A. & Mey, E. (2003): Die zweite Generation: Etablierte oder Außenseiter? Biographien von Jugendlichen ausländischer Herkunft, Wiesbaden: Westdeutscher Verlag.

Kandhelwi, M. M. Z. (2009): Fada'll-E-Amal. Vorzüge der guten Taten. Übersetzt von Mohammad Afzal Qureshi. Bochum: Astec Verlag.

Karakaşoğlu-Aydın, Y. (2000): Muslimische Religiosität und Erziehungsvorstellungen eine empirische Untersuchung zu Orientierung bei türkischen Lehramts- und Pädagogik-Studentinnen in Deutschland. Frankfurt am Main.: IKO – Verlag für Interkulturelle Kommunikation.

Kaya, A. (2009): Mutter-Tochter-Beziehungen in der Migration. Biographische Erfahrungen im alevitischen und sunnitischen Kontext. Wiesbaden: Verlag für Sozialwissenschaften.

King, V. & Koller, H. Ch. (Hrsg.) (2009): Adoleszenz – Migration – Bildung. Bildungsprozesse Jugendlicher und junger Erwachsener mit Migrationshintergrund. 2. erweiterte Auflage. Wiesbaden: Verlag für Sozialwissenschaften.

Klinkhammer, G. (2000): Moderne Formen islamischer Lebensführung. Eine qualitativ-empirische Untersuchung zur Religiosität sunnitisch geprägter Türkinnen der zweiten Generation in Deutschland. Marburg: Diagonal-Verlag.

Korucu-Rieger, C. (2013): Bildungsverläufe von drei Generationen türkisch-muslimischer Frauen unter besonderer Berücksichtigung der intergenerationalen Transmissionsprozesse. In: Boos-Nünning, U. & Stein, M. (Hrsg.): Familie als Ort von Erziehung, Bildung und Sozialisation (S. 247-272). Münster u. a.: Waxmann Verlag.

Krah, K. & Büchner, P. (2006): Habitusgenese und Religiosität in Mehrgenerationenfamilien. Zum Stellenwert religiöser Praxisformen im Rahmen der intergenerationalen Weitergabe und Aneignung von Bildung und Kultur. In: Büchner, P. & Brake, A. (Hrsg.): Bildungsort Familie. Transmission von Bildung und Kultur im Alltag von Mehrgenerationenfamilien (S. 109-141). Wiesbaden: Verlag für Sozialwissenschaften.

Mourad, S., Mourad, R. & Mittendorfer, S. (2008): Charakterreinigung: Tazkija – wie man ein guter Mensch wird. Karlsruhe: Deutscher Informationsdienst über den Islam (DIdI) e.V.

Nauck, B. (2000): Eltern-Kind-Beziehungen in Migrantenfamilien – ein Vergleich zwischen griechischen, italienischen, türkischen und vietnamesischen Familien in Deutschland. In: Sachverständigenkommission 6. Familienbericht (Hrsg.): Familien ausländischer Herkunft in Deutschland: Empirische Beiträge zur Familienentwicklung und Akkulturation. Materialien zum 6. Familienbericht, Band I (S. 347-392).

Nohl, A.-M. (2012): Interview und dokumentarische Methode – Anleitungen für die Forschungspraxis. 4., überarbeitete Auflage, Wiesbaden: Springer VS.

Nökel, S. (1999a): Das Projekt der Neuen Islamischen Weiblichkeit als Alternative zu Essentialisierung und Assimilierung. In: Jonker, G. (Hrsg.): Kern und Rand. Religiöse Minderheiten aus der Türkei in Deutschland (S.187-205). Berlin: das Arab. Zentrum.

Nökel, S. (1999b): Islam und Selbstbehauptung – Alltagsweltliche Strategien junger Frauen in Deutschland. In: Klein-Hessling, R. (Hrsg.): Der neue Islam der Frauen: weibliche Lebenspra-

xis in der globalisierten Moderne. Fallstudien aus Afrika, Asien und Europa (S. 124-146). Bielefeld: Transcript.
Nökel, S. (2002): Die Töchter der Gastarbeiter und der Islam. Zur Soziologie alltagsweltlicher Anerkennungspolitiken. Eine Fallstudie, Bielefeld: Transcript.
Ofner, U. S. (2003): Akademikerinnen türkischer Herkunft. Narrative Interviews mit Töchtern aus zugewanderten Familien, Berliner Beiträge zur Ethnologie, Band 3, Berlin: Weißensee Verlag.
Raiser, U. (2007): Erfolgreiche Migranten im deutschen Bildungssystem – es gibt sie doch. Lebensläufe von Bildungsaufsteigern türkischer und griechischer Herkunft, Berlin u. a.: Lit-Verlag.
Riegel, Ch. & Geisen, T. (Hrsg.) (2010): Jugend, Zugehörigkeit und Migration. Subjektpositionierung im Kontext von Jugendkultur, Ethnizitäts- und Geschlechterkonstruktionen, 2., durchgesehene Auflage, Wiesbaden: Verlag für Sozialwissenschaften.
Rosenthal, G. (2005): Interpretative Sozialforschung. Eine Einführung. Weinheim u. a.: Juventa Verlag.
Steinbach, A. & Nauck, B. (2005): Intergenerationale Transmission in Migrantenfamilien. In: Fuhrer, U. & Uslucan, H.-H. (Hrsg.): Familie, Akkulturation und Erziehung. Migration zwischen Eigen- und Fremdkultur (S. 111-125). Stuttgart: Verlag W. Kohlhammer.
Tepecik, E. (2011): Bildungserfolge mit Migrationshintergrund. Biographien bildungserfolgreicher MigrantInnen türkischer Herkunft. Wiesbaden: Verlag für Sozialwissenschaften.
Zaidan, A. M. A., Islamologisches Institut Wien (Hrsg.) (2009): Fiqhul-`ibaadaat. Einführung in die Modalitäten der rituellen Handlungen (Gebet, Fasten, Zakaah und Pilgerfahrt), Band 4. Wien: IBIZ Wien.
Zinnecker, J. & Georg, W. (1998): Die Weitergabe kirchlich-religiöser Familienerziehung und Orientierung zwischen Eltern- und Kindergeneration. In: Zinnecker, Jürgen/Silbereisen, Rainer K.: Kindheit in Deutschland (S. 347-358). Weinheim: Beltz, Psychologie Verlag-Union.
Zinnecker, J. & Hasenberg, R. (1999): Religiöse Eltern und religiöse Kinder: Die Übertragung von Religion auf die nachfolgenden Generation in der Familie. In: Silbereisen, R. K. & Zinnecker, J. (Hrsg.): Entwicklung im sozialen Wandel (S. 445-457). Weinheim: Beltz, Psychologie Verlag-Union.

Die Eigenlogik traditionaler Sozialbeziehungen und ihre Folgen für intergenerationale Transmissionsprozesse

Matthias Jung

1. Einleitung

Jenseits inhaltlicher interkultureller Differenzen gründen die Schwierigkeiten und Friktionen intergenerationaler Transmissionsprozesse in Migrantenfamilien aus traditionalen Herkunftskulturen zu einem erheblichen Teil in der Aneignung der Logik rollenförmiger und funktional diffuser Sozialbeziehungen durch die im Aufnahmeland Geborenen bzw. Aufwachsenden und den Reaktionen der älteren Generationen hierauf. Deshalb sollen im Folgenden die Logik traditionaler oder genauer positionaler Sozialbeziehungen und die Weisen der Bewältigung der Diskrepanzen zu rollenförmigen und funktional diffusen an zwei Fallbeispielen diskutiert werden. Auf diese Weise lässt sich eine Heuristik gewinnen, vor deren Hintergrund sich die Merkmale von intergenerationalen Transmissionsprozessen in MigrantInnenfamilien erhellen lassen, in welchen die Angehörigen der älteren Generationen noch in traditional geprägten Lebenswelten sozialisiert wurden, während die Angehörigen der jüngeren Generationen vor die Aufgabe gestellt sind, das Problem der Diskrepanz traditionaler zu den in den Aufnahmeländern dominierenden rollenförmigen und funktional diffusen Sozialbeziehungen durch Handeln lösen zu müssen. Diese Phase der Transformation hat aufschlussreiche Hybriditäten und Kompromissbildungen zur Folge, wie exemplarisch an zwei biographischen Interviews zu zeigen sein wird.

Vor dem Hintergrund dieser Differenzierung wäre es reizvoll zu untersuchen, wie sich die Eigenlogik der positionalen Sozialbeziehungen in den klassischen, auf der Dichotomie von Gemeinschaft und Gesellschaft beruhenden Theorien Geltung verschaffte beziehungsweise wie versucht wurde, sie in das vorhandene analytische Raster einzuordnen. Max Weber etwa definiert Vergemeinschaftung als eine Sozialbeziehung, bei welcher „die Einstellung des sozialen Handelns (…) auf subjektiv *gefühlter* (affektueller oder traditionaler) *Zusammengehörigkeit* der Beteiligten beruht" (Weber 1980, S. 21). Hier findet sich die Unterscheidung zwischen funktional diffusen und positionalen Sozialbeziehungen vorgeprägt in der einer „affektuellen" und einer „traditionalen" Zusammengehörigkeit, ohne dass aber im Folgenden die Charakteristika der Letzteren noch eigens expliziert würden. Aus einer strukturtheoretischen Perspektive ist zudem misslich, dass subjektive Empfindungen als *Grundlage* der Zusammengehörigkeit, nicht als deren *Ausdruck* verstanden werden. Aus einem ähnlichen Grund erweist sich auch Talcott Parsons' die Dimensionen von Gemeinschaft und Gesellschaft weiter differenzierendes Schema der „pattern-alternatives of value-orientation" (Parsons 1964, S. 67) für eine Bestimmung der Gemeinsamkeiten und Differenzen von positionalen, funktional diffusen und rollenförmigen Sozialbeziehungen als wenig hilfreich, denn es kann die Eigenlogik dieser drei Sphären nur indirekt, vermittelt über die individuellen Handlungsdispositionen, erklären.

Der folgende theoretische Abschnitt befasst sich daher zuerst mit einer Aufbereitung der Idealtypologien von Sozialbeziehungen mit der Absicht, die Struktureigenschaften traditionaler Beziehungen aus der Abgrenzung von der in der Soziologie gängigen Dichotomie von rollenförmigen einerseits und funktional diffusen andererseits zu skizzieren.

2. Diskussion der Idealtypen von Sozialbeziehungen

2.1 Rollenförmige und funktional diffuse Sozialbeziehungen

In Begriffen der Rollentheorie lassen sich nur vergesellschaftete Sozialbeziehungen erfassen, nicht aber vergemeinschaftete und damit auch nicht die humane Sozialität in ihrer Gesamtheit. Die Definition einer rollenförmigen – oder, um einen Begriff von Parsons (1939, S. 460; 1964, S. 65) zu gebrauchen, funktional spezifischen – Sozialbeziehung besteht gerade darin, dass sie als solche auch dann weiterbesteht, wenn das Personal, das heißt die Rollenträger, wechseln. Modell dieser Beziehungen ist die Vertragsförmigkeit, Rollen sind im Prinzip wählbar und auch sanktionslos wieder zu verlassen. Immer schon wurde auf die Gefahr einer Gleichsetzung des normativen Konstrukts des Rollenhandelns mit der sozialen Wirklichkeit sowie auf die handlungspraktische Interpretationsbedürftigkeit der jeweiligen Rollen durch die sie Übernehmenden hingewiesen (vgl. Tenbruck 1961). Dieses Spannungsverhältnis markiert auch die Differenz zwischen den klassischen strukturfunktionalistischen Rollentheorien, die das Rollenhandeln auf der Ebene der Normativität, und den interaktionistischen Rollentheorien, die es auf der Ebene der Praxis konzeptualisieren, in welcher sich die Individuen zu den Rollennormen verhalten müssen (vgl. Krappmann 1971). Ein Entwurf zur Bestimmung des Verhältnisses von Rollenträgern und Rollen, der auf der Unterscheidung von sozialer und personaler Identität basiert, stammt von Ulrich Oevermann. Ihm gemäß konstituiert sich soziale Identität als die horizontale Dimension von Ich-Identität in dem Zusammenspiel von Rollenambivalenz (Verweigerung der totalen Erfüllung von Rollenverpflichtungen) und Rollenkomplementarität (prinzipielle Anerkennung der Gültigkeit von Rollennormen); personale Identität als vertikale Dimension von Ich-Identität dagegen entsteht aus dem Zusammenwirken von Rollendistanz (Zurückweisung von mit dem eigenen Lebensentwurf kollidierenden Rollenverpflichtungen) und Rollenflexibilität (Fähigkeit zur partiellen Aufgabe dieses Entwurfs und Übernahme von Rollenerwartungen) (Oevermann 1972, S. 388f.). Diese Skizze einer revidierten Rollentheorie blieb unausgearbeitet, Oevermann erkannte als ihr grundlegendes, auch durch weitere Differenzierungen nicht einzuholendes Konstruktionsproblem die Fokussierung auf Rollenförmigkeit und die damit einhergehende Ausblendung der sie fundierenden Sozialität. Parsons' Unterscheidung von „funktional diffus" und „funktional spezifisch"[1] aufgreifend, entwickelte er daher das Schema einer grundsätzlichen Dichotomie von funktional spezifischen bzw. rollenförmigen sowie funktional diffusen Sozialbeziehungen. Als „Prototypen" der letztgenannten sind Eltern-Kind- und Gattenbeziehungen, also die „sozialisatorischen Interaktionssysteme", anzusehen: „Für beide Arten von Sozialbeziehungen, und nur für sie gilt – wenn auch wahrscheinlich erst in entwickelten Gesellschaften manifest – die spezifische Bedingung der Nicht-Substituierbarkeit des Personals, die die Partikularität und den latenten Individuierungszwang dieser Beziehungen ausmacht" (Oevermann 1979, S. 162). Diese Beziehungen sind durch vier Strukturmerkmale charakterisiert:

1. eine strukturelle (nicht empirische) Unkündbarkeit, das heißt, eine Trennung ist ein Scheitern,
2. bedingungsloses, sich durch Vollzug herstellendes Vertrauen,
3. eine „auf Organlust und Bedürfnisbefriedigung bezogene Körperbasis" (ebd.) und
4. „extrem belastbare, wechselseitige affektive Bindungen" (ebd.).

Eine den rollenförmigen Beziehungen vergleichbare Austauschbarkeit des Personals besteht bei den funktional diffusen nicht, denn es sind individuierte Beziehungen, was bedeutet, dass mit anderem Personal auch die Beziehung als solche eine andere ist. Während rollenförmige Beziehungen vertraglich befristet

---

1 Diese Unterscheidung artikuliert sich bei Parsons beispielsweise in der Feststellung: „Commercial relations in our society are predominantly functionally specific, kinship relations, functionally diffuse" (Parsons 1939, S. 461).

sein und zur Zufriedenheit der involvierten Rollenträger geregelt beendet werden können, ist die Beendigung einer funktional diffusen Beziehung immer ein mehr oder weniger dramatisches Scheitern. „Funktional diffus" sind sie, weil es in ihnen keine definierte und klar abgegrenzte Zuständigkeit gibt, wie Parsons (1964, S. 65) anhand des Umstandes veranschaulicht, dass in funktional spezifischen Sozialbeziehungen derjenige die Begründungslast trägt, der ein außerhalb des qua Rollendefinition vorgegebenen Themenspektrums liegendes Thema verhandelt haben möchte, in funktional diffusen Beziehungen dagegen derjenige, der ein Thema nicht zulassen möchte.

Der rollentheoretisch getrübte Blick für die Qualitäten funktional diffuser Beziehungen wirkt insbesondere in der Familiensoziologie nach. Begreift man aber die Familie als Rollensystem, entkernt man sie um das, was die Besonderheit des familialen Interaktionsgefüges ausmacht, da in diesem überhaupt erst die sprach- und handlungsfähigen Subjekte sozialisiert werden, welche die Rollentheorie voraussetzt. Damit besteht eine grundsätzliche konstitutionslogische Asymmetrie zwischen funktional diffusen und rollenförmigen Sozialbeziehungen, denn diese sind abstrahierende Ausdifferenzierungen[2] von jenen, und Oevermann verdeutlicht dieses Einbettungsverhältnis unter anderem mit der Tatsache, dass bei Übertragungsphänomenen in psychotherapeutischen Kontexten immer von funktional diffusen auf andere diffuse oder auf rollenförmige Sozialbeziehungen übertragen wird, niemals aber von rollenförmigen auf andere rollenförmige oder auf funktional diffuse. Daraus erklärt sich auch, warum eine von rollentheoretischen Prämissen geleitete Sozialisationstheorie den Prozess der Sozialisation letztlich auf die Internalisierung von Normen reduzieren muss, ohne die Herausbildung der lebenspraktischen Autonomie eines Individuums erklären zu können.

Dieser einengenden rollentheoretischen Perspektive der Familiensoziologie komplementär ist eine ebenfalls einseitige, von der Gattenbeziehung als einer individuierten, funktional diffusen Beziehung zweier Subjekte ausgehende. Dass „persönliche Zuneigung und Verliebtheit als zentrale legitime Gründe für Eheschließung institutionalisiert sind", ist, in einer Formulierung von Alois Hahn (1988, S. 169), ein „unter komparativer und historischer Hinsicht extrem unwahrscheinliches evolutionäres Datum", das sich in keiner Weise zu einer Generalisierung auf menschliche Gesellschaften überhaupt eignet. Die bürgerliche, auf persönlichen Präferenzen beruhende Heirat galt normativ als Normalmodell, und seitens der Familiensoziologie wird die Bezugnahme auf die bürgerliche Familie als Referenzpunkt mit dem Hinweis darauf gerechtfertigt, „daß erst die höchs-

---

2   Parsons (1939, S. 461) spricht von „differentiation of these specific spheres of authority and obligation from the more diffuse types of social relation".

te Entfaltungsstufe eines Phänomens dessen theoretische Durchdringung möglich macht und dessen interkulturell oder intertemporal spezifische Ausdrucksgestalten zuschreibungsfähig werden läßt" (Allert 1998, S. 214). Zugleich aber wird die Gefahr virulent, dass diese „höchste Entfaltungsstufe" den Blick auf weniger differenzierte Stufen verstellt, weshalb als Korrektiv für daraus resultierende analytische Engführungen das Einnehmen auch einer genetischen Perspektive geraten erscheint.

2.2 Traditionale oder „positionale" Sozialbeziehungen

So hilfreich die Differenzierung von funktional diffusen und rollenförmigen Sozialbeziehungen oder, anders formuliert, von Gemeinschaft und Gesellschaft im Sinne Ferdinand Tönnies' (1979) und Max Webers (1980, S. 21–23) auch sein mag, ist mit ihr doch die Eigenlogik traditionaler Sozialbeziehungen nicht adäquat zu fassen. Sie werden wesentlich durch den Kanon an Rechten und Pflichten bestimmt, welche mit dem sozialen Ort gesetzt sind, der dem Einzelnen qua Tradition zugewiesen ist und der sich definiert nach Geschlecht, Lebensalter, Stellung in der Geschwisterfolge, Stellung der Familie in der sie einbettenden Gemeinschaft etc. Mit einem klassischen soziologischen Ausdruck kann man diesen sozialen Ort als „Position" bezeichnen.[3] Während Rollen wählbar sind, ist eine Position vorgegeben und zugeschrieben, und bei der Erfüllung der mit ihr verbundenen Pflichten sind Individuierungsbestrebungen nur Störquellen, denn es geht um ein von der Tradition vorgegebenes Fremdbild, ein Entworfensein, dem man zu entsprechen hat, nicht um ein zu verwirklichendes Selbstbild. Eine die Stabilität der Lebensordnung bedrohende Verweigerung dieser Pflichten ist zumeist mit erheblichen Sanktionen bis hin zu einem „sozialen Tod" (Hasenfratz 1983), einem irreversiblen Ausschluss, verbunden. Die Spielräume für ein sozial anerkanntes Leben sind eng, und dem korrespondiert ein Wertesystem, dem ein strenger Begriff von „Ehre" zugrundeliegt. Da Träger der Ehre nicht ein Individuum, sondern eine Gruppe ist, wird auch derjenige als ehrlos qualifiziert, der gegen das ehrlose Verhalten eines Angehörigen nichts unternimmt. Dabei bedürfen die mit der Ehre verbundenen Vorschriften und Verbote keiner Kodifizierung, sie können im Modus eines impliziten Wissens operieren, denn „das Wertsystem der Ehre wird

---

3 Die Definitionen und Verwendungen des Begriffes der sozialen Position sind vielgestaltig (vgl. Biddle & Thomas 1966, S. 28f.), er wird hier in einem Verständnis verwendet, das im Unterschied zu der klassischen Auffassung des Verhältnisses von Position und Rolle (vgl. Linton 1936, S. 113–131; Newcomb 1959, S. 197–260) keine eindeutige Zuordnung *einer* Rolle zu *einer* Position unterstellt; ein Individuum hat demnach nicht mehrere Positionen, sondern genau eine, die freilich diverse Facetten aufweist. Zum Zusammenhang von Position und psychosozialer Sesshaftigkeit vgl. Jung (im Ersch.).

eher ‚praktiziert' als gedacht, und die Grammatik der Ehre kann den Handlungen Form geben, ohne selbst formuliert werden zu müssen" (Bourdieu 1979, S. 43). Eine Entehrung ist im Normalfall unumkehrbar, wer einmal entehrt ist, der bleibt es, und auch Bestrafung kann die verlorene Ehre nicht wiederherstellen.[4] Implikat dieses Verständnisses von Ehre ist es aber auch, dass sie nicht durch ein Verhalten oder einen Vorfall an sich verloren wird, sondern erst dann, wenn die anderen Mitglieder der Gemeinschaft davon Kenntnis erlangen.

Diese traditionalen, auf der Position eines Individuums basierenden und von dieser Position aus bestimmten Beziehungen lassen sich auf der idealtypischen Ebene auch als *positionale* bezeichnen. Während funktional diffuse Sozialbeziehungen solche zwischen Menschen in ihrer Totalität, also zwischen Personen „in der Fülle ihrer Besonderheiten" (Tenbruck 1964, S. 431) sind, werden in positionalen wie auch in rollenförmigen jeweils nur bestimmte Aspekte thematisch bzw. können überhaupt nur thematisiert werden. In beiden Fällen ist nicht die persönliche Gesinnung entscheidend, sondern die Erfüllung der durch Position oder Rolle bedingten Pflichten. Formen des Umgangs müssen eingehalten werden, aber was die Beteiligten über einander denken, ist unerheblich, solange es sich nicht störend im Handeln manifestiert. Die Ehrerbietung gegenüber der Position oder Rolle eines Anderen kann durchaus mit der Geringschätzung seiner konkreten Person koexistieren. Auch kann das Verhalten von Familienangehörigen an rollenförmiges Handeln insofern erinnern, als sie bestimmten, ihren Positionen entsprechenden Geboten und Verboten Rechnung zu tragen haben.[5] Ausdruck findet dies unter anderem in einer strikten Abgrenzung von Aufgaben- und Tätigkeitsbereichen von Frauen und Männern, die meist auch an bestimmte Lokalitäten gebunden sind. Auch wenn man sich nicht als ganze Person verhält, wird man doch bei Verstoß gegen die positionalen Pflichten als ganze Person sanktioniert.

Zu der in diesem Zusammenhang sich aufdrängenden Frage, ob man bereits bei traditionalen Gesellschaften von „Rollen" in einem strengen Sinne des Be-

---

4 Werner Schiffauer (1987, S. 49) schildert anschaulich den Prozess der schrittweisen Ausgliederung einer türkischen Familie aus der Gemeinschaft, dessen Etappen unumkehrbar sind, denn „im Gegensatz zum institutionalisierten Recht gibt es keine Revision oder Rehabilitation" (vgl. auch Stölting 2003, S. 474).

5 Georg Pfeffer (1985, S. 64) beschreibt dieses Phänomen folgendermaßen: „Außerhalb der Zone christlicher und islamischer Zivilisationen erscheint nicht ‚der' Mann im familiären Kreise, und ‚die' Frau tritt auch nicht in Erscheinung. Männliche und weibliche Wesen präsentieren dagegen jeweils zwei standardisierte Gesichter: Die Mimik des Gatten steht im Gegensatz zu der des Bruders, so wie die Gattin grundsätzlich anders als die Schwester auftritt. Der Dualismus wirkt sich auch direkt auf die Beziehungen zur nachfolgenden Generation aus: Der mütterliche Onkel stellt den Gegensatz zum väterlichen dar, der so etwas wie ein Vater ist. Genauso wird die väterliche Tante auf keinen Fall so wie die mütterliche (oder gar die Mutter selbst) behandelt".

griffes sprechen kann, hat Dieter Claessens (1974, S. 10) bemerkt: „Besonders in Kulturen quantitativ kleinen Umfangs wird das Eingeordnetsein in den gesamten Lebenszusammenhang eine derartig hohe, völlig unhintergehbare Selbstverständlichkeit gehabt haben, daß (...) von ‚Rolle' kaum geredet werden kann". Das angeführte „Eingeordnetsein in den gesamten Lebenszusammenhang" entspricht exakt dem hier unter „Position" Gefassten, gleichwohl ist Claessens Argument an dieser Stelle merkwürdig implizit, denn weshalb sollte dieses „Eingeordnetsein" gegen das Vorhandensein ausdifferenzierter Rollen sprechen? Wohl deshalb, weil es keinen Raum für die Möglichkeit einer Wahl zwischen verschiedenen Rollen lässt, während kehrseitig dazu das Aufgeben der Position oder von Aspekten derselben nicht oder nur unter Inkaufnahme erheblicher Sanktionen denkbar ist. Von dem unterschiedlichen Grad der Explizitheit ihrer Artikulation[6] und der Reichhaltigkeit ausdifferenzierter Rollen im Unterschied zu der Elementarität positionaler Facetten abgesehen, markieren die für Rollen typischen, normativ legitimierten Möglichkeiten der Wahl und Beendigung der Sozialbeziehung die entscheidende Differenz zwischen Positionsinhabern und Rollenträgern.

Der fundamentale Unterschied zwischen beiden Typen besteht darin, dass funktional diffuse Sozialbeziehungen individuierte sind und auf Zuneigung beruhen, während dies bei positionalen unerheblich ist.[7] Individuelle Zuneigung ist hier eher eine Quelle von Irritationen und Komplikationen, welche die Logik der Verknüpfung von Positionen und damit die Lebensordnung zu unterlaufen drohen, während umgekehrt eine gewisse Distanz der Gatten zur Stabilisierung dieser Ordnung beitragen kann. Liebe kann sich im Laufe der Zeit durch die Bewährung der Partnerschaft einstellen, sie ist aber weder notwendige noch hinreichende Bedingung für eine solche. Daher sind öffentliche Zuneigungsbekundungen von Gatten in traditionalen Lebenswelten zumeist verpönt, ihrer gegenseitigen Achtung versichern sie sich vielmehr vermittelt über ihr praktisches Handeln.

Zwar kann Individuierung eine Befreiung von Zwängen bedeuten, sie setzt aber zugleich das aufs Spiel, was die Kehrseite dieser Zwänge in traditiona-

---

6 In dieser Explizitheit mag auch der Grund dafür liegen, dass, einem Befund von Helmut Geller (1994, S. 8) zufolge, bei Untersuchungen Probanden zur Selbstdarstellung häufig „auf Elemente aus rollentheoretischen Ansätzen" zurückgriffen.
7 Schon Hegel (1986, S. 313) machte auf diesen Umstand aufmerksam: „Bei Völkern, wo das weibliche Geschlecht in geringer Achtung steht, verfügen die Eltern über die Ehe nach ihrer Willkür, ohne die Individuen zu fragen, und diese lassen es sich gefallen, da die Besonderheit der Empfindung noch keine Prätention macht. Dem Mädchen ist es nur um einen Mann, diesem um eine Frau überhaupt zu tun. (...) In den modernen Zeiten wird dagegen der subjektive Ausgangspunkt, das Verliebtsein, als der allein wichtige angesehen. Man stellt sich hier vor, jeder müsse warten, bis seine Stunde geschlagen hat, und man könne nur einem bestimmten Individuum seine Liebe schenken" .

len Lebenswelten ist, nämlich eine „traditionale Barmherzigkeit", das heißt die „Selbstverständlichkeit, *trotz* individueller Schwächen einen Anspruch auf eine Position in der Gesellschaft und damit auf Würde und Anerkennung zu haben" (Schiffauer 1991, S. 189).

Für das Übergangsphänomen dieser Aneignung ist charakteristisch, dass sie im Normalfall nicht im Modus einer Konversion erfolgt, sondern in dem einer sukzessiven Annäherung des Positionalen an das Diffuse und Rollenförmige, einem Wechselspiel von Akkomodation und Assimilation, das zu instruktiven Hybriditäten und Kompromissbildungen führt.

Die hier geschilderten beiden Interviews zeigen genau diese Dynamik auf. Vor dem Hintergrund der zuvor diskutierten idealtypischen Differenz der „Traditionalität" zur „Moderne" als Folie der Rekonstruktion sollen die Spannungen und hybriden Reaktionsformen der Individuen nachvollziehbar werden, ohne dass sich mit dieser Dichotomie der Anspruch verbindet, die Lebenswirklichkeiten der Interviewten in ihrer Gesamtheit abzubilden.

Die im Folgenden zu diskutierenden Interviews mit Frau Abbouda und Herrn Melek sind Teil einer Fallsammlung zum Komplex positionaler Sozialbeziehungen, sie stammen ursprünglich aus verschiedlichen Projektzusammenhängen, wurden jedoch beide als offene biographische Interviews geführt und mit der Methode der Objektiven Hermeneutik ausgewertet. Im Fokus dieser in sozialisationstheoretischen Forschungskontexten entwickelten Methode steht die objektive, regelerzeugte Bedeutung des Handelns oder Sprechhandelns der interviewten Personen, nicht der „subjektiv gemeinte Sinn", den sie mit ihrem Handeln verbinden. Sie eignet sich daher in besonderer Weise für eine Rekonstruktion von handlungsleitenden Deutungsmustern, die den Beteiligten nicht bewusst sind und die sich daher einer einfachen Abfragbarkeit entziehen.[8] Ziel der Diskussion der Interviews ist es, bestimmte strukturelle Konstellationen zu veranschaulichen, sie hat nicht den Anspruch, die Thematik repräsentativ zu behandeln.[9]

---

8   Zu dieser Methode und zu weiterführender Literatur vgl. Wernet 2009.
9   Das biographische Interview mit Frau Abbouda wurde im Rahmen der Evaluation einer arbeitsmarktpolitischen Maßnahme durch das IAB Regional Nordrhein-Westfalen unter der Leitung von Frank Bauer geführt, das mit Herrn Melek im Rahmen des von Ulrich Oevermann geleiteten jugendsoziologischen Teilprojektes „Praxis als Erzeugungsquelle von Wissen" des Sonderforschungsbereichs/Forschungskollegs 435 „Wissenskultur und gesellschaftlicher Wandel" an der Goethe-Universität Frankfurt am Main. Die beiden Interviews wurden aus darstellungspragmatischen Gründen aus einem Korpus von insgesamt über 100 biographischen Interviews ausgewählt; ungeachtet individueller Differenzen sind die in ihnen sich artikulierenden Muster der Traditionalität als typisch anzusprechen.

3. Fallbeispiele

3.1 Frau Abbouda

Frau Abbouda ist eine 1972 geborene Marokkanerin mit berberischen Wurzeln, sie kam im Alter von drei Jahren mit ihrer Familie ins Ruhrgebiet. Um einerseits ihrem strengen Vater zu entkommen ohne andererseits mit ihrer Herkunftsfamilie zu brechen, verlobte sie sich im Alter von 15 Jahren im Urlaub in Marokko mit einem entfernten Verwandten, der ihr nach Deutschland folgte. Mit ihm hat sie fünf Kinder.

Bemerkenswert ist schon der Beginn des biographischen Interviews. Die Eingangsfrage lautet: „Äh, meine Frage wäre, also ganz einfach, also, wer sie sind, sozusagen, und wie ihr Leben verlaufen ist", worauf sie antwortet: „Meinen sie meine ganze Familie jetzt also oder mich?". Damit thematisiert sie sofort ihre Position innerhalb der Familie, wobei „ganze" Familie sowohl die Herkunftsfamilie als auch ihre eigene meint. Für die Beantwortung der Frage nach ihrer Identität ist diese Position der entscheidende Bezugspunkt. Ihr Vater hielt auch im Aufnahmeland an den traditionalen Vorstellungen von Moral und Ehre fest, was dort jedoch die Anmutung einer erbarmungslosen Strenge bekam. „Dann war ich einfach froh, den Nächstbesten zu nehmen und raus, ne" – so schildert sie die Wahl ihres Gatten, der einzig nach seiner positionalen Tauglichkeit, die ihn für ihren Vater als legitim erscheinen ließ, ausgewählt wurde, ohne dass individuierte Zuneigung eine Rolle gespielt hätte. Ihr Schwiegervater in Marokko, bei dem das Paar zunächst einige Zeit wohnte, saß während der Hochzeitsnacht mit einer Schrotflinte vor der Schlafzimmertür, um etwaige Fluchtversuche eines der Gatten zu verhindern. Sie fährt lachend fort: „Aber ich hab' Glück gehabt, ich habe einen lieben Mann, sehr lieben Mann". Das ist eine ganz unverstellte und authentische Schilderung; in der Praxis der Gattenbeziehung hat sich im Laufe der Jahre eine starke Zuneigung entwickelt. Bemerkenswert ist die Betonung der Bedeutung von „Glück" im Sinne des Ergreifens einer günstigen Gelegenheit, die sich generalisieren lässt: In einer traditionalen Lebenswelt, die dem Individuum kaum Entscheidungs- und Handlungsspielräume bietet, ist es eminent wichtig, sich unvermutet auftuende Chancen zu erkennen und zu nutzen, aus denen sich, zumindest der Möglichkeit nach, auch grundlegende Transformationen der eigenen Lebenssituation ergeben können. Frau Abbouda betont im Anschluss erneut: „Ja, ein ganz lieber Mann. Also ich hab' Glück bei ihm". Damit nimmt sie auf eine andere Bedeutung von Glück Bezug, nämlich die einer allgemeinen Lebenszufriedenheit, die zugleich eine Verstetigung oder Veralltäglichung des Glückes als Ergreifen einer günstigen Gelegenheit ist.

Die Konstellation, dass der Mann der besser integrierten Frau folgt, ist häufig eine höchst problematische, weil faktisch die Frau die dominante Figur in der Kernfamilie und aufgrund ihrer Sprachkenntnisse auch für die Außenkontakte zuständig ist, was sich mit dem Selbstverständnis der Männer kaum vereinbaren lässt.[10] Der Mann von Frau Abbouda muss daher ungewöhnlich „enttraditionalisierungsbereit" gewesen sein, was für ihn die Gefahr barg, von den Angehörigen seiner Gemeinschaft als Schwächling gebrandmarkt zu werden, der seine positionalen Verpflichtungen nicht zu erfüllen vermag. Sie selbst kommentiert diese Enttraditionalisierung mit den Worten: „Das ist einsehbar jetzt, einsehbar geworden für manche Leute, dass das alles andere nichts bringt". Damit verweist sie auf eine Reflexivität, in deren Lichte das Traditionale danach beurteilt wird, ob es beibehalten werden kann, ohne sich den Realitäten zu verschließen. Um dem vorgegebenen Muster des Mannes als Ernährer der Familie zu genügen, ging ihr Mann trotz eines Rückenleidens arbeiten, worauf Frau Abbouda zu ihm sagte: „Lass es doch. Das ist so geschrieben, dass wir so leben müssen, also lass es doch". Dieser Schicksalsergebenheit korrespondiert die Erwartung günstiger Gelegenheiten, die man mit etwas Glück nutzen kann. Die darin sich ausdrückende Haltung ist ein realitätszugewandter Pragmatismus, und die Krise des als Familienernährer ausfallenden Mannes hatte hier auch den Effekt einer Modernisierungsbeschleunigung.

In der Beschreibung des Verhältnisses zu ihrem Vater ist sie in keiner Weise larmoyant, zuweilen spricht sie von „unseren Vätern", womit sie markiert, dass es sich bei der Strenge um ein kulturelles Muster handelt und nicht um ihr Einzelschicksal. In ihren Augen war der Vater „ein harter Brocken, der war richtig 'n Stein". Mittlerweile ist er an schweren Depressionen erkrankt, sie schildert ihn als gebrochenen Mann. Seine Erkrankung ist auch der Tatsache geschuldet, dass er sich jeglicher Modernisierung und Enttraditionalisierung verweigert hat und er in dem Versuch, seinen traditionalen Patriarchalismus auch unter veränderten Rahmenbedingungen beizubehalten, gescheitert ist. Frau Abbouda hilft ihm, wie sie sagt, wo sie kann, und bezeugt damit wiederum eine ganz traditionale Loyalität, sie fühlt sich ihren Vater verbunden und hegt keinen Groll gegen ihn. „Ja, aber man..., wir hatten..., das ist bei uns, islamische Leute, so, wir können nicht die Hand heben vor meinem Vater oder Widerworte geben." Diesen Umstand bewertet und beklagt sie nicht, damit stellt sie die traditionale Ordnung auch nicht prinzipiell in Frage. Sie fährt fort: „Das hatte... ich glaube, das ist auch, weil er jetzt, er ist ja jetzt sehr psychisch krank, das hat ihn vielleicht alles mitgenom-

---

10 Diese Konstellation ist daher auch als eine Spielart der „Dialektik der Familienorientierung" (vgl. Apitzsch 1990) zu begreifen.

men, damals". Warum ausgerechnet das Nichtaufbegehren der Kinder mit der späteren Depression in Zusammenhang stehen soll, erhellt die folgende Episode: „Wo er meinem Bruder mal eine geklatscht hat, da sagt der: ‚Ja, ist egal Papa, du bist mein Vatter, du darfst mich sooft klatschen wie du willst', ne". Er bestätigt damit das positionale Recht des Vaters, ihn zu schlagen, sagt aber zugleich, dies sei egal, womit der Sohn die Effekte dementiert, die der Vater intentional mit dem Schlagen verbindet: Er reduziert die Schläge auf eine willkürliche Gewaltanwendung und unterläuft so unauffällig aber wirkungsvoll das positionale Sozialgefüge und die Fraglosigkeit der mit ihm verbundenen Geltungsansprüche.

3.2 Herr Melek[11]

Die Eltern von Herrn Melek sind Kurden jesidischen Glaubens und stammen aus der Osttürkei, sie sind Analphabeten, kamen 1984 nach Deutschland und wohnen in einer hessischen Kleinstadt. Herr Melek wurde als einziger Sohn neben zwei Töchtern 1982 geboren. Die Hauptschule verließ er ohne Abschluss, von einer Berufsschule wurde er nach kurzer Zeit verwiesen, in diese Zeit fallen auch diverse kleinkriminelle Aktivitäten. Zum Zeitpunkt des Interviews 2005 ist er 23 und absolviert mit staatlicher Förderung eine Ausbildung zum Gebäudereiniger. Er hat mit 19 Jahren geheiratet, seine Frau ist eine gleichaltrige Kurdin, das Paar hat zwei 2001 und 2004 geborene Söhne.

Seine Einschätzung des Vaters ist ambivalent, denn einerseits ist er für ihn in seiner Position unantastbar, andererseits hat er von ihm als konkreter empirischer Figur nur eine geringe Meinung. Diese Ambivalenz ist aber für ihn unproblematisch und führt offensichtlich nicht etwa zu kognitiven Dissonanzen. Gefragt, ob seine Eltern und Großeltern für ihn „als Ratgeber beispielsweise" von Wichtigkeit sind, antwortet er: „Nee also weißte das sin alte Menschen mehr als pflegen kamman se net oder?". Damit beschreibt Herr Melek eine extreme Asymmetrie der Zuwendung, welche die Interviewerin zu einer präzisierenden Nachfrage veranlasst: „Naja aber vielleicht ham die ja was zu erzählen oder Wissen". Sie spricht damit explizit die mögliche Funktion der Alten als Wissensquellen an, und Herr Melek veranschaulicht die Unbrauchbarkeit ihrer Ratschläge für seine eigene Lebensführung am Beispiel von Erzählungen seines Großvaters über seine Zeit als kurdischer Widerstandskämpfer, die vor allem die Funktion einer Selbstheroisierung erfüllen. „Was will mein Großvadder mir erzählen dass er irgendwie mit zwansisch gegen zwansisch Leute gekämpft hat alleine un so". Die Glaubwürdigkeit derartiger Geschichten wird auch dadurch beeinträchtigt, dass

---

11 Zur Biographie von Herrn Melek vgl. auch Franzmann und Jung 2012.

bei ihrer Repetition die selbstwertdienlichen Verzerrungen durch die Erzähler immer größer werden. Es handelt sich dabei um ihnen selbst nicht bewusste Mechanismen, wie auch Herr Melek durchaus in Rechnung stellt. „Isch denk ma die glauben schon dadran aber vieles bilden die sisch ein oder das is halt später irgendwie die vergessen was, fügen was anderes hinzu un so das gibt dann Mischmasch." Grundlage des Respekts, den die Angehörigen der älteren Generationen von denen der jüngeren erwarten können, ist ihre kumulierte Lebenserfahrung und deren Weitergabe. Im Falle der Familie von Herrn Melek fällt diese materiale Grundlage der Respektsbezeugung weg, weil die Ratschläge für die Bewältigung der sich ihm stellenden Lebensprobleme irrelevant sind. Dies führt aber nicht zu Unfrieden zwischen den Generationen, einer offenen Auflehnung seitens der Jüngeren, vielmehr bleibt die hohle Form der Respektbekundungen aufrechterhalten. Damit vermeidet Herr Melek einen Konflikt um die Geltung des Traditionalen, der den Familienzusammenhalt gefährden könnte, und wahrt dabei seine eigene Autonomie. Seine Formel für dieses orthopraktische, den Forderungen der Tradition formal genügende Verhalten bei solchen Belehrungen lautet: „einfach nicken, lächeln, zuhören".

Als er 18 wurde, sagte der Vater zu ihm, es sei ihm gleichgültig, wen er heirate, fest stehe aber, *dass* er nun heiraten müsse. Der Interviewerin gegenüber erläutert er dieses Ansinnen folgendermaßen: „Isch bin sowieso einzigster Sohn, da geht das". Die Aufforderung erging nicht von dem Vater als Individuum, sondern als Inhaber einer bestimmten Position, die Herr Melek fraglos anerkennt, und deshalb ist es für ihn selbstverständlich, ihr nachzukommen. So sehr er den Verpflichtungen, die sein Status als „einzigster Sohn" mit sich bringen, Folge leistet, macht er doch seinem Vater zum Vorwurf, keine männlichen Geschwister zu haben: „Isch hab zwar zwei Schwestern aber halt von den Söhnen halt nur einen Sohn". Herr Melek führt „Söhne" hier als Kategorie ein, und aus dieser Kategorie gibt es in seiner Herkunftsfamilie nur ein Exemplar, nämlich ihn selbst. An dieser Formulierung zeigt sich, wie gering die Bedeutung von Individuierung innerhalb seiner Herkunftsfamilie ist, die Individuen werden zunächst einmal nach ihrer Zugehörigkeit zu Kategorien wahrgenommen und beurteilt. Er rechnet dagegen seine eigenen Söhne auf: „Deswegen also mir kann keiner was vorwerfen isch bin net schlechter als mein Vadder er hat ein Sohn gemacht isch hab zwei Söhne – einen mehr". Ganz traditional ist die Anzahl der vorweisbaren Söhne für das Ansehen eines Mannes mitentscheidend, und Herr Melek ist in dieser Hinsicht über alle Zweifel erhaben. Allerdings sagt er nicht, er sei *besser* als sein Vater, was eigentlich naheliegend wäre, wenn man schon die Zahl der Söhne so bilanziert wie er. Dies verbietet ihm aber der Respekt, den er dem Vater nicht als Individuum, aber doch als Repräsentant der Kategorie „Vater" schuldig ist. Dennoch klingt hier an, dass faktisch Herr Melek die dominierende Figur der Familie ist. Zwei Details mögen dies näher beleuchten. In einer bemerkenswerten Fehlleistung sagt er über seine Mutter: „Ja also meine Frau is ah meine Frau mein isch die Frau von meim Vadder". Indem er seine Mutter als seine Frau anspricht, nimmt er objektiv die Stelle seines Vaters ein, und über dessen Geburtsort bemerkt er: „Mein Vadder is auf jeden Fall da geboren wo isch geboren bin". Auch dies bedeutet eine interessante Verkehrung, denn unter den Bedingungen von Patrilinearität und Patrilokalität müsste er eigentlich sagen, wo sein Vater geboren ist, da ist auch er geboren, dieses Verhältnis dreht er aber um, und etwas zugespitzt könnte man von einer narzisstischen Umkehrung der Bedingungsverhältnisse sprechen.[12] Eine Umkehrung der den Generationen auferlegten Pflichten ist auch darin zu sehen, dass Herr Melek seinem Vater, der Analphabet ist, beizubringen versucht, wie er seinen Namen schreibt, nicht lernt er selbst etwas von dem Vater, was ihm nützlich sein könnte. Außerdem ist Herr Melek für die Außenkontakte seiner Herkunftsfamilie zuständig, er übernimmt zeitraubende Verwandtschaftsbesuche, deren verpflichtenden Charakter er hervorhebt.

Als Heiratskandidatin kam für ihn nur eine Jesidin in Frage, was eine deutschlandweite „Brautschau" erforderlich machte, die er mit seinem Onkel unternahm. Lakonisch ist seine Schilderung dieser Unternehmung: „Hier ma paar Leute besucht da ma paar Leute besucht dann halt habbisch meine jetzige Frau kennengelernt" – das „halt" deutet eine gewisse Beiläufigkeit und Beliebigkeit an, Leidenschaft war bei der Partnerwahl jedenfalls nicht im Spiel, größere Widerstände aber auch nicht – „halbes Jahr hammer dann noch so geredet un halt alles drum un dran sich kennengelernt und dann geheiratet". Auffallend an diesem Bericht ist sein unbedingtes Vertrauen in das Regelhafte des Positionalen und des von der Tradition vorgegebenen Musters. Die Besuche bei den Familien der Heiratskandidatinnen gestalteten sich wie folgt: „Du siehst ja anständige Mädchen die sin daheim machen Haushalt un dann siehst du das ja dann kuckst halt ob de ihr gefällst oder ob sie dir gefällt, dann eins ergibt dem andern so". Die zentrale Frage, die sich bei einer den Vorstellungen von romantischer Liebe verpflichteten Partnerwahl in der modernen westlichen Gesellschaft stellt, wie individuiert, interessant oder attraktiv jemand ist, war hier bedeutungslos. Verblüffend ist die Sequenz „dann kucks halt ob de ihr gefällst", in der auf ganz unscheinbare Weise die Reziprozität dieses Verfahrens zum Ausdruck kommt: Auch in dem scheinbar gänzlich fremdbestimmten Rahmen, in dem die Verlobung der Frauen bewerk-

---

12 Analog hierzu antwortet er auf die Frage nach dem Alter seiner Frau, sie sei „genauso alt wie isch".

stelligt wird, sind für sie Spielräume vorhanden, sie können signalisieren, ob sie für den Heiratskandidaten zugänglich sind oder nicht. Die Reziprozität ist freilich eingebettet in die Struktur einer Art Besichtigung der Frau in ihrem häuslichen Umfeld, dann jedoch ist sie am Zuge und hat darüber zu befinden, ob der Besucher ihr gefällt, und darauf erst ist es an dem Mann zu entscheiden, ob sie ihm gefällt. „Dann eins ergibt dem andern so" beschreibt genau diese Sequenzierung der Reziprozität und der allmählichen Einrichtung des Kennenlernens in Vorbereitung auf die Eheschließung. Auf die Frage, ob er seine Frau denn liebe, antwortet Herr Melek: „Joa isch denk mal Liebe so an sisch kommt sowieso erst später wenn man so zwanzisch dreißisch Jahre miteinander zusammen is". Im Sinne des positional Geforderten ist Liebe nicht Voraussetzung der Ehe, sondern sie kann eine langfristige Folge der Bewährung der Ehe sein. Diese traditionalistische Vorstellung formuliert er nicht als Ausdruck einer Resignation aufgrund einer gegenwärtigen Unzufriedenheit mit seiner Ehe, sondern vielmehr im Vertrauen darauf, dass die Liebe zwischen den Gatten im Laufe der Jahre und Jahrzehnte wachsen wird, nicht befürchtet er umgekehrt, dass das, was ihn bereits jetzt an seiner Frau stört, in Zukunft noch zunehmen wird. An keiner Stelle des Interviews distanziert Herr Melek sich von seiner Frau oder spricht in irgendeiner Weise despektierlich über sie. Er kann sich auf seine Frau verlassen, er weiß, was er an ihr hat, deshalb verhält er sich ihr gegenüber taktvoll und respektvoll, die Verlässlichkeit der Bindung ist ihm wichtig. Zwar haben seine Frau und er getrennte Lebensbereiche, sie leben aber nicht unverbunden nebeneinander her. Diese getrennten Bereiche zeigen sich anschaulich in der Kinderbetreuung: „Isch mein so viel mit Erziehung kann isch so oder so jetz noch nisch machen des macht sowieso die Frau". Diese Bemerkung kommentiert die Interviewerin mit einem „aha", aus dem Herr Melek einen leisen Vorwurf heraushört, auf den er entgegnet: „Was soll isch denn soll isch das Kind stillen oder was?". Für die frühen Pflegeformen ist demnach ausschließlich seine Frau zuständig, jegliche Beteiligung daran weist er weit von sich. Er fährt fort: „Isch mein bis fünf sechs Jahre alt wird kann isch sowieso nix machen erst wenns anfängt zu sprechen da kamman so ABC anfangen Namen beizubringen so was bisschen reden wenn die Fragen stellen aber ansonsten". Seiner Auffassung nach sind kleine Kinder in erster Linie ruhig zu stellen, und das ist Sache seiner Frau. Darin offenbart sich ein ausgesprochen traditionales Verständnis der Sozialisation von Nachwuchs, doch ist auch zu beachten, dass er die alleinige Zuständigkeit der Mutter als begrenzt ansieht, denn spätestens, wenn das Kind sechs Jahre alt ist, wird auch er in die Pflicht genommen. Seine eigene Verantwortlichkeit erkennt er also prinzipiell an.

Was die mit der Interviewerin sich entspannende Dynamik angeht, ist auffallend, wie Herr Melek mehrfach wie selbstverständlich die kulturellen Muster seiner traditionalen Lebenswelt auf die der Interviewerin projiziert. Aufschlussreich etwa ist die folgende Sequenz:

> *Herr Melek: „Ham sie Kinder?"*
> *Interviewerin: „Ich hab auch Kinder ja."*
> *Herr Melek: „Wie viele?"*
> *Interviewerin: „Drei."*
> *Herr Melek: „Doch korrekt. Söhne?"*
> *Interviewerin: „Nee (lachend) einen Sohn zwei Töchter."*
> *Herr Melek: „Is doch korrekt, bleibt wenigstens Familienname von ihrem Mann lebt weiter."*

Auf die telegrammstilartige Frage „Söhne?" reagiert die Interviewerin nach der Verneinung mit einem Lachen, vermutlich weil ihr klar wird, dass Herr Melek in ganz anderen Relevanzkategorien hinsichtlich Familie denkt als sie selbst. Für ihn zählt auf der positionalen Ebene der männliche Nachwuchs, was allerdings in der Praxis ein liebevolles Verhältnis zu Töchtern nicht ausschließen würde. Die Interviewerin kann in seinen Augen neben zwei Töchtern immerhin einen Sohn aufbieten, und er kommentiert diese Konstellation in einer Weise, in der sich artikuliert, wie wichtig es für ihn ist, dass die Familienlinie durch die Generationen hindurch im Sinne einer kohärenten Genealogie identifizierbar ist, was unter der Bedingung von Patrilinearität nur Söhne gewährleisten.

4. Zusammenfassung und Diskussion: Die Bedeutung des Konzeptes positionaler Sozialbeziehungen für das Verständnis intergenerationaler Transmissionsprozesse

Frau Abbouda und Herr Melek wurden in Gemeinschaften sozialisiert, in denen die traditionale Logik positionaler Sozialbeziehungen dominiert. Für beide gilt, dass sie in einer Lebenswelt zurechtkommen müssen, die ganz anders ist als die, in denen ihre Eltern aufwuchsen, und auf die sie durch ihre Sozialisation nicht vorbereitet sind, sondern die sie sich selbsttätig erschließen und aneignen müssen.

Ihre Deutungen funktional diffuser Beziehungen fügen sich ganz einem traditionalistischen Muster. Sie sind als Beziehungstyp einerseits nicht vorgesehen, andererseits auf der Ebene der Praxis präsent, aber nicht ausschlaggebend etwa für eine Verehelichung. Ganz realistisch nimmt Herr Melek daher an, dass seine

Frau und er sich dereinst lieben werden, ein Zustand, der bei Frau Abbouda nach über 20-jähriger Ehe bereits eingetreten ist.

An ihr lässt sich studieren, wie sich angesichts ausgesprochen restringierter Handlungsspielräume im Netz positionaler Beziehungen Autonomie konfigurieren kann. Die Verwirklichung eines zu dem von der Tradition vorgezeichneten Lebensweg alternativen Lebensentwurfes wäre nur um den Preis eines Bruches mit Herkunftsfamilie und Herkunftskultur möglich. Das war für Frau Abbouda keine realistische Option, ihr dominantes Deutungsmuster hinsichtlich ihrer Lebensführung besteht daher in einem Pragmatismus, das heißt einem optimistischen Vertrauen darauf, dass sich innerhalb des geringen Handlungsspielraums günstige Gelegenheiten zu einer Verbesserung der eigenen Lebenssituation ergeben, die es zu erkennen und zu ergreifen gilt, wofür ein wenig „Glück", wie sie sagt, vonnöten ist, auf das zu haben sie aber vertraut.

Herr Melek und Frau Abbouda sind Brückenköpfe der Herkunftsfamilien zu der deutschen Gesellschaft, was auch eine exponierte Sonderstellung bedeutet. Herr Melek stellt insofern ein aufschlussreiches Übergangsphänomen dar, als er einerseits einer traditionalen Denkweise verhaftet ist, andererseits aber diese (gelebte und nicht bloß folkloristische) Traditionalität nur aufrecht erhalten kann, indem er, entgegen der Tradition, als Sohn in seiner Herkunftsfamilie faktisch, wenn auch nicht nominell, den führenden Part übernimmt.

In beiden Fällen scheiden die Eltern als Quelle von Wissen aus, das bei der Lebensbewältigung im Aufnahmeland hilfreich sein könnte. Interessanterweise thematisieren beide in den Interviews jeweils nur ihre Väter, deren Positionen für Frau Abbouda wie für Herrn Melek unantastbar sind, während sich die konkreten empirischen Personen der Väter als problematisch erwiesen haben. Der Vater von Herrn Melek war unter den Bedingungen der Migration eine schwache Figur, die immerhin erfolgreich einige seiner positionalen Verpflichtungen an den Sohn delegieren konnte, ohne seine Position zu gefährden. Der Vater von Frau Abbouda war ebenfalls eine schwache Figur, auch wenn er sich „hart wie ein Stein" gab – er ist daran zerbrochen, erfahren zu müssen, dass seine Unbarmherzigkeit unter anderen Rahmenbedingungen als denen seiner Herkunftskultur dysfunktional ist.

Bei Frau Abbouda liegt die Vermutung nahe, dass sie ihre opportunistische Geschmeidigkeit in erster Linie ihrer Mutter verdankt, die unter der Strenge des Vaters auch sehr zu leiden hatte. „Geschmeidig" ist im Übrigen auch das Adjektiv, dass Herr Melek bevorzugt zu einer Selbstcharakterisierung verwendet, es bezeichnet treffend das Informelle der Ebene der gelebten Praxis, auf der der Formalismus des Positionalen handhabbar wird und in gewissen Grenzen auch unterlaufen werden kann.

Was die Abgrenzung von positionalen und funktional diffusen Beziehung angeht, so ist fraglos einzuräumen, dass funktionale Diffusität auf der Ebene des praktischen Handelns immer schon vorhanden war, sich aber erst allmählich zu einem eigenen normativen Muster, das als solches auch von den Subjekten als Wissen repräsentiert wird, ausdifferenziert hat. Im Zuge dieses Prozesses wurde der „latente Individuierungszwang" (Oevermann 1979, S. 162) von Gattenbeziehungen zu dem für funktional diffuse Sozialbeziehungen charakteristischen manifesten. Mit anderen Worten: Ein Beobachter, in dessen Herkunftskultur Diffusität als normatives Muster etabliert ist, kann auch in der Praxis traditionaler Gemeinschaften Diffusitäten feststellen, auch wenn sich diese in den Selbstdeutungen dieser Praxis nicht unmittelbar abbilden.

Literatur

Allert, T. (1998). Die Familie. Fallstudien zur Unverwüstlichkeit einer Lebensform. Materiale Soziologie 8. Berlin, New York: Campus.

Apitzsch, U. (1990). Besser integriert und doch nicht gleich. Bildungsbiographien jugendlicher Migrantinnen als Dokumente widersprüchlicher Modernisierungsprozesse. In: Rabe-Kleeberg, U. (Hrsg), Besser gebildet und doch nicht gleich! Frauen und Bildung in der Arbeitsgesellschaft (S. 197–217). Bielefeld: Kleine.

Biddle, B.J & Thomas E.J (1966). Basic Concepts for Classifying the Phenomena of Role. In: dies., Role Theory: Concepts and Research (S. 23–45). New York, London, Sidney: Wiley & Sons.

Bourdieu, P. (1979). Entwurf einer Theorie der Praxis auf der ethnologischen Grundlage der kabylischen Gesellschaft. Frankfurt am Main: Suhrkamp.

Claessens, D. (1974). Rolle und Macht. Grundfragen der Soziologie 6^3. München: Juventa.

Durkheim, E. (1988). Über soziale Arbeitsteilung. Studie über die Organisation höherer Gesellschaften. Frankfurt am Main: Suhrkamp.

Franzmann, M. & Jung, M. (2012). „Nix Isch-AG". Über einen jungen Kurden ohne Schulabschluss aus einer traditionalen türkischen Einwandererfamilie, der sein Leben als „Jackpot" begreift. In: Mansel J. & Speck K. (Hrsg), Jugend und Arbeit. Empirische Bestandsaufnahme und Analysen (S. 119–134). Weinheim, Basel: Beltz Juventa.

Geller, H. (1994). Position, Rolle, Situation. Zur Aktualisierung soziologischer Analyseinstrumente. Opladen: Leske & Budrich.

Hahn, A. (1988). Familie und Selbstthematisierung. In: Lüscher K. et al (Hrsg.), Die „postmoderne" Familie. Familiale Strategien und Familienpolitik in einer Übergangszeit. Konstanzer Beiträge zur sozialwissenschaftlichen Forschung 3 (S. 169–179). Konstanz: Universitätsverlag.

Hasenfratz, H.-P. (1983). Zum sozialen Tod in archaischen Gesellschaften. Saeculum 34, 126–137.

Hegel, G. & Friedrich W. (1986). Grundlinien der Philosophie des Rechts oder Naturrecht und Staatswissenschaft im Grundrisse. Werke 7. Frankfurt am Main: Suhrkamp.
Jung, M. (Im Ersch.) Ein Modell psychosozialer Sesshaftigkeit als Heuristik zu einer Rekonstruktion der Folgen von Multilokalität. In: Maeder P. & Duchêne-Lacroix, C. (Hrsg.), Ici et là. Ressources et vulnérabilités de la vie multilocale/Hier und dort. Ressourcen und Verwundbarkeiten in der multilokalen Lebenswelt. Itinera 34.
Krappmann, L. (1971). Soziologische Dimensionen von Identität. Strukturelle Bedingungen für die Teilnahme an Interaktionsprozessen[5]. Stuttgart: Klett.
Linton, R. (1936). The Study of Man. An Introduction. New York, London: Appleton-Century.
Marschall, W. (1976). Der Berg des Herrn der Erde. Alte Ordnung und Kulturkonflikt in einem indonesischen Dorf. München: Deutscher Taschenbuch-Verlag.
Newcomb, T.M. (1959). Sozialpsychologie. Meisenheim am Glan: Hain.
Oevermann, U. (1972). Sprache und soziale Herkunft. Ein Beitrag zur Analyse schichtenspezifischer Sozialisationsprozesse und ihrer Bedeutung für den Schulerfolg. Frankfurt am Main: Suhrkamp.
Oevermann, U. (1979). Sozialisationstheorie. Ansätze zu einer soziologischen Sozialisationstheorie und ihre Konsequenzen für die allgemeine soziologische Analyse. In: Lüschen, G. (Hrsg.), Kölner Zeitschrift für Soziologie und Sozialpsychologie. Sonderheft 21. Deutsche Soziologie seit 1945. Entwicklungsrichtungen und Praxisbezug, 143–168.
Oevermann, U. (2010). Sexueller Missbrauch in Erziehungsanstalten. Zu den Ursachen. Merkur 64, 571–581.
Parsons, T. (1939). The Professions and Social Structure. Social Forces 17/4, 457–467
Parsons, T. (1964). The Social System. New York: Free Press of Glencoe.
Pfeffer, G. (1985). Formen der Ehe. Ethnologische Typologie der Heiratsbeziehungen. In: Völger, G. & v. Welck, K. (Hrsg.), Die Braut. Geliebt, verkauft, getauscht, geraubt. Zur Rolle der Frau im Kulturvergleich (S. 60–71). Köln: Rautenstrauch-Joest-Museum.
Schiffauer, W. (1987). Die Bauern von Subay. Das Leben in einem türkischen Dorf. Stuttgart: Klett-Cotta.
Schiffauer, W. (1991). Die Migranten aus Subay. Türken in Deutschland: Eine Ethnographie. Stuttgart: Klett-Cotta.
Stölting, E. (2003). Scheinbarer Archaismus und scheinbare Authentizität. Der Mechanismus der Ehre im modernen Sozialleben. Sozialer Sinn 3, 465–479.
Straube, H. (1987). Türkisches Leben in der Bundesrepublik. Frankfurt, New York: Campus.
Tenbruck, F.H. (1961). Zur deutschen Rezeption der Rollentheorie. Kölner Zeitschrift für Soziologie und Sozialpsychologie 13, 1–40.
Tenbruck, F.H. (1964). Freundschaft. Ein Beitrag zu einer Soziologie der persönlichen Beziehungen. Kölner Zeitschrift für Soziologie und Sozialpsychologie 16: 431–456.
Tönnies, F. (1979). Gemeinschaft und Gesellschaft. Grundbegriffe der reinen Soziologie. Darmstadt: Wissenschaftliche Buchgesellschaft.
Weber, M. (1980). Wirtschaft und Gesellschaft. Grundriss der verstehenden Soziologie. Studienausgabe[5]. Tübingen: J.C.B. Mohr (Paul Siebeck).
Wernet, A. (2009). Einführung in die Interpretationstechnik der Objektiven Hermeneutik[3]. Qualitative Sozialforschung 11. Wiesbaden: VS-Verlag für Sozialwissenschaften.

Autorenverzeichnis

Ursula Apitzsch ist Professorin für Soziologie und Politologie im Schwerpunkt Kultur und Entwicklung an der Goethe-Universität Frankfurt. Email: Apitzsch@soz.uni-frankfurt.de

Gülay Ateş ist Wissenschaftliche Mitarbeiterin am Institut für Soziologie der Universität Wien sowie am Institut für Wissenschaftskommunikation und Hochschulforschung der Universität Klagenfurt. Email: guelay.ates@univie.ac.at

Klaus Boehnke ist Professor für sozialwissenschaftliche Methodenlehre an der Jacobs University Bremen, Bremen International Graduate of School of Social Sciences (BIGSSS), Email: k.boehnke@jacobs-university.de

Petra Böhnke ist Professorin für Soziologie an der Fakultät für Wirtschafts- und Sozialwissenschaften der Universität Hamburg, Email: petra.boehnke@wiso.uni-hamburg.de

Ella Daniel ist Postdoctoral Fellow am Department of Psychology der University of Toronto, Email: ella.dn@gmail.com

Rosita Fibbi ist Soziologin. Sie ist als Projektleiterin am Schweizerischen Forum für Migrations- und Bevölkerungsstudien der Universität Neuchâtel sowie als Dozentin für Migrationssoziologie an der Universität Lausanne tätig. Email: rosita.fibbi@unine.ch

Thomas Geisen ist Professor am Institut Integration und Partizipation der Hochschule für Soziale Arbeit, Fachhochschule Nordwestschweiz. Email: thomas.geisen@fhnw.ch

Andreas Hadjar ist Professor mit soziologischem Schwerpunkt am Institute of Education & Society an der Universität Luxemburg. Email: andreas.hadjar@uni.lu

Boris Heizmann ist Wissenschaftlicher Mitarbeiter an der Fakultät für Wirtschafts- und Sozialwissenschaften der Universität Hamburg. Email: boris.heizmann@wiso.uni-hamburg.de

Matthias Jung ist Privatdozent am Institut für Soziologie des Fachbereichs Gesellschaftswissenschaften der Goethe-Universität in Frankfurt am Main. Email: ma.jung@em.uni-frankfurt.de

Ariel Knafo ist Professor am Department of Psychology der Hebrew University in Jerusalem, Email: msarielk@huji.ac.il

Canan Korucu-Rieger ist Wissenschaftliche Mitarbeiterin am Arbeitsbereich Interkulturelle Bildung der Universität Bremen, Fachbereich Erziehungs- und Bildungswissenschaften. Email: korucu@uni-bremen.de

Anna Möllering arbeitet als klinische Psychologin in der psychosomatischen Rehabilitationsklinik Bad Rothenfelde.

Anna-Lena Musiol war Wissenschaftliche Mitarbeiterin am Kriminologischen Forschungsinstitut Niedersachsen in Hannover. Sie befindet sich derzeit in Ausbildung zur Psychologischen Psychotherapeutin. Email: anna_musiol@yahoo.de

David Schiefer ist Wissenschaftlicher Mitarbeiter an der Fakultät für Psychologie der Jacobs University Bremen, Fakultät für Human- und Sozialwissenschaften (SHSS), Email: d.schiefer@jacobs-university.de

Philipp Schnell ist Wissenschaftlicher Mitarbeiter am Institut für Stadt-und Regionalforschung der Österreichischen Akademie der Wissenschaften und affiliierter Mitarbeiter am Schweizerischen Forum für Migrations- und Bevölkerungsstudien der Universität Neuchatel. Email: philipp.schnell@univie.ac.at

Hilde Weiss ist Professorin am Institut für Soziologie der Universität Wien. Email: hildegart.weiss@univie.ac.at

Chantal Wyssmüller ist Geographin. Von 2006-2010 war sie wissenschaftliche Mitarbeiterin am Schweizerischen Forum für Migrations- und Bevölkerungsstudien der Universität Neuchâtel. Email: cwyssmueller@yahoo.de